한국의 선사상

조계학술총서 02
한국의 선사상 – 근현대 인물을 중심으로

| 1판1쇄 인쇄 | 2020년 12월 1일 |
| 1판1쇄 발행 | 2020년 12월 8일 |

엮은이	대한불교조계종 교육원 불학연구소
발행인	정지현
편집인	박주혜

대표	남배현
기획	모지희
책임편집	박석동
마케팅	조동규, 김관영, 조용, 김지현
디자인	동경작업실

펴낸곳	(주)조계종출판사
주소	서울시 종로구 삼봉로 81 두산위브파빌리온 232호
전화	02-720-6107~9
전송	02-733-6708
등록	2007년 4월 27일 (제2007-000078호)
구입문의	불교전문서점(www.jbbook.co.kr) 02-2031-2070~1

| ISBN | 979-11-5580-151-2 (94220) |
| | 979-11-5580-149-9 (세트) |

조계종
출판사 지혜와 자비의 눈으로 세상을 바라봅니다.

조계
학술
총서
02

대한불교조계종 교육원
교육아사리
수행 논문 모음집

한국의 선사상

근현대 인물을 중심으로—

대한불교조계종 교육원 불학연구소 엮음

조계종
출판사

대한불교조계종 교육아사리

조계종의 교육아사리는 해마다 소정의 연구비를 지원받아 종단이 필요로 하는 연구를 담당하거나 종단의 승가교육기관에서 학인스님을 지도하는 종단의 위촉을 받은 교육소임자입니다. 비구의 경우 중덕 법계, 비구니의 경우 정덕 법계를 수지한 승랍 10년 이상의 자격을 갖추거나 박사과정 수료 이상의 학력을 가졌거나 석사학위를 취득하고 교육과 연구 전문 경력이 2년 이상이어야 합니다. 또 사찰승가대학원의 전문과정을 졸업하고 교육과 연구 경력이 3년 이상이거나 사찰승가대학원 연구과정을 졸업해 번역 혹은 연구 성과가 있는 스님들에게 교육아사리로서의 위촉 자격이 주어지고 있습니다. 연구 분야는 초기불교를 비롯한 대승불교, 선불교, 계율, 한문불전, 응용불교, 불교사 등 7개 전문 영역으로, 불교사 중에서는 한국불교사와 율장, 불교윤리 분야 전공자를 우선하여 선발하고 있습니다.

한국의 선사상을 논하다

우리나라 간화선(看話禪)은 초조 달마대사로부터 그 법을 이은 육조혜능(六祖慧能, 638~713)선사가 정착시킨 조사선을 그대로 전승하고 있다. 한국에 혜능선사의 선법이 처음 들어온 것은 신라 말에서 고려 초기 즈음이다. 당나라에 유학을 떠난 많은 수행자들이 선법을 공부해 한반도에 전한 것이다. 그 법은 혜능선사로부터 전승해 온 것으로, 유학 수행자들은 그 법을 받아 이 땅에 그대로 파종한다. 구산선문(九山禪門)은 바로 그러한 과정을 거쳐 형성되었다.

통일신라 이후 이 구산선문을 통칭해 처음으로 '조계종(曹溪宗)'이라 칭하게 된다. '조계종'이란 이름은 혜능선사로부터 선법을 그대로 이은 선종이라는 의미를 담고 있다. 우리 종단의 명칭인 '대한불교조계종'이란 종명 역시 혜능선사께서 머물렀던 조계산에서 비롯되었다.

초조 달마선사로부터 이어진 법을 이은 육조혜능선사의 수행처였던 조계산 남화선사는 중국 광둥성[廣東省] 제2의 도시인 사오관시[韶關市]에서 남쪽으로 20km쯤 떨어진 곳에 위치해 있다. 남화선사는 혜능선사가 30년간 법을 펼친 뜻깊은 도량이다. 옛 이름이 보림사(寶林寺)인 이 사찰 입구에는 '조계(曹溪)'라는 글자가 큼지막하게 쓰여 있는데 이곳을 가로 지르는 냇물이 바로 '조계'였다. 이 도량을 감싸 안고 있는 도량의 산 이름 역시 조계산이다. 이와 같은 선맥의 계승과 도량의 이름을 살펴보면 우리나라의 '대한불교조계종'이란 이름 또한 바로 육조혜능선사의 수행 처에서 비롯됐음을 짐작할 수 있다. 혜능선사가 법을 펼친 남화선사에는 '불이법문(不二法門)'이라는 글자가 새겨진 명패가 전해지고 있기도 하다.

당송 시대 당시부터 혜능선사를 '조계혜능(曹溪惠能)'이라 부른 것을 보면 조계종 성립의 정체성은 바로 조사선의 정맥을 이었다고 볼 수 있다. 도의국사는 바로 육조혜능선사의 법을 그대로 계승했다고 할 수 있다. 구산선문과 그 선문을 개창한 개산조(開山祖)를 기록한 〈선문조사예참문(禪門祖師禮懺文)〉을 살펴보면 구산선문과 개산조는 다음과 같다.

1 가진산문 도의(道義, 생몰년 미상)국사

2 사굴산문 범일(梵日, 810~889)국사

3 사자산문 도윤(道允, 798~868)국사

4 성주산문 무염(無染, 800~888)국사

5 봉림산문 현욱(玄昱, 787~868)국사

6 희양산문 도헌(道憲, 824~882)국사

7 동리산문 혜철(慧哲, 785~861)국사

8 수미산문 이엄(利嚴, 870~936)국사

9 실상산문 홍척(洪陟, 생몰년 미상)국사

〈선문조사예참문〉은 염화미소의 주인공인 마하가섭 존자로부터 육조혜능선사에 이르는 서른세 분의 삽삼조사(卅三祖師)의 법계 전승을 상세히 기록하면서 구산선문의 개산조를 위와 같이 설명하고 있다. 살펴본 바와 같이 구산선문의 역사적 사실은 선문의 법맥을 고증하는 분명한 전승의 기록이다. 조사선의 역사적 가풍과 법맥을 여실히 증명하는 기록들이 명백하기에 조사선을 역사적으로 고증하고 어떻게 전승해 나가야 할지에 대한 학문적인 연구와 고찰이 앞으로도 계속되어야 하는 이유이다.

조계학술총서 2권에는 백파긍선(白坡亘璇, 1767~1852)을 비롯한 석전(石顚, 1870~1948)과 한암(漢巖, 1876~1951), 경봉(鏡峰, 1892~1982), 용성(龍城, 1864~1940), 일엽(一葉, 1896~1971), 성철(性徹, 1912~1993)과 탄허(呑虛, 1913~1983), 청화(淸華, 1923~2003), 서옹(西翁, 1912~2003), 무진장(無盡藏, 1932~2013) 스님 등에 관한 논문들로, 한국의 선사상이 어떻게 전법과 포교 현장에서 녹아들었고 전개되었으며 그러한 선의 홍포가 어떠한 의미를 갖는가에 대해 조명한다.

백파선사는 조선 후기의 수행자로 조선 제11대 임금인 중종의 일곱째 왕자 덕흥대원군(德興大院君)의 후손으로 알려져 있다. 귀암사(龜巖寺)에서 회정(懷情)의 법통을 이어받아 백양산 운문암(雲門庵)에서 개당(開堂)했으며 선강법회(禪講法會)를 열어 선문(禪門)을 크게 중흥한 종주로 추앙받았다. 위대한 독립운동가이자 선구자인 용성, 그리고 석전과 한암 스님은 근세 한국불교의 초석을 다진 선사들로 추앙받는다. 석전은 경전과 교리를 중시하는 교학의 대표 스님이고 한암은 선정(禪定)을 통한 깨달음에 집중하는 선종의 대표 주자였다. 조선의 배불과 왜색 불교로 흐트러

진 당시의 시대 상황으로 인해 두 스승은 특히 계율과 윤리를 중요하게 여겼다. 일제의 대처승 정책 등에 맞서 혼탁해진 불교의 기강과 문화를 바로잡아 현대적 불교의 기틀을 세운 스승으로 평가받고 있다. 선맥을 꼿꼿이 세운 경봉, 비구니 선각자 일엽선사에 관한 논문과 함께 근세 한국불교의 수행과 계율, 대중화를 위해 일생을 바친 성철·탄허, 참사람 결사의 서옹, 염불선의 대스승 청화, 전법제일 무진장 스님 역시 각 분야에서 선교(禪敎)를 바탕으로 전법을 견인하였다.

조사선문의 설법과 문답에는 현장성과 함께 창조성, 개혁성이 차고 넘치는 긴박함과 일상에서 소통할 수 있는 충실한 물 흐름의 자연스러움이 가득하다. 실상이 그러하기에 대한불교조계종 교육원의 불학연구소가 해마다 교육아사리 스님들을 대상으로 한 논문 결집, 특히 선에 관한 다양한 주제의 논문이 특히 많이 결집되어 선과 수행의 대중화에 기여할 수 있기를 기대한다. 우리 사회에 선이 활발발하게 구현될 수 있기를 바란다.

2020년 12월
대한불교조계종 교육원 불학연구소

차례

일러두기

1. 이 논문들은 대한불교조계종 교육원 불학연구소 교육아사리 연구비 지원으로 작성되었습니다.

01.

백파긍선의
『육조대사법보단경요해』에
나타난 진공과 묘유의
의미 고찰

인해仁海

인해 仁海

통도사 승가대학장

통도사에서 요산지안 스님을 은사로 득도하였다. 해인사 강원 및 은해사승가대학원을 졸업했으며, 요산지안 대강백으로부터 전통 강맥을 전수받았다. 동국대학교 석·박사과정을 수료(철학박사)했으며, 관허수진 큰스님으로부터 전계·전강을 받았다. 해인사·수덕사·동화사승가대학교수사, 동국대학교 강사 및 동명대학교 겸임교수를 역임했으며, 2019년 대한불교조계종 포교대상 원력상을 수상하였다. 현재 통도사 승가대학장과 김해 바라밀선원 주지를 맡고 있다. 역서로 달마대사의 『소실육문』이 있고, 논문으로 「남종의 선사상 연구」, 「남종선사상의 경전적 근거와 그 이념에 대한 고찰」, 「혜능의 좌선관」 등이 있다.

I. 서언

백파긍선(白坡亘璇, 1767~1852)의 저작들을 살펴보면, 『선문수경(禪文手鏡)』을 비롯하여 『금강팔해경(金剛八解經)』, 『육조대사법보단경요해(六祖大師法寶壇經要解)』에 이르기까지 진공(眞空)과 묘유(妙有)[01]라는 단어가 일관되게 등장하는 것을 발견할 수 있다. 특히 이 말이 『선문수경』에서 사용된 이래로는 수많은 사람들과의 선리논쟁의 중심에 서기도 했었다. 여기서 백파(白坡)는 임제삼구(臨濟三句)에 대하여 삼종선(三種禪)으로서 새롭게 바라보며 진공과 묘유를 그 해석의 척도로서 활용하였는데, 곧 진리와 현실을 하나로 묶어서 바라본 임제와 달리 그 둘을 따로 두고 현실계에서 적용할 수 있는 가장 뛰어나고 완성된 형태의 것으로서 조사선(祖師禪)을 들고, 조사선의 핵심 사상 중의 하나인 대기(大機)와 대용(大用)에 진공과 묘유를 각각 적용하여 설명하였다. 더 나아가 견성(見性)은 진공이자 대기이고 성불(成佛)은 묘유이자 대용이라는 말로 새롭게 재해석하기도 하

01 　본래 眞空이라 할 때의 空이란 육조시대 한역 般若經類에서 이미 보이고 있는 말로서 여기에 眞을 더하여 진실로 텅 비어진 상태를 뜻하는 말이다. 그리고 妙有는 진여의 의미로서 北魏 菩提流支가 번역한 『金剛仙論』에서 쓰이고 있다. 眞空과 妙有가 '眞空妙有'라는 말로서 정착되게 된 것은 『仁王護國般若經疏』에서, '空이면서 作用이 있고, 作用이 있으면서 空인 것'을 眞空妙有로 표현하면서 부터이다. 후에 화엄종의 법장이 만년에 지었다고 일컬어지는 『妄盡還源觀』에서 이 말을 '허무가 아닌 참된 空, 단순한 有가 아닌 현묘한 존재 모습'의 의미로 사용하면서부터 화엄종이나 그 영향을 받은 제 종파에서 널리 쓰이게 되어 이윽고 대승을 특징짓는 말이 되었다.

였다.[02] 특히 『육조대사법보단경요해』(이하 『단경요해』)에 이르면 그 뜻이 더욱 분명해지는데, 사상적으로는 혜능의 『육조대사법보단경(六祖大師法寶壇經)』(이하 『육조단경』)[03]을 바라보고 해석하는 일관된 관점으로 유지되는 동시에 수행지침으로서는 중·하근기를 인접(引接)하고 가르치는 데 있어서 필수적인 지침으로 활용되고 있기도 하다.

본 논문에서는 『단경요해』가 가지는 이러한 관점이 『육조단경』을 해석함에 있어 어떻게 적용되고 있는지, 그리고 더 나아가 백파 나름의 독창적인 진공과 묘유로서 어떤 모습으로 전개되어 나가는지 살펴보려고 한다. 진공묘유(眞空妙有)라는 말은 『단경요해』의 거의 모든 곳에서 언급되고 있기에 내용 이해를 위해서는 서문에서 부촉유통(付囑流通)에 이르는 전반에 대한 상세한 고찰이 필요하겠으나, 여기에서는 선사상과 관련하여 관계 깊은 「제3 정혜일체(定慧一體)」, 「제5 전향참회(傳香懺悔)」, 「제10 부촉유통」 세 가지 품만을 추려서 그 뜻을 밝혀볼 것이다. 먼저 「제3 정혜일체」와 「제4 교수좌선(教授坐禪)」을 든 것은, 전자의 경우 선정(禪定)과 지혜(智慧)가 하나임을 설명하는 부분으로 불교의 계정혜(戒定慧) 삼학(三學)은 물론이거니와 천태(天台)의 지관(止觀) 수행 및 선종(禪宗)의 제 종파에 이르기까지 그 어느 곳에서도 빼놓을 수 없는 내용인 동시에 선가의 핵심이라 할 수 있는 일행삼매(一行三昧)와 함께 무념(無念)·무상(無相)·무주(無住)의 내용을 담고 있기 때문이다. 그리고 후자에서는 앞의 정혜(定慧)와 더불어 좌선(坐禪)에 있어서의 진공과 묘유의 뜻을 밝히고 있기 때

김호귀, 「六祖大師法寶壇經要解에 나타난 白坡亘璇의 선사상의 특징 고찰」, 『한국선학』 제31호, 서울: 한국선학회(2012년 4월), pp.7~37.

여기에서는 종보본과 덕이본 『六祖壇經』을 바탕으로 살펴보았다.

문이며, 이 두 가지 품은 『육조단경』의 「제5 좌선품(坐禪品)」과 관련된 부분으로 내용적으로 함께 논해야 되기 때문이다. 두 번째 「제5 전향참회」를 든 것은 『육조단경』에서 설해진 오분향(五分香)·사홍서원(四弘誓願)·삼보(三寶)·삼신(三身)에서 그 각각을 참회한다는 것의 의미를 분명하게 밝히고, 더불어 그 속에 담긴 진공과 묘유를 도출해 내고 있기 때문이다. 마지막 「제10 부촉유통」은 혜능이 천화함을 하나의 육신설법으로 바라보아 그 속에서 당처출생(當處出生) 수처멸진(隨處滅盡)의 이치, 곧 공(空)과 유(有)의 무이원융(無二圓融)을 도출하면서 단경의 대의를 분명히 하는 부분이기 때문에 뽑아 보았다.

그러면 이제부터 『단경요해』의 세 가지 품의 내용을 간략히 정리해 나가면서 그 속에 드러난 진공과 묘유의 의미를 살펴보도록 하겠다.

Ⅱ. 『단경요해』의 진공과 묘유

『선문오종강요사기(禪門五宗綱要私記)』를 비롯하여 『선문수경』 『금강팔해경』을 거쳐 『단경요해』에 이르기까지 백파의 사상을 전개해 나가면서 일관되게 사용되고 있는 말이 삼구(三句)이다. 따라서 이 삼구에 대한 이해 없이는 그 사상 전반을 파악하는 것이 불가능하다고 해도 지나치지 않다. 그는 삼구 전체를 이를 때에는 온총삼구(蘊總三句)라고 칭하였는데 일체로서 삼구의 모습을 말하는 것이다. 이때 삼구란 불(佛)·법(法)·도(道)인데 이러한 낱낱의 삼구를 지칭할 경우에는 신훈삼구(新熏三句)라는 말을 쓰고 있다. 다시 말해 온총삼구는 하나인 전체이고, 신훈삼구는 부분의 합인 전체가 되는 것이다. 그리고 신훈삼구라 했을 때 불·법·도 각각에는 삼요(三要)·삼현(三玄)·삼구(三句)가 있게 되는데 삼요는 언설로서 나타낼 수 없는 종지이고, 삼현은 경교(經敎)의 현묘한 뜻이며, 삼구는 언설이다. 여기에 방향성을 더하여 속(俗)에서 진(眞)으로 향하는 것을 향상(向上)이라 하고, 반대로 진(眞)에서 속(俗)으로 나아가는 것을 향하(向下)라고 표현한다. 따라서 향하문(向下門)에서 볼 때, 온총(蘊總)이란 한 덩어리로 총괄된 것으로 기(機)이자 진리인 실(實)이며 신훈(新熏)이란 새롭게 훈습한다는 뜻으로 용(用)이자 방편인 권(權)이 된다. 그리고 향상문(向上門)에서 말할 때 신훈(新熏)은 향상(向上)의 삼요, 즉 본분(本分)이 되기도 하고 반대로 향하(向下)의 삼구에 떨어지기도 한다.[04] 향하의 삼구에 떨어

---

04 "第二句의 三玄가운데도 매 玄마다 또한 반드시 三要가 갖추어져 있다는 것이다. 그래서 第一句에서도 三要를 설할 수가 있다. 그러나 대개 第一句에서의 三要는 今時나 本分(=如來禪의 向下의 三句)에 떨어지지나 않는다. 때문에 모름지기 第二句에서의 三玄이어야 하는데 이 경우는 방편설(影顯)의 三玄이다. 그래서 第二句에서의 三玄은 이미 權이므로 언설의 방편(有設)을 닮았다. 그러나 이 또한 權에 즉했지만 實을 설명한 것이므로 今時에 해당하는 것은 아니다. 때문에 이 또한 第三句에서의 三玄으로서 방편설(影顯)이다. 그런즉 저 第三句에는 이미 三玄이 갖추어져 있다. 이리하여 이미 온전한 三句이므로 매 句마다 각각 三玄을 갖추고 있다. 그리고 매 玄마다 각각 三要를 갖추고 있다. 때문에 第三의 일구에는 三句가 갖추어져 있고 三玄이 갖추어져 있으며 三要가 갖추어져 있어서 더 이상 부족함이 없다. 또한 第二의 일구 가운데에도 三句와 三玄과 三要가 갖추어져 있어서 더 이상 부족함이 없다. 그리고 第一의 일구에도 三句와 三玄과 三要가 갖추어져 있어서 또한 더 이상 부족함이 없다. 三句가 이미 그러한데 三玄도 역시 그와 같아서 매 玄마다 각각 三句와 三玄과 三要가 갖추어져 있다. 三玄이 이미 그러한데 三要도 역시 그와 같아서 매 要마다 각각 三句와 三玄과 三要가 갖추어져 있다" 『禪門五宗綱要私記』(이후 『私記』로 표기), p.13-14 ; 김호귀, 「禪門五宗綱要私記에 나타난 白坡의 臨濟三句에 대한 해석 고찰」, 『정토학연구』 제18권, 서울: 한국정토학회(2012년 12월), p.327 재인용.

진다는 것은 의리선(義理禪)의 유무삼구(有無三句), 여래선(如來禪)의 금본삼구(今本三句), 조사선(祖師禪)의 기용삼요(機用三要)에 매이는 것을 말한다. 그러나 본분(本分)으로서 향상의 삼요를 요달하면 그것이 곧 진공이며, 묘유가 된다.

여기에서 백파가 조사선 향하의 삼구를 삼구라 하지 않고 삼요라고 표현한 것은 그 중에서도 조사선을 으뜸으로 보려는 사고방식이 엿보인다. 기(機)와 용(用)이 향상문의 입장에서 요달되면 진공과 묘유로 탈바꿈되기 때문일 것이다. 이러한 관점은 「제3 정혜일체」에서 분명해진다. 뒤이어 「제5 전향참회」에서는 그 둘 사이의 관계가 정리되고, 다시 「제10 부촉유통」에 이르러 혜능의 입적을 예로 들며 묘유란 이미 진공을 그 바탕에 두고 있음을 결론 짓는다. 이제부터 앞서 간단히 설명된 교리적 구조를 염두에 두고 제3·4로부터 제10에 이르는 내용을 순서대로 살펴보도록 한다.

1. 「제3 정혜일체」·「제4 교수좌선」의 진공과 묘유

「제3 정혜일체」의 초두에는 정과 혜는 선정(禪定)과 지혜(智慧)를 향상(向上)의 공(空)과 유(有)를 분별한 것이라고 하는 백파의 설명이 보인다.[05]

---

05 본 논문에서는 고마자와대학 영인본인 『六祖大師法寶壇經要解』에 1부터 페이지를 달아 행 번호와 함께 위치를 표시하였다.(영인본은 페이지당 10행)

정(定)과 혜(慧)라는 것은 향상(向上)의 공(空)과 유(有)를 분별한 것이다. 선정이라 말한 것은 마음의 본체가 청정하여 영원히 산란한 망상을 단절해 있기 때문에 진공(眞空)이고, 지혜라 말한 것은 자성(自性)에 어리석음이 없어서 널리 만물을 관조하기 때문에 묘유(妙有)이다.[06]

여기에서 '향상'이란 자성을 돌이켜 견성성불한다는 말로서 중하근기를 향해 제시된 삼종선(三種禪)과 같이 아직 해탈하지 못한 상태에서 전수되는 '향하'와는 반대되는 개념이다. 이 향상에 있어서 선정이란 마음의 본체가 청정하여 영원히 산란한 마음을 단절한 것으로서 '진공'이며, 지혜란 자성에 어리석음이 없고 널리 만물을 비추는 것으로서 '묘유'라고 설명되고 있다. 이어서 진공과 묘유로서의 선정과 지혜의 관계는 일체(一體)라는 말로 표현되는데, 선정과 지혜의 일체란 '정외무혜(定外無慧)·혜외무정(慧外無定)'으로 선정을 벗어나 지혜가 없고, 지혜를 벗어나 선정이 없다는 뜻이다. 이러한 표현은 「제4 교수좌선」 부분에서 좀 더 명확히 설해져,

좌(坐)·선(禪)의 경우는 진공(眞空)을 말미암아 묘유(妙有)를 터득하기 때문에 진공(眞空) 밖에 별도로 묘유(妙有)가 없고, 선(禪)·정(定)의 경우는 묘유(妙有)를 말미암아 진공(眞空)을 터득하기 때문에 묘유(妙有) 밖에 별도로 진공(眞空)이 없다.[07]

---

06   『壇經要解』 p.31:2-3, "定慧者 向上空有之別 名定者 心體淸淨 永絶亂想 故眞空慧者 自性無痴 普照萬物 故妙有也"

07   『壇經要解』, p.35:2-3, "此則坐禪 由眞空而得妙有 故眞空外無別妙有 禪定由妙有而眞空現 故妙有外

고 말하고 있다.[08] 또 이러한 일체로서의 정혜를 『금강경(金剛經)』에서는

어떻게 남에게 연설해야 하는가 형상에 집착하지 말고 여여하게 부
동해야 한다.[09]

라고 설한다고 하며, 이를 제대로 설명한 후에야 비로소 일행삼매(一行三
昧)[10]로서 선정일체(禪定一體)를 말해야 한다고 한다.[11] 이 때의 일행삼매란
혜능이 설한 직심(直心)과 같은 상태를 이르는 것으로 행주좌와(行住坐臥),
어묵동정(語默動靜), 견문각지(見聞覺知)의 일체 행위 속에서 평상심(平常心)
을 지니고 번뇌에 오염되지 않는 것을 말한다. 이어 『육조단경』에서는 등
잔과 등불의 비유로 설해져 있는데, 백파는 이 부분을 거론하며 선정과
지혜의 일체적 속성을 잘 말해주고 있다고 설하고 있다.[12]

別無眞空"

08   『六祖壇經』의 「제5 坐禪品」에서는 坐·禪과 禪·定에 대하여 다음과 같은 말도 보인다. 『六祖大師法寶
      壇經』(大正藏48, p.353b), "선지식들이여, 무엇을 坐禪이라 말하는가. 우리의 문중에서 내세우는 坐禪
      은 어느 것에도 막힘이 없고 방해도 없다. 밖으로는 일체의 善과 惡의 경계에 대하여 마음에 妄念이
      일어나지 않는 것을 坐라 말한다. 안으로 自性을 깨쳐 부동의 경지가 되는 것을 선이라 말한다. 선지
      식들이여, 무엇을 禪定이라 말하는가. 밖으로는 형상을 초월하는 것이 선이고, 안으로는 산란하지 않
      는 것이 정이다. 만약 밖으로 형상에 집착하면 안으로 마음이 곧 산란해지고, 만약 밖으로 형상을 초
      월하면 마음이 곧 산란하지 않게 된다(何名坐禪 此法門中 無障無礙 外於一切善惡境界 心念不起 名爲坐 內見
      自性不動 名爲禪 善知識 何名禪定 外離相爲禪 內不亂爲定 外若著相 內心卽亂 外若離相 心卽不亂)."

09   『金剛般若波羅蜜經』(大正藏 8, 752b), "云何爲人演說 不取於相 如如不動"

10   一行三昧는 『文殊說般若經』 또는 『大乘起信論』에서 설해지고 있고, 천태종의 四種三昧의 하나인 常
      坐三昧는 文殊說般若經에 의한 一行三昧와 궤를 같이 하기도 한다. 그러나 혜능은 一行三昧의 실천
      성을 강조하여 直心에 의거한 일상적 선법을 주장하고 있다.

11   『壇經要解』, p.31:7-8, "文中初正明一體破其前後二相 一行三昧下 此定慧一體 名曰一行三昧"

12   『壇經要解』, p.31:9-10, "猶如燈光下 擧喩重示一體也"

선지식들이여, 그렇다면 선정(禪定)과 지혜(智慧)는 어떤 점에서 같은 가. 마치 등과 등불의 관계와 같다. 등이 있으면 곧 등불이 있고 등이 없으면 곧 등불이 없다. 그래서 등은 곧 등불의 본체이고 등불은 곧 등의 작용이다. 비록 명칭은 다르지만 그 바탕은 본래 동일하다. 이 선정(禪定)과 지혜(智慧)의 법도 또한 그와 마찬가지다.[13]

이 정혜일체(定慧一體)의 일행삼매(一行三昧)는 다시 무상삼매(無相三昧)·무념삼매(無念三昧)·무주삼매(無住三昧)라고도 표현되는데, 각각 무상·무념·무주 그 자체로서 체(體)·종(宗)·본(本)을 삼는다고 한다.

이런 즉 무상(無相)이란 밖으로 경계에 대하여 분별상이 없는 것이고, 무념(無念)이란 안으로 마음의 잡념이 없는 것이다. … 무주(無住)란 … 안으로 마음, 밖으로는 경계에 주(主)·착(着)이 없고 언제나[念念] 집착이 없다.[14]

이런 까닭에 무상과 무념은 안과 밖을 각기 지칭하기에 별(別)이고, 무주는 이 둘을 포섭하기에 총(總)이 된다고 한다. 일행삼매를 이렇게 세 가지로 나누어서 살펴보는 것은 일행삼매가 지닌 속성을 원리적으로 보여주기 위함이다.

---

13 『六祖大師法寶壇經』(『大正藏』 48, 352c), "善知識 定慧猶如何等 猶如燈光 有燈卽光 無燈卽闇 燈是光 之體 光是燈之用 名雖有二 體本同一 此定慧法 亦復如是"

14 『壇經要解』, p.82, "然則無相者 無外境相 無念者 無內心念也 … 言無住者 … 於內心外境 都不住着 念念不住"

또 여기에서 특별히 무념에 대하여 덧붙여 해설하면서 정념의 당체가 없다고 말하는 것은 무념 가운데서도 치우쳐서 이해하고 잘못 이해하기 때문이라고 말한다.

> 그런 즉 무주(無住)의 경우 자성(自性)이 안과 밖으로 집착이 없고 상주(常住)하여 불변(不變)함을 직지(直指)하기 때문에 총(總)이고, 무상(無相)과 무념(無念)은 심(心)과 경(境)에 집착이 없음을 개별적으로 직지(直指)하기 때문에 별(別)이다. 무념(無念) 가운데서도 치우쳐서 이해하고 잘못 이해하기 때문에 또한 정념(正念)의 당체(當體)도 없다고 말한다.[15]

정념을 온갖 대상에 대하여 사량을 그만두고 상념을 모두 물리치는 것으로만 간주하는 것을 경계하는 말이다. 무념에 대한 백파의 입장은 다분히 혜능의 사상을 이어 받은 것임을 다음의 『단경』 내용에서 확인할 수 있다.

> 선지식들이여, 안으로 일체의 의식경계에 대하여 마음이 물들지 않으면 무념(無念)이라 말한다. 자기의 생각이 늘 모든 의식경계를 벗어나 있으면 그 의식경계가 마음을 발생시키지 않는다. 그렇다고 만약 온갖 대상에 대하여 사량을 그만두고 상념을 모두 물리치는 것으로

---

15   『壇經要解』, p.33:2-10, "然則無住直指自性不住內外常住不變 故摠(總?)也 無相無念別指不住心境 故別也 無念:中邪解錯解 以謂亦無正念當體也"

만 간주한다면 그것은 일념의 단절로서 곧 죽은 뒤에 다른 세상에 태어나는 꼴이 되고 말 것이다. 그것이야말로 큰 착각이다.[16]

'모든 의식경계를 벗어나 있다는 것'과 '온갖 대상에 대하여 사량을 그만두고 상념을 모두 물리친다는 것'은 큰 차이가 있다. '벗어나 있음'은 그저 무심히 벗어나 있을 뿐인 것으로서 대상에 대한 어떠한 의지작용도 없는 것이다. 그러나 '그만 둠'이라든지 '물리침'이라는 것은 그것으로부터의 탈피를 위해 적극적으로 대상을 의식하고 있는 행위이자 의지작용이다. 이러한 까닭에 백파는 여기에서 그 점을 한 번 더 강조하는 것이다. 그리고 '정념의 당체도 없다'라는 말에서의 당체란 취사선택하는 행위의 주체를 일컫는 것이라고 할 수 있겠다.

또한 무념에서 '무(無)'라는 것은 분별상이 없고 모든 번뇌심이 없다는 것이고, '념(念)'이란 진여(眞如)의 작용을 지칭한다. 따라서 진여의 자성이 념(念)을 일으킨다 할지라도 이는 진여로부터 나온 념(念)이기에 안이비설(眼耳鼻舌)로 관념할 수 없다. 관념할 수 없지만 그렇다고 완전히 없다고 할 수 없다. 그런 까닭에 무릇 무념은 진공과 같지만 여기서 한 단계 더 나아가 무념의 진공 속에도 묘유가 구비되어 있다고 할 수 있다. 진여의 작용이 념(念)이라면 념(念)의 본체는 진여가 되기에 무념이라 할지라도 묘유는 구비되는 것이기 때문이다. 백파는 단경의 부정명제 한 구절을 들며 진공 속에 구비된 묘유를 나타내 보인다.

---

16   『六祖大師法寶壇經』(『大正藏』48, 353a), "善知識 於諸境上 心不染 曰無念 於自念上 常離諸境 不於境上生心 若只百物不思 念盡除却 一念絶卽死 別處受生 是爲大錯"

진여의 자성이 념을 일으킬지라도 그것은 안이비설로 관념할 수 있는 것이 아니다. 진여의 자성이 일으킨 념(念)이기 때문이다. 그렇지 않고 만약 진여의 자성이 없다면 눈으로 보는 색과 귀로 듣는 소리는 당장 없어지고 만다.[17]

2. 「제5 전향참회」의 진공과 묘유

백파는 『단경요해』에서 전반적으로 향상의 본분에서는 진공과 묘유에 바탕하고, 향하의 삼구에서는 삼종선을 제시하는 교학적 구조를 보여주고 있다.[18] 이를 바탕으로 볼 때, 「제5 전향참회」 부분에서는 오분향 등을 전하여 참회하게 하는 것은 삼세(三世)의 죄인 향하의 삼구를 소멸하게 하기 위함이라고 말한다.

참회 가운데서 소멸되는 삼세(三世)의 죄는 다음과 같다. 곧 의리선(義理禪)의 유무삼구(有無三句), 여래선(如來禪)의 금본삼구(今本三句), 조사선(祖師禪)의 기용삼요(機用三要)는 모두 아직 해탈하지 못한 상태에서 전수되는 삼구(三句)의 범위이기 때문에 이 삼종(三種)의 삼구(三句)를 소멸하는 것이다. … 위에서 말한 의리선(義理禪)·여래선(如來禪)·조사선(祖師禪) 등 삼종선(三種禪)의 세 가지 삼구(三句)는 비록 깊고 옅음의

---

17 『六祖大師法寶壇經』(『大正藏』48, 353b), "眞如自性起念, 非眼耳鼻舌能念°眞如有性, 所以起念; 眞如若無, 眼耳色聲當時卽壞"

18 白坡亘璇, 『六祖大師法寶壇經要解』, 김호귀 역주, 서울: 정우서적(2012), p.201.

차이는 있을지라도 모두 아직 해탈하지 못한 삼구(三句)의 짐적이기 때문에 다 취사향배(取捨向背)가 있다. 그런 즉 어찌 탐진치(貪瞋癡) 삼독(三毒)이 아니겠는가. 고로 지금 삼세의 죄를 참회하는 것이다.[19]

여기에서 삼구란 앞서 백파가 향하의 삼구로서 제시한 삼종선의 삼구들로 의리선의 유무삼구·여래선의 금본삼구·조사선의 기용삼요로서 아직 해탈하지 못한 상태에서 전승되는 것들이기에 비록 깊고 옅음의 차이는 있을지라도 취사향배가 있기에 소멸되어야 마땅하다고 보고 있다.

그렇다면 전향(傳香)이란 무엇을 나타내는 것이며 무슨 의미가 있는가. 그리고 참회한다는 것은 무엇이며 이를 통해 삼구를 소멸하는 것과 진공묘유와는 어떤 관계가 있는가.

전향이란 오분향을 전한다는 의미로 해석이 되지만, 실제로는 오분향을 시작으로 사홍서원·삼귀의계·삼신(三身) 등의 내용을 통해 혜능이 염농(拈弄)하여 보인다는 의미이다. 다시 말해, 활안조사(活眼祖師)가 경교(經敎)에 즉하여 종지를 설명함으로써 중·하근기들을 인접한다는 뜻이다.[20] 다른 교리적 내용들을 대표하여 오분향 하나만을 취하여 제목으로 삼았기에 전향이라 표현되며, 특별히 오분향을 처음으로 삼은 것은 모든 사람들의 본성이기에 각자 안으로 훈습될 수 있으므로 그 대표로 한 것

---

19   『壇經要解』 p.40:9~41:10, "懺悔中滅三世罪者 以義理禪有無三句 如來禪今本三句 祖師禪機用三要
      皆未脫傳授邊三句圈櫃 故滅此三種三句 … 上三禪三三 雖深淺不同 俱未脫三句朕迹 故皆有取捨向
      背 則豈非貪瞋痴三毒耶 故今懺悔三世罪也"

20   『壇經要解』 p.37:3-7, "是以諸經中 三寶三身三學五香四弘願 禪定坐禪等 世出世眞俗善惡 一切名相
      大師一一拈來 皆以祖師西來意拈弄也 此是活眼祖師 卽敎明宗 引接中下根"

이라고 생각된다. 이렇게 중·하근기들을 인접하여 종지를 설명하고 그 올바른 뜻을 설하여 그동안의 잘못된 관념들을 타파하게 하면 그것이 곧 참회가 된다고 백파는 보고 있다.

잘못된 관념을 타파하는 것, 즉 참회를 한다는 것의 의미를 살피고 진공묘유와의 관계를 알아보기 위해서는 오분향에서 삼신에 이르는 교리적 내용들을 어떻게 받아들이고 있으며 그 가운데 진공과 묘유가 어떻게 적용되어 있는지를 살피지 않으면 안 된다. 먼저, 오분향의 내용과 그 올바른 참회를 도표로 살펴보면 다음과 같다.[21]

〈표1〉오분향의 내용과 올바른 참회

	계향(戒香)	기(機)	자심(自心) 가운데 본래 모든 악(惡)이 없는 것	직지인심 (直指人心)	향하삼요
오분향	정향(定香)	용(用)	안-내조자성(內照自性) 밖-외조제행(外修諸行)		
	혜향(慧香)	중(中)	선악(善惡)의 경계를 보고 자심(自心)이 혼란스럽지 않음		
	해탈향(解脫香)	향상(向上)의 진공(眞空)	자성(自性)에 영원히 반연 단절, 악(惡)을 생각지 않음, 진공(眞空)	견성(見性)	향상삼요
	해탈지견향 (解脫知見香)	진공중본구묘유(眞空中本具妙有)	삼업청정(三業淸淨), 자성불(自成佛) 성취, 묘유(妙有)	성불(成佛)	

위의 표에서 보는 것처럼 백파는 오분향 각각이 지니는 성격을 조사선 향하의 삼요인 기(機)·용(用)·중(中)과 향상의 본분인 진공과 묘유에

---

21 『壇經要解』, p.40:1-9, "懺悔三歸戒等 必言無相者 皆以眞空明之故 五香中 戒香自心中本無諸惡故機也 慧香內照自性外修諸行故用也 定香觀善惡境(慧)自心不亂(戒)故中也 卽祖師禪向下三要也 解脫香以自性永絶攀緣不思善惡故卽向上眞空 (解脫+?)知見香廣學多聞自利利他故 卽眞空中本具妙有也 然則三學是達磨所謂直指人心也 解脫見性也 知見香成佛也 是以六祖底外無別達磨底也 此五香是人人本性 故各者內熏可也"

배대하면서, 그 낱낱의 뜻을 설명하고 있다. 곧 계향(戒香)이란 기틀로서 자심(自心)에 본래 악(惡)이 없음을 요달하는 것이고, 정향(定香)이란 작용으로서 안으로는 자성을 비추어 보고 밖으로는 모든 수행을 닦는 것이며, 혜향(慧香)이란 중(中)으로서 선악의 경계를 보고도 자심이 혼란스럽지 않는 것이라고 말한다. 그리고 해탈향(解脫香)은 향상의 진공으로 보고 있는데, 자성에 영원히 반연을 단절하고 악을 생각하지 않는 것이며, 해탈지견향(解脫知見香)이란 진공 가운데 본래 묘유를 갖춘 것으로서 삼업이 청정하여 자성불(自性佛)을 성취한 것이다.

따라서 앞의 계향·정향·혜향은 계·정·혜 삼학이고, 해탈향은 견성이며, 해탈지견향은 성불이 된다. 그러한 즉 계향·정향·혜향이야말로 곧 달마가 말한 직지인심(直指人心)이고, 해탈향은 견성이고, 해탈지견향은 성불이 되는 것이다.[22]

여기에서 특히 강조되는 것은 향상의 진공인 해탈향인데, 해탈지견향과의 관계를 깊이 살펴보아야만 한다. 이 두 가지를 통해서 「제5 향전참회」에서 말하고자 하는 진공과 묘유의 의미가 분명히 드러나기 때문이다.

『육조단경』에서는 무상참회를 이야기하면서 참(懺)과 회(悔)의 의미를 설하는 부분이 나온다. 백파는 혜능의 이 부분을 염두에 두고 무상참회의 의미를 규정짓고 있는 듯하다. 『단경』『단경요해』의 각각의 내용을 비교하여 살펴보자.

---

22   이렇게 혜능의 사상과 달마의 사상을 회통시키는 것은 그 정통성을 다시금 확인시키는 것으로 여겨진다.

선지식들이여, 이상이 곧 무상참회(無相懺悔)이다. 무엇을 참(懺)이라 하고, 무엇을 회(悔)라 하는가. 참(懺)이란 그 이전의 허물을 뉘우치는 것이다. 종전의 모든 악업(惡業)과 우미(愚迷)와 교광(憍誑)과 질투(嫉妬) 등의 죄업을 일체 모두 다 뉘우쳐서 다시는 영원히 일어나지 않게 하는 것이 참(懺)이다. 회(悔)란 그 이후의 허물을 뉘우치는 것이다. 지금 이후의 모든 악업(惡業)과 우미(愚迷)와 교광(憍誑)과 질투(嫉妬) 등의 죄업을 지금 각오하여 일체 모두 영원히 단제하여 곧 다시는 짓지 않겠다는 그것이 곧 회(悔)이다. 그러므로 참회(懺悔)라 일컫는다.[23]

— 『단경(壇經)』

앞의 허물과 뒤의 허물이란 다음과 같다. 세 가지 삼구 가운데서 제일의 삼구는 곧 앞의 허물이기 때문에 그것을 참한다. 그러나 다시 제이와 제삼구에 집착하기 때문에 그것이 곧 뒤의 허물이다. 제이구와 제삼구는 곧 앞의 허물이기 때문에 그것을 참하지만, 다시 삼요에 집착한 즉 또 뒤의 허물이 발생한다. 그러나 삼세심이 불가득한 줄을 알고 진공의 자성을 철견하면 바야흐로 그것을 진실한 무상참회라 말한다.[24]

— 『단경요해(壇經了解)』

---

23 『六祖大師法寶壇經』(『大正藏』48, 353b), "善知識 已上是爲無相懺悔 云何名懺 云何名悔 懺者 懺其前愆 從前所有惡業 愚迷憍誑嫉妬等罪 悉皆盡懺 永不復起 是名爲懺 悔者 悔其後過 從今以後 所有惡業 愚迷憍誑嫉妬等罪 今已覺悟 悉皆永斷 更不復作 是名爲悔 故稱懺悔"

24 『壇經要解』, p.42:2-6, "前愆後過者三句中 初三句是前愆故懺之 而還着第二三句 則更爲後過也 第二三句是前愆故懺之而還着三要 則更生後過也 了達三世心皆不可得 徹見眞空自性方名眞實無相懺悔也"

백파는 여기에서 '그 이전의 허물[前愆]'이란 향하의 삼구 중 제1구인 의리선(義理禪)에 배대하고 있는데 곧 유무(有無)에의 집착을 말한다. 그 이전의 허물로서 제1구를 참(懺)했다 할지라도 다시 여래선(如來禪)과 조사선(祖師禪)이라는 제2와 제3구에 집착하기 때문에 '뒷 허물[後過]'이 된다고 설한다. 이어서 제2구와 제3구가 앞의 허물로서 다시 참회되더라도 이내 삼요[25]에 집착한 즉 뒤의 허물이 발생함을 말하며, 이를 자성으로부터 깨달아 삼세심(三世心)이 모두 불가득한 줄을 알고 진공의 자성을 철견하면 바야흐로 진실한 무상참회라 할 수 있다고 말하고 있다.[26]

이렇게 향상의 진공으로서 자성을 철견하여 향하의 삼구를 모두 타파하는 해탈향만이 강조되고, 다시 묘유인 해탈지견향을 특별히 거론하지 않는 이유는 무엇인가. 앞서 살펴본 도표에서 해탈지견향이란 '진공 가운데 본래 갖추어진 묘유[眞空中本具妙有]'라고 표현하였듯이, 향상의 진공이라는 화살 하나로 향하의 삼구의 관문을 타파하여 진공을 보게 되면 그것이 곧 삼업청정이고 자성불을 성취하는 것이기 때문이다. 이른바 진공을 보는 것이 바로 그 속에 갖추어진 묘유가 저절로 드러나는 것이기에 달리 거론할 바가 되지 않는다. 이러한 뜻은 다음에 이어지는 사홍서원에 대한 내용에서 더욱 분명해진다.

사홍서원의 부분은 비로소 참회를 마친 이들에게 올바른 서원을 세

25 　祖師禪 向下의 三要란 戒香·定香·慧香으로 向下의 三句인 義理禪·如來禪·祖師禪과 혼동해서는 안 된다. 참고로 向下의 三句의 구체적인 내용으로서 義理禪은 有無三句, 如來禪은 本今三句, 祖師禪은 機用三要이다. 祖師禪에 있어서 기용을 三要로 표현하는 것은 向下의 三句에 속하지만 祖師禪을 우위에 두는 가치관 때문이라 생각되며, 이는『禪文手鏡』에서 제시된 임제의 三要인 大機圓應, 大用直截, 機用濟施와도 관계가 있는 듯 하다.

26 　『壇經要解』, pp.41:10~42:1, "지금 삼세의 죄를 참회하지만 삼세가 모두 공적한 줄을 요달하기 때문에 그것이 곧 眞空이라고 말한다(故今懺悔三世罪也 是爲了達三世悉空寂 故正是眞空)."

우도록 하는 부분으로『육조단경』을 바탕으로 하고 있지만 '향하의 삼요'
와 '향상의 자성'이라는 두 잣대로서 새롭게 간파하고 있다.[27]

> 사홍서원(四弘誓願) 가운데 첫째는 악(惡)을 생각하지 않는 것이고, 둘
> 째는 선(善)을 생각하지 않는 것이며, 셋째는 견성(見性)이고, 넷째는
> 성불(成佛)이다. 대의는 이와 같지만, 앞의 두 가지 서원은 모두 자심
> (自心)을 말한 것인데 선(善)과 악(惡)을 가지고 표현한 것으로 곧 향하
> (向下)의 삼요(三要)이기 때문이다. 그리고 뒤의 두 가지 서원은 자성
> (自性)을 말한 것인데 진공(眞空)의 묘유(妙有)를 가지고 표현한 것으로
> 곧 향상(向上)의 자성(自性)이기 때문이다.[28]

백파는 사홍서원에 대하여 첫째는 악을 생각하지 않는 것이고, 둘째
는 선을 생각하지 않는 것이며, 셋째는 견성이고, 넷째는 성불이라고 말

---

27 혜능은 自心을 바탕으로 자기를 돌이켜 스스로 안에 있는 衆生, 煩惱, 法問, 佛道를 제도하고 끊고
    배우며 이루어가기를 일깨우고 있다. 그 내용을 보면 다음과 같다.『六祖大師法寶壇經』(『大正藏』48,
    354a), "그렇다면 자기의 성품을 자기가 제도한다는 것은 무엇인가. 곧 자기의 마음속에 있는 사견·번
    뇌·우치 등의 중생에 대하여 정견으로 제도하는 것이다. … 또한 '번뇌가 끝없이 깊어도 맹세코 단제
    할 것을 서원합니다'라는 것은 自性의 般若智慧로써 虛妄心과 思想心을 없애는 것이다. 또한 '法問이
    다함이 없어도 맹세코 학습할 것을 서원합니다'라는 것은 모름지기 스스로 見性하여 늘 정법을 실천
    하는 것을 진정한 학습이라 말한다. 또한 '불도가 아무리 높아도 맹세코 성취할 것을 서원합니다'라는
    것은 이미 일상생활에서 하심을 통하여 진정한 정법을 실천할 경우에 迷를 벗어나고 覺을 벗어나고
    늘 般若를 발생하고, 眞을 벗어나고 妄을 벗어나서 곧 불성을 보아서 그대로 언하에 불도를 성취하는
    것이다. 이처럼 일상의 넘에서 수행하는 것이 곧 네 가지 원력의 가르침이다(何名自性自度 卽自心中邪見煩
    惱愚癡衆生 將正見度 旣有正見 使般若智打破愚癡迷妄衆生 各各自度 邪來正度 迷來悟度 愚來智度 惡來善度 如是
    度者 名爲眞度 … 又煩惱無邊誓願斷 將自性般若智 除却虛妄思想心是也 又法門無盡誓願學 須自見性 常行正法 是名
    眞學 又無上佛道誓願成 旣能省下心 行於眞正 離迷離覺 常生般若 除眞除妄 卽佛性 卽言下佛道成 常念修行 是願
    力法)."
28 『壇經要解』, p.42:6-9, "四弘願中 初不思惡 二不思善 三見性 四成佛也 大意如是 初二願皆言自心者
    以善惡是向下三要 故後二願言自性者 以眞空妙有是向上自性故也"

하면서 앞의 두 서원은 자심(自心)에 배대하고 뒤의 두 서원은 자성(自性)에 배대한다.[29] 다시, 자심의 두 서원은 선과 악을 가지고 표현하였기에 향하의 삼요가 되고 자성의 두 서원은 진공과 묘유로서 표현하였기에 향상의 자성이자 견성·성불이 된다고 설한다. 이는 앞서 오분향 참회에서 계향·정향·혜향을 조사선 향하의 삼요로, 해탈향과 해탈지견향을 견성·성불의 향상의 본분으로 보았던 것과 같은 구조이다. 여기에서 중요한 것은 네 번째 서원은 세 번째 서원에 따른 것으로서 견성법문(見性法問)이며 언하에 성불한다는 것으로 묘유를 가리키며, 이는 진공의 묘용이지 별도의 법이 아니라는 것[妙有卽眞空上妙用]이다. 세 번째 서원에서 견성하면 곧 무념정법을 실천할 수 있게 되기에 그것이 묘유 그 자체가 드러난다고 말하는 것이다. 진공과 묘유의 관계에 대한 이러한 사고방식은 앞서 '진공을 본 즉 삼업이 청정하여 자성불을 성취한다는 것'과 동일한 맥락이라고 볼 수 있겠다.

『육조단경』에서는 이렇게 참회와 서원을 마치고 그 바탕 위에서 삼귀의계를 받는다고 한다. 백파는 삼귀의계로서 불법승(佛法僧)을 불법도(佛法道)로 표현하면서 불(佛)이란 기(機)이며 심청정(心淸淨)이고, 법(法)이란 용(用)으로서 심광명(心光明)이며, 도(道)란 중(中)으로서 처처에 무애한 정(淨=佛)과 광(光=法)이라고 말한다. 이를 알고 실천하는 것이 곧 삼귀의계인 것이다. 이 불법도(佛法道)는 다시 각(覺)·정(正)·정(淨)에 배대되는

29   白坡는 四弘誓願에 대하여 첫 번째 서원에서는 반드시 '自性'에서 발심하여 안으로 비추어 보아야 스스로 제도가 된다고 말하며, 두 번째 서원에서는 向下의 三種禪이 청정한 本分의 입장에서 보면 번뇌 망상이 아님이 없기에 그것을 단제할 것을 서원한다고 한다. 세 번째 서원은 見性한 즉 無念正法을 실천할 수 있다고 보며, 네 번째 서원은 세 번째 서원에 따라 언하에 불도를 성취하게 된다고 설한다.

데, 삼귀의의 대상이 지니는 속성을 이야기 하는 것이다. 각(覺)이란 의리선(義理禪)의 유·무 사견이 없는 것이고, 정(正)이란 여래선(如來禪)이 존귀하여 사견이 없고 공고심과 탐착심을 벗어난 상태를 나타내는 것이며, 정(淨)이란 걸림 없는 청정한 광명으로서 이는 향상본분의 묘용(妙用)이며 곧 묘유(妙有)인 것이다. 이 삼귀의계에서 백파는, 앞서 사홍서원과는 다른 방향으로 바라보아 묘유 밖에 별도로 진공이 없다는 것[妙有外無別眞空]을 설한다고 보고 있다. 그러하기에 불법도(佛法道) 각각에 대해서 '존(尊)'이라 하는 것이라고 말한다.[30] 결국, 사홍서원의 세 번째 서원이 진공의 묘용 자체가 묘유임을 강조하는 진공에서 바라본 '진공묘유'라면, 삼귀의계는 묘유에서 바라본 '묘유진공'으로서 묘유 자체가 진공임을 보이는 부분이라고 정리해볼 수 있겠다.

이어서 삼신(三身)에서는 이 삼신불(三身佛)이라는 것이 '일체(一體)이면서 삼신이고 삼신이면서 일체'라는 것을 증명한다. 곧 일체란 곧 진공이고 삼신이란 묘유인데, 묘유인 삼신에 각각 삼요[31]가 갖추어져 있으며, 다시 그 낱낱의 요(要) 가운데는 각기 삼요가 갖추어져 있다고 설한다. 이런 까닭에 일불에도 또한 삼신이 갖추어져 있는 것이 되기에 일체가 삼신이고 삼신이 일체가 될 수 있다는 논리이다. 백파는 전향참회의 모든 부분에서 보이고 있는 '자성 속의 공(空)과 유(有)의 도리'를 살펴 향하에서 향상으로 나아가기를 바라고 있는데, 이 삼신에 대한 해설은 진공이 곧 묘유이고, 묘유가 곧 진공임을 강조하는 가르침으로 앞서 설한 진공과 묘유의 관

---

30   『壇經要解』, p.44:6, "而皆言尊者 以妙有外無別眞空"

31   白坡는 法身·化身·報身을 臨濟의 三要에 대입하여 '大機圓應·大用直截·機用濟施'라고 말하고 있다.

계 및 그 의미를 회통시키고 있는 것이라고 할 수 있겠다.

3. 「제10 부촉유통」의 진공과 묘유

「제10 부촉유통」은 혜능의 입적과 함께 그 당시의 여러 상황 게송과 설법을 담고 있는 부분이다. 백파는 혜능의 입적을 거론하며, 이는 당처(當處)에 출생하고 수처(隨處)에서 멸진하는 것을 설명하는 것으로서 공(空)과 유(有)의 무이원융(無二圓融)을 설하는 것이라 말하고 있다.[32] 다음은 백파가 예로 들었던 혜능의 임종설법 부분으로 그 내용이 잘 나타나 있다.

> 그대들이 지금 슬피 우는 것은 누구를 위한 연민인가. 만약 내가 가
> 는 곳을 모르고 있을까봐 연민하는 것이라면 나는 내가 가는 곳을
> 본래부터 알고 있다. 만약 내가 가는 곳을 모르고 있었다면 끝내 그
> 대들에게 미리 알리지도 않았다. 그대들이 슬피 우는 것은 필시 내가
> 가는 곳을 그대들이 모르고 있기 때문이다. 만약 내가 가는 곳을 그
> 대들이 안다면 곧 그렇게 슬피 울지는 않을 것이다. 법성은 본래부터
> 생(生)·멸(滅)·거(去)·래(來)가 없다.[33]

---

32   『壇經要解』, pp.79:10~80:2, "往新州建塔者 以是生處故 今欲入寂於彼處 示其收化歸證 而以明諸
      法當處 出生隨處滅盡是爲空有無二圓融也"

33   『六祖大師法寶壇經』(『大正藏』48, 360c), "汝今悲泣 爲憂阿誰 若憂吾不知去處 吾自知去處 吾若不知
      去處 終不預報於汝 汝等悲泣 蓋爲不知吾去處 若知吾去處 卽不合悲泣 法性本無生滅去來"

여기에서 혜능이 내가 가는 곳을 본래부터 알고 있다고 하는 것은 진공의 열반으로서 이미 진공으로부터 나온 묘유이기에 다시 묘유를 거두어 진공으로 돌아가는 것이라고 설한다.[34] '진공→묘유→진공'의 구조인 것이다. 이에 대해서 백파가 다음과 같은 구절을 들어 그 뜻을 분명히 한다.

나뭇잎은 떨어져 뿌리로 돌아간다. 그러나 올 때는 말이 없다.[35]

나뭇잎은 묘유로서 본래의 자리인 뿌리로 돌아간다. 이 뿌리란 진공인데, 묘유가 진공으로 돌아간다 할지라도 그 돌아가는 목적지로서의 진공이 달리 있는 것이 아니다. 마치 이는 나뭇잎이 처음 생겨날 때 말이 없었던 것과 같은 이치이다. 말이 없다는 것은 곧 이미 갖추어진 진공인 것이다. 이러한 까닭에 유(有)를 떠나서 공(空)에 의지한 즉 실(失)이고, 유(有)에 즉하여 공(空)에 의지한 즉 득(得)이 되는 것이지 공(空)과 유(有)가 생겨났다가 없어졌다가 하는 것은 아니라는 것이다.

이어서 백파는 일상삼매(一相三昧)는 곧 진공이고, 다시 분별상과 집착이 없기에 무상삼매(無相三昧)라고도 말한다. 그리고 일행삼매(一行三昧)

---

34 『壇經要解』 p.80:7-9, "吾自知去處者 指眞空涅槃也 前旣從眞空出來妙有故 今亦收妙有歸眞空也"

35 眞如自性을 상징하는 혜능 자신은 여래의 경우처럼 法爾然하게 떠나가고 法爾然하게 돌아온다는 것을 뜻한다. 때문에 떠나간다고 해서 죽는 것이 아니고 온다고 해서 태어나는 것이 아니다. 다만 眞如의 입장에서 여법하게 오고 여법하게 갈 뿐이다. 眞如自性의 不生不滅을 보여준 대목이다. 鳩摩羅什 譯, 『金剛般若波羅蜜經』 "若有人言 如來若來若去若坐若臥 是人不解我所說義 何以故 如來者無所 從來 亦無所去 故名如來"(『大正藏』8, 752b) ; 『信心銘』 "근본 찾으면 종지를 얻고/ 반면 따르면 종지를 잃네/ 歸根得旨 隨照失宗"(『大正藏』48, 376c) ; 『黃檗斷際禪師宛陵錄』 "眞佛無口 不解說法 眞聽無耳 其誰聞乎"(『大正藏』48, 387a) 참조; 白坡亘璇, 『六祖大師法寶壇經要解』, 김호귀 역주, 서울:정우서적 (2012), p.183, 〈주석 260〉 재인용.

는 묘유로서 일체처(一切處)와 일체시(一切時)에 순일(純一)·무염(無染)·무착(無着)하여 언제나 자신의 도량을 벗어난 적 없이 청정만행을 성취하기에 무념삼매(無念三昧)라고 말한다. 이 둘은 모든 사람의 자성에 본래부터 구비되어 있는 '보리종자'라고 설한다. '묘유이지만 진공'인 이치를 이렇게 정리하고 있는 것이다.[36]

이와 함께 백파가 거론한 부분에 해당하는 혜능의 게송에 담긴 뜻도 살펴볼 만하다.

조사가 게송을 설하여 마쳤다. 단정하게 앉아서 삼경에 이르자 홀연히 문인들을 불러놓고 말했다. "나는 이제 떠난다" 그리고는 조용하게 천화하였다. … 이듬해 7월에 감실을 개봉하여 제자 방변(方辯)이 향기로운 흙으로 법체를 발랐다. 문인들은 수급(首級)을 훔쳐갈 것이라는 현기(玄記)를 억념하고는 이에 철판과 칠포(漆布)로서 대사의 머리를 몇 겹으로 감싸고 단단히 대사의 목 부분에 덧대어 탑에 안치하였다. 그러자 홀연히 탑 속에서 흰 광명이 출현하여 곧바로 하늘로 치솟더니 사흘 만에 겨우 사라졌다.[37]

위의 이야기는 혜능이 천화한 그 이듬해, 제자들이 모여서 스승의 육

---

36 『壇經要解』, p.82:3-10, "一相三昧是眞空 以我心體 清淨本然 常住不變 不住諸相 故名曰一相 又不住諸相 故亦名無相三昧也 一行三昧是妙有 以此自念心體 本自圓明故 能於一切時一切處 純一無染無着 不離自性道場 成就清淨萬行 故名曰一三昧 亦各無念三昧也 此二三昧 是人人自性上 本具之菩提種子 而今亦遇我說法 則因緣和合故 果能承旨依行 決證菩提妙果也"

37 『六祖大師法寶壇經』(『大正藏』48, 362b), "師說偈已 端坐至三更 忽謂門人曰 吾行矣 奄然遷化 … 次年七月出龕 弟子方辯以香泥上之 門人憶念取首之記 仍以鐵葉漆布固護師頸入塔 忽於塔內白光出現 直上衝天 三日始散 韶州奏聞 奉勅立碑 紀師道行"

신을 모신 감실을 개봉하여 등신불로 조성하는 일련의 내용을 담고 있
는 부분이다. 백파는 마지막 부분에서 감실이 방광(放光)하는 것을 일러
진공과 묘유의 뜻을 도출해 낸다.

'단정하게 앉아서 삼경에 이르자 천화하였다'는 대목은 비록 진공으
로 돌아가지만 묘유를 벗어나지 않는다. 때문에 흰 무지개의 빛이 하
늘까지 뻗친 것은 진공이고 열반한 이후 사흘 만에야 그 빛이 사라졌
다는 것은 곧 열반에 본래 갖추어져 있는 묘유이다.[38]

곧 '홀연히 탑 속에서 흰 광명이 출현하여 곧바로 하늘로 치솟더니
사흘 만에 겨우 사라졌'라는 글에서 흰 광명이 하늘로 치솟은 것은 일
종의 사라짐으로, 묘유가 진공으로 돌아간 것으로 진공의 열반을 나타
낸다고 보았다. 이와 함께 그 빛이 사흘 만에 겨우 사라졌다는 것은 묘
유의 의미를 담고 있다고 설한다. 따라서 이러한 사실들을 종합해 볼 때,
여기에서는 앞서 입적의 사실들이 '묘유이지만 진공'을 나타내었던 것과
는 반대로 '진공이지만 묘유'인 이치를 다시 드러내고 있다고 볼 수 있다.

---

38   『壇經要解』, p.85:8-10, "端坐至三更遷化 雖歸眞空 不離妙有 故白光衝天 正是眞空 涅槃三日始滅 是
      涅槃本具妙用也"

Ⅲ. 백파의 진공과 묘유 특징

백파는 임제삼구에 대하여 58세(1824)에 저술한 『선문오종강요사기』에서 폭넓게 해석을 가하고 있다.[39] 삼구(三句)와 일구(一句)의 관계에서부터 소량삼구(所量三句)와 능량삼구(能量三句), 이사삼구(理事三句)와 권실삼구(權實三句), 신훈삼구(新熏三句)와 본분일구(本分一句) 등 삼구의 다양한 성격 등에 대하여 분류한다. 그 이후 60세(1826) 되던 해에는 『선문수경』을 지어 앞서 설한 임제삼구를 삼종선과 관련지어 더욱 폭넓게 해석하였다.[40] 이 책에서 백파는 자신마저도 향상의 본분진여(本分眞如)에서는 불조(佛祖)와 다름이 없다고 말하며, 중생이 갖추고 있는 본분진여는 불변의 진공으로 보고 수연(隨緣)을 묘유로 간주하였는데, 이는 임제의 삼구에 뿌리를 두고 향상의 본분진여와 향하의 신훈삼선을 설명한 것이었다.[41]

---

39   〈표2〉白坡의 저술들에 대한 연대표

연호 및 연도	白坡의 세수	저술 및 활동
순조 22년(1822)	56세	『수선결사문』 저술
24년(1824)	58세	『선문염송집사기』『禪門五宗綱要私記』 저술
25년(1825)	59세	『대승기신론소 필삭기』 교감
26년(1826)	60세	『작법귀감』 序 집필
32년(1832)	66세	『선문수경』 저술
33년(1833)	67세	『금강팔해경』 저술
현종 05년(1839)	73세	『선요사기』 저술
11년(1845)	89세	『육조대사법보단경요해』 저술

40   김호귀, 「禪門五宗綱要私記에 나타난 白坡의 임제삼구에 대한 해석 고찰」, 『정토학연구』 제18권, 서울: 한국정토학회(2012년 12월), p.319.

41   김호귀, 「六祖大師法寶壇經要解에 나타난 白坡亘璇의 선사상의 특징 고찰」, 『한국선학』 제31호, 서

여기에서는 임제삼구와 삼종선을 비롯한 중요 개념들이 정리되어 있는『선문수경』을 중심으로 하여, 어떤 점에서 같고 또 어떤 점에서 다른지 살펴보고자 한다.『선문수경』은『법보단경』과 저술시기 간의 차이가 멀지만 서로 유사성이 많을 뿐만 아니라, 사상적으로 중요한 것들에 대한 언급이 자세하기 때문이다. 이를 통해서『단경요해』에서 강조되고 있는 향상의 본분인 '진공과 묘유'가 어떠한 바탕 위에서 탄생되었으며 그 특징은 무엇인지 알 수 있을 것이다. 특징을 살피는 데 있어서는「제5 전향참회」에 나타난 오분향·사홍서원·삼귀의·삼신을 중심으로 하여『선문수경』에서 설해진 내용과의 차이점을 짚어가면서 그 속에 나타난 진공과 묘유의 모습을 찾아볼 것이다.

먼저『선문수경』의 오분법신을 배당하는[配五分法身] 품을 보면 계향·정향·혜향·해탈향을 설하는 부분에서는『단경요해』와 다를 바가 없다. 그러나 해탈지견향에 보면,

> 다섯째, 해탈지견향(解脫知見香) 법신(法身)은 진공(眞空) 중에 본래 간직된 묘용에 배당된다. 왜냐하면 널리 배우고 많이 들어서 자기도 이롭고 남도 이롭게 하기 때문이다.[42]

라는 표현으로 마무리를 짓고 있다. '진공 중에 본래 간직된 묘용[眞功中本具妙有]'이라는 점에서 관점을 같이하고 있으나 '널리 배우고 많이 들어

올: 한국선학회(2012년 4월), p.20.

42   白坡亘璇,『禪文手鏡』, 신규탁 옮김, 서울: 동국대학교 출판부(2012), p.103.

백파긍선의『육조대사법보단경요해』에 나타난 진공과 묘유의 의미 고찰 39

서 자기도 이롭고 남도 이롭게 한다'는 것은 신훈삼구 중 제2구에 해당하는 것으로 중·하근기를 향한 방편설이라 볼 수 있다. 곧 방편설로서의 삼현(三玄)인 것이다.[43] 그러나 『단경요해』에서는 자성에 영원히 반연을 단절하여 악(惡)을 생각하지 않는 해탈향인 향상의 진공을 보는 즉 자연히 삼업(三業)이 청정해져 자성불을 성취한다고 설하고 있는데, 이는 진공을 요달한 그 자체로서 자연히 드러나는 묘용으로서 묘유를 지칭한다. 방편설로서 해탈지견향보다 묘유 그 자체로서 향상의 해탈지견향을 강조하는 것이라고 할 수 있다.

이어서 사홍서원에서는 중생을 제도하겠다는 첫 번째 서원과 번뇌를 끊겠다는 두 번째 서원은 두 저술 모두에서 일치한다. 악을 생각하지 않는 것과 선을 행하려는 생각조차 하지 않는 것이 그것이다. 여기에서 악을 생각하지 않는다는 것은 안으로 반야지혜(般若智慧)가 훈습되어 있는 자성으로서 삼독심(三毒心)을 타파하기를 서원하는 것을 말한다. 그리고 선을 행하려는 생각조차 하지 않는다는 것은 향하의 삼종선, 다시 말해 의리선·여래선·조사선 각각의 삼구(三句)[44] 및 경교(經教)의 여러 가르침이 청정한 본분의 입장에서 번뇌망상 아님이 없음을 보고 그것을 단제하기를 서원하는 것이다. 세 번째 서원의 경우, 『선문수경』에서는 무념의 지혜에 의한 '참다운 배움[眞學]'으로 보는 데에 반해서, 『단경요해』에서는 견

---

43 新熏三句 중 제2구에 해당 한다는 것을 이해하기 위해서는 『禪門五宗綱要私記』에 설명된 三句를 이해할 필요가 있다. 白坡는 三句 전체를 일컫는 경우에는 蘊總三句라고 칭하는데, 이때 三句란 佛·法·道를 말한다. 이러한 낱낱의 三句를 지칭할 경우에는 新熏三句라 칭한다. 다시 말해, 蘊總三句는 하나인 전체이고, 新熏三句는 부분의 합인 전체이다. 그리고 佛인 제1구는 機이자 要이고, 法인 제2구는 用이자 玄이며, 道인 제3구는 中이자 句이다. 또, 要란 언설로서 설해질 수 없는 眞空의 진리이고, 玄이란 眞空에 의거한 妙用의 가르침이며, 句란 언설로서의 분별이 있는 가르침이다.

44 向下의 三句란 義理禪의 有無三句, 如來禪의 今本三句, 祖師禪의 機用三要를 말한다.

성하면 곧 무념의 정법을 실천할 수 있다고 보고 있다. 무념에 의한 정법의 실천을 강조하고 있는 것이다. 이는 네 번째 서원 때문인데, 세 번째 서원에 따라서 '처음의 여섯 구'[45]를 성취하여 견성법문(見性法問)으로서 언하에 성불하는 것이 그 서원의 내용이기 때문이다. 이 여섯 구에서는 일상생활 속에서 하심(下心)을 통하여 진정한 정법을 실천할 것을 강조하고 있는 것을 확인할 수 있다. 그리고 네 번째 서원에서 중요한 점은『선문수경』에서 네 번째 서원은 부처가 되기를 바라는 것으로서 진공의 법문 가운데 본래 갖추어진 묘용이며, 진불(眞佛)·진법(眞法)·진도(眞道)의 삼요(三要)임을 강조하는 것이라고 보는 데 반해서,『단경요해』에서는 진(塵)·망(妄)의 삼요(三要)를 제거하여 견불성하는 것으로 언하에 성불하는 견성법문으로 보고 있는 점이다. 후자에서 '진·망의 삼요'란 향하의 삼구 중조사선의 기용삼구(機用三句)를 일컫는 것으로 이를 제거하여 견불성한다는 것은 '묘유란 진공의 묘용에 다름 아님을 강조하는 것이다. 이로써 좀 더 진공묘유에 철저한 입장에 서 있음을 알 수 있다.

다음으로 삼신설(三身說)에 나타난 진공묘유의 특징을 살펴보자.『선문수경』에서는 삼신을 세 가지의 경우로 배당하여 풀이하는데 첫째는 보신(報身)과 화신(化身)을 삼요(三要)에, 법신(法身)은 향상일규(向上一竅)에 배당하는 것, 둘째는 삼신 모두가 삼요에 배당 되는 것, 그리고 셋째는 기(機)·용(用)·중(中)과 진공·묘유로 배당하는 것이다. 세 번째의 내용을 보

---

45 여섯 구에 해당하는 대목은 다음과 같다. "이미 일상생활에서 하심을 통하여 진정한 정법을 실천할 경우에 迷를 벗어나고 覺을 벗어나서 늘 般若를 발생하고, 眞을 벗어나고 妄을 벗어나서 곧 佛性을 보는 것이다(旣常能下心 行於眞正 離迷離覺 常生般若 除眞除妄 卽見佛性)." 白坡亘璇,『六祖大師法寶壇經要解』, 김호귀 역주, 서울:정우서적(2012), p.100,〈주석125〉 재인용.

면 이하와 같다.

> 셋째, 삼신(三身)을 합하면 보현보살의 '완전한 작용[大用]'에 배당되며,
> 향상(向上)하는 법신(法身)은 문수보살의 '완전한 기틀[大機]'에 배당되
> 며, 삼신(三身)과 일신(一身)을 합하면 '중도[中]'에 배당된다. 한편, 삼신
> (三身)도 아니고 일신(一身)도 아니며[眞空], 삼신(三身)이기도 하며 일신
> (一身)이기도 하면[妙有] 이 경우는 '향상(向上)하는 비로자나불'에 배당
> 된다.[46]

위의 세 번째 설명에서 '삼신도 아니고 일신도 아니라는 것'은 완전한
부정으로서 진공이며, '삼신이기도 하며 일신이기도 한 것은 완전한 부정
인 진공에서 비로소 드러나는 묘유'를 나타내는 것이라 할 수 있다. 그리
고 이러한 묘유란 '향상하는 비로자나불'임을 이야기 한다. 『단경요해』에
서도 위와 같이 진공과 묘유에 입각하여 설해지고 있는데, 삼신을 진공
으로서 일체로 보고, 그 안에 삼요가 있어서 다시 그 낱낱의 요(要) 가운
데 각각 삼요를 갖추고 있기에 삼신 중 일불(一佛=一身)에도 또한 삼요인
삼신이 갖추어져 있음을 피력한다. 이런 경우 모두 회통되어 일체이면서
삼신이고, 삼신이면서 일체인 관계가 성립하게 되어 『단경요해』에서 말
하는 '일체이면서 삼신인 자성불'이란 『선문수경』에서의 '향상하는 비로
자나불'과 다름없게 된다.

이상으로 살펴본 백파의 진공묘유를 정리해 보면, 그 가운데 일관되

---

46   白坡亘璇, 『禪文手鏡』, 신규탁 옮김, 서울:동국대학교 출판부(2012), p.101.

게 강조되는 하나의 기준점이 있음을 알게 된다. '진공을 요달하면 그 자체로서 자연히 드러나는 묘용이 곧 묘유'라는 것이다. 이는 앞서 해탈향인 진공을 체득함을 통해 향상의 해탈지견향이 드러난다고 하는 말에서 알 수 있다. 묘유가 달리 견성 밖에 존재하는 것이 아니라 진공이 곧 묘유임을 이야기하는 것이다. 나아가 이를 좀 더 실천적 입장에서 바라본 것이 사홍서원에서의 진공과 묘유이다. 곧 사홍서원의 세 번째 서원을 해설함에 있어서 '무념의 지혜에 의한 참다운 배움[眞學]'이라는 『선문수경』의 설에서 한 걸음 더 나아가 '견성하면 곧 무념의 정법을 실천할 수 있다'라는 점을 강조한다. 일상생활에서 하심을 통하여 진정한 정법을 실천하게 하는 여섯 구[47]를 성취하여 견성법문으로서 언하에 성불하기를 바라고 있는 것이다. 견성이란 진공이고 실천이란 묘유이다. 견성을 통해 자연히 정법을 실천하는 것이 '견성을 통한 묘유'라고 본다면, 일상생활 속에서 하심을 통하여 진정한 정법을 실천하여 여섯 구를 성취하고 견성법문으로서 언하에 성불하는 것은 '묘유 밖에 달리 진공이 없음'을 말하는 것이라 할 수 있을 것이다. 즉 진공·묘유이자 묘유·진공인 것이다. 이러한 논리는 삼신설(三身說)에서 분명히 드러난다. 일체인 삼신을 진공으로 보고 그 속의 삼요(三要)를 묘유로 바라보면서, 그 삼요의 일불(一佛=一身) 낱낱에 다시 삼요가 갖추어져 있음을 말하는 것은 진공이자 묘유이고 묘유이자 진공인 이치를 잘 드러내고 있다. 이는 곧 '공(空)·유(有)의 무이원융(無二圓融)'이라 할 수 있는데, 「제10 부촉유통」에서 혜능의 입적이 '당처출생(當處出生) 수처멸진(隨處滅盡)'을 설명하는 것이라 말하면서

---

47   여섯 구에 대해서는 주 45 참조.

'나뭇잎은 떨어져 뿌리고 돌아간다. 그러나 올 때는 말이 없다'라고 하여 '(진공)→묘유→진공'[48] 의 의미를 나타내는 것과 괘를 같이 하고 있다.

IV. 결어

백파는 정과 혜를 해설하면서 이는 향상의 공과 유를 분별하는 것이라 말한다. 곧 선정은 마음의 본체가 청정하여 산란함을 영원히 끊은 것으로서 진공이며, 지혜는 자성에 어리석음이 없어 널리 만물을 비추는 것으로서 묘유라는 것이다. 그리고 이를 남에게 설명할 때에는 일행삼매로서 설명해야 하며 이는 혜능의 직심(直心)과 같다고 보았다. 혜능은 이때의 직심을 일상적인 선법의 실천으로 간주하고 있는데 백파가 삼구와 진공묘유를 바탕으로 삼종선의 원리적인 측면을 밝히면서도 삼종선의 실천적인 면을 강조하는 것은 혜능의 사상을 계승하고 있기 때문이다. 정혜일체(定慧一體) 즉 일행삼매는 무상삼매(無相三昧)·무념삼매(無念三昧)·

---

48   본래 眞空과 妙有는 시간적 선후관계가 아니지만, 혜능의 입적이라는 구체적인 사건을 예를 들어 설명하기에 이와 같은 도식으로 나타내 보았다. 팔호안의 眞空은 法身을 말하고, 妙有란 化身으로서 當處出生의 모습이며, 다시 眞空이란 報身으로서 隨處滅盡의 모습이며 法身으로 向下는 것으로 볼 수 있다.

무주삼매(無住三昧)라고도 불리며 그 가운데 '무념은 무릇 진공과도 같다'라고 설한다. 그러나 이를 다시 타파하여 '무념의 진공 속에도 또한 묘유가 구비되어 있다'고 말하여 무념을 진공묘유로 엮어내고 있다. 일행삼매의 다른 이름들 중에서 특별히 무념을 들어 설명하는 것은 「제5 전향참회」에서 자심(自心)으로부터 자성(自性)을 깨달아 진공을 본 즉 자성불(自性佛)을 성취하는 것이라는 말에서도 보이듯이 향상과 향하가 모두 마음에서 이루어지는 것이기 때문으로 여겨진다.[49]

무념이 무릇 진공과도 같음을 타파하여 그 속에 묘유가 구비되어 있음을 잘 보여주는 부분은 「제5 전향참회」이다. 그 가운데 오분향을 보면, 이 오분향은 모든 사람의 본성으로 각자의 안으로 훈습될 수 있음을 말하면서 자성에 영원히 반연을 단절하여 악을 생각하지 않으면 그것이 곧 향상의 진공이고 해탈향이며, 진공 가운데 본래 갖춘 묘유로서 해탈지견향이라 설한다. 이때 계향·정향·혜향은 삼학(三學)으로서 직지인심(直指人心)이고 해탈향은 견성이며 해탈지견향은 성불이라 정의하고 있는데, 이는 달마의 선법과 혜능의 선법 사이의 회통을 꾀한 것으로 보인다.(眞空·妙有)

또한 사홍서원에서는 서원의 제3구를 '견성한 즉 무념설법을 실천할 수 있다'는 의미로 해석하면서 이 서원에 따라 제4구에서 견성법문으로서 언하성불(妙有)하게 된다고 말한다. 이렇게 제3구의 견성에 따라 제4구의 묘유가 드러남은 진공의 묘용으로서의 묘유가 자연히 나타남이어

---

49   無相은 밖으로 경계에 대하여 분별상이 없는 것이고 無念이란 안으로 마음의 잡념이 없는 것이며, 無住란 안으로 마음에 밖으로 경계에 主·着이 없는 것이다.

서 별도의 법이 아님을 역설한다. (眞空 →妙有)

그리고 이어서 삼귀의계에서는 불(佛)을 심청정(心淸淨), 법(法)을 심광명(心光明), 그리고 도(道)는 처처무애한 정(淨=佛)과 광(光=法)으로서의 묘유로 보면서, 삼보(三寶)로서 여겨질 때는 각각 각(覺)·정(正)·정(淨)의 의미가 된다고 한다. 여기에서 다시 그 각각에 '존(尊)'이라 칭하는 것은 향상본분(向上本分)의 묘용으로서 묘유 밖에 달리 진공이 없음을 말하는 것이다. (妙有→眞空)

오분향에서 진공과 묘유를 각기 이야기하였고, 사홍서원과 삼귀의계에서 각기 낱낱으로 '묘유인 진공'과 '진공인 묘유'를 설명하였으며, 이제삼신에서는 진공이 곧 묘유이고 묘유가 곧 진공인 이치를 설하기에 이른다. (眞空↔妙有)

백파는 삼신을 해설하면서 일체인 삼신이란 곧 진공인데 그 안에는묘유로서의 삼요(법신·화신·보신)가 갖추어져 있고[一體이면서 三身] 그 각각의 일신에도 다시 삼요가 갖추어져 있기에 일신은 다시 일체가 된다고말한다.[三身이면서 一體] 따라서 삼신은 묘유이면서 진공이고 진공이면서묘유가 되는 것이다.

이러한 진공묘유의 관계는 「제10 부촉유통」에서 실제의 예화를 들어더욱 분명하게 드러낸다. 백파는 혜능의 입적에 대하여 제법이 당처(當處)에서 출생하여 수처(隨處)에서 멸진하는 것을 설명하는 육신설법으로 바라보면서 '나는 내가 가는 곳을 본래부터 알고 있다'라는 혜능의 말과'나뭇잎은 떨어져 뿌리로 돌아가지만 그러나 올 때는 말이 없다'라는 구절을 인용하고 있다. 이는 이미 진공으로부터 출래한 묘유이기 때문에 다시 묘유를 거두어 진공으로 돌아감을 보인 것이라 해설한다. (眞空↺妙有)

이처럼 백파는 삼구에 대한 이해를 바탕으로 그 위에 정혜일체(定慧 一體)의 원리를 이야기 하며 『육조단경』의 여러 부분을 인용하여 다양한 관점에서 진공과 묘유의 이치를 설명하고 있다. 이러한 원리적인 진공묘 유의 교설들이 실제의 삼종선 상에서 향상의 일구인 진공을 철견하여 삼구로서의 삼종선을 타파하는 것에 그 목표가 있음은 두말할 나위도 없으며, 특히 『단경요해』에서 이 점은 더욱 두드러지고 있음을 발견할 수 있다.

02.
백용성대종사의
화엄과
선

영석映昔

영석 映昔

동국대학교(경주) 겸임교수

운문사승가대학 대교과를 졸업했다. 동국대학교에서 「진각국사 혜심의 『禪門拈頌』」 주제로 박사학위를 받았다. 대전 보문고 교법사와 포교원 포교연구실 사무국장, 동국대 불교학술원 연구교수를 역임했다. 또 동국대학교 경주캠퍼스 불교문화대학 겸임교수 및 초빙교수를 역임했다. 연구 논문으로는 「『화엄경현담중현기』와 『분양송고』에 관한 고찰」, 「『설두송고』에 관한 고찰」, 「간화선의 수용과 그 특징에 관한 고찰」, 「19세기 수선결사의 계승-소림통방정안과 설두봉기의 선교결사」 등이 있다.

I. 서론

용성진종(龍城震鐘, 1864~1940)대종사(이하 용성 스님)는 한국 근대사에 있어서 선의 수행과 그 사상을 계승하여 확립하고 전통을 발전시킨 선구자이다. 그의 수행과 교화는 종사로서 교단에서 그치지 않고 일체중생을 향한 질서와 평화를 추구하는 실천으로 전개되어 구한말 일제에 강탈당한 국토와 민족을 향한 자비의 실천으로 독립운동에까지 헌신하게 되었다. 용성 스님의 사상을 단언하자면 불법의 지혜와 그 실천인 자비로 요약할 수 있을 것이다. 특히 그의 저술과 경전의 번역, 그리고 출판은 원융한 지혜와 자비의 한 단면으로서 신심과 원력을 드러낸 결과라고 할 수 있다. 아울러 물밀 듯 몰려온 외세와 타종교에 대응한 그의 구도와 교화의 보살 사상은 번역과 포교, 독립운동으로 구체화되어 선각자로서의 면모를 갖추게 되었다.

용성 스님은 불타의 지혜와 덕성을 갖추는 일을 우선적으로 실천하는 일로서 번역과 저술, 출판 그리고 대중화를 위한 노력은 불교사와 역경사 불교사상에 지대한 영향력을 끼쳤다. 그가 번역한 10여 부의 경전과 20여 종의 저술은 선사로서 그의 선교관을 내보이고 있으며 한국불교의 정체성을 엿볼 수 있을 것이다. 2016년 12월 13일 마침내 출간하게 된『백용성대종사 총서』는 근현대 불교에 대한 연구 근거가 될 것이다

용성 스님의 여러 업적 중 금번 논의하고자 하는 내용은 경전의 번

역 중 특히 교관의 중심이요 총합적인 경전이라 할 수 있는 『화엄경』의 번역과 출판, 이에 대한 용성 스님의 사상에 미친 영향의 일면을 살펴보고자 한다. 용성 스님의 『화엄경』 번역서에 대하여서는 이미 보광 스님의 「백용성 스님 국역 『조선글 화엄경』 연구」(2012년 12월)에서 『화엄경』 번역에 있어서의 배경과 용성 스님의 『화엄경』 국역서에 대하여 『조선글 화엄경』으로 명명하여 그 특징과 의의에 대하여 연구·발표한 바 있다.

　　세종의 한글 창제 이래 여러 경전들이 한글로 번역되긴 하였지만, 용성 스님에 의해 우리글로 된 『화엄경』 번역은 『화엄경』의 번역사에 있어서 최초이다. 본고에서는 용성 스님이 『화엄경』의 번역을 통하여 어떠한 역할을 기대하였는지, 또 용성 스님은 『화엄경』을 중심으로 경론의 번역과 저술을 어떻게 선사상적으로 원용을 시도하였는지를 살펴보고자 그의 선교관을 정리해보고자 한다.

II. 『조선글 화엄경』의 번역

『화엄경』을 국역하게 된 동기에 대하여 용성 스님이 직접 언급한 자료는 『조선글 화엄경』의 「머리말」과 후기라 할 수 있는 「저술과 번역에 대한 연기」에 나타난다.[01] 그 후기에는 1927년 11월 13일 '하동 지리산 칠불선원에서 『귀원정종』 3,000부 외 『화엄경』 6,000부 등 34,300부를 저술 및 출판'하였음을 밝히고 있다. 여기에서는 『화엄경』의 번역 이외에 다른 번역서 및 용성 스님의 여러 저술에 대하여 전반적인 정황을 알려주고 있다.

『화엄경』의 국역에 대하여 구체적으로 밝히고 있는 「머리말」에서는

이른 바 "이 법이 법 위에 머물러 세간 형상이 항상 머문다"라고 하시니 이 말씀은 세간상이 항상 머물러 나지 않고 멸하지 아니한다는 말씀이다. 이 한 글귀에 모두 설파하였도다. 세계가 이 법을 설하고 중생이 이 법을 설하고 국토가 이 법을 설하고 과거가 온전히 이 법을 설하고 현재가 온전히 이 법을 설하고 미래가 온전히 이 법을 설하고 삼세 일체가 온전히 이 법을 설한다. 삼계가 유심이요 만법이 유식이라 하였으니 유심 밖에는 유식·유물이 없고 유물 밖에는 유심·유식이 없어서 마음과 경계가 한결같으며 물건과 내가 하나로 이루어져 있다. 대천세계를 방위 밖으로 집어던지며 수미산을 겨자씨 속에 집어넣는다. 우리 마음의 광명 체성이 지극히 신령하여 명상이 없되 천지와 허공과 일월성숙을 집어삼키며 뱉으니, 이 한 물건을 어떻게 알꼬?[02]

라고 하고 있다. 화엄의 용어에 대한 언급은 국토, 세간, 삼계, 대천세계,

수미산, 유식, 유심 등인데 마음, 체성, 경계, 한 물건 등과 연관을 지어서 구체적인 화엄사상에 관한 예시는 전혀 없다고 볼 수도 있으나[03] 용성 스님은 화엄의 언교를 마음의 광명 체성, 한 물건이라는 선구로서 화엄을 통해 선을 내보이고자 하는 의도가 담긴 것을 알 수 있다. 『화엄경』에서의 언교를 선리로서 설명하고 있는 것이다. 다시 말하면 『화엄경』에서 설하는 사상을 직접 설명하기보다 오히려 경문을 인용하여 용성 스님의 선관으로 서술하고 있는 것이다.

첫 행에서 인용하고 있는 경문은 '세간 형상이 항상 머문다' 라고 하고 '이 말씀은 세간상이 항상 머물러 나지 않고 멸하지 아니한다'고 하면서 '삼세 일체가 이 법을 설하며, 하나로 이루었다'고 한다. 그래서 시방세계로 집어던지고 겨자씨 속으로 집어넣는 것은 마음의 광명체성이라는 것을 이끌어 '이 법'이요 '이 한 물건'이라고 해석하고 있다. '유식·유물이 없는 유심', '유심·유식이 없는 유물'이라고 하면서 한가지임을 다시 설하고 있다. 다시 말하면 세간상과 이 법이 법의 자리에 머무는 것은 최상승법이라서 상주하고 불멸이며, 시방삼세 일체가 온전히 설하여 마음의 체성으로서 '이 한 물건'을 지금 여기에 버들이 푸른 빛을 드리우고 흩날리는 붉은 꽃이 이 한 물건이라는 고불에 얹혀 드러내는 도리를 이르고 있는 것이다.

'이 법(法)'이라고 하는 것은 선어구로 본다면 '시법(是法)'이라고 이해할 수도 있고 화엄의 '이법(理法)'을 대변하는 것으로 볼 수도 있다. '시법(是法)'으로서 '물러나지 않는 법과 걸림 없는 경계를 얻었다'는 것과 관련

03   한태식(보광), 「백용성 스님 국역 『조선글 화엄경』 연구」, 『대각사상』, 제18집(2012.12).

하여 '시법(是法)'은 바로 화엄의 이법(理法)이며 이법계(理法界)일 것이다. 화엄의 법리는 이법(理法)과 사법(事法)의 무장애법이므로 '무장애의 법위(法位)에 머물고 세간형상이 모두 여기에 머문다'고 하는 것이다.

이 법(法)은 무엇일까? 화엄의 일체유심조(一切唯心造)의 법성일까? 아니면 법계연기(法界緣起)의 법성일까? 여기에 대해서는 자세히 설하지 않고 있으나 삼계유심(三界唯心)과 만법유식(萬法唯識)을 언급하고 있다. 그러면서 유심(唯心)과 유물(唯物)과 유식(唯識)이 서로 다르지 않고, 마음과 경계가 하나임을 설하고 있다. 그리고 마음의 광명체성으로 결론을 맺고 있다. 여기서 이 법(法)이라고 하는 것은 바로 마음 법이며, 비로자나법신 즉 법성임을 대변하고 있다.

또한 『조선글 화엄경』에 대하여 그 번역의 의의와 취지를 직접적으로 밝힌 것은 「머리말」 끝부분에서 참고문헌과 번역의 방침 및 의도를 간단히 설하고 있는데

> 이 경을 번역할 때에 화엄론과 청양소를 의지하여 글 뜻을 늘여 번역하기도 하고 번만한 것을 삭제하고 간단한 뜻으로 번역하기도 하고 중송은 빼고 고기송만 번역하기도 하였으니 그리 알고 보시오.[04]

라고 한다. 이에 따라 이통현(李通玄, 635~730)의 『화엄론』에서 그 전거를 찾았던 것이다.[05] 그는 '번역할 때에 『화엄론』과 『청량소』를 의지'하였다

---

04   백용성 역, 「머리말」, 『조선글 화엄경』 첫째권(『백용성대종사 총서』5), p.9.

05   長者李通玄撰, 『新華嚴經論』卷第六(大正藏36, p.754c) "是法住法位世間相常住如是之道"

고 한다. 『화엄경』의 주석서로서 용성 스님이 참고했다는 『화엄론』은 이통현에 의해 729년에 찬술한 『대방광불신화엄론(大方廣佛新華嚴論)』[06]40권을 말한다. 『신화엄론』이라고도 하는데 80권본 『화엄경』의 각 품에 따라 종지에 입각하여 경의 문구를 해석하고 있다.

『청량소(淸凉疏)』는 청량징관(淸凉澄觀, 738~839)이 787년에 지은 『대방광불화엄경소(大方廣佛華嚴經疏)』 60권[07]을 말하는데, 『대방광불화엄경청량소(大方廣佛華嚴經淸凉疏)』, 『화엄경소(華嚴經疏)』, 『신화엄경소(新華嚴經疏)』, 『화엄대소(華嚴大疏)』 등이라고도 한다. 『청량소』는 그가 현림(賢林)의 요청으로 오대산 대화엄사에서 80권본 『화엄경』을 설한 것이 계기가 되었다. 당시의 화엄종 스님들이 화엄종 3조인 현수법장(賢首法藏, 643~712)의 교설을 위배한 점이 많아 조사의 본지를 다시 일으켜 세우기 위해 지엄(智儼, 602~660)의 『대방광불화엄경수현분제통지방궤(大方廣佛華嚴經搜玄分齊通智方軌)』, 현수법장의 『화엄경탐현기(華嚴經探玄記)』, 이통현의 『신화엄론』에 이어 징관의 『청량소』는 전체를 10문으로 나누었다. 그리고 이를 상세하게 해석한 『대방광불화엄경수소연의(大方廣佛華嚴經隨疏演義)』 90권(『화엄경수소연의』라고도 함)을 지은 것이다.

20세기에 용성 스님이 『화엄경』을 국역하는 데에 열람하게 되는 『화엄론』과 『청량소』는 평림본 『화엄경회편소초(華嚴經會編疏鈔)』 80권본에서 보는 논소를 참조하였고 고려대장경의 원문을 대조하면서 번역을 한 것으로 보인다. 그 까닭은 『선한역(鮮漢譯) 대방광불화엄경(大方廣佛華嚴

---

06   李通玄撰, 『新華嚴經論』(大正藏36, 721,a)

07   澄觀撰, 『大方廣佛華嚴經疏』(大正藏35, 503,a)

經)』과『조선글 화엄경』에서 사실상 논소의 전문에 대한 역주나 번역은 보이지 않기 때문이다.

17세기 말 이후『화엄론』과『청량소』가 널리 유통하게 되는 계기는 평림본『화엄경회편소초』의 출현으로 본다. 1681년 전라도 임자도(荏子島)에 수많은 불서(佛書)가 실린 중국 상선(商船)이 표착하여 부휴계의 백암성총(栢庵性聰, 1631~1700)이 배에 실려온 상당수의 서책을 입수하여 1695년까지 전라도 징광사(澄光寺)와 쌍계사(雙溪寺)에서 간행, 유포하였다. 그중 명(明)의 평림(平林) 섭기윤(葉棋胤)이 교정, 간행한 징관의『화엄경소』와『연의초』합본이 포함되어 있었다. 1625년에 쓰인「화엄경소초리합범례(華嚴經疏鈔釐合凡例)」에는 명(明) 가정(嘉靖) 연간(1522~1566)에『화엄경소』와『연의초』를 80권『화엄경』에 합본하고『화엄현담(華嚴玄談)』9권을 별도로 간행하였다고 하는데 1589년부터 시작하여 1677년에 완성된 경산장(徑山藏/嘉興藏本)을 말한다.[08] 일본 황벽판일체경(黃檗版一切經/鐵眼版) 판각을 위해 보내진 가흥장 및 가흥속장 계열의 경서였는데 표착(漂着)한 것이었다. 성총(性聰)이 산재된 책을 모아서 간행한 것 중 평림본『화엄경회편소초』80권본이 유통하게 된 역사적인 사실이다. 그 후 송광사 호명(湖月)이 명의 영락남장(永樂南藏)에서 별도로 입수한『연의초』를 참고하여 80자호(字號) 중 누락된 제7 홍자호(洪字號)를 추가하였고 1700년에 이르러『소초』의 합본 80자호가 완성되었다. 이후 화엄교학은 성총의『화엄경회편소초』간행으로 성행하게 되었다. 묵암최눌은 "상고(上古)

의 진풍(眞風)을 행하고 화장(華藏)의 불사(佛事)를 넓혔으며 지난 성인(聖人)을 계승하였다. 화엄의 도는 단단하여 떨어지지 않고 백암성총의 공은 커서 오래 남는다"고 칭송하였으며 간행과 유통의 공적은 징관과 섭기윤의 업적에 견줄만하다고 한다.[09]

　의천 이래 화엄학의 전통을 수립한 부휴선수계는 송광사를 중심으로 강학을 펼치고, 또한 청허휴정의 계열은 선암사를 중심으로도 강학과 선을 전개하는 전통을 형성하였다고 보고 있다. 태고보우(太古普愚)→환암혼수(幻菴混修)→벽계정심(碧溪定心)→벽송지엄(碧松智嚴)→부용영관(芙蓉靈觀)→부휴선수(浮休善修), 청허휴정(淸虛休靜)으로 이어져 벽암각성(碧巖覺性)→취미수초(翠微守初)→백암성총(栢庵性聰)→무용수연(無用秀演)→영해약탄(影海若坦, 1668~1754)→풍암세찰(楓巖世察, 1688~1758)→묵암최눌(默庵最訥, 1717~1790)→[환해법린(幻海法璘), 해붕전령(海鵬展翎)]→영봉표정(影峯表正)→침명한성(枕溟翰醒, 1801~1876)→화산오선(華山晤善) 등을 통하여 전지지는 것에는 송광사계와 선암사계가 공유해 보이나[10] 선암사계는 침명한성 이후에는 함명태선(涵溟太先, 1824~1902), 경담서관(鏡潭瑞寬, 1824~1904)→경붕익운(景鵬益運, 1836~1915)→경운원기(擎雲元奇, 1852~1936)→금봉기림(錦峯基林, 1869~1916) 등 선암사 4대 강백이 주목된다. 청허계 선암사 화엄의 전강을 살펴보는 것은 이들이 용성 스님과 교류를 가진 것이 보이기 때문이다. 구한 말 조계산 선암사에서 이어지는 4대 강백 중 조선 후기-대한제국-일제시기에서 화엄의 유통과 보급을

09　　김용태, 「동아시아의 징관 화엄 계승과 그 역사적 전개」, 『불교학보』 62(2012.2), p.284.

10　　차차석, 「근대 선암사와 그 학풍」, 『보조사상』 40집, P.171.

알 수 있는 단서로서 경운원기와 용성 스님의 교유가 용성 스님이 소장한 서간문에서 일면을 엿볼 수 있다. 경운 스님은 계율을 진작시키기 위해 노력하였으며 송광사와 함께 순천에 도심포교당을 개설하는 노력을 기울였다. 아울러 이회광의 원종에 맞서 조선불교 임제종을 결의하고 관장에 선출되었으며 서울에 각황사가 건립되자 상경하는 등 구한말 활약상이 돋보이는데 김경운 스님이 용성 스님 편으로 보낸 서간문 3건이 전해진 것이다. 특히, 서간문 내용 중 1924년에 『상역과해(詳譯科解) 금강경(金剛經)』3책[11]이 전해졌으며 『원각경(圓覺經)』을 전해 받았다는 사실이 기록되어 있다.[12] 이를 통하여 용성 스님은 이들 강백으로부터 당시 유통된 『화엄경회편소초』를 입수하여 열람한 것으로 볼 수도 있겠다. 상기의 장자(長者) 이통현의 『화엄론』과 청량징관의 『청량소』를 반영하여 경문은 고려대장경 당본 80권 『화엄경』을 기본 텍스트로 하여 국역한 것으로 보인다.[13] 따라서 당본 80권 『화엄경』은 해인사 장경각 소장 고려대장경판이며 이것을 인경하여 『조선글 화엄경』의 텍스트로 한 것이라고 보아진다.[14] 용성 스님 이후에도 논소를 회편하지 않은 80권 당본 『화엄경』

---

11   '저의 책상에 이들 세 가지의 經을 놓고 보니, 般若의 소리가 마치 좌우에서 울리는 듯합니다. 비록 옛날에 冶父와 宗鏡선사의 설명이라 할지라도 이보다 더 나을 수 없을 것입니다. 어느 때에 이 편집하고 있는 일을 다 처리하고 대사께서 계신 선방에 나아가 의문이 드는 것을 더욱 상세히 질문하고 배울 수 있을지 모르겠습니다'라는 서간을 통해서 1922년에 번역 및 출간한 『상역과해 금강경』과 1923년에 번역 및 출간한 『원각경』의 책자를 접한 것으로 짐작할 수 있다.

12   (재)대한불교조계종 대각회, 「경운 스님이 용성 스님에게 보낸 편지(3건)」, 『신발굴자료』(『백용성대종사총서』7권), p.280.

13   한태식(보광), 「백용성 스님 국역 『조선글 화엄경』 연구」, 『대각사상』 18집(2012.12).

14   용성 스님이 주석한 해인사 용탑선원은 장경각과 인근에 위치해 있어 장경판의 열람이 쉬웠을 것이라 보인다. 용성 스님 이후 『화엄경』의 교재화 과정에서 방한암 스님과 탄허 스님도 고려대장경판 『화엄경』과 동일한 텍스트에 의거하여 현토하고 출판·간행한 사례가 보인다. 특히 탄허 스님은 논소의 역해를 시도하였는데 『신화엄경합론』 「역해서」에서 밝히기를, '經論 校正에 있어서는 高麗藏經을 主로

고려대장경판으로 방한암 스님에 의해서 현토하여 간행한 바 있으므로 『화엄론』과 『청량소』를 반영한 국역은 용성 스님이 단연 선두인 셈이다.

이러한 『조선글 화엄경』의 취지를 머리말에서 말하고 있다. 『화엄경소초』에서 '화엄경제(華嚴經題)의 의취(義趣)'를 일심(一心)에 귀섭시키고 화엄과 선을 연결시킨 것이 징관의 선교겸수라면, 용성 스님의 『조선글 화엄경』에서의 취지는 상기에서 살펴본 바와 같이 세간상이 항상 머물러 '나지 않고 멸하지 아니한다'고 하면서 세계가 이 법을 설하고, 중생이 이 법을 설하고, 국토가 이 법을 설하고, 과거가 온전히 이 법을 설하고, 현재가 온전히 이 법을 설하고, 미래가 온전히 이 법을 설하고 삼세 일체가 온전히 이 법을 설한다는 것이다. 세간상과 이 법이 머무는 것은 최상승법이라서 상주하고 불멸이며, 시방삼세 일체가 온전히 설하여 '이 법'인 '이 한 물건'이 지금 여기에 버들이 푸른 빛을 드리우고 흩날리는 붉은 꽃비가 드러내는 도리를 이르고 있다. 이것이 바로 용성 스님의 이 방대한 경전 번역 및 간행의 업적이 선교로 원융하고 항포하는 사상임을 알 수 있다.

나아가 선사로서의 입장에서 그는 직입하도록 고심하였을 것이므로 글 뜻을 늘여 번역하기도 하였다는 것과 번만한 것을 삭제하고 간단한 뜻으로 번역하기도 하였다'는 것을 분명히 밝힌 바, 글 뜻을 늘인 곳과 간단히 줄여 뜻으로 번역한 곳에 대한 검토가 필요하다. 『청량소』에서 발췌하여 그 뜻을 첨입하여 제시한 것이 그 예이다. 출간하지 않고 원고

하였으며 문법상 편의를 따라 改正하고 (논소초에) 의거하지 않고서는 一字一句도 가손하지 않았음' 라고 한 사실을 미루어 모두 기본 텍스트로는 고려장경을 의지하여 번역과 출판이 행해진 것으로 추측할 수 있다.

상태인 용성 스님의 『선한역 대방광불화엄경』[15]의 첫권은 제5품에 해당되는 「화장세계품」부터 보존되고 있는데 원문과 번역문을 모두 수록하며 『대방광불화엄경소초』를 참고하여 해설을 덧붙이고 있다. 그러나 이것은 고려대장경판 『화엄경』에서 볼 수 있는 원문이며 논소에 대한 전문의 번역을 하지 않은 것이다. 다만 17세기 회석, 사기(私記)의 형태와 비슷하게 원고로 담고 있어 각품별, 원문을 중심으로 번역하고 꼭 필요한 부분에서만 해설하고 있다. 「제5품 화장장엄세계품(華藏莊嚴世界品)」, 즉 '꽃으로 감추어 장엄한 세계의 품'에 들어가기에 앞서 '앞에서는 통틀어 제불 세계 바다를 밝히시고, 이 품에서는 특별히 본사 석가불의 세계 바다 장엄이 과체를 의지하여 된 것을 밝힌 것'[16]이라고 명시하고 있다.

> 「華藏世界品」의 2. 後品別明本師所嚴淨果(答世界海問)四, 1. 來意(初來,1上5)에서 疏하기를 '初, 來意者는 前品에 通明諸佛刹海하고 今此는 別明本師所嚴依果하니 答世界海問일새 故次來也니라'를 인용하였다.

또한 화장세계(華藏世界)의 규모에 대하여 십이층(二十層)으로 구분 짓는 부분에서는 낱낱 세계에 대하여 ( )로 각층을 제시하여 주고 있다. 이것은 『청량소』에서 제시해 보이는 대로 향해(香海) 세계에 대해서 각층을 인용하여 독자의 이해를 쉽게 제공하고 있다. 이에 대하여 초고는 12

---

15   白相奎譯, 『鮮漢譯 大方廣佛華嚴經』(『백용성대종사 총서』17권), p.9.

16   백용성 역, 「5. 꽃으로 감춘 세계품」, 『조선글 화엄경』첫째권(『백용성대종사 총서』5), p.65.

충에 대하여 1~2층으로 나누어 먼저 번역하고 원문을 제시하고 있는 것이다.

이와 같이 설명의 주석 부분은 ( )로 표기하여 출판본에는 2행으로 축약하여 넣었다. 예를 들면 '모든 빛과 형상의 바다가[모든 빛과 형용이 거듭하여 바다와 같다.]'[17]에서 인용은 『건륭장(乾隆藏)』 제130책 제1권 세주묘엄품제일(世主妙嚴品第一)에 의하면 '諸色相種種重疊深廣如海'로 주초를 달고 있는 것이다.[18] 자세히 번역한 부분은 바로 논소에 의거하여 보완한 것이 바로 용성 스님의 해설이라는 점이다. 이러한 번역의 방식은 이후 논소에 의하여 39품에서 더 나아가 분과의 제목을 인용하여 제시하는 번역이 진행되는 계기가 되었던 것으로 보인다.[19]

첫째권에서 보이는 설명 주석한 예는 다음과 같다.

〈표 1〉 첫째권 설명 주석의 예시

해설구	용성 스님의 설명 주석 내용
모든 빛과 형상의 바다가	모든 빛과 형용이 거듭하여 바다와 같다.
주왕	주왕은 상상품 구슬
계중묘보	계중묘보는 보살 화관 속에 있는 천하에 위없는 보배이다.

---

17   삼장역회 간행 『조선글 화엄경』은 ( )로 표기하였는데 『백용성대종사 총서』의 『조선글 화엄경』에서는 [ ]로 표기하였다. 이것은 본책의 일러두기에 의거한 것이다.

18   唐清涼山大華嚴寺門沙門澄觀撰述, 『大方廣佛華嚴經疏鈔』(『乾隆藏』 第130冊 第1卷 世主妙嚴品 第一), p.7b '次上妙下地相具德約因釋者一寶輪者一攝一切圓行致故二及眾寶華開覺悅他故三清淨摩尼圓淨明徹故以上三行用嚴心地故結云以爲嚴飾上皆形色四卽顯色謂青黃等殊名諸色相種種重疊深廣如海互相暎發等彼波瀾或諸色俱生或更相攝入含虛瑩徹現勢多端名無邊顯現此由隱顯自在定散無礙隨機利行之所致也'

19   운허 스님의 『한글대장경』 번역본이나 탄허 스님의 『신화엄경합론』에서 「화장세계품」은 크게 3구분하여 번역하는 편집을 보이는데 소초를 토대로 한 분과에 의하여 편집된 것이라 할 수 있으므로 전자와 용성 스님 번역의 편집형식과 비교하면, 더욱 자세한 『청량소』의 인용과 분과를 반영한 편집이라고도 할 수 있을 것이다.

지혜가 삼세에 들어가서 다 평등하시며	또 다시 삼세가 지혜로 들어가서 다 평등하다고도 하며
삼세	과거·현재·미래
첫째 지위에	십지보살 지위 중에 첫째 지위이다.
삼매	정력
한량없는 겁	여러 해라는 말
집금강신	금강저를 가진 신장
부처님 화형	화형은 능히 가지가지 몸을 나타내어 모든 중생을 교화하는 것.
부처님세계 미진수	부처님 세계 미진수와 같은 미진수효니 이 아래는 이와 동일함.
신중신	한량없는 몸과 무리를 나타내어 부처님께 공양하는 신
족행신	발로 행하는 중생을 의지하여 수호하는 신장과 또 발로 행하는 끗길 거리 신장들
도량신	오직 부처님 도량만 수호하는 것이 아니고 어디든지 덕행을 닦으며 마음이 바른 자가 있는 처소마다 모두 수호하는 신들
주성신	城을 주관하는 신이다 .
주지신	땅을 주관하는 신이다.
주산신	산을 주관하시는데 천만가지 덕행이 높아서 지혜가 가장 뛰어난 것을 표함이다.
크게 기쁨을 얻어	크게 얻은 기쁨은 십바라밀행으로써 양식을 삼아 법의 몸을 기르는 것을 표함이다.
뜻을 지어서	뜻을 지음은 참는다는 뜻이니 육바라밀 가운데에 인욕바라밀을 행하여 모든 중생을 섭수하는 것이니 비유컨대 큰 바다가 여러 냇물을 들이는 것과 같다.
아수라왕	아수라는 몹시 사나운 성질이 있으나 복덕을 널리 닦은 연고로 큰 힘을 얻었다.
가루라왕	가루라는 여러 가지 보배로 날개가 장엄한 새이니 능히 용과 고기를 먹는데 용기가 수승하니 보살이 중생을 섭수하는 것을 표함.
긴나라왕	긴나라왕은 형상이 사람과 같아 얼굴이 단정하고 노래를 잘하는 신이니 보살이 중생의 형상을 나타내어 즐겁게 섭수함을 표함.
마후라가	마후라가왕은 뱀과 같이 큰 배로 기어가는 것이니 보살이 일체를 두루 행하되 행하는 상이 없음을 표함.
야차왕	야차왕은 허공에 나는 것이 빨라서 야차 권속과 나찰의 한 부분을 이름.
용왕	일체 용은 다섯 가지 종류로 각각 코끼리 형상, 뱀 형상, 말 형상, 물고기 형상, 개구리 형상이다.
구반다왕	구반다는 잠잘 때에 가위 누르는 귀신이니 동과(冬瓜)와 같이 큰 것이다. 행보할 때에는 어깨에 매고 앉을 때에는 걸터 타는데 이와 같은 악한 중생도 보살의 자비로 다 교화됨.
건달바왕	건달바는 제석궁전에 풍악을 담당하는 신이니 향기를 먹고 산다.

월천자	달은 파지가라는 보배물의 정기로 되어 능히 잘 비치니 보살의 맑은 것을 표함.
일천자	해는 파지가라는 보배물의 정기로 능히 덮고 비추니 보살의 지혜를 표함.
삼십삼천왕	묘고산 네 방위에 각각 여덟 하늘이 있고 제석이 그 가운데 계시다.
수야마천왕	이 하늘에서는 연꽃이 벌어지고 도로 다물어지는 것으로써 낮과 밤을 분간하며 때를 따라 복락 받음도 다르다.
도솔타천왕	이 하늘에는 최후신 보살이 항상 교화하여 욕심을 적게 하고 만족을 안다.
화락천왕	이 하늘에는 풍악이 자연히 변화하여 모든 복락이 구족한데 스스로 즐거워하고 남을 부러워하지 않는다.
타화자재천왕	이 하늘에는 타인으로 하여금 풍악을 자재하게 변화하여 자기의 즐거움을 낸다.
대범천왕	이 하늘에는 적멸 신통을 얻어 지혜가 밝으며 계집의 몸이 없는데 욕계에 더러운 것을 여의어서 청정하다.
광음천왕	이 하늘에는 말할 때에 입으로 맑은 광명이 나타나서 자기와 남에게 두루 비춘다.
변정천왕	이 하늘에는 기쁨을 여의어 몸과 마음이 두루 깨끗하다.
광과천왕	이 하늘에는 법문으로 궁전을 삼는데 숨 쉬지 않아도 능히 지내며 목숨이 광과천 이하의 하늘 보다 길어 복덕의 착한 과가 넓다.
대자재천왕	이 하늘에는 팔이 여덟이고 눈이 셋이니 일념 사이에 대천세계 빗방울 수를 알며 더럽고 깨끗함에 자재하다.
품류가	품은 상중하의 품질이요 류는 그 종류이다.
부주의 주장	부주의 주장은 사람의 두목과 천인의 두목과 귀신의 두목과 축생의 두목들이다.
유희신통하시니	유희는 자유자재하여 걸림이 없음이요. 신통은 측량할 수 없고 말할 수 없는 변화
지혜바다 해탈문을 얻고	일체법이 곧 이치를 담은 실상이며 일을 담은 실상이며 이치와 일 이 둘 아닌 것을 분명히 보는 지혜 실상 해탈문을 얻었다는 말
보지한천왕은 넓은 문	하나의 문이 일체 문을 섭수하며 낱낱 문에 온전히 법계를 거두어들임.
몽중에서라도 선근이 자라나게 하는 해탈문을 얻고	몽중에 혹 설법하든지 혹 공포상을 나타내든지
수신	나무에 속한 신장
보현보살마하살이 부사의한 법계의 청정한 본래 자리 해탈문과 무장애한 진리의 방편이 되는 바다에 들어가시며 여래의	이것은 보살의 인위

공덕	과위
시방세계가 일시에 널리 두루 요동하며	이 아래 다섯 가지 열다섯 모양은 요동하는 세 가지 모양은 이에 준함.
부처님 수량	수명의 한량

또한 설명주석에 이어 첫째권의 「세주묘엄품(世主妙嚴品)」에서 『청량소』에 의거하여 분과 주석한 예는 다음과 같다.[20]

〈표 2〉 첫째권 「세주묘엄품(世主妙嚴品)」 청량소에 의거 분과 주석의 예시

주야신중	용성주	『청량소』 의거, 주야신에 入法界品 十地善知識 인용
		婆珊婆演底主夜神 - 第一歡喜地善知識
보덕정광주야신	(청량소:善財 離垢地 善友)	普德淨光主夜神 - 第二離垢地善知識
희안관세주야신	열 가지 지위 가운데 셋째 발광지	喜目觀察衆生神 - 第三發光地善知識
호세정기주야신	넷째 염혜지	普救衆生妙德主夜神 - 第四焰慧地善知識
적정행음주야신	다섯째 난승지	寂靜音海主夜神 - 第五難勝地善知識
보현길상주야신	여섯째 현전지	守護一切城主夜神 - 第六現前地善知識
보발수화주야신	일곱째 원행지	開敷一切樹華主夜神 - 第七遠行地善知識
평등호육주야신	여덟째 부동지	大願精進力主夜神 - 第八不動地善知識
유희쾌락주야신	아홉째 선혜지 (청량소:善財 歡喜地 善友)	嵐毘尼林神 - 第九善慧地善知識
제근상희주야신	열째 법운지 (청량소:心革 現身)	釋女瞿波 - 第十法雲地善知識
시현정복주야신		

---

20   분과의 주석은 첫째권 이외에도 열두째권까지 한결같이 경문의 설명주석과 분과를 『청량소』에 의거하고 있음을 알 수 있다. 본고에서는 둘째권부터 간략히 한다.

「청량소」에 의하면 주야신중이 십법(十法)의 해탈문을 얻는 것에 대하여 특히 용성 스님은 분과를 의지하여 주석을 하고 있다. 그런데 초칠야신(初七夜神) 선재(善財)의 십지선우(十地善友)라 소(疏)에 제시하고 있는 것을 번역에 반영하고 있는 것은 특기할 만하다.

10주야신은 보덕정광주야신(普德淨光主夜神), 희안관세주야신(喜眼觀世主夜神), 호세정기주야신(護世精氣主夜神), 적정음해주야신(寂靜海音主夜神), 보현길상주야신(普現吉祥主夜神), 보발수화주야신(普發樹華主夜神), 평등호육주야신(平等護育主夜神), 유희쾌락주야신(遊戱快樂主夜神), 제근상희주야신(諸根常喜主夜神)과 출생정복주야신(出生淨福主夜神)인데 이 중 용성 스님은 셋째 발광지로부터 열째 법운지까지 열거하고 있다.

분과에 이어 생략한 중송의 예는 다음과 같다.

〈표 3〉『조선글 화엄경』 전체 품에서 생략한 중송의 예

권수	39품		중송의 생략 회수
1권	1. 세주묘엄품(世主妙嚴品)		得法 偈頌讚歎 45회 생략
	2. 여래현상품(如來現相品)		4회 중송 생략
	3. 보현삼매품(普賢三昧品)		67회
	4. 세계성취품(世界成就品)		10회 중송 생략
	5. 화장세계품(華藏世界品)		8회 중송 생략
2권	6. 비로자나품(毘盧遮那品)		
	7. 여래명호품(如來名號品)		
	8. 사성제품(四聖諦品)		
	9. 광명각품(光明覺品)		
	10. 보살문명품(菩薩問明品)		
	11. 정행품(淨行品)		
	12. 현수품(賢首品)		
3권	13. 승수미산정품(昇須彌山頂品)		
	14. 수미정상게찬품(須彌頂上偈讚品)		
	15. 십주품(十住品)		1회 중송 생략
	16. 범행품(梵行品)		
	17. 초발심공덕품(初發心功德品)		1회 중송 생략

3권	18. 명법품(明法品)	2회 중송 생략	5회
	19. 승야마천궁품(昇夜摩天宮品)		
	20. 야마궁중게찬품(夜摩宮中偈讚品)		
	21. 십행품(十行品)	1회 중송 생략	
	22. 십무진장품(十無盡藏品)		
4권	23. 도솔천궁에 올라가는 품[昇兜率天宮品]		5회
	24. 도솔천궁 가운데에서 글귀로 찬송하는 품 [兜率宮中偈讚品]		
	25. 십회향품(十廻向品) ①	5회 중송 생략	
5권	25. 십회향품(十廻向品) ②	5회 중송 생략	5회
6권	26. 십지보살품(十地菩薩品)	15회 중송 생략	15회
7권	27. 십정품(十定品)	1회 중송 생략	1회
	28. 십통품(十通品)		
	29. 십인품(十忍品)		
	30. 아승기품(阿僧祇品)		
	31. 여래수량품(如來壽量品)		
	32. 제보살주처품(諸菩薩住處品)		
8권	33. 불부사의법품(佛不思議法品)		13회
	34. 십신상해품(十身相海品)		
	35. 여래수호광명공덕품(如來隨好光明功德品)		
	36. 보현행품(普賢行品)		
	37. 여래출현품(如來出現品)	13회 중송 생략	
9권	38. 이세간품(離世間品)		
10권	39. 입법계품(入法界品) ①		
11권	39. 입법계품(入法界品) ②	8회 중송 생략	8회
12권	39. 입법계품(入法界品) ③	1회 중송 생략	1회
		총120회	

표에서와 같이 「세주묘엄품」에서는 십지(十地), 십회향(十廻向), 십행(十行), 십주위상(十住位衆), 보현보살(普賢菩薩), 정덕묘광(淨德妙光)과 십보살(十菩薩), 해월광대명(海月光大明)과 십보살(十菩薩), 사자좌(獅子座)의 보살(菩薩)의 득법(得法) 게송찬탄(偈頌讚歎)과 아울러 45회의 생략을 보이고 있다. 모두 120여 회에 해당하는 중송을 번역함으로 인해 소홀하기보다는 방대한 분량이 일목요연하게 다가오는 것이다.

또한 '글 뜻을 늘여 번역하기도 하고 번만한 것을 삭제하고 간단한 뜻으로 번역하기도 하였다'고 하는 말은 십이부경(十二部經) 중 수다라(Sūtra: 修多羅, 契經), 즉 산문체로 설한 것은 논소를 의지하여 의역하였는데 더 자세히 번역한 것이 있는가 하면 중복되는 부분은 빼기도 하였다는 것 이다. 예를 들면 '善男子 從此南行 至閻浮提畔 有一國土 名摩利伽羅 彼 有比丘 名曰海幢 汝詣彼問 菩薩 云何學菩薩行 修菩薩道'와 '時 善財童 子 頂禮解脫長者足 右遶觀察 稱揚讚歎 思惟戀仰 悲泣流淚 一心憶念 依善知識'의 두 문장을 축약하기도 하였다.

「입법계품(入法界品)」에서는 보살, 성문, 세간의 왕, 그 권속 대중의 명 칭과 탄덕(歎德)을 축약하였는데 '부처님 처소에 오셔서 부처님 발 아래 에 정례하시고 곧 동편으로 보장엄 누각과 널리 시방에 비추는 보배 연 화장 사자좌를 화하여 지으시고, 여의 보배 그물로 그 몸을 덮으시고, 그 권속과 더불어 결가부좌를 하시었다'는 권속과 찬덕에 있어서 '동방 과 같으며 남서북방 사유상하도 다 이와 같았다'로 축약하였다.

특히, 「입법계품」에서는

※ 번잡한 것은 다 생략하고 오직 선재동자가 오십삼 선지식을 찾아 친견한 것만 골라 번역하였다.[21]

라고 밝히고 있다. 『화엄경』 권제60[22]에서 권제61까지 동남서북방 사유상 하의 시방(十方)의 대중이 운집함과 아울러 중송을 모두 축약하고 선재

---

21   백용성 역, 「머리말」, 『조선글 화엄경』첫째권(『백용성대종사 총서』5), p.9.

22   『大正藏』10, p.320c.

의 구법행을 전개하였다. 선지식 참문에 역점을 둔 선사로서의 번역의
안목이라 할 수 있을 것이다. 결과적으로 계경(契經), 중송(重頌), 고기송
(孤起頌)을 첨삭하여 일관성 있는 스토리텔링으로서 독자들의 가독성을
높여줄 뿐만 아니라 화엄의 근본사상을 드러내고자 하는 의도가 담겨
져 있다.

이와 같은 『조선글 화엄경』은 한글 번역과 출판 그리고 현대 번역에
끼친 영향력이 대단하다. 당시 교계보도지 『불교(佛敎)』43호의 불교휘
보(佛敎彙報) 「삼장역회(三藏譯會)에서 조선문화엄경간행(朝鮮文華嚴經刊行)」
기사에 의하면,

> 白龍城禪師의 後半生 必死的努力의 結晶體
> 朝鮮佛敎의 經典은 漢文藏經뿐임으로 佛敎眞理를 硏究하라는 義
> 學之徒에게는 難澁汪洋의 嘆이 不無하고 發展또는 向上에 莫大한
> 支障이 不無한 故로 이에 깁히 녹기고 痛歎히 역인 (市內鳳翼洞二
> 番地에 居住) 白龍城禪師는 六旬有四의 高齡임에도 不顧하고 老當
> 益壯의 那羅延身으로 모든 周圍의 難關과 環境의 複雜한 것을 勇敢
> 하게 突破하고 丙寅四月十七日부터 華嚴經飜譯에 着手하야 爾來一
> 年八個月동안 幾多히 魔障을 무릅쓰고 不斷의 誠力을 專注한 結果
> 去十一月十三日에 飜譯의 終畢을 告하게 되엇스며, 因하야 卽時一面
> 으로 印刷에 着手하야 적어도 陰曆今年歲前으로는 全部가 完成이
> 되리라는대 支那佛敎가 朝鮮에 輸入된 以來에 朝鮮文으로 華嚴經
> 을 飜譯하기는 처음인 것만큼 將來朝鮮佛敎界에 잇서서 無價의 寶

藏인 것만은 一般이 한가지 깁버하게 되엇더라.[23]

라고 하는데, 용성 스님의 『화엄경』 역경사업은 개인적으로 '선사(禪師)
는 육순유사(六旬有四)의 고령(高齡)임에도 불고(不顧)하고 노당익장(老當益
壯)의 나라연신(那羅延身)으로 모든 주위(周圍)의 난관(難關)과 환경(環境)의
복잡(複雜)한 것을 용감(勇敢)하게 돌파(突破)'하였다고 한다. 선사로서 화
엄교학에 대한 그의 관점이 드러나는 일이며, 교단적 혹은 불교사적으
로 '지나불교(支那佛敎)가 조선(朝鮮)에 유입(輸入)된 이래(以來)에 조선문(朝
鮮文)으로『화엄경』을 번역(飜譯)하기는 처음'이라고 하고 '장래조선불교계
(將來朝鮮佛敎界)에 잇서서 무가(無價)의 보장(寶藏)인 것'이라고 가치 평가
를 하고 있다. 『화엄경』의 완역으로서 한국불교에 미치는 영향을 시사하
고 있다.

　『화엄경』의 한글 완역과 출판을 통하여 선교의 전통을 계승하며 사
상적 흐름을 주도하게 되는 의의라고 할 수 있다. 그 번역에 대하여 정리
해보면 다음과 같다.

　첫째, 고려대장경판 당본『화엄경』80권을 텍스트로 한 최초의 한글
화엄경의 번역이다.

　둘째, 원본에 따라 전문을 직역하였으나 산문이나 고기송에 있어서
반복되는 구절은 생략하기도 하였다.

　셋째, 고유명사나 불보살명, 보통명사도 우리말로 풀어서 번역하였다.

　넷째, 중송은 생략하였다.

23　　　　『佛敎』43, 佛敎社(1928. 1), p.69,(『백용성대종사 총서』7권『신발굴자료』,「잡지」p.185 수록)

다섯째, 번역물에 대하여 초교와 재교를 실명제로 하여 교정의 완성도를 높였다. 초교자는 석시경이고, 재교는 본인이 다시 교정하였음을 기록하여 책임을 분명히 하였다.

여섯째, 이통현의 『신화엄론』과 징관의 『청량소』를 참고하였음을 밝히고 독자의 질정에 배려하였다.

일곱째, 방대한 분량의 출판물을 단시일에 달성할 수 있도록 출판사의 시설과 능력을 중심으로 열린 자세로 출판사를 선정하였다. 빠른 시일내에 『화엄경』의 완간을 달성하기 위해서는 출판사의 종교 성향에도 구애받지 않고 기독교 출판사에도 의뢰하였던 것이다.

여덟째, 경전 번역의 출판물이지만 무상배포하는 법보시가 아닌 유통판매를 통하여 역경불사의 자금 마련 혹은 독립자금 마련을 도모하였으며, 독경을 자원하는 구독자에게 자료를 제공한 점도 발심의 동기에 필요한 일이다.

아홉째, 『화엄경』의 번역은 2차에 걸쳐 진행되었다.

1926년 양산 내원암에서 만일참선결사를 봉행하며 번역을 시작하여 1차로 순수 한글본인 『조선글 화엄경』을 출판하고 난 뒤 한문 원본의 대조를 위해 2차로 한선역(漢鮮譯) 『대방광불화엄경』을 착수하였으나 출판하지 않은 원고로 남아 있다. 한선역 『대방광불화엄경』은 『조선글 화엄경』의 교정과 오류를 보완하여 재판하기 위한 원고인지 별도의 판본으로서 완성하였는지 알 수 없으나 모두 한글로 번역한 『조선글 화엄경』과 달리 불보살명호나 고유명사, 보통명사, 불교적 용어 등의 완전한 한글풀이를 한자음으로 바꾸었다.

『조선글 화엄경』 「머리말」에 실린 역경에 대한 용성 스님의 견해는 끝

부분에서 선어구로 제시되고 있다.

> 이 한 물건을 어떻게 알꼬? 버들은 드리운 곳에 푸르고! 꽃비는 늦은
> 가지에서 붉다![24]

고 하였는데 이것은 『용성선사 어록』 중 제10장 선문강화편에서 보인 게
송과 유사하다. 『용성선사 어록』에서는 선문의 화두를 거양하여 보이는
데 제4화는 운문선사의 염송을 제시한 이외에 석가모니불과 관련해서
모두 16화를 발췌하여 각각 1.거론하고, 2.강화하고, 3.종지 제시를 하였
다. 이에 『용성선사 어록』에서 새롭게 제시해 보이는 것으로 평가되는[25]
공안의 제시와 평창을 『조선글 화엄경』의 머리말에서 화두와 화엄의 융
합을 시도하고자 원용과 항포의 제시임을 알 수 있다. 어록에서는

> 쯧쯧!
> 하찮은 학문의 이해로 부처와 조사의 뜻을 매몰시켜서는 안 된다. 알
> 겠는가?
> 버드나무 안개는 드리운 곳마다 푸르고
> 꽃을 피우는 비는 늦은 가지마다 붉구나.
> (柳烟은 垂處綠이고 花雨는 晚枝紅이구나)

---

24   백용성 역, 「머리말」, 『조선글 화엄경』 첫째권(『백용성대종사 총서』5), p.9.
25   김호귀, 「『용성선사어록』의 구성 및 선사상사적 의의」, 『대각사상』 23집(2015.6), p.53.

주장자를 한 번 내려치셨다.[26]

라고 화두를 제시하였다. 화엄과 선어록에서 '차별이 평등에 걸리지 않고 평등이 차별에 걸리지 않는' 화엄을 통하여 행포문(行布門)을 선어구를 통하여 원융문(圓融門)의 법문을 제시해보인 것이라고 할 수 있다. 그러면 화엄의 번역을 통하여 용성 스님이 의도한 선사상은 어떠한 경향을 띠는지 살펴볼 필요가 있다.

III. 백용성대종사의 선교관

용성 스님의 선사상은 대혜 이전의 마조나 임제와 같은 조사선 사상을 기반으로 하고 있다.[27] 어록과 저술을 통해서 그의 깨달음의 전기에 대하여 살펴볼 수 있다.

용성 스님의 1차 오도(悟道)는 출가 당시로 거슬러 가본다. 가산지관찬(伽山智冠撰)의 "용성조사행적비(龍城祖師行蹟碑)"에 의하면 16세(1879) 해

---

26   「선문강화」,『龍城禪師語錄』권상(『백용성대종사 총서』 1권), p.227.
27   영석, 「간화선의 수용과 그 특징에 관한 고찰」, 『한국선학』 37호.(2014).

인사 극락암(極樂庵)의 화월(華月) 스님을 은사로 상허혜조(相虛慧造)율사를 계사로 삼아서 득도하였다.[28] 출가 후 고운사의 수월(水月, 1817~1893)선사를 찾아가서 수행법을 지도받아 육자주와 천수주 즉 신묘장구대다라니의 염송 주력수행을 하였다고 한다.[29] 이에 양주군 보광사 도솔암에서 대비주 염송에 전념한 지 6일 만에 "한 생각이 통밑이 빠지는 것과 같은 경지를 체험하게 되었다"고 한다.[30]

1차 오도에 이어 20세(1883)에 금강산 표훈사에서 무융선사(無融禪師)의 지도로 '무자(無字)화두'를 참구하였다. 21세(1884)에 다시 보광사로 돌아와서 무자화두 참구로 정진을 게을리하지 않다가 은산철벽(銀山鐵壁)과도 같던 심경이 공(空)해짐을 체험하게 되었다. 무자화두를 타파한 것으로 보이는데 이것을 2차 오도라 한다.

21세에는 통도사 금강계단에서 선곡율사(禪谷律師)에게 비구계와 보살계를 받고, 22세(1885)에는 송광사 삼일암(三日庵)에서 하안거 중 『전등록(傳燈錄)』을 열람하다가 "월사만궁(月似灣弓)하니 소우다풍(小雨多風)이로다"라고 하는 구절을 보다가 깨달음을 확인하게 되었다.[31] "사람은 무엇으로 근본을 삼는가?"라는 의심이 열리게 됨을 경험하게 되었다. 이것을 3차 오도라고 한다.

23세(1886) 송광사 삼일암에서 하안거를 마친 가을 무렵 금오산이 바

---

28   「선지식참문」, 『龍城禪師語錄』 권상(『백용성대종사 총서』 1권), pp.41~42.

29   한보광, 「龍城禪師의 修行方法論」, 伽山 李智冠 스님 華甲紀念論叢 『韓國佛敎文化思想史』卷下, 伽山佛敎硏究院(1992), pp.120~146.

30   『修心論』 1 (『龍城全集』1~10).

31   「선지식참문」, 『龍城禪師語錄』 권상(『백용성대종사 총서』 1권), p.44.

라다 보이는 구미의 낙동강변을 지나가다가 달빛을 보고서 4차 오도의 계기를 확인할 수 있다. 4차에 걸친 깨달음의 전기에서 그의 수행관이 엿보인다.

이에 용성 스님의 삼문에 대한 인식과 수행이 선(禪)·교(敎)·염불(念佛)에 두루 미침을 알 수 있다. 그는 출가 이후 4차에 걸친 오도 기간 중 경전류(經典類)는 호붕강백(湖鵬講伯)에게 사사하였으며, 선서(禪書)는 수경강백(水鯨講伯), 율전(律典)은 석교율사(石橋律師), 어록(語錄)은 월화강백(月華講伯)에게서 각각 사사하면서 강원의 교육과정과는 다른 방법으로 경전과 조사어록을 열람하였다고 한다.[32] 특히 20세 때『육조단경』, 22세 때 송광사 삼일암에서『전등록』, 38세(1901) 4월에는 통도사 옥련암(玉蓮庵)의 동은강백(東隱講伯)에게서『염송(拈頌)』을 열람, 39세(1902)에는 화엄사 탑전(塔殿)에서 보냈다고 하는데 이 시기는 재점검기라고 한다.

40세부터 47세까지는 산중선회(山中禪會)를 중심으로 납자들을 제접하며, 해외에서도 선지식들과 법거량을 하기도 한다. [33]

용성 스님의 생애를 전반기, 중반기, 후반기로 나누어 종합해보면 수행과 보림, 역경과 선회와 대중교화, 그리고 경·율·론의 삼장에 참선과

---

32   한보광, 「龍城 스님의 前半期의 生涯-山中修行期를 中心으로-」, 『대각사상』창간호.

33   41세(1904) 2월에는 철원 寶盖山 聖住庵에서 禪會를 개설,
      42세(1905) 9월에는 寶盖山에 觀音殿을 건립하고 여기서『禪門要旨』1권을 저술,
      42세(1905) 11월에는 처음으로 경성에 올라와서 望月寺에서 주석하면서 상당법문,
      43세(1906) 3월 해인사 장경판의 낡은 장식을 보수하였다. 안거는 白蓮庵에서 지내며 해인사에서 상당법문을 하였다. 9월에는 戊朱郡 德裕山 護國寺에서 禪會를 개설하여 동안거를 지냈다.
      44세(1907) 3월에는 무주 덕유산내 舊基에 法泉庵 선원을 건립, 선회를 열어 상당법문을 하였다. 이후 용성 스님은 중국 북경을 방문하여 觀音寺, 盛京省 長安寺, 杭州의 寶陀山, 蘇州, 通州의 華嚴寺 등지를 탐방하고, 45세(1908) 2월 말경 입국, 46세(1909) 3월에 海印寺 願堂庵에서 彌陀會를 창설하여 禪淨雙修의 念佛禪을 지도하였다.

염불을 제시하는 원용수행의 면모를 보이고 있다. 특히 그의 수행체계는 경전의 열람과 참선, 염불 삼문으로 나누어 분석하고 있다. 이에 용성 스님의 선사상 체계를 세밀하게 분석할 때 '일심(一心)'의 사상체계를 수용하는데 『기신론』을, '대원각체성'의 법성(法性) 철학적 측면에서는 『화엄경』의 사상이 그의 사상적 맥락임을 이해하고 있다.[34]

용성 스님의 수행가풍은 보조 이래의 '삼문'이라는 전통을 의지하여 깨달음을 증명하고 교학을 의지하여 실천하는 선은경전의 다양성을 통하여 선교에 원용할 수 있었던 것이다. 이것은 조선 후기에 이르러 선사들과 강백들에게서 보이는 공통점이기도 한데[35] 여기서 선사로서의 용성 스님의 교학과 참선 그리고 정토염불에 대한 관점의 차이가 있다.

용성 스님은 「저술과 번역에 대한 연기문」에 의거하면 '신유년(1921) 3월에 출옥 후 한 사람도 찬동하는 사람이 없고 도리어 비방하는 자가 많은' 가운데 시급함을 느끼고 선한문(鮮漢文)으로 『심조만유론』을 비롯하여 『천노금강경』, 『상역과해 금강경』, 『조선글 능엄경』을 『조선글 원각경』 등 대승경전을 번역하고 정묘년(1927) 11월 13일까지 도합 34,300부를 간행하였음을 밝히고 있다.

그 중 『조선글 화엄경』은 1926년 음력 4월 17일 오후 2시부터 번역에 착수하여 1927년 11월 13일 오전 10시에 끝마쳤다고 하는데 처음에는 약 3년을 예상하였으나 번역 도중에 출판이 의뢰되어 완간의 시점을 앞

---

34 胡靜, 「백용성의 '대원각성체' 사상 연구」, 연세대학교 대학원 박사학위논문(2015).

35 당시의 수행 모습을 전하는 자료인 『東師列傳』 등에 의하면 전국적으로 곳곳에 선방, 강당, 염불당이 있었고 유력하면서 때로는 선방에서, 때로는 강당에서, 때로는 염불당에서 수행했던 사실을 전하고 있다.

당긴 점이 돋보인다. 특히 1권과 4권을 한성도서주식회사(漢城圖書株式會社), 2권을 대동인쇄주식회사(大東印刷株式會社), 3권을 기독교창문사인쇄부(基督教彰文社印刷部)에 의뢰한 점은 특이하다. 그리고는 1928년에 3월 28일에 완간하였는데 1936년 6월에는 『선한역 대방광불화엄경』15권을 다시 재번역하였다. 그러나 출간하지 않았으며 그중 1·4권은 유실되었고 나머지 원고만 전해지고 있다.[36] 『선한역 대방광불화엄경』에는 앞서 번역한 『조선글 화엄경』의 번역 내용과 대동소이하다. 그러나 다음 어구 등은 경문과 번역어를 모두 수정하였다.

1. 佛(불) → 覺(각)
2. 菩薩(보살) → 正士(정사)
3. 菩提(보리) → 正覺(정각), 覺道(각도)
4. 佛性(불성) → 覺性(각성)
5. 涅槃(열반) → 圓寂(원적)
6. 成佛(성불) → 成覺(성각)
7. 佛土(불토) → 覺土(각토)
8. 如來(여래) → 大覺(대각)

수정된 어구는 1921년 4월 대각교(大覺教)를 창립, 대각교 운동과 밀접한 관계가 있는 용어들이다. 그런데 1921년에서 1928까지는 불교용어에 대해 수정 혹은 변화를 주도하지 않았지만 대각교를 설립한 후 1936

---

36   白相奎譯『鮮漢文譯 大方廣佛華嚴經』(『백용성대종사 총서』 17권~20권).

년 『선한역 대방광불화엄경』을 번역하면서 이 용어들이 원고지에서 수정되어진 것이다. 화과원에서 『선한역 대방광불화엄경』을 번역할 때 여러 명이 함께 필사하여 원고를 정리한 결과가 역연하다. 필체가 서로 다르며 간혹 검열인이 보이는데 혹 검열의 과정에서 『조선글 화엄경』의 순수한 한글 번역이나 불보살 등 명호까지도 한글 번역한 것이 지적되어 원고상에는 『조선글 화엄경』의 번역문이 다시 한문으로 바뀌게 되었는가를 추측해본다. 『화엄경』의 국역에 대한 용성 스님의 열망은 방대한 분량을 빠른 시일내 오류를 최소화한 가운데 출판하고자 했던 강한 의지가 엿보인다. 이로서 어렵고도 방대한 역경불사에 일획을 그어 지금까지 대소승의 번역서에 대한 연구와 번역의 지남이 되는 것 같다. 1921년 삼장역회(三藏譯會)가 설립되고, 운허·자운·석주 스님 등은 1961년에 법보원(法寶院)과 1964년 동국역경원을 설립하여 『화엄경』의 역경사업을 한 것은 용성 스님의 『조선글 화엄경』 번역 의도와 크게 다르지 않다. 그렇다면 징관 이래 보조와 청허, 용성 스님에 이르기까지 선사에게 중요한 교학으로 인식된 『화엄경』의 그 이해와 번역에 대하여 살펴보고자 한다.

먼저 화엄조사로서 화엄에 대해 주목한 징관과 종밀의 『화엄경』 이해에는 불성 즉, 법성사상에 대한 '성기(性起)'의 실천적 견해를 통하여 화엄은 돈오의 근거를 확립하고 있고 정혜쌍수 『육조단경』의 정혜, 선과 교의 두 전통이 병립하여 계승되었다. 화엄종 4조 징관은 『화엄경소』를 주석하여 합본하고 『화엄경대소주경(華嚴經大疏注經)』, 『화엄과초록(華嚴科鈔錄)』을 편찬하여 화엄교학을 집대성하였다. 화엄종 5조 종밀(宗密)은 하택종(荷澤宗)과 화엄(華嚴), 원각(圓覺) 등의 교학을 병행할 것을 주창하여 선교일치, 선교겸수의 사상적 경향이 제시되었다. 교종에서는 일심(一心)과

원각을 강조하게 되는데 종밀의 영향이라고 할 수 있다. 종밀의 정혜겸수(定慧兼修)를 인용하여 고려 보조지눌(普照知訥)은 돈오에 입각한 점수로서 정과 혜를 함께 닦는 성적등지문(惺寂等持門)과, 이통현의 『화엄론』을 통하여 화엄과 선이 근본에서 둘이 아님을 밝히고 무명의 분별이 부동명지임을 믿어 아는 원돈신해문(圓頓信解門)과, 이 이문(二門)의 지해의 장애마저 떨쳐버리기 위해서는 무심의 활구로서 도문에 합쳐질 수 있다는 간화경절문(看話徑截門)이라는 삼문(三門)의 실천 체계를 내세웠던 것이다. 지눌의 독창적인 선수행 체계는 수선사에 계승이 되었으며 조선중후기 청허휴정과 부휴선수에 이르기까지 선교의 조화와 조율을 의미하는 원융의 사상을 넘어 일치관으로 필수 이력 체계를 세우게 되었던 것이다.

이러한 선과 교의 입장에서 용성 스님 또한 가장 원융적 체계로서 이통현의 실천적 화엄론을 수용하게 되었으며 선종에서는 화엄을 통하여 입교하는 수행 이력을 정립하는 중요한 전통이 되었다. 조선 말 특히 근대에 이르러 화엄의 강학과 사기(私記) 찬술이 성행하면서 교관에 입각하여 선에 대한 견해를 내세우거나, 선사상에 대해 논쟁하는 모습이 나타났다. 이것은 선교의 병립에 대한 논쟁이었으므로 화엄이 수행의 지침서 역할을 할 수 있는지에 대한 논쟁이라 할 수 있다.[37]

37　'선교'라고 하면 선과 교의 상호 의존적 수행을 의미하는 것인데 18~19세기 간에는 강학과 수선의 형태로서 선교결사가 등장하게 된다. 특기할만한 것은 19세기 후반 백파긍선의 강석을 이은 雪竇有炯(1824~1889)은 백파의 『禪文手鏡』에 대한 반론이 제기되자 『禪源溯流』를 지어 선론을 옹호하게 되었다. 그는 순창 구암사에서 백파의 수선결사를 계승하는 선교결사를 일으켰는데 백파의 『수선결사문』에 대해 「백파의 과석」, 「김조순의 서」, 「기정진의 기문」이 저술되었던 것이다. 그 내용은 白坡가 백양사 운문암에서 구암사로 와서 募緣文을 띄우고 정재를 모아 화장대와 소림굴을 중창하였는데 선교의 종지를 구하는 이들에게 크게 열었다. 화장대에서는 경전을 소림굴에서는 달마종지를 참구하여 어디에도 치우침이 없도록 하였다. 당시 화엄과 수선을 병행한 수선결사의 사례가 다수 있었던 것으로 보인다. 이영석(영석), 「19세기 수선결사의 계승」, 『대각사상』 제24호(2015.12), pp.281~283.

용성 스님이 종지를 참구하는 수행의 지침서로서 『능엄경』, 『기신론』, 『금강경』, 『원각경』 등의 사교를 비롯하여 대교인 『화엄경』을 번역하고 출판하고자 노력한 것은 교관에 의거하여 종지를 체득하고자 하는 시대적 부응이며 또한 선택일 수도 있다. 다만 교를 통한 원돈의 신해와 선을 통한 종지의 선양에 선사로서의 역할이 그의 행장에서 입장을 대변하고 있다. 연보에 따르면 용성 스님은 1883년(20세) 때 표훈사에서 무용선사를 참배하여 무자화두를 참구하였으며 1886년(23세) 때까지 3차에 걸친 깨침 이후 천장암, 정혜사 등에서 선회를 개창하여 선 위주의 행적을 보이고 있다. 1921년 삼장역회를 조직하기까지는 저술이 중심이었으나 1921년(59세) 이후 경론의 번역물이 출간된 과정에서도 1925년(62세) 만일참선결사회(萬日參禪結社會) 결성, 추진한 점을 미루어 선을 중심으로 교를 의거하는 회통의 실천이 용성 스님의 행적이라 할 수 있다. 이와 비교해볼 때 조선 후기 청허휴정의 선교관은 간화선(看話禪)이 우위인 선교겸수(禪敎兼修)에서의 화엄교관이라고 평가하고 있다. 청허휴정의 저술 『선교석(禪敎釋)』에서는 '화엄소(華嚴疏)에서 원돈(圓頓)의 위에 별도로 하나의 종(宗)이 있으니, 이것이 바로 선문(禪門)이다'라고 한다. 원돈문에서 경절문으로 들어간다는 뜻으로 볼 수 있으며 '교학은 선가에 입문하는 초구(初句)이지 선지(禪旨)는 아니다'라고 하였다. 이것은 선과 교가 주종적으로 관련된 것으로 볼 수 있다. 그렇다면 용성 스님의 선과 교에 대한 관점은 어떠한가? 화엄경을 통하여 특히 제시하는 바가 무엇일까? 그의 저술서 『각해일륜(覺海日輪)』에서는 여러 가지 관법에 관하여 서술하고 있다. 제36 관법을 의지하여 소승을 성취함, 제37 각을 생각하되 관법을 행하면 마음이 화하여 낙원이 되는 것[念覺觀法心化樂園], 제39 인연을 돌이켜 관함에 마음이 화하여 연각이 되는 것[返觀因緣心化緣覺], 제40 삼관을 원만히 깨치고 마음이 화하여 대승이 되는 것[圓證三觀心化大乘], 제41 한갓 경전만 독송하고 관법을 닦지 않으면 마침내 이룰 이치가 없는 것[從誦經典不修觀法終無成理] 등 5편의 저술이 보인다. 그중 『화엄경』에 관한 내용이 보이는 제40 삼관을 원만히 깨치고 마음이 화하여 대승이 되는 것[圓證三觀心化大乘], 제44 교의 바다에 현현한 글귀를 촬요하여 밝게 가리는 것[敎海玄句攝要明辯] 등에서 관법에 관하여 서술하고 있다. 그중 제40 삼관에 관하여 서술한 내용은

> 『화엄경』에는 법계삼관(法界三觀)을 닦는 법이 있으니, 첫째는 참으로 공(空)하여 일체형상이 끊어짐을 관하며[眞空觀], 둘째는 이(理)·사(事)가 걸임없음을 관하며[理事無礙觀], 셋째는 진법계성(眞法界性)이 천지세계(天地世界)와 허공만유(虛空萬有)의 일체 세간법에 두루 변만하여 낱낱이 머금어 용납함을 관하는[周遍含容觀] 것이다.[38]

라고 언급하고 있다.

> 만일 참다운 화엄종이라고 한다면 『화엄경』을 보기도 하겠지만, 첫째 법계삼관을 닦아야만 참다운 화엄종이라고 할 것이며, 만일 참다운 법화종이라고 한다면 공(空)·가(假)·중(中) 삼관(三觀)을 닦아야만

---

38   白龍城述, 「제40, 삼관을 원만히 깨치고 마음이 화하여 대승이 되는 것[圓證三觀心化大乘]」, 『각해일륜』(『백용성대종사 총서』2권), p.372.

할 것이다. 『원각경』이나 모든 경전에 다 그 가운데 관법이 있으니 그 경을 따라서 관법을 닦아야만 할 것이다. 만일 관법을 닦지 아니하고 경전만 보고 지껄이는 것은 봄 새와 가을 벌레와 같아 풍력에 끌린 것이다.[39]

라고 하고 있다. 또한

『화엄경』에 말씀하시기를, '과거 전체가 이 법을 설하며, 현재 전체가 이 법을 설하고, 미래 전체가 이 법을 설하며, 국토가 이 법을 설하고, 중생이 이 법을 설하며, 두두물물(頭頭物物), 화화초초(花花草草) 모든 것이 이 법을 설하는데, 마땅히 일진법계의 성품을 보라. 십법계등(十法界等)과 일체의 유정무정(有情無情)이 모두 일진심(一眞心)의 대광명체가 지은 것이다'라고 하셨다."[40]

라고 서술하고 있는 점은 '법계삼관(法界三觀)을 닦는 법'이 바로 참다운 교이며 그렇지 않다면 봄 새, 가을 벌레처럼 부질없는 것이라고 한다. '모든 경전에 다 그 가운데 관법이 있으니 그 경을 따라서 관법을 닦아야만 할 것'이라는 점 등을 미루어 용성 스님의 관법에 관한 견해를 살펴볼 수 있다. 『조선글 화엄경』 「입법계품」 제6 현전지(現前地)에서는 선근(善根)과

---

39   白龍城述, 「제41, 한갓 경전만 독송하고 관법을 닦지 않으면 마침내 이룰 이치가 없는 것[從誦經典不修觀法終無成理]」, 『각해일륜』(『백용성대종사 총서』2권), p.373.

40   白龍城述, 「제44, 교의 바다에 현현한 글귀를 촬요하여 밝게 가리는 것[教海玄句攝要明辯]」, 『각해일륜』(『백용성대종사 총서』2권), pp.376~377.

조도법(助道法)을 모으게 할 때 열 가지로 법계를 관찰하게 하는 관법에 관한 경문을 통하여 간접적으로 용성 스님의 입장을 알 수 있다.

선남자야, 내가 이같은 정법 광명으로써 일체중생을 요익하게 할 때 열 가지 법계를 관찰하노라. 내가 법계의 한량없음을 아니 광대한 지혜 광명을 얻은 까닭이며, 가이 없음을 아니 부처님 지견을 보는 까닭이며, 한없음을 아니 모든 여래께 공양하는 까닭이며, 지경이 없음을 아니 보살행 닦음을 보이는 까닭이며, 끊임없음을 아니 여래의 지혜에 들어가는 까닭이며, 한 성품을 아니 여래의 한 소리에 중생이 다 아는 까닭이며, 성품이 청정함을 아니 모든 중생을 제도함을 아는 까닭이며, 보현의 묘한 행이 다 법계에 두루한 까닭이며, 한 장엄을 아니 보현의 행으로 장엄하는 까닭이며, 가히 무너뜨릴 수 없음을 아니 일체 지혜 선근이 법계에 가득하여 가히 파괴할 수 없는 까닭이니라. 내가 이 열 가지로 법계를 관찰하여 모든 선근을 모으며, 조도법을 판단하며, 모든 부처님의 광대 위덕을 알며, 여래의 생각하기 어려운 경계에 들어가노라.[41]

41   「입법계품」, 『조선글 화엄경』열한째권(『백용서대종사총서』6권), p.308.
      『大方廣佛華嚴經』卷第七十一, 「入法界品」第三十九之十二, "善男子 我以如是淨法光明饒益一切衆生
      集善根助道法時 作十種觀察法界 何者爲十 所謂 我知法界無量 獲得廣大智光明故 我知法界無邊 見
      一切佛所知見故 我知法界無限 普入一切諸佛國土 恭敬供養諸如來故 我知法界無畔 普於一切法界
      海中 示現修行菩薩行故 我知法界無斷 入於如來不斷智故 我知法界一性 如來一音 一切衆生無不了
      故 我知法界性淨 了如來願普度一切諸衆生故 我知法界遍衆生 普賢妙行悉周遍故 我知法界一莊嚴
      普賢妙行善莊嚴故 我知法界不可壞 一切智善根充滿法界不可壞故 善男子 我作此十種觀察法界 集
      諸善根辦助道法 了知諸佛廣大威德 深入如來難思境界"(大正藏10, p.388b19).

용성 스님은 경교를 통하여 점차 수행하고 차제가 있는 관법에 대하여 관선이라 통칭하면서도 참구의 힘이 없다고 하는 점을『화엄경』'요익일체중생(饒益一切衆生) 집선근조도법시(集善根助道法時) 작십종관찰법계(作十種觀察法界)'의 문구에서『조선글 화엄경』에 번역하기를, '일체중생을 요익케 할 때 열 가지 법계를 관찰하노라고 하였다. 선근(善根)과 조도법(助道法)을 모으게 할 때에 열 가지로 법계를 관찰하여 '모든 선근을 모으며, 조도법을 판단하며, 모든 부처님의 광대위덕을 알며, 여래의 생각하기 어려운 경계에 들어간다'고 하는 것은 법계관찰은 선근과 조도법을 관찰하게 하므로 다만 오랫동안 순숙하여 자연히 생멸은 텅 비고 고요해지며, 마음의 빛은 텅 비고 영묘해진다는 것이다. 특히 어록에서는 관법과 조사관을 비교하고 있는데

화엄종의 법계삼관(法界三觀)과 원각경의 정(靜)·환(幻)·적(寂) 삼관(三觀), 천태종의 공(空)·가(假)·중(中) 삼관(三觀) 및 정토종의 수관(水觀), 화관(火觀), 일몰관(日沒觀), 백호관(白毫觀) 등의 십육관법 등을 관선(觀禪)이라고 통칭하는데, 전혀 참구하는 힘은 없고, 다만 마음으로 정신을 맑게 하고 지극히 고요하게 관하는 것으로 오랫동안 순숙하면 자연히 생멸은 텅 비고 고요해지며, 마음의 빛은 텅 비고 영묘해진다. 오로지 열두 번을 반복하여야 비로소 대각을 성취하니까 조사의 문하에서 보인 바로 생사윤회의 근원을 끊는 직절본원(直截本源)과는 같은 것이 아니다.

무릇 조사관은 염불이나 관상법(觀相法)이 견줄 수 있는 것이 아니다. 겨우 한순간 동안 만이라도 참구하면 견해가 없어져서 벽안(碧

眼. 달마대사)과 황두(黃頭. 부처님)라 하더라도 몸을 용납할 곳이 없는데, 하물며 십이부의 교설을 용납하겠는가.[42]

그리고 조사관은 한순간 동안만이라도 참구하면 견해가 없어져서 달마대사와 부처님이라 하더라도 몸을 용납할 곳이 없다고 『용성선사어록』에서는 말한다. 이를 통해 관법은 '일반 사람들이 관법에 들어갈 때에 바로 맑은 정신과 지극히 고요한 형세가 자연히 현전하는데, 오랫동안 변함이 없으면 생각이 일어나거나 사라지는 것이 곧바로 다 없어져서 본체가 진실하고 한결같음을 드러내어 뚜렷하게 밝은 것이 끝이 없다.'고 하여 조사관, 즉 간화선과 구분하고 있는 것으로 볼 수 있다.[43]

이것을 미루어보면 북송대 이후 사교나 대교 등 원돈교의 교학을 토대로 하는 염불과 관법, 그리고 최상승선으로서의 간화선 수행으로 용성 스님의 수행체계를 분류해야 할 것이다.

대체적으로 염불하는 것은 관법하는 것만 못하고 관법하는 것은 참선하는 것만 못하다. 어째서인가? 염불은 부처님을 염송하는 것이다. 설령 천만 번을 염불하더라도 다만 생각을 움직여서 생각하는 것이므로 돌 위에서 물방울이 구르는 것처럼 일체가 될 수 없다. 한 번 염

---

42 「참선자의 임종 후에 대하여 논함」, 『龍城禪師語錄』 권상(『백용성대종사 총서』 1권), pp.144~147.
43 『禪敎釋』에서 '圓頓의 위에 별도로 하나의 宗이 있으니, 이것이 바로 禪門'이라는 청허휴정의 원돈문의 교관과 간화의 선관에 대한 입장이다. 이에 대해 용성 스님은 교학을 통하여 점차 닦는 관법에 대하여 열두 번 두루 닦아야 비로소 대각을 이룰 수 있다고 하면서도 조사관에서 제시한 곧 바로 본원에 도달하는 방법과 다르다고 하는 것은 관법과 조사관과 구별하는 것이다. 그러나 이 점이 선과 교의 우열관계를 역설하는 부분이 아니라 포용적 수행으로서 용성선사의 돈오점수의 교관으로 보고자 한다.

불하는 것은 한 번 물방울이 구르는 것이고 또한 만 번 염불하는 것은 물방울이 만 번 구르는 것인데, 언제 일념이 칠통 밑이 쑥 빠지는 것과 같아지겠는가. 참구하는 힘이 전혀 없기 때문이다.

관법은 염불과는 조금도 비슷하지 않고 아주 다르다. 일반 사람들이 관법에 들어갈 때에 바로 맑은 정신과 지극히 고요한 형세가 자연히 현전하는데, 오랫동안 변함이 없으면 생각이 일어나거나 사라지는 것이 곧바로 다 없어져서 본체가 진실하고 한결같음을 드러내어 뚜렷하게 밝은 것이 끝이 없다.

라고 염불과 관법에 관하여 새롭게 정의를 내리고 있다.

그러나 조사관의 참구와는 조금도 비슷하지 않고 아주 다르다. 비유하면 탁한 물이 점차로 맑아지면 청정함이 점차로 나타나는 것처럼 비록 맑은 본성이 홀연히 나타나더라도 물의 습한 본성은 밝히기가 어렵고, 또한 정각에 이르기 위해서는 오로지 열두 번을 반복하여야 비로소 정각을 성취한다. 전혀 참구하는 힘이 없기 때문이다.

겨우 한순간 동안만이라도 참구하면 홀연히 삼승과 일승의 견해를 초월할 것이다. 의식이 또렷하면서 고요하여 잠시라도 끊어짐이 없으면 아승지겁을 겪지 않고도 홀연히 정각을 성취하여 곧장 부처와 조사의 '향상의 통로'에 도달한다.

조사관은 예리한 도끼로 나무의 뿌리를 자르는 것과 같고, 또는 장수가 칼을 휘두르며 전쟁터로 출정하는 것과 같다. 오직 의정(疑情)이 커다란 불덩어리와 같은데 헤아림과 생각함, 얻음과 잃음, 옳음과 그름,

단계와 점차를 어떻게 용납하겠는가.[44]

그렇다면 용성 스님의 원돈문은 원돈교를 통한 염불과 관법이요 조사관의 참구와는 조금도 비슷하지 않고 아주 다르다고 구분하고 있다는 점을 간과해서는 안될 것이다. 이 점은 ∴과 같은 기호로 구별되어 있지만 서로 보완적인 관계, 포용적 원융적이라고 평가할 수 있겠다. 용성 스님의 수행체계는 대승보살도의 수행으로서 근기와 돈점을 극복하는 수승한 수행체계이므로 '범부의 식정(識情)으로 부처와 조사의 향상의 현묘한 관문을 비방해서는 안 된다'고 표방하는 것이다.

선사로서의 용성 스님이 『화엄경』 및 대승 경교의 번역을 착수하게 된 것은 중생의 근기에 따라 돈점을 선양하는 법계연기(法界緣起)의 관찰(觀察)이며, 보살(菩薩)의 자비행(慈悲行)을 실천(實踐)하는 조사관문의 겸수로서 헤아림과 생각함, 얻음과 잃음, 옳음과 그름, 단계와 점차 등 모든 견해를 초월하고자 하는 자비교화의 원력이었던 것이다.

---

44   「참선자의 임종 후에 대하여 논함」, 『龍城禪師語錄』 권상(『백용성대종사 총서』 1권), pp.146~148.

IV. 결론

용성 스님의 여러 경전의 번역 업적 가운데 교관의 중심이요 총합적인 경전이라 할 수 있는 『화엄경』의 번역에 대하여 선사로서의 일면을 살펴보았다. 『화엄경』 번역서인 『조선글 화엄경』에 대하여서는 이미 보광 스님의 「백용성 스님 국역 『조선글 화엄경』 연구」(2012년 12월)에서 번역의 배경과 특징 및 의의에 대하여 연구, 발표한 바 있다.

세종의 한글 창제 이래 여러 경전들이 한글로 번역되긴 하였지만, 우리글로 된 최초의 『화엄경』의 번역서이다. 백용성 사상의 재인식이라는 대주제에서 본고에서는 용성 스님의 『조선글 화엄경』을 통한 그의 화엄 교관과 선사상을 살펴보았다. 『조선글 화엄경』의 특성을 먼저 살펴본 결과 번역의 의의와 취지를 직접적으로 밝힌 것은 머리말에서 볼 수 있었다. 그가 말하는 세간상이 항상 머물러 나지 않고 멸하지 아니하는 '이법'은 세계와 국토, 중생, 삼세 일체가 이 법을 설한다고 하며, 한결같고 하나로 이루어져 시방세계로 집어던지며 겨자씨 속에 집어넣는 것은 마음의 광명 체성이 바로 '이 법'이요 '이 한 물건'이므로 법 위에 머무는 최상승법이라서 버들이 푸르고 꽃비가 붉다는 선어구를 통하여 무장애법을 대변하고 있다. 용성 스님은 '번역할 때에 『화엄론』과 『청량소』를 의지하였다'고 부기하고 있는데 이통현 장자의 『화엄론』을 통하여 종지에 입각하여 경의 문구를 열람하였으나 의거한 것일 뿐 논소의 전문에 대한 역주나 번역은 보이지 않기 때문에 고려대장경판을 텍스트로 하였던 것이다.

더 나아가 산문과 고기송을 중심으로 번역하되 반복적인 문장은 간략히 번역하고 중송을 생략하여 일관성있게 진행되어 독자들의 가독성을 높여줄 뿐만 아니라 선사의 역동적인 번역의 안목이 화엄의 근본사상을 드러내고자 하는 의도가 엿보인다. 때로는 용어 해설, 청량소를 참조하여 과목의 표시 등 면밀히 교정과 검토하였음을 2차 원고인『선한역대방광불화엄경』을 통해서 볼 수 있다. 여기에서는 번역상의 오류를 교정하고, 불(佛)을 '각(覺)'으로 바꾸고 고유명사 불보살의 명호, 보통명사도 우리말로 번역하는 등 불교용어의 변화가 보이나 애석하게도 2차 번역본은 출판하지 못하고 원고로만 남게 되었다.

종합해보면『조선글 화엄경』은『화엄론』과『청량소』를 의지하였으나 고려대장경판 당본『화엄경』을 텍스트로 하여 중송이나 반복적 구절을 간략히 하였으며 최초의 한글 화엄경의 번역과 출판을 단시일에 달성하였다.

본고에서는 용성 스님에 의해 번역된 여러 대승경전 중『화엄경』은 선사상적으로 어떠한 원용을 시도하고 있는지 그는 어떠한 수행체계를 제시하고 있는지 저술과 번역서를 중심으로 살펴보았다. 특히 근대에 이르러 화엄의 강학과 사기(私記) 찬술이 성행하여 교관에 입각하여 선에 대한 견해를 내세우거나 선사상에 대하여 논쟁한 점, 화엄과 선의 병립에 대한 논쟁에서 선과 교의 주종적 관계에 대해 용성 스님의 관점을 보이고 있다. 원돈교의 교학을 통한 관법은 바로 맑은 정신과 지극히 고요한 형세가 자연히 현전하는데, 오랫동안 변함이 없으면 생각이 일어나거나 사라지는 것이 곧바로 다 없어져서 본체가 진실하고 한결같음을 드러내어 뚜렷하게 밝은 것이 끝이 없다고 하였다. 그리고 조사관의 참구와는 조금도 비슷하지 않고 아주 다르다고 구분하고 있다. 그러나 대승보살도의 수행으로서 근기와 돈점을 극복하는 수승한 수행체계이므로 '범부의 식정(識情)으로 부처와 조사의 향상의 현묘한 관문을 비방해서는 안 된다'고 표방하는 것이다.

용성 스님이 『화엄경』 및 대승 경론의 번역을 착수하게 된 것도 중생의 근기에 따라 돈점을 선양하는 법계연기(法界緣起)의 관찰(觀察)이며, 보살(菩薩)의 자비행(慈悲行)을 실천(實踐)하는 조사관문의 겸수로서 헤아림과 생각함, 얻음과 잃음, 옳음과 그름, 단계와 점차 등 모든 견해를 초월하고자 하는 자비교화의 원력이라고 할 수 있을 것이다.

03.
석전(石顚)과
한암(漢巖)을
통해 본 불교와
시대정신

자현玆玄

자현 玆玄
중앙승가대학교 교수

동국대와 성균관대에서 석사학위를 받은 후, 성균관대학교 동양철학과(율장)와 동국대학교 미술
사학과(건축) 그리고 고려대학교 철학과(선불교)와 동국대학교 역사교육학과(한국 고대사) 및 국어
교육학과(불교 교육)에서 각각 박사학위를 취득했으며, 미술학과의 박사과정을 수료했다. 동국대
학교 강의전담교수와 능인대학원대학교 교수를 지냈다. 현재 중앙승가대학교 불교학부에서 교
수와 불교학연구원장으로 재직 중이며, 월정사 교무국장과 조계종 교육아사리 그리고 《불교신
문》논설위원과 한국불교학회 법인이사 및 상하이 푸단대학교 객원교수 등을 맡고 있다. 한국연
구재단 등재지에 160여 편의 논문을 수록했으며, 40여 권의 저서를 발간했다. 저서 가운데 『불교
미술사상사론』은 2012년 학술원 우수학술도서, 『사찰의 상징세계(상·하)』는 2012년 문광부 우수
교양도서, 『붓다순례』(2014)와 『스님의 비밀』(2016), 『불화의 비밀』(2017), 『스님, 기도는 어떻게 하
는 건가요』(2019)는 각각 세종도서에 선정되었다. 또 『백곡 처능, 조선불교 철폐에 맞서다』는 2019
년 불교출판문화상 붓다북학술상을 수상했으며, 제7회 영축문화대상을 수상했다.

I. 서론_
출가주의에 대한 재가주의의 도전

불교는 바라문교의 재가주의 한계와 문제점을 비판하는 사문의 수행문화 속에서 출발한다. 재가주의는 가계의 계승과 사회의 구성이라는 인류 진화의 보편에 기반을 두고 있다. 그러다보니 바라문교의 이상인 신(神)들 역시, 희랍신화와 같은 결혼과 가정생활 등의 난삽함으로 얼룩지게된다. 이에 비해서 불교는 독신에 의한 집중도 높은 수행과, 이들의 모임인 승가라는 수행단체를 통해서 발전한다.

붓다는 왕궁생활에서 가정을 이루고 살다가 이를 떨치고서 출가한다. 즉 불교의 출가주의에는 재가주의와는 다른, 수행의 완성만을 목적으로 하는 청정성이 존재하는 것이다. 만일 결혼과 같은 재가주의가 불교의 수행목적과 충돌하지 않는다면, 붓다 역시 이를 수용했을 것이다.

붓다는 당신의 관점을 분명하게 피력하시는 분이다. 이 말은 불교의 목적달성인 깨달음에는 재가주의가 가능하지 않다는 점을 분명히 한다. 주지하다시피 율장(律藏)의 시작인 불음계(不淫戒)의 수제나(須提那)비구 내용에서, 붓다는 이것이 '청정이 아닌 부정이며 열반의 길이 아니라는 점'을 분명하게 강조하고 있다.[01] 그 결과가 바로 바라이(波羅夷) 즉 승단으

01   『四分律』 1, 「四波羅夷法之一」(『大正藏』 22), p.590b. "爾時世尊以無數方便呵責言 汝所爲非 非威儀非

로부터의 축출인 것이다.[02]

율장의 제1 바라이가 불음계라는 점을 고려할 때, 어떠한 경우라도 재가주의는 불교승단에 수용될 수 없다. 그러나 재가주의는, 식욕과 더불어 인간의 본능 중 가장 강력한 욕구인 색욕과 관련된다. 또 이는 인간 종의 진화와 관련된 가장 본질적인 측면이기도 하다. 그러므로 불교사 안에도 출가주의에 대한 재가주의의 도전이 나타나게 된다. 물론 이러한 재가주의는 바라문교나 힌두교의 재가주의와는 다른, 불교 안에서의 재가주의이다.

불교의 출가주의라는 대전제 속에서 재가주의가 타당성을 가질 수 있게 되는 것은, 깨달음의 보편성에 대한 자각에 의해서이다. 즉 불교의 깨달음이 완전한 것이라면, 이것은 승단에만 갇혀 있는 것이 아니라 재가에도 통용될 수 있는 보편성을 확보해야 한다는 것이다. 이와 같은 관점으로 인한 재가주의의 대두를, 우리는 『밀린다왕문경(彌蘭陀王問經)』의 '재가인이 아라한이 되었을 때'에 대한 의문을 통해서 확인해볼 수 있다. 그러나 『밀린다왕문경』은 재가인이 아라한이 되었을 경우는, 그날로 출가하거나 열반해야 한다는 두 가지만을 제시하고 있다.[03] 즉 재가주의의 도전에 대해서 부정적인 인식을 보이는 것이다.

그러나 깨달음의 보편성이라는 문제의식이 보다 심화되는 대승불교에 오게 되면, 깨달음이 출가승단이라는 범주를 초월하면서 재가주의가

沙門法非淨行非隨順行 所不應爲 汝須提那 云何於此淸淨法中行乃至愛盡涅槃 與故二行不淨耶"

02 須提那는 不遡及原則에 의해서 波羅夷가 되지 않았다.

03 이미령 譯, 「2. 在家者가 阿羅漢의 地位에 도달했을 때」, 『밀린다왕문경』, 서울:民族社(2007), p.142, "在家者로서 阿羅漢의 地位에 도달한 자는 두 가지로 나아가는 영역만이 있으며 그 밖의 것은 있지 않습니다. 즉 그 날에 出家하든가, 또는 완전한 죽음을 이루든가 하는 두 영역입니다."

일정한 측면에서 긍정되는 양상이 나타난다. 이는 대승불교의 이상적 인격인 보살(菩薩)에 재가인이 수용되는 것을 통해서 알 수 있다. 물론 이와 같은 재가주의는 성(性)적인 측면과 관련해서는 이렇다 할 내용이 나타나지 않는다. 즉 재가주의의 주장에서 발생하는 성적인 부분이, 불교의 기본전제인 출가주의와 문제가 될 수 있으므로 제한되고 있는 것이다.

그러다가 힌두교의 영향을 크게 받는 밀교시대(密敎時代)에 이르면, 성적인 문제까지 표면화되면서 완전한 재가주의의 양상이 나타난다. 그러나 이렇게 되면 붓다가 재가주의를 비판하면서 출가주의를 제창한 의미는 사라지게 된다. 또 바라이라는 승단의 기본적인 골격구조 자체가 무너진다. 즉 승단이라는 출가교단이 유명무실해지게 되는 것이다.

동아시아 불교는 대승불교를 수용하지만, 유교적인 문화 배경 속에서 성적인 좌도밀교(左道密敎)나 탄트리즘(Tantrism)과 같은 측면은 이렇다 할 영향을 미치지 못한다. 그러나 원(元)의 세계지배와 더불어 밀교가 본(Bon)교와 습합된 티베트의 라마불교가 확산되면서, 동아시아 불교는 교단의 청정성에 심각한 타격을 입게 된다.

『고려사』 권39의 1281년(충렬왕 7) 기록에는, '승려 중 결혼하여 생활하는 자가 반이나 된다'는 기록이 있다.[04] 이는 티베트불교의 영향과 문제를 잘 나타내준다. 이와 같은 상황에서 불교의 청정을 유지하면서 한국불교의 정체성을 재확립하는 분들이 바로 태고보우(太古普愚, 1301~1382)·백운경한(白雲景閑, 1298~1374)·나옹혜근(懶翁惠勤, 1320~1376)의 '여말삼사(麗末三師)'와, 지공선현(指空禪賢, 1300~1361)·나옹혜근·무학자초(無學自超,

---

04   『高麗史』 39, 「世家 29」, 〈忠烈王 2-7年(1281)-6月〉, "癸未:王次慶州 下僧批 … 云云 … 娶妻居室者 居半"

석전(石顚)과 한암(漢巖)을 통해 본 불교와 시대정신 95

1327~1405)의 '여말삼화상(麗末三和尙)'과 같은 분들이다.

보우는 중국 강남의 선종으로부터 1348년(충목왕 4) 『칙수백장청규(勅修百丈淸規)』를 수용해서[05] 간행되도록 한다.[06] 또 인도승려 지공은 대승계경(大乘戒經)인 『문수사리보살최상승무생계경(文殊師利菩薩最上乘無生戒經, 약칭 무생계경)』에 입각한 무생계(無生戒)를 통해서, 고려의 풍속을 청정하게 일변시켰다. 지공의 계율을 통한 교화는 민지(閔漬)의 「불조전심서천종파지요서(佛祖傳心西天宗派旨要序, 약칭 지요서)」에 따르면, '지공이 무생계를 설하여 국왕의 종실과 인척 및 공경대부(公卿大夫)와 사서인(士庶人) 등을 포함하여 신분과 성별을 구분하지 않고 하루에 수만 명씩 계를 주었다'고 되어 있다.[07] 이러한 교화 결과와 관련해서 『고려사(高麗史)』 권35는, '계림부사록(鷄林府司錄) 이광순(李光順)이 지공에게 무생계를 받고는 관할지역의 성황제(城隍祭)에서 고기를 쓰지 못하게 하고, 백성들이 돼지 사육을 하지 못하도록 하여 기르던 돼지들을 죽였다'는 내용이 실려 있다.[08] 또 「지요서」에는 지공의 교화 영향으로 고려인들이 술과 고기 및 무격(巫覡)을 멀리했고, 또 탐욕과 음란한 풍속이 줄어들었다는 내용도 있

---

05 『太古和尙語錄』下,「普愚行狀」(『韓佛全』6), pp.698c-699a, "於是乎俾百丈大智禪師禪苑淸規 薰陶流潤 其日用威儀精嚴眞淨 參請以勤 鐘魚以時 重興祖風";『太古和尙語錄』上,「至正十七年丁酉正月十五日 王宮鎭兵上堂」(『韓佛全』6), p.675b, "賞其有道者 主於伽藍 領衆勤修 福利邦家 此乃先王之行法 王政之始也"; 鄭在逸(寂滅),「慈覺宗賾의 『禪苑淸規』研究」, 서울:東國大 博士學位論文(2005), pp.349-353.

06 『太古和尙語錄』下,「玄陵勅刊百丈淸規跋」(『韓佛全』6), p.694a.

07 閔漬 撰,「佛祖傳心西天宗派旨要序」,『西天百八代祖師指空和尙禪要錄』, "於是 自王親戚里 公卿大夫士庶人 乃至愚夫愚婦 爭先雲集於戒場者 日以千万計."

08 『高麗史』35,「世家 35」,〈忠肅王2-15年(1328)-秋七月〉, "庚寅 … 云云 … 鷄林府司錄李光順, 亦受無生戒, 之任, 令州民, 祭城隍, 不得用肉, 禁民畜豚甚嚴, 州人一日盡殺其豚."

다.[09] 이 외에도 위소(危素, 1303~1372)의 「무생계경서(無生戒經序)」에는 "이 나라(고려)에서 혈식(血食)을 받던 삼악신(三岳神) 또한, 이 계를 듣고 죽이는 희생제(犧牲祭)를 끊어버렸다"는 내용이 있다.[10]

지공의 계율 강조는 사법(嗣法) 제자인 나옹과 경한, 그리고 나옹의 사법 제자인 자초에게까지 영향을 준다. 이로 인하여 원 간섭기가 끝나면서 한국불교는, 티베트불교의 문제점을 극복하고 출가주의라는 청정성을 회복하게 된다. 그러나 한국불교는 여말(麗末)·선초(鮮初)라는 혼란기에 적절하게 대응하지 못하면서, 결국 조선이라는 불교의 암흑시대를 맞기에 이른다.

II. 일제강점기의 계율문제

1. 일본불교의 침탈과 한국불교의 정체성

일본의 조선 침략이 본격적으로 가속화되는 것은 1894년 청일전쟁에서의 승리 이후이다.[11] 일본은 1895년 조선에 대한 청의 영향을 제한한다.

---

11   崔柄憲, 「日帝의 侵掠과 佛教」, 『日帝의 韓國侵掠과 宗教』, 서울: 韓國史研究會學術會議 發表文(2001),

같은 해 일련종(日蓮宗)의 사노 젠레이(佐野前勵)는 당시 김홍집 내각에게 승려의 도성출입 제한을 허용하는 입성해금(入城解禁)을 주장하여 관철시킨다.[12] 이는 억압된 환경 속의 조선 승려들에게는, 일본불교가 은혜와 호감으로 받아들여지는 중요한 사건이 된다.[13]

청일전쟁 이후 조선인의 인식에 일본은 청을 대체하는 강국의 위상으로 자리 잡게 된다. 여기에다가 억눌렸던 조선불교를 강력한 힘으로 풀어주는 모습은, 조선불교가 일본불교에 경도되게 하기에 충분했다. 특히 당시 불교지식인들 사이에는, 일본의 불교 융성이 일본불교의 특징 때문으로 판단하여 일본불교를 배워야한다는 인식이 확산된다. 여기에서 가장 문제가 되는 것이 바로 일본의 재가주의적인 승려의 결혼 즉 '대처(帶妻=娶妻)'이다.

일본불교는 헤이안시대[平安時代:794~1185]부터 취처(娶妻)하는 풍토가 나타나, 1867년 메이지유신[明治維新]의 폐불훼석(廢佛毀釋) 이후인 1872년에는 '승려의 식육(食肉)·대처(帶妻)는 각자 임의에 맡긴다'는 조칙이 내려진다.[14] 이렇게 재가적인 일본불교의 영향이 한국불교의 청정한 출가승단을 변질시키게 되는 것이다.

당시의 대처 주장은 불교지식인들에 의해서 주도된다. 이 가운데 가

p.6.

12   金敬執 著,『韓國佛敎近代史』, 서울:經書院(2000), p.13.
      박희승은『이제, 僧侶의 入城을 허함이 어떨는지요』, 서울:들녘(1999)에서 僧侶의 都城出入禁止를 철회케 한 것이 佐野前勵가 아니었다고 적고 있어 주목된다.

13   高橋亨 著,『李朝佛敎』, 京城:寶文館(1929), p.898.

14   曉呑,「石顚映湖 大宗師의 戒律思想」,『石顚映湖 大宗師의 生涯와 思想』, 高昌:禪雲寺(2009), pp.68~69.

장 주목되는 것이, 1910년 3월 만해(萬海) 한용운(韓龍雲, 1879~1944)에 의해서 중추원(中樞院) 의장 김윤식(金允植)에게 제출된, 대처를 용인해 달라는 〈중추원 헌의서(獻議書)〉이다. 이는 당시의 정세변화라는 혼란 속에서, 신지식인을 자처하는 이들이 불교의 정체성과 한국불교의 전통과 관련해서 어떻게 오판하고 있었는지를 단적으로 나타내준다.

1920년대에 들어서면 일본의 영향이 보다 강화되면서, 일본으로 유학 가는 승려들이 증대하게 된다. 이는 조선불교단이라는 단체에 의한 일본시찰단과 유학생 파견에 따른 것이다. 그런데 이때의 일본 유학승들은, 일본불교의 영향으로 결혼하지 않는 사람이 없을 정도였다.[15] 당시 최고의 지식인이라고 할 수 있는 이들 유학승들은, 귀국 후 한국불교에서 막대한 영향력을 행사하면서 한국불교의 풍토를 일변하게 한다.

또 일본 유학승들이 본사 주지가 될 수 있는 상황에 직면하자, 본사 주지는 비구승이어야 한다는 기준에[16] 대한 수정 요구가 본격화된다. 즉 당시 불교계를 주도하는 세력들은 대처의 허용을 강력하게 촉구하였다. 이로 인하여 1925년 10월에 대처승도 본사 주지가 될 수 있는 사법(寺法) 개정이, 31본사 주지회의에 상정된다. 그러나 이는 일부 본사 주지들의 반대로 처리되지 못한다.[17] 그렇지만 일제강점기 시대적인 한계와 왜곡된 변화 속에서, 마침내 1926년 3월 23일 조선총독부 교무원 평의원회에서

---

15 伽倻衲子,「背恩忘德」,『佛教』제23호(1926), p.31.

16 당시 本寺住持의 자격은 '比丘戒를 구족하고 다시 菩薩戒를 수지한 자'로 되어 있었다.
    李能和 著,『朝鮮佛教通史 下』, 서울: 寶蓮閣(1982), p.1139.

17 〈참지 못할 一呵 去益悲運의 佛教界〉,《東亞日報》, 1925년 10월 31일자.

대처 허용이 결정된다.[18] 이의 시행은 동년 11월에 허용되고, 대처승의 본사 주지 취임과 관련된 사법 개정도 처리되기에 이른다.[19]

이와 같은 일제강점기 한국불교의 변화는, 결국 급격한 대처화를 초래하게 된다. 1925년 조선불교 중앙교무원이 파악한 통계에 따르면, 당시 한국불교의 승려 숫자는 비구가 6,324명 비구니가 864명으로 전체 7,188명이었다.[20] 이 중 대처의 숫자가 약 4천 명 정도로 추정된다.[21] 대처는 결혼한 남성 승려를 의미하므로 비구니는 여기에서 제외해야 한다. 이렇게 놓고 본다면, 비구 6,324명 중 결혼한 대처승이 4천 명 정도라는 말이 된다. 이는 당시 한국불교의 2/3 정도가 결혼했다는 것을 의미한다. 이것이 1925년의 자료라는 점을 생각한다면, 그 이후의 상황은 대처승 비율이 절대다수를 점하는 지경에 이른다.[22]

고려의 원 간섭기에 티베트 라마불교의 영향으로 1/2 정도가 대처승이었다는 점을 고려한다면, 일제강점기의 상황은 한국불교의 전통을 위협하는 최대의 사건이라고 하겠다.

---

18   「朝鮮寺刹制度中修正ノ件」, 『寺刹關係書類』, 京城:政府記錄保存所 文書(1926).

19   〈寺刹住持의 選擧資格 改正〉, 《每日新報》, 1926년 11월 26일자.

20   「寺刹僧尼數」, 『朝鮮佛教一覽表』, 京城:朝鮮佛教 中央教務院(1928), p.56.

21   具萬化, 「その罪三千大天世界に唾棄する虛無し」, 『朝鮮佛教』 제28집(1926), p.19.

22   1954년 불교정화가 시작될 무렵, 비구승은 전체 6,500명의 승려 중 고작 4%인 260명에 불과했다. 崔柄憲, 「韓國佛教 歷史上의 曹溪宗-曹溪宗의 歷史와 해결과제」, 『佛教評論』 통권51호(2012), p.390, "1954년 佛教淨化運動이 시작될 당시 曹溪宗 總務院長 박성하의 증언에 의하면, 僧侶 총수 6,500여 명 가운데 比丘僧은 4%에 불과한 260명이었던 데 비하여 帶妻僧은 96%인 6,240명이었다. 1952~1954년 일부 사찰을 修道道場으로 지정하여 달라는 比丘僧들의 끈질긴 요구가 있었고, 송만암 宗正도 比丘僧 측에 인도해줄 것을 지시하였지만 帶妻僧들이 주도하고 있던 교단에서는 이를 수용하지 않았다. 이에 比丘僧들은 분개하여 帶妻僧 중심의 교단을 쇄신할 것을 결의하고, 재차 중앙교무원 측에 18개 寺刹의 인도를 요구하였다. 이러한 상태에서 李承晩 大統領이 발표한 '淨化諭示'는 佛教界를 혼란의 소용돌이로 몰아넣게 되었다."

2. 한용운의 대처 주장과 판단 착오

일제강점기 한국불교의 대처 문제와 관련해서 가장 크게 주목되는 것이, 바로 한용운의 대처 주장이다. 한용운은 총 두 차례에 걸쳐 대처를 용인해줄 것을 일본 정부에 공식 요청한다.

첫 번째는 앞서도 언급한 바와 같이 1910년 3월로, 이때는 중추원 의장 김윤식에게 〈중추원 헌의서〉로 제출된다. 두 번째는 같은 해 9월 조선 총독에게 〈총독부(總督府) 건백서(建白書)〉로 대처문제를 청원한다.[23]

청일전쟁 이후 일본의 영향이 강화되고, 또 일본은 1905년 러일전쟁에서도 승리하면서 동년 11월 17일에는 을사보호조약이 체결된다. 그러나 한일합방은 1910년 8월 29일에야 완료된다. 이렇게 놓고 본다면, 한용운의 대처 청원은 한일합방 전후에 이루어진 사건이라는 것을 알 수가 있다. 이것은 시기적으로 매우 빠른 주장이다.

그런데 총독부에서는 한용운의 청원을 수용하지 않는다. 이를 통해서 우리는 일본불교의 영향으로 대처 문화가 침투했지만, 당시 한국불교의 절대다수는 청정한 출가승단이었다는 것을 알 수 있다. 앞 항에서 살펴본 바와 같이, 조선총독부의 대처 허용은 1926년이며, 1925년에 대처 비율은 남성승려의 2/3에 육박하고 있었다. 이는 총독부가 종교의 변화와 같은 다소 민감할 수 있는 측면에 대해서, 지능적이면서도 조심스럽게 접근했다는 것을 의미한다. 즉 이미 대세가 기울어서 주류가 바뀐 뒤

---

23   廉仲燮, 「韓國佛教의 戒律적인 특징과 현대사회 - 日帝强占期와 曹溪宗을 중심으로」, 『佛教學研究』
       제35호(2013), p.167.

에 제도가 따라간 정도라는 말이다.

그런데 한용운은 1910년에 대처를 용인해 달라고 주장하고 있다. 그리고 이 주장이 받아들여지지 않자, 1913년 『조선불교유신론(朝鮮佛教維新論)』을 간행하면서 자신의 주장을 「14장. 불교의 앞날과 승려의 결혼과의 관계」로 정리하여 수록하기까지 한다.[24] 이를 통해서 우리는 한용운이 당시에 얼마나 시대착오적인 위험한 판단을 하고 있었는지를 알 수 있다. 이후 대처를 용인해 달라는 청원은, 1919년 11월 용주사(龍珠寺) 주지였던 강대련(姜大蓮)에 의해서 〈불교확장의견서(佛教擴張意見書)〉를 통해 나타나고 있다.[25] 이 문건이 1919년 말의 것이라는 점을 고려한다면, 이는 한국불교의 상당수가 대처화된 상황에서 작성된 것임을 알 수 있다. 또한 이를 통해서 우리는 한용운의 대처 주장이 얼마나 빨랐는지에 대해서도 다시 한번 더 인식해보게 된다.

---

24   韓龍雲 著, 『朝鮮佛教維新論』, 李元燮 譯, 서울: 운주사(1992), pp.125~130.

25   『朝鮮佛教叢報』 제20호, 京城: 三十本山聯合事務所(1920), pp.1~10.

III. 석전과 한암의 계율정신

1. 석전의 『계학약전』 편찬

석전(石顚, 1870~1948)은 17세가 되던 1886년, 금강산의 4대 사찰[유점사(楡岾寺)·장안사(長安寺)·표훈사(表訓寺)·신계사(神溪寺)] 중 하나인 신계사에서 금산화상(錦山和尙)을 은사로 출가한다.[26] 그리고 25세에 순창 구암사(龜巖寺)에서 설유처명(雪乳處明, 1858~1903)의 법을 사법한다. 이때 영호(映湖)라는 법호를 받게 된다. 석전의 법맥은 백파긍선에서 시작되는 호남의 대표적인 강맥(講脈)으로 '백파긍선(白坡亘璇, 1767~1852)→도봉국찬(道峯國粲, ?~1801)→정관쾌일(正觀快逸, ?~1813)→백암도원(白巖道圓, ?~?)→설두유경(雪竇有炯, 1424~1889)→다륜익진(茶輪益振, ?~1901)→설유처명'을 계승한 것이다.[27]

 '석전'이라는 명칭은 추사 김정희(1786~1856)가 백파와 교류할 때, '훗

---

26   石顚의 出家와 관련해서는 鄭寅普의 「石顚上人小傳」(『石顚詩鈔』)과 成樂薰의 〈碑文(華嚴宗主映湖堂大宗師浮屠碑銘幷書)〉에는, 19세에 威鳳寺의 太祖庵에서 出家했다고 되어 있다. 本稿에서는 石顚의 〈僧籍部〉에 나타나 있는 17세 神溪寺說을 취하였다. 그러나 石顚의 출신지 등을 고려하면, 神溪寺說에 의문이 없는 것은 아니다.
      禪雲寺 編, 「第1章 石顚 鼎鎬스님의 生涯와 行蹟」, 『石顚 鼎鎬스님 行狀과 資料集』, 高昌: 禪雲寺 (2009), pp.26~28.

27   李智冠 著, 『韓國佛教戒律傳統: 韓國佛教戒法의 自主的傳承』(서울: 伽山佛教文化研究院, 2005), p.262; 李智冠 編, 『韓國高僧碑文總集: 朝鮮朝·近現代』(서울: 伽山佛教文化研究院, 2000), p.668; 慧南, 「石顚映湖 大宗師의 講脈」, 『石顚映湖 大宗師의 生涯와 思想』, 高昌: 禪雲寺(2009), pp.8~9.
      禪雲寺 編, 「第3章 石顚 鼎鎬스님의 法脈과 傳燈」에서는 조금 다른 관점이 제시되어 있다(『石顚 鼎鎬스님 行狀과 資料集』, 高昌: 禪雲寺(2009), pp.179~187.).

날 제자 가운데 도리를 깨친 자가 있거든 이로써 호를 삼으라'고 하면서 주었다는 '석전(石顚)·다륜(茶輪)·만암(曼庵)'의 세 호에서 기인한다.[28] 추사는 처음에는 백파와 충돌하지만, 나중에는 돈독한 관계로 발전한다.[29] 석전은 백파문중의 최고 강백인 동시에, 일제강점기를 대표하는 불교계의 최대지성이었다.

석전은 특히 문장에 능통하여 『석전문초(石顚文鈔)』『석전시초(石顚詩鈔)』 등의 문집이 있고, 또 선(禪)과 경(經) 및 율(律)과 관련해서도 『정선염송설화(精選拈頌說話)』『염송신편(拈頌新編)』『정선치문집화(精選緇門集話)』『계학약전(戒學約詮)』 등의 저술이 있다.[30] 일제강점기뿐만 아니라 조선불교를 통틀어 선(禪)·교(敎)·율(律)에 모두 능한 분은 극히 드물다.[31] 때문에 석전의 문하에서 최고의 선지식인 운허용하(耘虛龍夏)·운기성원(雲起性元) 등[32]과, 당대의 최고 지식인들인 서경보·이광수·신석정·조지훈·서정주·김달진·김어수 등[33]의 걸출한 동량들이 배출된다. 또 석전은 당시의 승려로서는 이례적으로 문장에도 능통했기 때문에, 석전과 관련해서는 국문

28   혜자 著, 「漢永鼎鎬」, 『永遠한 大自由1』, 서울:밀알(2002), p.9.

29   김병학, 「朝鮮後期 白坡와 秋史의 禪論爭」, 『(圓光大學校) 論文集』 제37호(2006), pp.14~19 ; 박동수, 「禪雲寺 白坡碑로 본 白坡와 秋史」, 『鄕土文化硏究』 제6호(1990), pp.79~80.

30   石顚關聯 資料에 대한 자세한 측면은, 「第2章 石顚鼎鎬 스님의 著書와 論文」, 『石顚鼎鎬 스님 行狀과 資料集』, 高昌:禪雲寺(2009), pp.107~177을 參照하라.

31   成樂薰, 〈華嚴宗主映湖堂大宗師浮屠碑銘幷書〉, 「第1章 石顚鼎鎬 스님의 生涯와 行蹟」, 『石顚鼎鎬 스님 行狀과 資料集』, 高昌:禪雲寺(2009), p.104, "學問에 있어서도 敎와 禪에 모두 뛰어나고 內外의 書籍을 두루 涉獵하여 보지 않은 것이 없을 만큼 널리 보고 모두 記憶하였으니, 故事·稗說·僻書·異聞에 이르기까지 묻는 대로 바로 대답하여 쌍 선비들의 눈을 휘둥그레지게 만들었다."

32   禪雲寺 編, 「第4章 石顚鼎鎬 스님의 講脈과 傳燈」, 『石顚鼎鎬 스님 行狀과 資料集』, 高昌:禪雲寺(2009), pp.197~218.

33   禪雲寺 編, 「第6章 石顚鼎鎬 스님의 제자들」, 『石顚鼎鎬 스님 行狀과 資料集』, 高昌:禪雲寺(2009), pp.289~309.

학과 연관된 연구들도 있다.[34]

석전은 1908년부터 불교를 개혁하기 위해, 한용운·금파(琴巴) 등과 더불어 불교유신운동(佛敎維新運動)을 전개한다.[35] 그러다가 1910년 해인사의 주지 이회광(李晦光) 등이 한국불교를 일본 조동종(曹洞宗)에 예속시키려고 하자, 한용운·진진응(陳震應)·김종래(金種來)·오성월(吳惺月)·임만성(任晩聖) 등과 함께 조동종(曹洞宗)을 반대하고, 임제종지(臨濟宗旨)를 주장한다.[36] 이러한 과정에서 석전은 한용운과 각별한 사이가 된다.

석전과 한용운의 친분은, 한용운이 1913년 5월『조선불교유신론(朝鮮佛敎維新論)』을 간행함에 있어서 그 제자(題字)를 직접 적어 준 것,[37] 한용운의 시집에 〈차영호화상(次映湖和尙)〉이라는 제목의 시가 세 편씩이나 수록되어 있는 것,[38] 이외에 석전이 학인들에게 한용운의 강의를 들으라고 권했다는, 서경보의 기록 등을 통해서 확인된다.[39] 그러나 대처와 관련해서는 두 사람이 완전히 다른 관점을 취했다. 실제로 1910년 한용운이 대처 허용을 주장하자, 석전은 '한용운 수좌가 갑자기 미쳤나?'라고 하며

---

34   심삼진,「石顚 朴漢永의 詩文學論」, 서울:東國大 碩士學位論文(1987);이병주 外 著,『石顚 朴漢永의 生涯와 詩文學』, 서울:白坡思想研究所(2012);김상일,「石顚映湖大宗師의 文學觀」,『石顚映湖大宗師의 生涯와 思想』, 高昌:禪雲寺(2009), pp.121~122.

35   노권용,「石顚映湖大宗師의 佛敎思想과 그 維新運動」,『石顚映湖大宗師의 生涯와 思想』, 高昌:禪雲寺(2009), p.28.

36   李能和 著,『朝鮮佛敎通史 下』, 서울:寶蓮閣(1982), pp.930~939;高橋亨 著,『李朝佛敎』, 京城:寶文館(1929), pp.918~930;강석주·박경훈 著,『佛敎近世百年』, 서울:中央新書(1980), pp.39~48;金光植 著,「1910年代 佛敎界의 曹洞宗盟約과 臨濟宗運動」,『韓國近代佛敎史研究』, 서울:民族社(1996), pp.53~92.

37   이는 韓龍雲의 요청에 의해서였다고 한다.
      禪雲寺 編,「第5章 石顚鼎鎬 스님의 道伴·門人」,『石顚鼎鎬 스님 行狀과 資料集』, 高昌:禪雲寺(2009), p.223.

38   『石顚文鈔』에는 韓龍雲에 대한 詩는 존재하지 않는다. pp.223~224.

39   徐京保,「韓龍雲과 佛敎思想」,『韓龍雲思想研究』, 서울:民族社(1980), 參照.

강도 높게 힐난을 하였다고 한다.[40]

1925년과 26년은 대처의 용인과 관련된 문제가 불교계의 최대 쟁점이 되던 시기이다. 이때는 앞 항에서도 지적한 바와 같이, 대처승의 본사 주지 가능 문제가 표면화되기 때문이다. 본사 주지란 일제의 사찰령(寺刹令)에 의해서 확립된 30본산(후일 화엄사가 선암사에서 독립하면서 31본산이 됨)의 주지를 의미하는 것으로,[41] 불교교단 최고의 위상을 가지는 자리이다. 그런데 이 자리까지 대처승이 된다는 것은, 한국불교의 '청정한 출가승단'이라는 정체성이 붕괴되고 전통이 철저하게 변질되는 것을 의미한다.

이와 같은 한국불교사상 초유의 문제 상황을 좌시하지 못하고 떨쳐 일어나신 분이 바로 백용성(白龍城, 1863~1940)이다. 당시 범어사(梵魚寺) 주지였던 백용성은 1926년 5월 안변 석왕사(釋王寺) 주지 이대전(李大典)과 해인사(海印寺) 주지 오회진(吳會眞) 등 127명과 함께 대처 금지를 요청하는 진정서를 제출한다.[42] 그리고 9월에도 백용성에 의한 2차 탄원서가 총독부에 제출된다.[43] 그러나 조선총독부 교무원 평의원회에서 이미 1926년 3월 23일 대처 허용이 결정된다는 점에서, 이때는 이미 되돌리기에는 늦은 상황이었다.[44]

---

40   金昌淑(曉呑), 「石顚 朴漢永의 〈戒學約詮〉과 歷史的 性格」, 『韓國史硏究』, 제107호(1999), p.130.

41   金光植 著, 「1910년대 佛敎界의 進化論 수용과 寺刹令」, 『韓國近代佛敎史硏究』, 서울:民族社(1996) 參照.

42   여기에는 '4천명의 比丘僧을 위해서'라는 언급이 있어 주목된다. 이는 帶妻僧이 4천명이라는 주장과는 상반되는 것이다. 이렇게 놓고 본다면, 당시 帶妻僧과 比丘僧은 반반정도였다는 추정도 가능하다. 그러나 이후 白龍城의 2차 歎願書를 보면 당시 帶妻僧의 비율이 훨씬 더 많았으며, 이는 比丘僧 측에서 부풀린 사실임을 알 수 있다.
      〈百餘名 連名 犯戒生活 禁止 陳情〉,《東亞日報》, 1926년 5월 19일자.

43   龍城震鍾 著, 佛心道文 編, 〈龍城禪師語錄〉, 『龍城大宗師全集-第1卷』, 서울:覺皇寺(1991), pp.550~551.

44   데라우찌(寺內正毅) 總督에 의해서 僧侶의 娶妻禁止가 삭제된 것은 1926년 10월이다.

그러나 석전은 같은 문제의식을 가졌음에도, 교육이라는 새로운 해법을 제시하고 있어 주목된다. 즉 이미 되돌이킬 수 없는 상황에서, 교육을 통해서 불교정신을 환기시키는 방법을 선택한 것이다. 실제로 용성의 2차 탄원서인 1926년 9월의 문건에는, '대처승들이 거주하는 사찰이 너무 많아서 비구승들이 거처할 사찰이 없음을 주장하며, 비구승들이 거주할 수 있는 몇 개의 본사를 요청'하고 있다.[45] 이는 당시에 이미 기울어버린 불교계의 상황을 잘 말해준다. 이러한 점을 고려한다면, 석전의 교육을 통한 해법은 용성에 비해서 보다 타당성 있는 방법임에 틀림없다.

석전은 1926년 『계학약전』을 편찬한다. 이 책은 중앙불전(中央佛專, 중앙불교전문학교)의 교육교재로 사용하기 위한 것이었다.[46] 1926년에 『계학약전』이 출간된다는 점을 고려한다면, 최소한 1925년에는 이 책에 대한 저술이 시작되었다고 할 수 있다. 이렇게 놓고 본다면, 『계학약전』은 1925~1926년이라는 대처 문제가 가장 쟁점화되어 있을 때, 석전이 제시한 한국불교를 위한 해결책이었다고 하겠다.[47]

『계학약전』은 전체가 3장으로 구성되어 있는데, 이는 「제1장 총서계체(總敍戒體)」의 계율에 대한 총론 부분과 「제2장 별현계상(別顯戒相)」의 계목에 대한 개설, 그리고 끝으로 「제3장 결권수학(結勸修學)」 즉 계율을 권면하는 부분이다. 이러한 내용을 간략히 도시해 보면 다음과 같다.

高橋亨 著, 『李朝佛教』, 京城: 寶文館(1929), p.953.

45 龍城震鍾 著, 佛心道文 編, 〈龍城禪師語錄〉, 『龍城大宗師全集-第1卷』, 서울: 覺皇寺(1991), pp.550~551.

46 朴漢永 著, 金曉呑 譯註, 「解題」, 『戒學約詮 註解』, 서울: 東國譯經院(2000), p.2; 禪雲寺 編, 「第2章 石顚 鼎鎬스님의 著書와 論文」, 『石顚 鼎鎬스님 行狀과 資料集』, 高昌: 禪雲寺(2009), p.141.

47 金昌淑(曉呑), 「石顚 朴漢永의 〈戒學約詮〉과 歷史的 性格」, 『韓國史研究』, 제107호(1999), p.108·p.131.

제1장 총서계체(總敍戒體) : ① 경율론(經律論) 삼장(三藏)·② 삼장(三藏) 과 삼학(三學)의 대비(對比)·③ 수수상전(授受相傳)과 이부십팔부(二部 十八部)의 분파(分派)·④ 오부율(五部律)·⑤ 진단사부(震旦四部)·⑥ 오사 망어약술(五事妄語略述)·⑦ 대승계본(大乘戒本)-『범망경(梵網經)』·⑧ 대 소승계(大小乘戒)의 차별(差別)

제2장 별현계상(別顯戒相) : ①『사미율의(沙彌律儀)』의 십계(十戒)·②비구 (比丘)와 비구니(比丘尼)의 구계약상(具戒略相)·③ 보살계약술(菩薩戒略 述)·④ 능엄사종율의(楞嚴四種律儀)

제3장 결권수학(結勸修學)

이를 통해서 우리는 석전의 『계학약전』 찬술이, 대처의 문제로 인해 한국불교의 청정 출가전통이 위협받던 혼란기를 극복하기 위한 대안이 었다는 점을 분명하게 파악해 볼 수 있다.

석전의 계율에 대한 교육은 단순히 교육으로만 끝나지 않는다. 계율 은 다른 학문과 달리 율의(律儀)라는 특성상 반드시 실천적인 면모가 겸 비되어야 한다. 석전은 계행에 있어서도 철저한 면을 보인다. 문인(門人)인 성낙훈(成樂薰)은, "스님은 계행(戒行)이 엄정(嚴淨)하고 시주(施主)를 받지 아니하였으며 노래와 색(色)을 도외시하였으니, 「청량국사전(清涼國師傳)」 에서, '비구니 사찰의 티끌도 밟지 아니하고 고향 땅에 옆구리를 붙이지 않았다' 함은 곧 스님을 이름이로다"라고 〈비문(碑文 : 華嚴宗主映湖堂大宗師 浮屠碑銘幷書)〉에서 적고 있다.[48] 또 위당(爲堂) 정인보(鄭寅普)는 '서울의 진

48   禪雲寺 編, 「第1章 石顚鼎鎬 스님의 生涯와 行蹟」, 『石顚鼎鎬 스님 行狀과 資料集』, 高昌 : 禪雲寺

속(塵俗)에 섞여 살면서도 석장(錫杖)은 숙연(肅然)하여 일찍이 누(累)됨이 조금도 없었다'고 평하였다.[49] 이는 석전이 대강백으로서 풍진 속에 살았음에도 본연의 탈속적인 기상을 갖춘, 화광동진(和光同塵)의 고결한 인품을 갖춘 분이라는 점을 분명히 한다.

또 석전은 한국불교의 문제점으로 과도한 선풍(禪風)에 의한 무애행(無碍行)을 질타하기도 하였다.[50] 실제로 『선문염송』의 위산영우(潙山靈祐)와 앙산혜적(仰山慧寂)의 내용을 통해, 선종의 깨달음과 지계(持戒)의 문제를 논리적 층차를 달리해서 수용하는 면모를 보이고 있어 주목된다. 이의 해당구절을 적시해 보면 다음과 같다.

일찍이 위산(潙山)이 앙산(仰山)에게 '자네의 안목이 바른 것[眼正]을 귀히 여기는 것이지 자네의 행리(行履)는 말하지 않는다'는 것이 와전된 것이다. 즉, '행리를 말하지 않는다[不說行履]'가 '행리를 중시하지 않는다[不貴行履]'로 와전되어 살(殺)·도(盜)·음(淫)·망(妄)의 네 가지 바라이죄(波羅夷罪)가 무애행(無碍行)으로 자행되었다. '깨달음의 안목이 중요한 것이지 그 행리(行履)가 중요한 것이 아니다'라고 되었을 때, 어디 지계(持戒)의 정신이 살 수 있게 되는가. 말하지 않는다는 것[不說]이 중요시 않는다[不貴]로 된 것은 큰 잘못이다.[51] ―『석림수필(石林隨筆)』

(2009), p.104.

49 鄭寅普 撰,「石顚上人小傳」,『石顚詩鈔』,"上人持戒彌苦 晚寓城郊間 跡混塵俗 而一錫肅然 未嘗以餘自累";金昌淑(曉呑),「石顚 朴漢永의〈戒學約詮〉과 歷史的 性格」,『韓國史研究』,제107호(1999), p.136.

50 朴漢永 著, 金曉呑 譯註,『戒學約詮 註解』, 서울: 東國譯經院(2000), pp.236~237.

51 金昌淑(曉呑),「石顚 朴漢永의〈戒學約詮〉과 歷史的 性格」,『韓國史研究』,제107호(1999), p.130.

선종의 가장 큰 문제점은 주관 유심주의의 절대성에 의해서, 상대적인 대상경계가 붕괴한다는 것이다. 이는 자칫 무애행과 비윤리의 문제로 연결되어, 일찍부터 신유학자(新儒學者)들에 의해서 비판의 대상이 된 바 있다.[52] 그런데 경허성우(鏡虛惺牛, 1849~1912) 이후, 한국불교에 임제(臨濟)의 활발발(活潑潑)한 선풍이 새롭게 부활하면서 이와 관련된 문제가 표면화된 것이다. 이와 같은 우려는 동시대의 한암漢巖(1876~1951)에게서도 확인된다. 즉 주관적인 깨달음의 문제와 객관적인 윤리의 문제는, 논리적 층차를 달리하면서 동시에 갖추어져야 하는 것이지, 하나의 당위성만이 강조되어서는 안 된다는 것이다. 이는 시대를 대표하는 대종장으로서의 우려이자 탁견이라고 하겠다.

석전의 선(禪)·교(敎)·율(律)을 겸비한 탁월한 능력은 송곳을 주머니에 넣어 둘 수 없는 모수(毛遂)와 같아서, 마침내 60세가 되는 1929년 조선불교선교양종(朝鮮佛敎禪敎兩宗)의 교정(敎正) 7인 중 1명으로 선출된다.[53] 또 1932년에는 동국대학교의 전신인 불교전문학교의 교장, 즉 요즘의 총장에 선임되어 만년임에도 도제양성에 최선을 다하는 훌륭한 교육자로서의 삶을 살게 된다. 이후 1945년 해방과 함께 1946년 5월 30일에 조선불교중앙총무원회(朝鮮佛敎中央總務院會)의 제1대 교정(敎正)이 되어, 실질

---

52 尹永海,「朱子의 佛敎批判 研究」, 서울:西江大 博士學位論文(1997), pp.264~287;李逢春,「朝鮮初期 排佛史 研究」, 서울:東國大 博士學位論文(1990), pp.89~104;張成在,「三峰의 性理學 研究」, 서울:東國大 博士學位論文(1991), pp.64-67;朱熹 撰,『朱子語類』126,「釋氏」;鄭道傳 著,『佛氏雜辨』,「佛氏毀棄人倫之辨」.

53 당시 敎正은 多數 選出이 가능했고, 1929년 1월 5일 金幻應·徐海曇·方漢巖·金擎雲·朴漢永·李龍虛·金東宣의 7人이 選出되었다.
金光植,「方漢巖과 曹溪宗團」,『漢巖思想』제1집(2006), p.160;金光植,「曹溪宗團 宗正의 歷史像」,『大覺思想』제19집(2013), p.134.

적인 현대 한국불교의 초석을 정립한다.[54] 이렇게 두 차례의 교정을 역임하신 석전이야말로 선(禪)·교(敎)·율(律)에 능통한 희대의 대강백이자, 한국불교의 청정성이 심하게 위협받던 시기에 '교계일치(敎戒一致)'를 확립한 위대한 스승이라고 이를 만하다.

2. 한암의 선계일치와 네 차례의 교정과 종정

석전이 일제강점기 가장 박학한 대종사였다면, 한암은 일제강점기 최고의 대선사였다. 한암은 22세 때인 1897년 금강산의 4대 사찰 중 하나인 장안사(長安寺)의 행름화상(行凜和尙)의 문하에서 출가한다.[55] 그 2년 후인 24세에, 당시 구한말 임제선(臨濟禪)의 중흥조인 경허(鏡虛)의 『금강경(金剛經)』 설법에서 안광(眼光)이 열린다.[56] 이후 해인사선원에서 경허를 모시다가, 『선요(禪要)』로 법담을 나누는 과정에서 지견을 인정받게 된다. 이때 경허는 법좌에 올라 "원(遠-한암의 법명인 중원重遠을 축약한 표현임) 선화(禪和)의 공부가 개심(開心)의 경지를 지났다"라고 공포하였다.[57] 이후 경허에게 '지음(知音)'이라는 최고의 찬사를 들을 정도로 본래면목에 투철한 면

---

54   金光植, 「曹溪宗團 宗正의 歷史像」, 『大覺思想』 제19집(2013), p.143 ; 禪雲寺 編, 「第1章 石顚鼎鎬 스님의 生涯와 行蹟」, 『石顚鼎鎬 스님 行狀과 資料集』, 高昌 : 禪雲寺(2009), p.23.

55   呑虛宅成, 〈漢巖大宗師 浮圖碑銘〉, 『定本-漢巖一鉢錄 上』, 平昌 : 漢巖門徒會·五臺山 月精寺(2010), p.486 ; 呑虛宅成, 「現代佛敎의 巨人, 方漢巖」, 『定本-漢巖一鉢錄 下』, 平昌 : 漢巖門徒會·五臺山 月精寺(2010), p.158.

56   漢巖重遠, 「一生敗闕」, 『定本-漢巖一鉢錄 上』, 平昌 : 漢巖門徒會·五臺山 月精寺(2010), p.262.

57   위의 책, pp.264-265.

모를 보인다.[58] 사법제자에게 스승이 지음이라는 표현을 사용하는 것은, 선불교의 전등역사(傳燈歷史)에 유래가 없는 일이다.[59]

한암의 높은 견처(見處)가 점차 세상에 알려지게 되면서, 1904년에는 통도사 내원선원(內院禪院)의 조실(혹 방장)[60]로 추대되어 납자들을 지도하게 된다.[61] 이때는 한암이 출가한 지 불과 8년, 또 30세라는 젊은 나이에 이루어진 일이니 한암의 치열한 깨달음과 덕행의 깊이를 능히 짐작할 수 있다.

한암은 경허의 활발발한 남성적인 임제선풍을 이어받았다.[62] 그러나 동시에 경허의 남성적인 선풍이, 주관에 함몰되면서 나타날 수 있는 윤리의 문제에 대해서도 분명하게 인식하고 있었다. 이는 오늘날까지도 자주 회자되는 경허의 무애행과 관련된 것이다. 사실 주관절대가 파생하는 이러한 문제점은, 명말(明末)의 이탁오(李卓吾=李贄, 1527~1602)와 같은 경우에서도 살펴지는 것으로[63] 남종(南宗)의 임제선만의 문제는 아니다. 또 무

58   鏡虛惺牛, 「鏡虛和尙餞別辭」, 『定本-漢巖一鉢錄 上』, 平昌: 漢巖門徒會·五臺山 月精寺(2010), p.223.

59   尹暢和, 「鏡虛禪師의 知音者 漢巖」, 『漢巖思想』 제4집(2011), pp.19~27.

60   呑虛는 〈漢巖大宗師 浮圖碑銘〉에는 方丈이라고 쓰고(『定本-漢巖一鉢錄 上』, p.486), 「現代佛敎의 巨人, 方漢巖」과 같은 곳에서는 祖室이라 쓰고 있다. 다른 기록들과 대조해 봤을 때, 祖室이 맞고 方丈은 〈碑銘〉을 기록함에 있어서 높여 쓴 것으로 판단된다.

61   呑虛宅成, 「現代佛敎의 巨人, 方漢巖」, 『定本-漢巖一鉢錄 下』(平昌: 漢巖門徒會·五臺山 月精寺, 2010), p.164, "漢巖은 30세 되던 1905년 봄에 梁山 通度寺 內院禪院으로부터 祖室로 와 달라는 招請狀을 받고, 거기에 가서 젊은 禪僧들과 더불어 5,6년의 세월을 보냈다."
당시 漢巖이 通度寺에 머문 것은 병 치료의 목적도 있었다.
漢巖重遠, 「一生敗闕」, 『定本-漢巖一鉢錄 上』, 平昌: 漢巖門徒會·五臺山 月精寺(2010), p.266, "甲辰年(1904)에 다시 通度寺로 가서 용돈이 좀 생겨 병을 치료했지만 고치지도 못한 채 인연을 따라 6년 세월을 보냈다."

62   尹昭庵, 「方漢巖스님」, 『定本-漢巖一鉢錄 下』, 平昌: 漢巖門徒會·五臺山 月精寺(2010), p.280, "鏡虛의 여러 제자 중 크게 宗風을 떨친 분으로서 北의 漢巖이라면 南에서는 滿空이라고 膾炙된 적이 있다."

63   시마다 겐지 著, 『朱子學과 陽明學』, 김석근·이근우 譯, 서울: 까치(1990), pp.203~214; 李贄 著, 「卓吾 李贄 先生의 年譜」, 『焚書Ⅱ』, 김혜경 譯, 서울: 한길사(2004), pp.592~614.

애행의 문제점은 선종 이외에도 화엄의 조백대사(棗柏大士) 이통현(李通玄, 635~730) 등에서도 살펴진다.[64]

이러한 한암의 문제의식을 알 수 있는 것이, 만공의 부탁을 받고 쓴 『경허집(鏡虛集)』의 「서문」에서 나타난다. 한암은 이때 "후대에 배우는 이는 화상의 법화(法化)를 배우는 것은 옳으나, 화상의 행리(行履)를 배우는 것은 옳지 못하다. 사람들이 믿어 이해할 수 없기 때문이다"라고 적고 있다.[65] 이는 경허의 무애행에 대한 비판이다. 이를 만공은 탐탁지 않게 여겨, 『경허집』을 재차 한용운에 의지해서 다른 방식으로 발행했다.[66] 그러나 한 번 더 생각해 보면, 붓다와 역대 조사들이 깨달음을 얻어서 실천한 무애행은 『논어(論語)』의 "종심소욕불유구(從心所慾不踰矩)"와 같은 것이지,[67] 경허와 같이 세인의 의혹을 불러일으키는 무애행은 아니었다. 이런 점에서 본다면, 한암은 『순자(荀子)』 「권학편(勸學篇)」의 "청출어람청어

---

64   『林間錄』上 (『大正藏』87), p.247c. "棗柏大士. 清涼國師 皆弘大經 造疏論 宗於天下 然二公制行皆不同 棗柏則跣行不滯 超放自如 以事事無礙行心 清涼則精嚴玉立 畏五色糞 以十願律身 評者多嘉棗柏坦宕 笑清涼縛束 意非華嚴宗所宜爾也 予曰 是大不然 使棗柏薙髪作比丘 未必不爲清涼之行 盖此經以遇緣卽宗合法 非如餘經有局量也"

65   漢巖重遠, 「先師鏡虛和尙行狀」, 『定本-漢巖一鉢錄 上』, 平昌:漢巖門徒會·五臺山 月精寺(2010), p.478, "後之學者가 學和尙之法化則可어니와 學和尙之行履則不可니 人信而不解也라"

66   『鏡虛集』은 총 4차례 발행된다. ①1931년의 漢巖에 의한 『漢巖筆寫本-鏡虛集』(과거 부산저축은행장이었던 김민영의 기증으로 2009년 五臺山 月精寺에서 影印本 『漢巖禪師肉筆本 鏡虛集』으로 간행되었다), ②1943년의 萬海 韓龍雲에 의한 禪學院本 『鏡虛集』, ③1981년 鏡虛惺牛禪師法語集刊行會에서 간행한 『鏡虛法語』(서울:人物研究所), ④1990년 통도사 극락암 명정에 의한 『鏡虛集』(梁山:極樂禪院)이 있다. 『漢巖筆寫本-鏡虛集』과 禪學院本 『鏡虛集』은 『韓佛全』 卷11, pp.587b~701c에 수록되어 있다.
      이상하, 『鏡虛集』 編纂, 刊行의 涇渭와 變貌 樣相」, 『漢巖思想』 제4집(2011), pp.132~133·p.135. "여기서 의아한 것은 禪學院本에는 滿空이 일껏 漢巖에게 부탁하여 쓴 「先師鏡虛和尙行狀」도 싣지 않고 萬海가 撰述한 略譜, 즉 簡略한 年譜로 대치하였다. 게다가 萬海의 序文에서도 漢巖이 行狀을 쓰고 鏡虛의 文集을 編纂했다는 사실조차 전혀 언급하지 않았으며, 뒤에서 詳論하겠지만, 먼저 編纂된 漢巖筆寫本의 詩文 중 일부가 禪學院本에 실려 있지 않다. 저간의 사정을 지금 와서 다 알 수는 없지만, 漢巖이 쓴 「先師鏡虛和尙行狀」을 滿空이 탐탁잖게 여겨 刊行하지 않았을 것임은 분명한 듯하다."

67   『論語』, 「爲政第二」, LY0204.

람(靑出於藍靑於藍)"의 경지를 드러냈다고 하겠다.

한암이 경허와 달리 선(禪)적인 깨달음을 얻었음에도 계율로 자신과 주변을 맑힐 수 있었던 것은, 경학(經學)을 통해서 언제나 스스로를 비추었기 때문이다.[68] 실제로 한암은 선사였음에도 불구하고 경학에 능통하여, 상원사 선방에서는 언제나 선과 함께 경(經)공부가 병진되었다.[69] 또 현대 최고의 화엄종주(華嚴宗主)인 탄허(呑虛, 1913~1983) 역시 한암에게서 수학해 대성한 인물이다.[70] 이런 한암이 교학적으로 인정한 인물이 바로 석전이다. 이는 상족(上足)제자인 탄허의 교육을 석전에게 부탁하려고 했던 것을 통해서 인지된다.[71]

한암은 교학에도 능통했지만, 역시 대선사로서의 위엄이 압도적이다. 그런데 이러한 한암선의 가장 큰 특색이 바로 선계일치(禪戒一致)이다. 즉 한암은 주관심의 수행에 집중하는 선사들이 간과하기 쉬운 계율인식에 투철했던 것이다. 이를 알 수 있는 것이, 바로 한암의 좌우명인[72] 〈계잠(戒箴)〉이다.[73] 〈계잠〉은 '선정의이팔법이득청정(禪定宜以八法而得淸淨)' 8항목과

---

68   漢巖의 僧伽五則(禪·念佛·看經·儀式·伽藍守護)은 그의 佛敎觀을 잘 나타내주는데, 여기에는 禪과 함께 念佛과 看經이 포함되어 있는 모습이 살펴진다.
      辛奎卓, 「漢巖 禪師의 〈僧伽五則〉과 曹溪宗의 信行」, 『曹溪宗史 硏究論集』, 서울 : 中道(2013), pp.708~723.

69   金光植, 「呑虛스님의 生涯와 敎化活動」, 『呑虛禪師의 禪敎觀』, 平昌 : 五臺山 月精寺(2004), pp.268~269.

70   玆玄 著, 『呑虛, 虛空을 삼키다』, 서울 : 民族社(2013), pp.51~79.

71   金光植, 「呑虛스님의 生涯와 敎化活動」, 『呑虛禪師의 禪敎觀』, 平昌 : 五臺山 月精寺(2004), pp.268~269.

72   張道煥, 「上院寺行」, 『定本-漢巖一鉢錄 下』, 平昌 : 漢巖門徒會·五臺山 月精寺(2010), pp.112-113, "漢巖老師 私室에는 그야말로 道家貧은 行者差라더니 간결한 두 칸 方丈에 質素한 書具며 經榻이 놓여 있고 戒箴을 案壁에 걸고 素人畵小幅이 걸려 있을 뿐이었다."

73   漢巖大宗師法語集 編纂委員會 編, 「年譜」, 『定本-漢巖一鉢錄 上』, 平昌 : 漢巖門徒會·五臺山 月精寺(2010), p.478, "座右銘 〈戒箴〉이 『佛敎(新)』 38호(1942년 7월호), 『佛敎(新)』 41호(1942년 10월호)와 『佛敎時報』 90호(1943년 1월호)에 각각 수록되다. 이 〈戒箴〉이 언제 완성된 것인지는 알 수 없다. 다만 이보다는 훨씬 이전일 것으로 생각된다. 그러나 이 〈戒箴〉이 世間에 알려진 것은 曹溪宗 종무원 간부들이 1943년 1월에 종무보고차 上元寺에 갔다가 보고 『佛敎(新)』誌와 『佛敎時報』에 실린 이후부터이다.

'지계이구족팔법이득청정(持戒以具足八法而得清淨)' 8항목, 그리고 '불방일이
팔법이득청정(不放逸以八法而得淸淨)' 8항목으로 구성되어 있다. 이는 한암
의 선계일치(禪戒一致)적인 관점을 잘 나타내주는 중요한 문헌으로, 이를
제시해 보면 다음과 같다.

〈계잠(戒箴)〉

◎ 선정(禪定)은 마땅히 이 여덟 가지 법[八法]을 실천하여 청정함을 얻
는다.

1. 항상 절에 거(居)하면서 고요히 앉아 사유(참선)할 것.

2. 사람들과 휩쓸리지 않으며 무리지어 잡담하지 말 것.

3. 바깥 세계에 대하여 탐착하지 말 것.

4. 몸과 마음에 모든 영화로움과 호사함을 버릴 것.

5. 음식에 대하여 욕심내지 말 것.

6. 밖으로 반연처(攀緣處)를 두지 말 것.

7. 음성과 문자를 꾸미지 말 것.

8. 타인에게 부처님 가르침을 펴서 성락(聖樂=법열(法悅))을 얻게 할 것.

또,

◎ 지계(持戒)는 이 여덟 가지 법[八法]을 구족하게 하여 청정함을 얻는다.

1. 몸과 행동을 단정하고 바르게 한다.

『佛敎(新)』誌 38호(1942년 7월호), 41호(1942년 10월호)에는 筆名 錦城(張道煥), 「上院寺行」이라는 제목으
로 2회에 나누어 실렸고, 『佛敎時報』 90호(1943년 1월호)에는 筆名 釋大隱, 「總本山 太古寺 宗正 重遠
大宗師의 戒箴」이라는 題目으로 실렸는데, "이 〈戒箴〉은 衲子들의 必守 〈戒箴〉으로 垂示한 것"이라
는 설명이 첨부되어 있다. 두 잡지에 글자가 좀 차이가 있다.

2. 모든 업(業)을 깨끗이 한다.

3. 마음에 때가 묻지 않게 한다.

4. 뜻은 고상하게, 지조는 굳게 가진다.

5. 정명(正命)으로 스스로 바탕을 삼는다.

6. 두타행(頭陀行)으로 자족한다.

7. 모든 거짓과 진실치 못한 행동에서 떠난다.

8. 항상 보리심(菩提心)을 잃지 않는다.

또,

◎ 불방일(不放逸)은 이 여덟 가지 법[八法]을 실천하여 청정함을 얻는다.

1. 계율을 더럽히지 않는다(계율을 지킨다).

2. 항상 깨끗이 하고 많이 듣는다.

3. 신통을 구족히 한다.

4. 반야 지혜를 수행한다.

5. 모든 선정을 성취한다.

6. 스스로 자신을 높이지 않는다.

7. 모든 쟁론(爭論)을 일삼지 않는다.

8. 선법(善法)에서 물러서지 않는다.

모든 부처님의 경계는 마땅히 일체중생의 번뇌 속에서 찾아야 한다. 모든 부처님의 경계는 옴도 없고 감도 없는 것이며, 중생의 번뇌자성 (煩惱自性)도 또한 옴도 없고 감도 없는 것이다. 만일 부처님 경계의 자성이 중생의 번뇌자성과 다르다면 여래는 곧 평등정각(平等正覺)이 아

니다.[74]

　한국불교사 전체에서 선계일치(禪戒一致)적인 관점을 보인 인물은, 고
려말 원나라 진종(晉宗, 泰定帝)의 어향사(御香使)로 고려에 와[75] 고려의 혼
탁함을 불교의 청정한 풍속으로 변화시킨 지공(指空)정도가 있을 뿐이다.
지공과 관련해서 『통도사지(通度寺誌)』에는 "하루는 선(禪)을 설하고 하루
는 계(戒)를 설했다"는 기록이 있는데,[76] 이는 지공의 선계일치적인 관점
을 잘 나타내준다. 이러한 지공의 법맥은 나옹과 자초에게 전해져 한국
불교의 한 흐름을 형성하게 된다. 그러나 조선 초에 들어와 이러한 선풍
은 끊기고 만다.[77] 그런데 한암은 일제강점기라는 계율의 암흑기에서, 선

74　漢巖重遠, 〈戒箴〉, 『定本-漢巖一鉢錄 上』 (平昌:漢巖門徒會·五臺山 月精寺, 2010), pp.132-135, 禪定宜
　　以八法而得清淨:一. 常居蘭若 宴寂思惟, 二. 不共衆人 群聚雜說, 三. 於外境界 無所貪着, 四. 若身若
　　心 捨諸榮好, 五. 飲食少欲, 六. 無攀緣處, 七. 不樂修飾 音聲文字, 八. 轉敎他人 令得聖樂. 又, 持戒以
　　具足八法而得清淨:一. 身行端直, 二. 諸業淳淨, 三. 心無瑕垢, 四. 志尚堅貞, 五. 正命自資, 六. 頭陀知
　　足, 七. 離諸詐僞不實之行, 八. 恒不忘菩提之心. 又, 不放逸以八法而得清淨:一. 不汚尸羅, 二. 恒淨
　　多聞, 三. 具足神通, 四. 修行般若, 五. 成就諸定, 六. 不自貢高, 七. 滅諸諍論, 八. 不退善法. 諸佛境界,
　　當求於一切衆生煩惱中, 諸佛境界, 無來無去, 煩惱自性, 亦無來無去, 若佛境界自性, 異煩惱自性, 如來
　　則非平等正覺矣.

75　達牧 撰, 「六種佛書後誌」, "親對日角 敷揚正法 仍請往觀金剛山 因受御香東行"; 許興植, 「指空의 遊歷
　　과 定着」, 『伽山學報』 제1호(1991), p.92.

76　韓國學文獻研究所 編, 『通度寺誌』, 「西天指空和尚爲舍利袈裟戒壇法會記」, 서울:亞細亞文化社
　　(1979), p.43, "一日說禪 一日說戒"

77　懶翁의 法脈이 自招와 涵虛로 단절되지 않고, 混修가 懶翁의 法脈을 繼承했다는 주장도 있다. 이에
　　대한 研究는 다음과 같다.
　　許興植, 「指空의 思想과 繼承者」, 『겨레문화』 제2권(1988), pp.77~98;崔柄憲, 「朝鮮時代 佛敎法統
　　說의 問題」, 『韓國史論(金哲埈博士停年紀念號)』 제19호(1989), pp.286~292;許興植, 「4. 門徒와 法統의
　　繼承者」, 「懶翁의 思想과 繼承者(下)」, 『韓國學報』 제16권(1990), pp.68~78;李哲憲, 「懶翁 惠勤의 法
　　脈」, 『韓國佛敎學』 제19집(1994), pp.358~368;李哲憲, 〈V. 惠勤의 法統〉, 『懶翁 惠勤의 研究』, 서울:
　　東國大 博士學位論文(1997), pp.167~208;金昌淑(曉呑), 〈V. 懶翁法統說과 역사적 위치〉, 「懶翁惠勤의
　　禪思想 研究」, 서울:東國大 博士學位論文(1997), pp.151~186;李哲憲, 「三和尚法系의 成立과 流行」,
　　『韓國佛敎學』 제25집(1999), pp.447~448;姜好鮮, 〈2. 門徒의 構成과 法統의 繼承〉, 「高麗末 懶翁慧
　　勤 研究」, 서울:서울大 博士學位論文(2011), pp.259-276.

계일치를 견지함으로 다시금 한국불교를 맑히고 만세의 사표로서의 위상을 드러낸다.

한암의 청정한 계행과 관련된 일화들은, 『정본(定本) 한암일발록(漢巖一鉢錄)』(전2권)이나 『그리운 스승, 한암스님』 등에 전하고 있다. 이 중 한 대목을 제시해 보면 다음과 같다.

> 선사는 부처님의 가르침에 결코 어긋남이 없다고 할 만큼 강고한 정법 신앙을 지녀 지계(持戒)에는 실로 엄격하였다.
> "계(戒)를 지킬 수 없는 자는 출가득도자라 할 수 없다. 파계승(破戒僧)은 속인(俗人)보다 못하다"고 항상 가르치셨다.[78]

계행은 불교 수행자의 기본덕목이다. 그러나 화엄교학이나 남종선의 주관심 중심의 사상이 발전하면서, 계행은 답답하고 완고하다는 인상이 심어지게 된다. 그 결과가 바로 계율에 대한 경시이며, 무애행과 같은 측면의 강조이다. 그러나 붓다께서 정각을 증득하신 이후로 45년간 계행에 철저했다는 점을 고려한다면, 계행은 비단 미욱한 이의 실천만이 아닌 완성자에 의한 궁극의 실천이기도 한 것이다.

또 계행의 실천을 경시하는 이라고 하더라도, 계행을 지키는 이를 존중하는 마음은 불교인이라면 피할 수 없다. 즉 자신은 그렇게 하지 못하더라도, 계행에 철저한 이를 보게 되면 자신도 모르게 존경심이 일어나

---

78   相馬勝英, 「方漢巖禪師를 찾아서-江原道 五臺山 月精寺에서」, 『定本-漢巖一鉢錄 下』, 平昌:漢巖門徒會·五臺山 月精寺(2010), p.73.

118   한국의 선사상

는 것이다. 여기에 한암과 같은 분은 선적인 깨달음까지 완성하신 분이니, 만인의 사표가 되기에 부족함이 없다. 때문에 한암은 근현대불교에 있어서 교정(敎正)과 종정(宗正)으로 무려 네 차례나 추대된 기념비적인 인물이 된다.

한암이 처음으로 교정이 되는 것은, 석전 등과 함께 7인이 함께 선출되는 1929년으로 54세 때이다. 이후 1935년 선학원(禪學院)에 의해서 신혜월(申慧月)·송만공(宋滿空)과 함께 조선불교선종(朝鮮佛教禪宗)의 종정(宗正)으로 추대된다.[79] 한암의 세 번째 종정 추대는, 1941년 조선불교조계종(朝鮮佛教曹溪宗)이 성립되면서 당시 불교계의 여론과 31본산 주지의 결정에 의한 것이다.[80] 이로써 한암은 조계종의 초대 종정이 된다.[81] 1929년의 교정과 1935년의 종정이 복수(複數) 추대와 상징성이 강했다면, 이때의 종정은 1인 체제의 실질적인 권한을 갖는 불교계의 최고 대표였다. 즉 명실상부한 한국불교의 최고 고승인 것이다.[82] 조선불교조계종은 일제강점

79　〈總本寺太古寺住持選擧會〉,《佛教時報》제71호에 따르면, 당시 得票 結果는 방한암 19표, 장석상 6표, 박한영 1표, 강대련 1표, 이중욱 1표로 漢巖이 압도적이었다.
　　金光植, 「方漢巖과 曹溪宗團」, 《漢巖思想》 제1집(2006), p.163 ; 〈佛教首座大會〉, 《東亞日報》, 1935년 3월 13일자 ; 〈中央宗務員〉, 《禪苑》 제4호(1935), pp.29~30 ; 金光植, 「曹溪宗團 宗正의 歷史像」, 《大覺思想》 제19집(2013), pp.136~137 ; 金光植, 「朝鮮佛教曹溪宗의 成立과 歷史的 意義」, 《曹溪宗史 研究論集》, 서울 : 中道(2013), p.589.

80　〈方漢巖大禪師 宗正 推戴의 承諾〉, 《佛教時報》 제71호, 1941년 6월, 15일자 ; 〈宗正에 方漢巖老師〉, 《每日新報》, 1941년 6월 6일자 ; 金光植, 「曹溪宗團 宗正의 歷史像」, 《大覺思想》 제19집(2013), pp.139-140.

81　李能和, 「朝鮮佛教曹溪宗과 初代 宗正 方漢巖禪師」, 《定本-漢巖一鉢錄 下》, 平昌 : 漢巖門徒會·五臺山 月精寺(2010), pp.94~96 ; 金素荷, 「大導師 方漢巖禪師를 宗正으로 맞으며」, 《定本-漢巖一鉢錄 下》, 平昌 : 漢巖門徒會·五臺山 月精寺(2010), p.98, "지나간 6월 5일, 總本寺 太古寺 주지 선거 때에 31본사 주지 諸位가 方漢巖 禪師를 投票 推戴케 하여, 方漢巖 大禪師께서 朝鮮佛教曹溪宗 總本寺 太古寺 제1세 주지로 推戴되어 宗正으로 모시게 되었다 함은, 旣報한 바이지마는 方漢巖 大禪師께서 朝鮮佛教의 宗務를 총괄하시게 됨은, 가장 時宜의 適宜를 얻은 바라고 하겠다."

82　金光植, 「曹溪宗團 宗正의 歷史像」, 《大覺思想》 제19집(2013), p.137.

기의 공식종단으로 한암은 광복 때까지 종정의 위치를 유지한다.

그러다 해방이 되면서 집행부가 총 사퇴하는 시점에서, 한암 역시 종정에서 물러난다. 이때 새롭게 교정(敎正)이 되신 분이 바로 석전이다. 그러나 석전이 1948년 4월 8일 79세(法臘 61)를 일기로 정읍 내장사(內藏寺)에서 입적하게 되고,[83] 그해 6월 30일에 또 다시 한암이 추대되기에 이른다.[84] 이렇게 놓고 본다면, 한암은 일제강점기와 해방 후 조계종이 초석을 다지는 시기에 가장 중요한 역할을 한, 한국불교의 정신적인 지주였다는 것을 알 수 있다.

그런데 한암이 세 번째 종정으로 추대되는 1941년과 관련해서, 1941년 7월 15일자 『불교시보(佛敎時報)』 72호에는 한암이 산을 나서지 않고도 종정에 취임한다는, 다음과 같은 기사가 수록되어 있어 주목된다.

> 그런데 余(李能和임)의 들은 바에 의하면, 대본산 마곡사 주지 安香德, 대본산 월정사 주지 李鍾郁, 경성 선학원 이사 元寶山 등 세 화상이, 상원사에 가서 方漢巖禪師에게 종정 취임을 공식으로 요청하는데 대하여, 漢巖禪師는 不出山의 결심을 설명하고 취임을 거절하였다 한다.[85] 향덕화상 등 3인은 할 수 없이 不出山을 조건부로 宗正

---

83 〈明星落地! 朴漢永老師 入寂〉, 《佛敎新報》, 1948년, 6월 17일자 ; 禪雲寺 編, 「第1章 石顚鼎鎬 스님의 生涯와 行蹟」, 『石顚鼎鎬 스님 行狀과 資料集』, 高昌 : 禪雲寺(2009), p.99.

84 金光植, 「曹溪宗團 宗正의 歷史像」, 『大覺思想』 제19집(2013), p.143.

85 鄭珖鎬, 「現代佛敎人列傳-方漢巖」, 『定本-漢巖一鉢錄 下』, 平昌 : 漢巖門徒會·五臺山 月精寺(2010), p.237, "漢巖은 이 '공부'를 위해 실로 '敎正'이라고 하는 최고 지위도 무시해 버릴 만큼 철저한 修道人이기도 했다. 즉 한 번은 이 疊疊山中 上元寺에서 공부를 하는데, 중앙으로부터 난데없이 敎正 就任式이 있으니 서울로 좀 와달라는 통첩을 받은 일이 있었다. 이에 대해 漢巖은 '내 敎正 노릇을 못하면 못했지, 공부하다 말고 서울엘 갈 수는 없노라'고 한마디로 그냥 거절해 버렸다는 것이다."

승낙을 받아가지고 귀경하여 총독부 당국에 이 뜻을 上申하였던 바 '불출산하여도 좋다'라는 당국의 內命을 承受하였다.

… 云云 …

余는 이렇게 생각한다. 한암선사가 不出山을 결심한 것이야말로 진정한 조계종 초대 종정의 자격이다. 왜 그러냐 하면 昔唐 中宗 神龍 元年에 帝는 勅使 薛簡을 조계산에 파견하여 육조 혜능대사를 邀請하였으나, 육조는 질병을 이유로 하여 나오지 아니하였다. 薛簡 칙사가 復命하매 帝優詔를 나리사 육조를 褒美하였다. 지금 한암선사의 行履는 조계 육조와 똑같다. 이것이 조계종 종정의 자격이 아니고 무엇인가. 조선불교가 이와 같이 거룩한 종정을 머리에 두었으니 從今 이후로는 佛化가 더욱더욱 보급되어갈 것을 확신하는 바이다.[86]

이 기사를 보면, 한암의 청정한 수행가풍이 당시의 불교도들에게 깊은 존숭을 불러일으켰으며, 일제의 총독부까지도 감화되고 있다는 것을 알 수 있다. 또 유(儒)·불(佛)·도(道) 및 무속(巫俗)과 민속문화까지 섭렵한 당시 최대의 종교학자인 이능화가[87] 한암을 육조혜능에 견주며, 불출산의 한암이야말로 세속에 휘둘리지 않는 진정한 조계종의 종정임을 찬탄하고 있다. 이는 단연 최고의 찬사가 아닐 수 없다.

또 같은 기사에는, 다음과 같은 한암의 청정한 수행가풍에 대해서도

---

86   〈方漢巖大禪師 宗正 推戴의 承諾〉,《佛教時報》제71호, 1941년 7월 15일자 ; 李能和,「朝鮮佛教曹溪宗과 初代 宗正 方漢巖禪師」,『定本 - 漢巖一鉢錄 下』, 平昌 : 漢巖門徒會·五臺山 月精寺(2010), pp.94~95.

87   李能和의 著述은『朝鮮佛教通史』『朝鮮神教源流考』『朝鮮儒教之陽明學』『朝鮮女俗考』『朝鮮解語花史』『朝鮮巫俗考』『朝鮮基督教及外交史』『朝鮮道教史』등 광범위하고 다양하다.

언급하고 있어 주목된다.

> 禪師께서는 乙丑年에 廣州 奉恩寺 禪室에 계시며 납자를 提接하시
> 다가, 距今 17년 전에 강원도 평창군 오대산 상원사로 가셔서 근 20
> 년간을 不出洞口하고, 長坐不臥 午後不食 單與話頭 焚香默禱 提接
> 衲子 이러한 공부만을 힘써 오신 고로, 戒·定·慧 三學이 선사 같이
> 圓具하신 분이 없다.[88]

이 구절은 어떻게 한 명의 승려가 한국불교의 대격변기 속에서도, 서
로 다른 불교단체들에 의해서 무려 네 차례나 교정과 종정이 될 수 있었
는지를 단적으로 설명해준다.

한암의 선계일치(禪戒一致) 선풍(禪風)과 관련해서《불교신문》논설위
원이었던 윤소암(尹昭庵)은, 1985년 10월『불교사상(佛敎思想)』제23호에
서 다음과 같이 평가하고 있는데 매우 적절하다.

> 한암의 두문불출은 타파할 무문관(無門關)이 있어서가 아니고 도무
> 지 출입이나 왕래가 필요 없어진 자유인의 소요자재(逍遙自在)한 생활
> 이었다고 보겠다. 우리는 한암을 통하여 엄격한 수행자의 귀감(龜鑑)
> 을 볼 수 있으며 동시에 초월적인 인격자의 풍모를 느낄 수 있다. 실
> 제로 그는 청정한 계행수지(戒行受持)와 금수(禽獸)·초목(草木)에도 감

---

88   金素荷,「大導師 方漢巖禪師를 宗正으로 맞으며」,『定本-漢巖一鉢錄 下』, 平昌:漢巖門徒會·五臺山
      月精寺(2010), p.98.

화를 미친 수승한 선지식(善知識)이었다.[89]

이를 통해서 우리는 무애를 넘어선 진정한 무애행을 이해해 볼 수 있다. 즉 무애를 넘어선 엄격한 청정성. 이것이야말로 붓다 이래의 '사(事)를 넘어선 사(事)의 경지'라고 하겠다. 무애에 걸리는 무애 역시 또 다른 장애일 뿐이라는 점에서, 이와 같은 수행인의 자세야말로 이 시대가 요구하는 진정한 불교인이라 이를만하다.

Ⅳ. 결론_
시대적 요청과 조계종의 미래

석전과 한암은 일제강점기와 해방직후, 교정과 종정을 수차례 역임한 가장 중요한 두 분이다. 특히 1962년에 창종되는 대한불교조계종이,[90] 일제강점기의 임제종과 조계종 그리고 해방 후의 대한불교를 계승한다는 점

---

89   尹昭庵, 「方漢巖스님」, 『定本-漢巖一鉢錄 下』(平昌:漢巖門徒會·五臺山 月精寺, 2010), p.283.

90   大韓佛教曹溪宗 敎育院 著, 「Ⅳ. 大韓佛敎曹溪宗의 성립과 발전(1962~1999)」, 『曹溪宗史-近現代篇』 (서울:曹溪宗出版社, 2001), pp.157-169;崔柄憲, 「韓國佛敎 歷史上의 曹溪宗-曹溪宗의 歷史와 해결과제」, 『佛敎評論』 통권51호(2012), p.394.

에서, 석전과 한암은 현 대한불교조계종의 정초를 확립한 분들이라 이를만하다. 특히 이분들이 계율을 통한 청정한 출가승단과 선을 지향했다는 점은, 오늘날 조계종의 종취와 일치하는 한국불교의 가장 핵심적인 특징이다.

현대 한국사회는 선진화로 진입하면서 윤리에 대한 인식이 고조되고 있다. 이런 점에서 계율에 바탕을 둔 석전과 한암이 보인 교학과 선수행이라는 측면은 특히 더 주목된다. 현대사회는 교학이나 수행의 탁월성만으로 정당성을 인정받을 수 있는 시대가 아니다. 비단 불교와 같은 종교만이 아니라, 윤리에 대한 엄격한 잣대와 강조는 정치인이나 연예인 또는 스포츠인과 같은 모든 공인들에게 해당하는 기본전제이다. 이런 점에서 석전과 한암의 계율 강조는, 오늘날 한국불교가 나아갈 지남이 되기에 충분하다.

조계종은 경허와 성철에 의한 남성주의적인 활발발한 선풍이 일세를 풍미했다. 구한말이라는 혼란한 현실 속에서 선불교를 부흥시키기 위한 경허의 강력한 실천행과, 80년대의 고성장과 비민주적인 현실 속에서 성철의 억압을 해소하는 활발발한 선풍은 충분한 타당성이 있었다. 그러나 현대는 모든 인간의 존엄 속에서 타인에게 피해를 주지 않는 가운데, 고요하고 잔잔하게 자신을 드러내는 개인과 윤리의 시대이다. 이런 점에서 경허와 성철의 남성적인 선풍은, 현대사회의 지도이념으로서는 타당성이 부족한 면이 있다.

한암의 선풍은 남종선의 정맥임에도 불구하고, 섬세하면서 타인을 배려하는 여성적인 선이다. 이는 작은 것에도 쉽게 상처를 입는 현대인들에게, 가장 적합한 수행모식이 된다는 점에서 주목된다.

현대의 한국인들은 고성장의 결과에 따른, 도시생활의 폐소(閉所) 문제에 노출되어 있다. 불과 1세대 전만 하더라도 이 나라는 흙을 밟는 것이 당연시 되던 사회였다. 그러나 이제 도시에는 흙이 차지하는 공간이 없다. 대신 모든 것은 통제되며, 균일한 시멘트로 상징되는 인간의 계산된 문화가 점령하고 있는 것이다. 이곳에서 성장한 현대의 젊은이들은, 갑갑한 공간 속에서 인간의 궁극적인 목적인 행복의 가치를 잃어버리고 표류하고 있다. 이와 같은 문제를 바로잡고 해결할 수 있는 것이, 바로 불교의 정신문화인 선수행이다.

산중불교는 지친 도시인들에게 편안함을 준다. 그러나 그것이 산중을 찾는 이에게 편안함을 줄 수는 있어도, 산이라는 자연이 도시로 나갈 수는 없다. 그렇기 때문에 우리는 한암의 깨끗하고 깔끔한 선의 정신을 요구받게 되는 것이다. 이는 도시 안에서 기능할 수 있는 가장 현대적인 불교의 한 모델을 제시한다. 즉 한암의 선은 오래된 전통을 계승하였으나, 현대에 맞는 새로움을 내포하고 있는 것이다. 이와 같은 양상은 선불교를 추구하는 조계종이 나아가야할 미래방향을 시사해준다.

오늘날의 조계종은, 현대사회의 빠른 변화 속에서 옛 문화 전통에 갇혀 능동적인 대처를 하지 못하고 있다. 일제강점기 때 대처 문제가 한국불교의 전통을 흔들었다면, 이제 현대사회의 빠른 변화는 전혀 다른 방식으로 조계종의 존립을 위협하고 있는 것이다.

바로 이때 석전과 한암이라는 일제강점기와 해방 후의 대표적인 불교정신을 되새겨 보고, 이를 통해서 오늘날의 한국불교를 반성하는 것은 매우 종요(宗要)로운 일이 된다. 또 이분들의 계율을 바탕으로 하는 윤리의 청정성은, 오늘날의 현대사회에서는 선택이 아닌 필수라는 점에서 우리는 보다 더 이 분들의 가르침에 귀를 기울일 필요가 있다. 즉 조계종의 미래는 시대적 요청을 어떻게 수용하느냐와 관련이 있으며, 그 해법으로 우리는 교계일치(敎戒一致)와 선계일치(禪戒一致)라는 석전과 한암의 해법을 상기해 볼 필요가 있는 것이다. 이것이야말로 현대라는 시대정신에 부합하는 조계종의 올바른 전개방향이라고 하겠다.

04.
한암과 경봉선사의 오후보림(悟後保任)에 대한 연구

정도正道

정 도 正道

동국대학교 불교학부 교수

통도사에서 도성 스님을 은사로 출가, 동국대학교에서 경봉선사 연구로 박사학위를 취득하였다. 조계사 포교국장, 통도사 교무국장, 통도사승가대학 교수, 통도사 포교국장, 통도사 양산전 법회관 정각사 주지 등을 역임했다. 또 대한불교조계종 교육원 교육부장, 불학연구소장, 동국대학교(경주) 파라미타칼리지 교수를 역임했으며, 현재 동국대학교(서울) 교수 및 동국대학교 불교학술원 종학연구소장, 한국선학회 회장 등을 맡고 있다.「백운경한의 선사상」,「영명연수와 보조지눌의 유심정토와 타방정토」등 10여 편의 논문이 있다.

I. 들어가는 말

보림(保任, 보임이라고도 함)[01]에 대한 한자사전의 용례는 지키어 책임짐, 보증, 보증을 서는 사람 등이다.[02] 대개 한일(韓日)의 선학사전에서는 온전하게 간직하여 잃어버리지 않음, 자기 것으로 함, 보호임지(保護任持)의 준말이라고 풀이한다.[03] 그런데 보호임지라는 본딧말로 사용된 예는 경전이나 선어록에서 찾을 수 없고, 사전에도 본딧말로 쓰인 용례가 없고, 언제부터 사용되었는지도 알 수 없다. 따라서 사전에서 보림을 보호임지의 준말이라고 한 것은 근거가 모호(模糊)한 것이고, 보호임지의 준말이 아니라 보호임지의 뜻이라고 하는 것이 맞을 것이다. 본딧말이 쓰인 적이 없는데 준말로 쓰였다는 것은 타당하지 않다. 선어록에서 사용된 용례 중 초기에 사용된 예를 찾아보면 백장(百丈懷海, 749~814)과 그의 제자 대안(長慶大安, 793~883) 사이의 다음과 같은 문답을 찾을 수 있다.

대안 스님이 백장 스님께 절을 하고 물었다.

"학인이 부처를 알고자 합니다. 어떤 것이 그렇습니까?"

---

01   선가에서는 이를 '보림'이라고 표현하고 있다. 이지관, 이계묵 등도 모두 '보림'이라고 하고 있으므로 여기서도 보림으로 통일한다.

02   『漢韓大辭典』, 단국대학교 동양학연구소(1999), p.1106.

03   『禪學辭典』, 이철교·일지·신규탁 편찬, 불지사(1995), p.288.

"소를 타고 소를 찾는 것과 매우 비슷하다."

"안 뒤에는 어떻습니까?"

"소를 타고 집에 온 것과 같다."

"확실하지 않을 때 처음부터 끝까지 어떻게 보림합니까?"

"소치는 사람이 막대기를 들고 지켜보면서 남의 밭에 들어가지 않도록 하는 것과 같다."[04]

위의 예에서 보면 보림의 뜻이 보호임지의 뜻, 즉 망념(妄念)으로부터 본성(本性)을 보호하고 지키는 뜻으로 사용되었음을 알 수 있다. 또 백장은 육조(六祖慧能, 638~713)의 3세로서 언하변오(言下便悟)의 격외선풍(格外禪風)을 이끌었던 분이다. 이 시대에 보림을 했다는 사실은 매우 주목해야 할 일이다. 이 점에 대해서는 후속 논문에서 다시 집중해서 다룰 것이다.

본고에서는 구한말에서 현대에 이르는 과정에서 한국불교의 선맥(禪脈)을 이어온 대표적인 선승인 한암(漢巖, 1876~1951)선사와 경봉(鏡峯, 1892~1982)선사의 보림관에 한정하여 연구하고자 한다. 연구의 대상은 두 스님이 나눈 서간문이다. 두 스님은 깨달음을 얻은 후에 그 깨달음을 어떻게 유지하고 나아갈 것인지를 서로 서간문을 통해 문답형식으로 주고받았다. 기록으로 남아 있는 두 선사의 편지는 총 24편이고, 기간으로는 1929년부터 1949년까지의 20년간이다.

---

04   『五燈會元』第4卷, 長慶大安禪師(卍續藏 80), p.89a, 禮而問曰:「學人欲求識佛, 何者卽是?」丈曰:「大似騎牛覓牛」師曰:「識得後如何?」丈曰:「如人騎牛至家」師曰:「未審始終如何保任?」丈曰:「如牧牛人執杖視之, 不令犯人苗稼」

본고를 쓰기 전에 보림에 관한 연구논문이 있는지 찾아보았지만 찾을 수 없었다. 한암과 경봉에 대한 연구는 다소 있지만, 기존의 연구에서 필자의 것을 제외하고는 보림에 대한 항목을 찾을 수 없었다. 다만, 성철 스님의 『선문정로(禪門正路)』에 무심보림(無心保任)의 장이 있어 돈오돈수(頓悟頓修)에 입각하여 보림을 해설하고 있다.[05] 성철 스님이 보림의 장을 둔 이유는 보림이라고 하면 바로 점수(漸修)의 뜻으로 이해하게 되는 것에 대해 반론을 펴기 위한 것으로 보인다. 이와 같이 보림은 돈오점수(頓悟漸修), 돈오돈수론에서 반드시 다뤄야 할 주제라고 생각하는데, 그동안 다뤄지지 않았으므로 필자의 본고를 통해 보림에 관한 연구가 더 진전되기를 바란다. 그러나 본고에서는 보림과 돈점론(頓漸論)에 관해서는 간단히 다루고 후속 논문에서 자세히 다룰 것이다.

II. 한암과 경봉의 생애

먼저 한암의 생애를 살펴보자. 한암의 속성은 방(方) 씨로, 강원도 화천에서 태어났다. 천성이 영특하고 총기가 빼어났으며, 한 번 의심이 나면 풀

---

05   성철, 『옛 거울을 부수고 오너라(禪門正路)』, 장경각(2006), pp.145~184 참조.

릴 때까지 캐묻기를 그만두지 않았다.

1897년 금강산을 유람하다가, 금강산 장안사(長安寺)의 행름선사(行凜禪師)를 모시고 출가하였는데, 그때 진정한 나를 찾고, 부모의 은혜를 갚으며, 극락에 가겠다는 세 가지 원(願)을 세웠다.

이어서 금강산 신계사(新溪寺)의 보운강회(普雲講會)에서 수업하다가 보조국사(普照國師)의 『수심결(修心訣)』을 읽고 깨달음을 얻었다. 그 뒤 도반인 함해(涵海)와 함께 전국의 고승을 찾아 구도의 길에 올랐다. 24세 때인 1899년 가을 해인사 퇴설선원에서 경허(鏡虛)를 만나 『금강경』 사구게를 듣고 갑자기 안광(眼光)이 열리면서 오도하였고, 9세 때부터 가졌던 '반고씨 이전의 인물'에 대한 회의가 풀렸다. 이 때 지은 오도송은 다음과 같다.

> 다리 아래는 푸른 하늘, 머리 위에는 산(山),
> 본래는 안과 밖 중간도 없네.
> 절름발이 걷고 눈 먼 자 봄이여!
> 북산은 말없이 남산을 마주하네.[06]

이어 대중들 앞에서 경허로부터 오도했음을 인정받았다. 그 뒤 오도 후의 수행인 보림(保任) 공부를 하였으며, 1905년 봄에 양산 통도사의 내원선원(內院禪院) 조실(祖室)로 추대되어 후학들을 지도하다가, 1910년 봄

---

06   한암대종사법어집, 『정본 한암일발록』상권, 월정사, 2010, p.25. 脚下青天頭上巒 本無內外亦中間 跛者能行盲者見 北山無語對南山.

에 선승들을 해산시키고 평안도 맹산 우두암(牛頭庵)으로 들어가 보림 공부를 계속하였다.

같은 해 겨울 부엌에서 불을 지피다가 홀연히 대오(大悟)하여 마음의 자재를 얻고 다음과 같이 오도송을 남겼다.

> 부엌에서 불 지피다 홀연히 눈 밝으니
> 이로부터 옛길이 인연따라 분명하네
> 만일 누가 달마 스님이 서쪽에서 오신 뜻을 묻는다면
> 바위 밑 샘물 소리 젖는 일 없다 하리[07]

이때부터 때와 장소를 가리지 않고 선풍(禪風)을 떨쳐 교화하였다. 또한 한암은 수행에만 몰두한 것이 아니라 승가오칙(僧伽五則)과 선원규례를 제시하여 수행자의 규범을 삼게 했다. 승가오칙은 참선, 염불, 간경(看經), 의식(儀式), 가람 수호이다. 이를 보면 한암은 참선뿐만 아니라 염불을 수용하면서 간경을 통해 정혜겸수(定慧兼修)하고, 승려의 근본으로서 의식과 가람 수호를 중시했다는 것을 알 수 있다.

경봉은 15살에 어머니를 여의면서 인생무상을 느끼고 16살에 양산 통도사 성해선사를 찾아가 출가했다. 1908년 9월 통도사 금강계단에서 청호 스님을 계사로 사미계를 받고, 1912년 4월 해담 스님으로부터 비구계와 보살계를 받았다. 통도사 불교전문강원에서 불경 공부에 몰두하던 어느 날 "종일토록 남의 보배를 세어도 반 푼어치의 이익도 없다"는 구절

---

07   위의 책, p.26. 着火廚中眼忽明 從玆古路隨緣淸 若人問我西來意 巖下泉鳴不濕聲.

에 큰 충격을 받았다.

이에 내원사 혜월 스님을 찾아 법을 물었지만 마음속 의문을 해결할 수 없었다. 이후 해인사 퇴설당과 금강산 마하연 등 전국의 선원을 찾아다니며 참선 공부를 했다. 그러던 1927년 통도사 극락암 화엄산림법회에서 법주 겸 설주를 맡아 정진하던 4일째 천지간에 오롯한 일원상이 나타나는 경지에 이르렀다.

하지만 조사선의(祖師禪義)를 깨닫지 못한 것을 반성하고 다시 화두에 들어 정진하던 1927년 11월 20일 새벽, 방안의 촛불이 출렁이는 것을 보고 크게 깨달았다. 바람도 없는데 촛불이 흔들리는 소리를 내며 춤추는 것을 보고 순간 의문이 사라진 것이다. 경봉은 이렇게 표현했다.

내가 나를 온갖 것에서 찾았는데
눈앞에 바로 주인공이 나타났네.
허허 이제 만나 의혹 없으니
우담발화꽃 빛이 온 누리에 흐르누나.[08]

이처럼 두 선사는 간화선(看話禪)을 통해 깨달음을 얻었다. 특이한 것은 두 선사가 불을 매개로 해서 깨달음을 얻었다는 점이다.[09] 즉 한암은

---

08   경봉선사, 『삼소굴일지』, 명정 편역, 극락호국선원(1985). p.11. 我是訪吾物物頭 目前卽見主人樓 呵呵 逢着無疑惑 優鉢花光法界流.

09   김태완, 「見性의 心性論的解明」, 『한국선학』 제1호, 한국선학회(2000), pp.115~129참조. 선사의 오도기연(悟道機緣)에 대해서는 김태완의 연구가 있는데 그는 見性을 촉발하는 機緣은 주로 六根에 의한 知覺이라고 했다. 그 근거는 백운(白雲景閑, 1299~1375)의 어록인 『백운화상어록』이다. 백운이 말하는 요점은, 조사선의 禪旨는 色·聲·言語를 떠나지 않는다고 한 것인데, 이를 근거로 기연의 사례를 말끝에 오도하는 경우, 행위 끝에 오도하는 경우, 無情物을 우연히 보고 듣고 접촉하여 오도하는 경우로

우두암에서 보림을 하던 중에 불을 때다가, 경봉은 촛불의 일렁거림을 보고 확철대오했다는 것이다. 그리고 한암이 1905년에 통도사 내원선원의 조실로 와 있다가 경봉의 은사 성해(聖海) 스님의 사제(師弟)인 석담(石潭) 스님에게 법을 받았으므로 사촌 형제의 관계가 되었다. 속가의 나이로는 한암이 경봉보다 16세 위였지만 법맥에 있어서는 법형제로 절친한 사이였다. 그래서 한암과 경봉은 24편의 서간문으로 절차탁마했던 것이다.[10]

Ⅲ. 한암과 경봉의 보림관

1. 간화선의 보림 근거

보림은 서론에서 인용한 백장의 문답에서 뿐만 아니라 아래와 같이 조산(曹山本寂, 840~901)의 문답에서도 등장하는 것으로 보아 마조와 석두 양 문하에서 모두 사용하고 있음을 알 수 있다.

나누고 있다. 두 선사의 경우는 무정물, 즉 불꽃의 움직임을 보고 오도한 것인데 이 기연의 대상도 연구주제가 될 수 있다고 생각한다.

10   『정본 한암일발록』과 『삼소굴소식』에 같은 편지가 들어있다.

또 어떤 스님이 조산 스님에게 물었다.

"하루 십이시 가운데 어떻게 보림합니까?"

"마치 독충이 지나간 시골의 샘물과 같아서 남에게 한 방울도 적시지 못한다."[11]

보림에 대한 초기선종의 용례는 찾지 못하였고 보림의 용례가 마조와 석두의 문하 어록에 등장하는 것을 어떻게 보아야 할지 후속 연구가 필요하다. 후일 간화선에서도 보림을 계승하고 있는데 대혜와 몽산을 통해 간화선의 보림관을 알아보겠다. 『대혜어록』에는 보림에 대해 네 번 언급하고 있는데 "아금위여보임차사종불허야(我今爲汝保任此事終不虛也)"[12]라는 『법화경』「방편품」의 말씀과 아래와 같이 귀종(歸宗智常, ?~?)의 문답을 인용하고 있다.

옛날 귀종식안(歸宗拭眼)선사에게 어떤 스님이 물었다.

"무엇이 부처입니까?"

"내가 네게 말해주면 믿겠는가?"

"스님께서 진실하게 말씀하시는데 어찌 믿지 않겠습니까?"

"바로 너다."

스님은 귀종의 말을 듣고 잠시 생각하고 침묵하더니 말했다.

---

11 『萬松老人評唱天童覺和尙頌古從容庵錄』第5卷(大正藏 48, p.273a), 又有僧問曹山 十二時中如何保任 山云 如過蠱毒之鄕 水也不得沾他一滴.

12 『妙法蓮華經』第2卷(大正藏 9, p.13b), 汝速出三界, 當得三乘一聲聞, 辟支佛, 佛乘, 我今爲汝保任此事, 終不虛也. 汝等但當勤修精進.

"제가 부처라면 어떻게 보림해야 합니까?"

"한 티끌만큼이라도 눈에 상처가 나면 허공꽃이 어지러이 떨어진다."

스님은 말끝에 홀연히 깨달음에 계합했다.[13]

하나는 보림에 대해 경전에서 근거를 댄 것이고 다른 하나는 선어록에서 근거를 댄 것이다. 먼저 『법화경』 「방편품」의 "아금위여보임차사종불허야(我今爲汝保任此事終不虛也)"라는 구절을 인용한 이유에 대해 살펴보자. 『대혜어록』은 다음과 같이 말하고 있다.

앞에서 말한 "안으로 헤아릴 줄 아는 마음을 보지 못하고 밖으로 헤아릴 경계를 보지 못한다."는 것이 곧 이 도리(道理)입니다. … 부처님 역시 단지 이렇게 말씀하셨습니다.

"내가 이제 너희들을 위해 이 일을 보림(保任)할 것이니, 끝내 헛되지 않을 것이다."

다만 그들을 위하여 보림한다고 말씀했을 뿐, 전할 만한 법이 있다거나 그들이 밖에서 찾은 연후에 성불한다고 말씀하시지 않았습니다.[14]

---

13 『大慧普覺禪師法語』卷第二十二, 示妙智居士(方敷文務德)(大正藏 47, p.904c). 在昔歸宗拭眼禪師 曾有僧問 如何是佛 宗云 我向汝道 汝還信否 僧云 和尙誠言焉敢不信 宗云 只汝便是 僧聞宗語諦審思惟 良久曰 只某便是 佛却如何保任 宗曰 一翳在目空華亂墜 其僧於言下忽然契悟. 이 문장에서 예(翳)를 대개 티끌이라고 해석하는데 翳는 망막염 같은 눈병이 나서 눈에 상처가 남은 것을 말하는 것이다. 상처가 눈에 남으면 허공에 꽃 모양의 헛것이 보이기 때문에 위와 같은 문장이 나온 것이다.

14 『大慧普覺禪師法語』卷第二十一, 示妙淨居士(趙觀使師重)(大正藏 47, p.900c). 前所云內不見有能推之心, 外不見有所推之境, 便是這箇道理也. … 我今爲汝保任, 此事終不虛也. 只說爲他保任而已. 且不說有法可傳令, 汝向外馳求然後成佛.

이 일은 불지견(佛知見)을 여는 일이니 중생이 삼계(三界)에서 나오면 모두 불지견을 열 수 있게 보증하겠다는 부처님의 약속이다. 대혜는 이 구절의 보림을 수진(守眞) 즉 본래불성(本來佛性)을 지킨다는 의미로 해석한다. 중생은 누구나 욕계의 감각적 욕망과 불선법(不善法), 색계와 무색계의 미묘한 물질적·정신적 즐거움에 대한 집착을 버리면 본래 부처로 돌아가기 때문에 별다른 수행이 따로 필요한 것이 아니라는 것이다. 즉, 본성을 잘 지키면 될 뿐인 것이다. 이것이 간화선의 보림의 근거인데 이는 달마(菩提達磨, ?~528) 이래로 내려온 초기선종의 '자성본래청정(自性本來清淨)'의 종지(宗旨)와 다르지 않다.

다음으로 귀종의 선문답을 보자. 귀종은 백장과 더불어 마조(馬祖道一, 709~788)의 제자로서 '일예재목공화란추(一翳在目空華亂墜)'의 구절은 『원각경』의 말씀으로 이후로 선어록에서 자주 인용된 문답이다. 직지(直指)의 가르침이고, 『원각경』의 말씀을 인용해 문학적으로도 매우 아름다운 문답이 되었다. 이 문답에 대해서는 뒤에서 다시 자세히 논하겠지만 '눈병'이라는 것은 '자성본래청정'을 전제로 말한 것이다. 두 가지 인용문만으로도 대혜 간화선의 보림관을 알 수 있다.

고려말의 간화선풍에 영향을 많이 끼친 몽산(蒙山德異, 1231~?)은 『몽산법어』에서 오후보림에 대해 다음과 같이 말하고 있다.

깨달은 뒤에 대종사를 만나지 못하면 뒷일을 요달하지 못할 것이다. 그 폐해가 하나가 아니다. 만약 부처님과 조사의 기연에서 막힌 곳이 있다면 이는 깨달음이 깊지 못하여 현묘함을 터득하지 못한 것이다. 이미 현묘함을 얻었다면 다시 뒤로 물러서서 이름을 감추고 보양해야 한다. 역량을 다하여 불경과 유교와 도교의 장서를 열람하고 다생의 습기를 녹여서 청정하고 원만하고 걸림이 없어야 한다. 이때야 비로소 높이 날고 멀리 일어나 광명이 성대하여 옛 조사의 종풍을 더럽히지 않을 것이다.[15]

오후보림에도 돈오점수의 입장과 돈오돈수의 입장이 다른데 돈오돈수의 경우에는 이미 확철대오하였으므로 정안종사로부터 인가를 받고 나면 이후는 닦을 바 없이 닦고[無修之修], 저절로 닦으며[無功用] 불퇴전하기 때문에 위와 같은 말씀은 맞지 않다. 몽산의 말씀은 돈오점수의 입장에서 하신 말씀이다. 돈오점수의 돈오는 미완성이므로 스승의 지도가 매우 중요하다. 스승을 제대로 만나지 못하면 그 폐해가 크다고 하였으니 몽산의 당시에도 보림을 제대로 하지 않았던 수행자들이 많았던 것이다.

2. 한암과 경봉의 보림관

오후 보림에 관한 몽산의 경책과 우려는 석전 박한영(石顚映湖, 1870~1948)의 글을 통해 구한말에서 일제강점기까지의 우리나라 상황에 그대로 적용되는 것을 알 수 있다.

---

15   『몽산화상법어약록언해』, 아세아문화사(1980), pp90-95. 悟後 若不見人 未勉不了後事 其害非一 惑於佛祖機緣上 有礙處 是悟淺未盡玄妙 旣盡玄妙 又要退步 韜晦保養 力量全備 看過藏教 儒道諸書. 消磨多生習氣 清淨無際 圓明無礙 始可高飛遠擧 庶得光明盛大 不辱先宗.

" … 우리 승려 집안에 있어서도, 말세(末世)엔 '도를 깨쳤다는 무리가 삼씨와 좁쌀 수보다 많으니 어느 누가 제지할 것인가?"[16]

"오늘날의 참선하는 무리들은 한번 깨친 후에 다시는 수행의 일이 없어 망녕되게 무애(無碍)의 일을 하니 이 어찌 가르칠 수 있겠는가?"[17]

이러한 상황을 공유하고 있었을 한암에게 당연히 오후보림은 매우 중요했던 것임을 알 수 있다. 특히 우두암에서의 보림 중에 확철대오를 이루었으니 더욱 오후의 보림을 중시하였다고 할 수 있다.

한암은 경봉에게 보낸 1928년의 초기 편지에서 오후의 생애에 대해 이렇게 말하고 있다.

이렇게 깨달은 사람의 분상(分上)에서 비유하자면, 커다란 불덩어리와 같아서 무엇이든지 닿기만 하면 타버리니 어찌 한가로운 말과 방편(方便)으로 지도할 수가 있겠습니까. 그러나 깨달은 뒤의 조심은 깨닫기 전보다 더 중요한 것입니다. 깨닫기 전에는 깨달을 분(分)이라도 있지만, 깨달은 뒤에 만일 수행을 정밀(精密)히 하지 않고 게으름을 피우면 여전히 생사(生死)에 유랑(流浪)하여 영영 헤어나올 기약이 없게 됩니다.

흔히 옛사람들이 깨달은 뒤에 자취를 감추고, 이름을 숨기고 물러나

---

16   박한영, 『暎湖大宗師語錄』, 동국출판사(1988), p.96.
17   위의 책, p.98.

성태(聖胎)를 오래오래 기르는 것이 바로 이것입니다. 어쩌다 사람을 대하면 지혜의 칼을 휘둘러 마군을 항복 받고, 어쩌다 사람이 오면 벽을 보고 돌아앉아서 그렇게 하기를 30년, 40년 내지 평생토록 영영 산에서 나오지 않기도 하였으니, 예전에 상상(上上)의 큰 기틀을 지닌 분들도 그렇게 하였거늘 하물며 말엽(末葉)의 우리들이겠습니까.[18]

『몽산법어』와 석전, 한암, 아래 인용한 대혜의 글에서 보면 초기의 깨 달음은 퇴전할 수 있는 매우 불안한 것으로 보고 있다.[19] 결국 돈오점수 의 돈오는 미완성이기 때문에 깨달은 뒤에 수행을 정밀히 하여 확철대오 해야 한다, 최상의 근기를 가진 사람들도 홀로 면벽하여 수십 년 혹은 평 생 성태를 길렀는데 말세의 수행자들은 말할 것도 없이 더욱 정진해야한 다는 것이다. 그러면서 다음에는 옛 조사들의 오후수행의 근거를 몇 가 지 들어서 설명하고 있다.

대혜화상(大慧和尙)이 말하기를,
"간혹 근기(根機)가 날카로운 무리들이 많은 힘을 들이지 않고 이 일 을 판단하여 마치고는 문득 쉽다는 생각을 해서 다시 닦지 않다가 오랜 세월이 지남에 영영 마군에게 포섭된다."

---

18 석명정, 『삼소굴소식』, 영축총림통도사극락선원(1998), p.391, 원문은 p.389. 如此悟人分上에난 警如一 團火相似하와 物觸便燒어니 有何閑言語와 指導方便之爲哉릿가 雖然悟後注意가 更加於悟前이오니 悟前則將有悟分이어니와 悟後에 若不精修하야 墮於懈怠면 則依前流浪生死하야 永無出頭之期故 로 古人悟後에 隱跡逃名하야 退步長養者는 以此也라 或對人則揮劍降魔하고 或人來則面壁背坐하 고 或三十年 四十年으로 乃至一生을 永不出山하니 古人上上機도 如是온 況末葉吾輩乎잇가.

19 초기경전이나 주석서에서는 견혹(見惑)만을 끊은 예류과(豫流果)만 돼도 불퇴전하지 않고 반드시 7생 중에 아라한이 된다고 하였기 때문에 견성(見性)과 견도(見道)에 대한 연구가 필요하다.

이와 같이 고구정녕한 말씀으로 후생(後生)을 지도하여 삿된 그물에 걸리지 않게 하신 말씀을 일일이 열거할 수가 없습니다. 또한 이와 같은 방편을 형도 모르는 바가 아니겠지만, 이미 물어 왔고 또한 최상의 희유한 일에 대하여 즐거운 마음이 자연 용솟음쳐 부득이 간담을 털어놓고 간략하게나마 예전 조사들의 오후수행문(悟後修行門)을 한두 가지 들어서 말하지 않을 수 없으니, 행여나 익히 들어서 아는 것이라고 소홀히 하지 마시고 다시 자세히 살피고 거듭 생각해 보십시오.

어떤 스님이 귀종화상(歸宗和尙)에게 물었습니다.

"어떤 것이 부처입니까?"

"네가 곧 부처이다."

"어떻게 보림(保任)해야 합니까?"

"한 티끌[翳]이라도 눈에 들어가면 공화(空花)가 어지러이 떨어진다."

이 법문에서 '티끌 예(翳)' 한 자의 뜻을 상세히 알면 오후생애(悟後生涯)가 자연히 만족할 것입니다.

또 석공화상(石鞏和尙)[20]이 마조(馬祖)[21]께 참례하여 법(法)을 얻은 뒤 삭발을 하고 시봉(侍奉)하던 어느 날 부엌에서 일을 하다가 문득 하던 일을 잊고 망연히 앉아 있었습니다. 그때 마조(馬祖)가 물었습니다.

"여기서 무엇을 하느냐?"

---

20 마조(馬祖)의 제자인 혜장선사(慧藏禪師)를 말한다. 무주(撫州)의 석공(石鞏)에 머물렀으므로 붙여진 이름이다. 역시 생몰연대는 미상(未詳)이다.

21 중국의 유명한 선승. 한주(漢州) 사람. 강서(江西)의 개원사(開元寺)에 들어가 선풍(禪風)을 크게 드날려 그의 법을 이은 이가 백장(百丈)·대매(大梅)·염관(鹽官)·남전(南泉) 등 무려 139인이나 되었다. 시호는 대적선사(大寂禪師)이며 그의 성이 마씨(馬氏)였으므로 세상에서는 통칭 강서(江西)의 마조(馬祖), 혹은 마대사(馬大師)라고 일컬었다.

"소를 먹이고 있습니다."

"소를 먹이는 일은 어떻게 하는 것인가?"

"한 번이라도 소가 풀밭에 들어가면 고삐를 잡아끌어 당깁니다[回落草去 把鼻拽將回]."

"네가 소를 잘 먹일 줄 안다" 하였습니다.

여기에서 '파예(把拽)' 두 글자를 자세히 알면 오후생애(悟後生涯)를 물을 필요가 없습니다. 그러나 상세하게 안 뒤에는 알았다는 것도 또한 없는 것입니다. 여기에서는 물을 마심에 차고 더움을 스스로 알 수 있지만 남에게는 알려줄 수 없듯이, 실로 이른바 스스로 즐거울지언정 그대에게는 억지로 줄 수가 없고, 푸른 바다가 마르는 것을 맡겨 따를지언정 마침내 그대에게 통하게 할 수는 없다 한 것이 이 말입니다.[22]

"한 티끌[翳]이라도 눈에 들어가면 공화(空花)가 어지러이 떨어진다."는 구절은 『원각경』에 나오는 비유를 든 것이다.

비유하자면 저 눈에 병 걸린 자가, 허공에 꽃을 보고 제2의 달이라 이름하는 것과 같느니라.

선남자여. 허공엔 실제로 꽃이 없는데 눈병 걸린 병자는 망령되이 집착하느니라.

집착으로 말미암아 이 허공의 성품이 미혹되었을 뿐만 아니라, 역시

---

22   석명정, 『삼소굴소식』, 영축총림통도사극락선원(1998), p.391.

더불어 저 실제 꽃이 생하는 곳도 미혹되었느니라.[23]

여기서 티끌은 번뇌를 말하는 것이고 눈은 마음을 공화는 분별을 지칭하는 것이다. 그러므로 이는 무심(無心)으로 보림하라는 말이다. 무심은 무념과 같이 쓰이는 말이다. 무념에 대해 『단경(壇經)』에서는 "자성에서 생각이 일어나 비록 견문각지(見聞覺知)하지만 만경에 물들지 않아 늘 자유자재한 것이며 『유마경』의 말씀인 '밖으로 모든 사물의 모양을 잘 분별하면서도 안으로 깨달음의 근본 당체[第一義]에서 움직이지 않는다[24]는 것"이라고 정의했다. 경계를 분별하여 알지만 마음은 움직이지 않는 무심 삼매 상태로 있다는 것이다. 즉 보림은 무념 무심으로 하는 것이고 만일 한 생각이라도 망념이 일어나면 이로부터 무수한 분별망상이 일어난다는 것을 비유한 말이다.

이어 석공화상의 "한 번이라도 소가 풀밭에 들어가면 고삐를 잡아끌어 당깁니다"라는 말을 인용하여 '파예(把拽)' 두 글자를 자세히 알면 오후생애(悟後生涯)를 물을 필요가 없다고 하였다. 여기서 풀밭은 분별망상이고 파예는 잡아끌어당긴다는 말이니 망념을 바로 소멸시킨다는 말이다. 역시 무념을 이르는 말이다.

그러면서 한암 자신에게 오후보림에 대해 묻는다면 '아프게 한바탕 때릴 것'이라고 자신의 경지에서 이야기 하고 있다. 이 역시 무념을 이르

23 『大方廣圓覺修多羅了義經』(大正藏 17, p.913b). 譬彼病目見空中華及第二月 善男子 空實無華 病者妄執 由妄執故 非唯惑此虛空自性 亦復迷彼實華生處.

24 정성본, 『돈황본 육조단경』, 한국선문화연구원(2011), p.99. 自性起念, 雖卽見聞覺知, 不染萬境, 而常 自在. 維摩經云: 『外能善分別諸法相, 內於第一義而不動』.

는 말이다.

어떤 사람이 한암(漢巖)에게 묻기를,

"깨달은 뒤에 어떻게 보림(保任)해야 합니까?" 하고 질문한다면, 한암
은 곧 아프게 한바탕 때릴 것입니다.

"위의 옛 성인들의 말과 같습니까, 다릅니까?"[25]

그리고 한암은 보림에 대해서 다시 다음과 같이 경봉에게 말하고 있다.

만약 일생의 일을 원만하고 구족하게 하고자 한다면, 옛 조사의 방
편 어구(語句)로써 스승과 벗을 삼아야 됩니다. 우리나라 보조국사께
서도 일생토록『육조단경』으로 스승을 삼고『대혜서장』으로 벗을 삼
았습니다. 조사의 언구(言句) 중에서도 제일 요긴한 책은 대혜(大慧)의
『서장』과 보조의『절요(節要)』와『간화결의(看話決疑)』가 활구법문(活句
法門)이니, 항상 책상 위에 놓아두고 때때로 점검해서 자기에게 돌린
즉 일생의 일이 거의 어긋남이 없을 것입니다. 제(弟) 또한 여기서 힘
을 얻은 것이 있습니다.

또한『서장』과『결의』와『절요』의 끝 부분을 의지한다면, 활구(活句)
를 깨닫기가 쉽고도 쉽습니다. 이 말이 비록 번거로운 것 같지만, 그
러나 일찍이 방랑을 해보아야 나그네의 심정을 안다고 했으니 제발

---

25   석명정,『삼소굴소식』, 영축총림통도사극락선원(1998), pp.389~390. 有人問漢巖하되 悟後에 如何保任
하리잇고하면 巖은 卽痛與一棒호리니 與上來古聖語로 同가 別가.

소홀히 하지 마십시오.

만약 한 때의 깨달음에 만족하여 뒤에 닦음을 지속하지 않으면, 영가(永嘉)께서 말한 바, "모두 공(空)이라고 여겨 인과를 무시하고 어지러이 방탕하여 재앙을 초래한다"는 것이 이것이니, 절대로 세상 천식배들의 잘못 알고 고집하여 인과를 무시하고 죄와 복을 배척하는 일들을 배우지 마십시오.

만일 활구를 깨닫지 못하고 다만 문자만 본다면 또한 의리(義理)에 걸려서 도무지 힘을 얻지 못하며 말과 행동이 서로 어긋나서 증상만인(增上慢人)을 면치 못하리니 간절히 모름지기 뜻을 두소서.[26]

여기서 말하고 있는 내용을 정리하면 먼저 보조국사의 사상을 따르고 있다는 점을 분명히 말하고 있다. 그래서 보조국사가 『육조단경』과 대혜 『서장』을 공부한 것을 스승으로 삼았듯이 후학들도 그러해야 한다는 것이다. "조사의 언구 중에서도 제일 요긴한 책은 대혜의 『서장』과 보조의 『절요』와 『간화결의』가 활구법문이니, 항상 책상 위에 놓아두고 때때로 점검해서 자기에게 돌린 즉 일생의 일이 거의 어긋남이 없다"고 하였고 "제(弟) 또한 여기서 힘을 얻은 것이 있습니다" 한 것을 보면 경봉 역시

---

26   석명정, 『삼소굴소식』, 영축총림통도사극락선원(1998), p.393, 원문은 p.390. 若欲一生事 圓滿具足인댄
    以古祖師 方便語句로 爲師友焉이라 故로 吾國普照國師는 一生以壇經爲師하고 書狀爲友하셧나이
    다 祖師言句中에도 第一要緊한 冊子는 大慧書狀과 普照節要와 看話決疑가 是活句法門이라 恒置案
    上하야 時時點檢하야 歸就自己면 則一生事가 庶無差違矣이다 弟亦此에서 得力者有하니이다 又依
    書狀과 與決疑及節要末段하야 擧覺活句가 甚好甚好니이다 如此言語가 雖似繁絮나 然曾爲浪子偏
    憐客이오니 幸勿忽之焉이어다 若以一時悟處爲足하야 撥置後修하오면 永嘉所謂豁達空撥因果하야
    莽莽蕩蕩하야 招殃禍者焉也오니 切莫學世之淺識輩의 誤解偏執撥因果排罪福者焉하쇼셔 若不擧
    覺活句하고 只看文字면 則又滯於義理하야 都不得力而言行이 相違하야 未免增上慢人하리니 切須
    在意焉이라.

이 책들을 근거로 수행했음을 알 수 있다. 이렇게 보면 한암과 경봉은 모두 보조국사의 사상을 계승하고 있음을 자임했다고 할 수 있다.

한암이 오후보림에 대해 보조국사의 가르침을 중시한 것은 1930년에 경봉에게 보낸 다음의 편지에서도 보인다. 먼저 조사들의 이야기를 먼저 듣고, 다음으로 보조국사의 가르침을 들어 설명하고 있다.

오후(悟後)의 생애에 대하여 고인(古人)들의 숱하게 많은 언구(言句)가 있습니다.

어떤 분은 "한조각 굳은 돌같이 하라"고 했고,

어떤 분은 "죽은 사람의 눈같이 하라"고 했으며,

어떤 분은 "독(毒)으로 가득찬 곳을 지남과 같아서 한 방울의 물도 묻혀서는 안 된다"고 하셨습니다.

또 우리나라 보조국사는 『진심직설(眞心直說)』의 십종식망(十種息忘)을 말한 곳에서 첫째는 깨달아 살피는 것이고, 둘째는 쉬고 쉬는 것이요, 내지 열째는 체(體)와 용(用)에서 벗어나는 것까지 요긴하고 간절하지 않은 법어가 없으나, 다만 자기 자신이 스스로 그 묘(妙)를 터득한 연후에야 얻어지는 것이오니, 이 몇 가지 법문 중에 하나를 택해서 사용하여 오래 가면 자연히 묘처(妙處)를 얻을 수가 있어서 내가 수용하는 것이니, 천 마디 만 마디가 모두 나의 일과는 상관이 없습니다.

또 옛사람이 이르기를,

"문으로 좇아 들어온 것은 집 안의 보배가 아니다."

라고 하시니, 그저 사람들의 말을 듣고 수행을 하려 하면 말은 말대로 나는 나대로라. 마치 저 물 위의 기름 같아서 졸지에 모든 망념을 끊어 버리는 경지에 이르지 못할 것입니다. 만약 실실낙락(實實落落)한 경지에 이르려면, 늘 한 생각 일어나기 전 자리에 나아가서, 참구하고 또 참구하여 홀연히 타파하게 되면, 가슴속의 오색실이 자연히 끊어질 것입니다. 이와 같이 실답게 깨닫고 실답게 증득하는 것이 바로 천하 사람들의 혀끝을 끊는 자리입니다. 지극히 빌고 지극히 빕니다.[27]

여기서 오후보림의 핵심을 '졸지에 모든 망념을 끊어 버리는 경지', '가슴속의 오색실이 자연히 끊어짐'이라고 했는데 오색실은 잠재해 있는 망념을 이르는 것으로 이를 단박에 끊어 무념이 되는 것을 이르는 것이다. 이 망념을 종식하여 무념에 이르는 가르침으로 보조국사의 『진심직설』 중 십종식망(十種息忘)을 인용하며 말하고 있다. 열 가지는 다음과 같다.

첫째는 알아차림[覺察], 둘째는 마음을 쉼[休歇], 셋째는 마음을 없애고 경계를 보존하는 것[泯心存境], 넷째는 경계를 없애고 마음을 보존하는 것[泯境存心], 다섯째는 마음도 없애고 경계도 없애는 것[泯心泯境], 여섯째는 마음도 보존하고 경계도 보존하는 것[存心存境], 일곱째는 내외가 모두 본체인 것[內外全體], 여덟째는 내외가 모두 작용인 것

27 석명정, 『삼소굴소식』, 영축총림통도사극락선원(1998), p.408. 원문은 p.407. 悟後生涯에 對하야 古人이 多數한 言句가 有하오니 或云 如一片頑石이라하고 或云 如死人眼이라고 或云 如過蠱毒 之鄕에 水不得霑着一滴이라 하시고 我國 普照國師는 眞心直說 十種息忘에 一曰覺察하고 二曰休歇하야 乃至 十日 透出體用이 無非緊切法語오나 只在當人의 自得其妙然後에 得이오니 此幾箇法門中에 하나를 擇하야 用之久하면 自然得妙處가 有하야 爲我之受用而千言萬語가 總不干我事니이다.
古人亦云 從門入者는 不是家珍이라 하시니 但聽人語而擬欲修行이면 則語自語 我自我하야 如水上油相似하야 不能猝地斷曝地折矣리니 若欲實實落落地打失去어든 每就末起一念底前頭看하야 看來看去에 忽地失脚하면 胸中五色絲가 自然斷絶矣리니 是如實悟實證而坐斷天下人舌頭處也라 至祝至祝하노이다.

[內外全用], 아홉째는 본체에도 맞고 작용에도 맞는 것[卽體卽用]그리고 열 번째는 '본체와 작용에서 벗어남[透出體用]'이다.[28]

이 모두가 무심에 이르는 방법을 설한 것이다. 이중에 하나만 선택해 수행해도 목적을 성취할 수 있다고 하였다. 석전 또한 자신의 글 선학요령(禪學要領)에서 '주공부십문(做工夫十門)'이란 제목으로 보조의 십종식망(十種息忘)을 무심공부(無心工夫) 10종이라고 하여 그대로 소개했다.[29] 이를 통해서 당시 선사들이 대부분 보조선사의 간화선풍을 계승했던 것을 알 수 있다.[30] 경봉의 비문(碑文)에 다음과 같이 기록된 것도 이를 확인해 준다.

주인공과의 문답시 및 태평가 등으로 오도의 경지를 읊었으며, 오후 보림사에 대하여 방한암, 김제산, 백용성 등 당시 선지식들에게 널리 물었고 평소 수행은 보조국사의 영향을 많이 받았다.[31]

위에서 인용한 경봉의 비문처럼 경봉은 오후보림에 대해 여러 선지식 들에게 가르침을 구하였고, 선학의 가르침을 충실히 따랐으며 제자들에 게도 그렇게 가르쳤다는 것을 다음과 같은 말에서 알 수 있다.

---

28   지눌, 『진심직설』(보조전서), pp.55~58.

29   박한영 위의 책, pp.334~337.

30   보조의 사상이 근현대 한국불교에 미친 영향에 대해서는 다음 논문을 참고할 것.
       김경집, 「한국 근현대불교의 普照 영향」, 『보조사상』 제27집, 보조사상연구원(2007), pp.93~130.
       이덕진, 「근현대 불교에 끼친 보조사상의 영향」, 『보조사상』 제27집, 보조사상연구원(2007), pp.131~187.

31   이지관, 『한국고승비문총집 : 조선조 · 근현대』, 가산불교문화연구원(2000), p.1125.

"상근기는 눈을 마주쳐 보기만 하여도 도를 알게 되고, 말하기 전에 벌써 도를 깨닫게 되고, 또한 일언지하(一言之下)에 생사를 돈망(頓忘)하기도 한다. 그러므로 예전에 귀종조사에게 누가 묻기를, "어떤 것이 부처입니까?" "네가 곧 부처이니라" 그 사람이 깨달았다. "어떻게 보림합니까" "조그마한 티라도 가린 것이 눈에 있으면 허공 꽃이 어지러이 떨어지느니라" 그 사람은 이러한 간단한 말에 도와 보림하는 법까지 진실로 다 알았다.

수도하는 사람이 수행하다가 물아(物我)가 둘이 없고 마음과 부처와 중생이 둘이 없고, 맑고 더러움이 둘이 없는 조금 공한 이치가 나타나면, 옳다 내가 깨달았다 하고 불당(佛堂)의 등상불을 내어다가 파괴도 하고, 정토와 예토가 본래 없다 하고 법당마당에서 대소변을 보며, 상하노소 없이 주먹으로 때리기도 하고, 법을 물으면 주먹이나 쑥쑥 내밀기도 하고, 『전등(傳燈)』, 『염송(拈頌)』에 있는 말이나 따서 사용을 한다면 자기에게 큰 손해인줄 깨달아야 한다.

수도하는 사람이 그 식심이 맑아지면 방안에서 해와 달과 별을 보기도 하고, 명백 리 밖의 말소리도 들리고 그곳 모든 경계가 보이게 되면 내가 도를 알았다 하여 환희심으로 매일 그 경계가 나타나기를 기다리기도 하고 또 그것만 보고 듣고 앉았고, 그 뿐만 아니라 사심(邪心)과 망정(妄情)이 생겨서 술 먹고 고기 먹는 것이 지혜에 방해되지 않는다 하고 수행하는 사람이 함부로 행동하는 수도 혹 있는데, 이것은 지도자가 없는 까닭이다. 설사 지도자가 있더라도 아만과 고집이 있으면 듣지를 않는다."[32]

이러한 경봉의 법어 속에서 당시 정안종사들이 엄혹했던 그 시절에 수많은 승려들이 정사를 구분 못하고 막행막식(莫行莫食)을 일삼고, 작은 경계에 탐착하여 아만을 드높이고서 산문을 휘젓고 다니던 그 폐풍 속에서 고구정녕(苦口丁寧)하게 제자들에게 바른 가르침을 내렸던 것을 알 수 있다.

IV. 결론

한암과 경봉은 속세의 나이로 16세나 차이가 나지만 법형제로서 함께 깨달음의 길을 걸었다. 그리고 깨달음 이후의 수행과 생애에 대해서 서로 묻고 답하며 향상일로(向上一路)를 추구했음을 알 수 있었다. 두 사람의 선문답을 통해 무심·무념의 살림살이를 엿볼 수 있었다.

보림은 백장과 조산 등 마조와 석두의 문하에서 모두 수행하고 있었다. 간화선을 창안한 대혜 또한 보림의 전통을 계승하였는데 그의 어록

---

32   경봉, 『니가 누고?』, 명정 주해, 휴먼앤북스(2003) pp.159~160.

에는 보림에 대한 근거로 『법화경』의 "내가 이제 너희들을 위해 이 일을 보림할 것이니, 끝내 헛되지 않을 것이다"라고 한 구절과 마조의 제자 귀종의 "한 티끌만큼이라도 눈에 상처가 나면 허공꽃이 어지러이 떨어진다"라는 선문답의 한 구절이었다. 이는 모두 자성본래청정(自性本來淸淨)이라는 초기선종 이래의 선종의 종지를 계승하는 것이다. 또, 몽산은 견성 이후 반드시 정안종사를 찾아 보림해야 한다는 지침을 그의 어록에서 밝히고 있음을 살펴보았다.

한암과 경봉의 오후보림관에 대해서는 다음과 같이 요약할 수 있다.

첫째, 오후보림의 목표는 망념을 제단(除斷)하여 무심(無心)·무념(無念)에 이르는 것이다. 이는 본고에서 『육조단경』의 무념론, 대혜의 『법화경』 보림론, 두 선사의 보림에 관한 문답 등에서 살펴보았다.

둘째, 무념에 이르는 방법으로 보조국사의 『진심직설』중 진심망식(眞心亡息)장의 십종식망(十種息忘)을 길잡이로 삼았다.

셋째, 한암과 경봉은 보조의 사상을 계승하고 있다. 이는 오후보림의 주요 지침서로 대혜의 『서장』과 보조의 『절요』와 『간화결의』,『진심직설』을 꼽은 것으로 알 수 있다. 이는 대혜와 보조가 사상적 동일성을 갖고 있고, 간화선의 근본 취지에 가장 적합하다는 것을 의미한다.

넷째, 두 선사들은 보조 이래의 정혜겸수(定慧兼修) 전통을 계승하고 있다. 두 선사는 오후보림의 과정에서 앞의 책들만 아니라 여러 경전과 옛 선사들의 어록속의 가르침을 거울로 삼았다. 이는 선사들은 불립문자라고 하여 경전을 무시한다는 견해를 깨뜨리며, 오히려 경전의 가르침을 철저하게 체득하였다고 하겠다.

다섯째, 그리고 이러한 가르침을 '자기 것'으로 만드는 오후보림을 수행하면서 선사들 간에 절차탁마 했다.

　돈점설과 조계종조에 대한 견해에 대해 논쟁이 한참 있어왔고, 현재도 진행 중이다. 여기서 분명한 것은 한암과 경봉은 보조국사의 어록을 오후의 수행의 지침서로 중시했다는 점이고 당대 최고의 선지식이었던 석전 박한영의 경우로 보아도 이것이 당대 다수의 견지였다는 것이다.

　후학인들은 두 선사의 이러한 오후보림의 궤적을 통해 향상일로의 길에 바른 안목을 열 수 있을 것이다.

05.
일엽선사(一葉禪師)의 만공 사상 재해석과 독립운동

경완景完

경완 景完

김일엽문화재단 부이사장

1986년 덕숭총림 수덕사 환희대로 출가. 학부에서는 국문학을 전공하였으며, 출가 후 대만 불광산총림학원(佛光山叢林學院)으로 유학, 경학과 포교에 관한 견문을 쌓았다. 2016년 고려대학교에서 「중국 묘선(妙善) 관음고사(觀音故事)의 형성과 발전」으로 박사학위를 받았다. 현재는 대한불교조계종 교육아사리, 학교법인 승가학원 교육 개방이사, 김일엽문화재단 부이사장 소임을 맡고 있으며, 고려대학교와 한남대학교에 출강하고 있다. 관심 범위를 확장하여 중국 문학과 불교, 문화를 연구하고 있으며, 저서로 중국 문학과 불교 관련 논문 다수와 단행본 『한국비구니의 수행과 삶』, 『한자와 한문의 이해』, 『한국 현대작가와 불교』, 『돈황학대사전』(이상 공저), 『권수정혜결사문』, 아동도서 『허수아비』, 『유머삼국지』(이상 번역서) 등이 있다.

I. 들어가는 말

본고는 만공(滿空, 1871~1946)선사의 법맥(法脈)인 일엽(一葉, 1896~1971)선사의 불교사상과 독립정신을 고찰하는 논문이다. 만공선사는 한국 근대 불교사의 중요 인물로 비구니 제자들을 평등하게 재접(栽接)하며 선풍(禪風)을 고양하였다.[01] 일엽 또한 만공의 지도하에 일가를 이룬 비구니 선지식으로 불교와 만공의 사상을 세간에 알리는데 공헌하였다.

일엽은 스님들의 글쓰기가 보편적이지 않던 시대에 비구니로는 최초로 수상집을 발표하였고 이는 불교사상을 스토리텔링하고 만공의 선(禪)을 현대적으로 해석한 것에 다름이 아니다. 이에 본고는 만공 사상의 재해석이라는 관점에서 일엽의 사상을 살펴보고자 한다. 대략 두 부분으로 첫 번째는 만공의 법맥을 상전(相傳)한 일엽의 출가와 수행을 살펴본다. 주로 만공과의 인연을 중심으로 일엽의 출가와 수행에 집중한다. 다음 두 번째는 일엽의 만공 사상 재해석과 독립운동이다. 만공의 비구니 상수제자 가운데 하나인 일엽은 만공의 사상을 다시보기 하여 자신의 언어로 표현한다. 이는 소위 친자(親炙)[02]의 복혜를 누리며 이룩한 업적으로 근대 불교에 중요한 기틀을 마련한 것으로 사료된다. 이어 일엽의 독

---

01   이하 존칭은 생략하고 만공과 일엽으로 통일.
02   친자란 스승의 가르침을 직접적으로 받는다는 의미로 도제 관계를 강조할 때 쓰이는 용어.

립운동을 하나의 과제로 제기하며 고찰하고자 한다. 이는 근래에 만공의 불교사상 외에 독립정신을 고취하는 연구 및 모색이 계속적으로 시도되고 있는 것과 같은 맥락이다.[03]

연구범위는 만공의 법문과 일엽이 남긴 저작물을 주요 텍스트로 하며 그 가운데 만공과 직접적인 영향관계가 있는 내용을 중심으로 한다. 독립운동에 대해서는 먼저 일엽의 유고와 이를 보충하는 문헌 자료에 기초하며, 기타 관련 인물의 구술과 증언을 참고 자료로 활용한다.

Ⅱ. 일엽의 만공 다시쓰기와 독립운동

1. 만공의 법맥상전 일엽의 출가와 수행

만공은 일엽의 출가와 수행에 직접적 영향을 미쳤다. 본 절에서는 일엽의 출가와 절필, 수행, 집필 재개와 수상집 출판을 만공과의 인연을 중심으로 살펴본다. 이는 만공의 수기설법(隨機說法)이자 일엽이 의교봉행(依

---

03   만공의 독립정신 연구는 경허만공선양회와 덕숭문중을 중심으로 만공학술대회 등을 통해 자료의 발굴과 연구가 지속되고 있다.

敎奉行)으로 응한 것이다. 이 일련의 과정으로 일엽의 사상이 만공 사상의 재해석이라는 맥락으로 귀납될 것이다.

1) 만공의 제시와 일엽의 응답:출가

만공은 일생 간화선(看話禪)을 주창한다. 산중 수행을 중시하였으나 암울한 시대상황을 타개하고자 민족의식을 분기하며 실천적 활동을 전개한다. 대략 1930년대 전후로 일엽과 만공의 인연이 본격적으로 이루어진 시기이다.[04]

일엽은 여성 선각자로 일컬어지며 마침내 불교에 귀의하여 자신의 삶을 주도한 한국 비구니 선지식이다. 일엽에 관한 연구는 문학, 젠더, 철학 등 제 방면에서 시도되고 있다. 이는 일엽이 문헌 자료를 남기고 있으며 자술(自述)한 기록이 자료로 존재하기 때문이기도 하다. 그러나 대부분이 출가 전의 업적을 다루고 있어 치우친 경향을 보인다. 근래 불교사상에 집중한 연구가 시도되고 있는데 박진영과 송정란의 연구가 주목된다. 박진영이 영어로 쓴 『Women and Buddhist Philosophy:Engaging Zen Master Kim Iryŏp(여성과 불교철학:김일엽 선사를 통하여)』라는 평전은 일엽의 삶을 총체적으로 다루고 있다.[05] 송정란은 일엽의 선시를 고찰하는 과정에서 선사상을 고찰하였는데, 이 일련의 과정에서 일엽의 출가 후 삶과

---

04 경완(한운진), 「1930년 전후 김일엽 선사의 문학과 불교성찰」, 『서울대학교 한국어문학연구소 주최 심포지움 발표자료집』, 2013.

05 Jin Y. Park(박진영), University of Hawaii Press(2017). 김일엽문화재단과 고려대학교 국제한국학센터의 지원으로 출판. 이는 일엽에 대한 최초의 전면적 저술로 후속 연구자에게 기초자료로써 활용될 수 있을 것으로 사료된다. 이 평전은 출가 후의 사상을 비중있게 고찰하고 있어 상당히 고무적이다.

사상을 비중 있게 다루고 있다.[06]

본고는 선행연구가 미처 고려하지 않은 일엽의 사상을 만공과의 조우를 기점으로 출가와 수행, 저술활동을 중심으로 살펴본다. 앞서 일엽이 만공과 1930년을 전후하여 인연이 되었을 것으로 보았는데 구체적으로 1932년~1933년 무렵일 것으로 추정된다. 다음과 같은 기술로 증명할 수 있는데, 일엽이 만공의 가르침에 따라 절필하였다가 1960년에 출판한 『어느 수도인의 회상』「만공대화상(滿空大和尙)을 추모(追慕)하여(십오주기일 十五周忌日에)」의 구절이다.

나는 스님 입적(入寂) 후 그 일이 절실이 더 느껴져서 14년간이라도 스님 문하(門下)에 있었던 행복(幸福)을 또다시 감사(感謝)한 생각(生覺) 이 깊어지는 것이다.[07]
28년 전에 나는 스님의 문하(門下)로 들어올 때 서가모니불(佛)이 유성출가(逾城出家)하시던 그런 장쾌(壯快)를 느끼었던 것이다.[08]

일엽은 출가 전 재가불자로도 활발하게 활동한다. 1922년에 창립된

---

06 송정란, 「김일엽의 불교시 고찰을 위한 서설」, 『韓國思想과 文化』75집(2014), pp.61-85. ; 「김일엽의 선 (禪)사상과 불교 선시(禪詩) 고찰」, 『韓國思想과 文化』85집(2016), pp.443-466. ; 「일엽 선시에 나타난 수사적 표현기법－적기수사법(賊機修辭法)을 중심으로」, 『韓國思想과 文化』90집(2017), pp.37-63.

07 김일엽, 『어느 수도인(修道人)의 회상(回想)』, 충남:수덕사 견성암(1960), p.27. 만공의 열반이 1946년이 니 1932년 무렵.

08 김일엽, 위의 책, p.28. 15주기가 1961년이니 1933년이 된다. 그런데 이 책의 출판연도가 1960년 1월로 14주기가 아닌가 한다. 또 이 글 말미에 연도를 병신년(丙申年) 10월 20일으로 밝히고 있어 의문이 제 기된다. 아마도 10주기인 1956년(병신년)에 썼던 글을 1960년에 출판하며 미처 수정을 마치지 못한 것 으로 추정된다. 그러나 만약 10주기에 쓴 글을 그 안의 내용까지 미처 수정하지 못하고 출판한 것으로 본다면 연도를 소급하여 1928년이 될 가능성도 있다.

'조선불교여자청년회'의 임원으로 이름을 올린 바 있으며[09] 1927년부터 종단의 기관지 월간 『불교』에 관여하여 문예란을 담당하기도 했다. 병행하여 백성욱 박사와의 인연으로 불교에 대한 이해가 깊어지고 만공을 만나 마침내 출가를 결심하게 된다. 일엽의 출가연도에 대해서 하춘생과 김광식은 각기 다른 연도를 제시한 바 있다.[10] 그러나 경완은 이보다 앞선 2006년에 발표한 「일엽선사의 출가와 수행」에서 일엽의 출가연도를 1933년 6월로 추정한 바 있다. 1933년 6월 금강산 마하연에서 주석하고 계시던 만공선사를 법사로 금강산에서 이성혜(李性慧) 비구니를 은사로 하여 입산한다. 출가하며 필명으로 쓰던 일엽을 그대로 법명으로 사용한다.[11]

이에 대해 박진영은 재가불자로 수행하던 일엽의 사상이 변하여

09   김광식, 「朝鮮佛教女子青年會의 창립과 변천」, 『한국근현대사연구』7(1997), p.110.

10   하춘생은 2016년 만공학술대회 발표 논문에서 "일엽의 발심, 입산출가, 만공과의 만남, 견성암 안착 등 불교입문 전후의 시제는 일엽문도회(수덕사 환희대)가 간행한 일엽의 저서에 수록된 생애와 연보, 이 책 출간 이전 논자가 후학들의 증언을 청취한 내용 등을 토대로 기술한 것이다. 이와 관련해 김광식 (2015)은 「김일엽 불교의 재인식」(앞의 책) 제하의 논문에서 일엽의 잡지 기고문과 일엽관련 기사 등을 구체적으로 인용하면서 일엽의 불교 인연을 위시해 불교문예활동, 불교신도로서의 수행, 연애·결혼· 이혼의 정황, 여성불교청년활동, 불법에 대한 자각과 확신, 입산출가 등을 세밀하게 다루고 있다. 그런데 김광식은 일엽이 기고한 『불교』지 등의 내용을 인용한 가운데 일엽이 처음 불교와 인연 맺은 것은 1928년 봄부터이고, 출가는 1934년 3~4월경이라고 밝히고 있다. 선학원에서 비구강백 관응의 은사인 탄옹에 의해 발심출가의 계기가 되어 삭발과 만공에의 인도로 이어졌으며, 1934년 3~4월경 만공의 지도로 마침내 출가했고 이때 은사 성혜를 만났다는 것이다. 김광식은 이때(1934. 3. 2) 만공이 일엽에게 내보인 「一葉子에게 回示」에 '荷葉堂 白蓮道葉 比丘尼'라는 내용을 들어 이것이 만공이 일엽에게 정식 승려로서 법명을 주고 수계한 것으로 볼 수 있다고 기술했다. 하지만 일엽의 증법손 경완(2007) 은 「일엽선사의 출가와 수행」(『한국 비구니의 수행과 삶』, 서울, 전국비구니회, p.242) 제하의 논문에서 만공 이 내린 '하엽당(荷葉堂) 백련도엽(白蓮道葉) 비구니(比丘尼)'를 당호(堂號)와 도호(道號)가 담긴 법문으로 해석하고, 일엽이 한 소식을 얻은 것에 대한 인가의 증거로 보았다"고 기술하였다.

11   경완(한운진) 외, 「일엽선사의 출가와 수행」, 한국비구니 전통 수행 포럼, 2006. (『한국 비구니의 수행과 삶』, 예문서원, 2007. 2). 김일엽 유고문집 『미래세가 다하고 남도록』(1974, 인물연구소)에서 1928년을 출가 연도로 보았고, 이는 당시 문집을 편집한 문학평론가 문암 임중빈과 문도들이 유고와 문서 자료를 토 대로 추정한 것이다. 이는 이후 수덕사 환희대에서 출판한 『일엽문집』(2000, 문화사랑)으로 이어져 별다 른 수정 없이 받아들여졌다. 그러나 이후 발견된 기사 자료와 사료를 토대로 김일엽문화재단과 문도들 은 1933년 6월을 출가연도로 잠정 확정하였다. 이후에 발표된 연보는 이를 토대로 한다. 논문 말미에 연보를 첨부한다.

1933년에 선원에 합류하였고,[12] 불교와의 조우는 이보다 이른 1923년에 시작되었으며 불교학자와 실제 수행자를 만남으로서 일엽은 "기독교인의 이단이며 허위라는 편견을 없앴고 전 우주를 구할 수 있다고 느끼며"[13] 이후 출가와 투철한 수행으로 일생을 마친다고 하였다.

일엽 출가는 세 가지로 요약된다. 첫째는 무상(無常)에 대한 철저한 인식, 그로 인한 명상과 대자유의 삶에 대한 탐색으로서의 결단이다. 둘째는 만공과의 인연이다. 이는 역사와 인생에서 선지식 한 분의 역할이 얼마나 중요한가를 알게 해주는 단면이다. 셋째는 다생겁래(多生劫來) 수행의 결과로 이는 어린 시절 윤심덕과의 추억 등 범상치 않았던 수행자로서의 모습으로 방증된다.[14]

2) 일엽의 정진과 만공의 거량:수행

이와 같이 일엽은 만공과의 인연으로 출가를 감행 하고 그의 지도하에 수행을 이어간다. 만공의 문하에서 지내면서 재가불자 시절의 첫 만남을 글로 남겼는데, 여기서도 일엽은 자신의 심경을 당당하고 거침없이 토로한다. 어린 시절 목사의 딸로 태어나 기독교도로 자랐고, 그러다 천당까지 부인하는 시기를 거쳐 문학에 뜻을 두고 자유로이 지내다 불교를 만나게 되었다고 회상한다. 이어서,

---

12   Jin Y. Park(박진영), 『*Women and Buddhist Philosophy:Engaging Zen Master Kim Iryŏp*』University of Hawaii Press, 2017, p.91.

13   Jin Y. Park, 위의 책, p.10.

14   경완 외, 앞의 책, pp.233-234. 8살의 어린 나이었으나 마음 하나 돌이키는 것으로 아프지 않게 되었다는 부분으로, 윤심덕과의 일화는 이 논문에서 살펴볼 수 있다.

불교(佛敎)에 귀의(歸依)하여 인생생활(人生生活)의 전체(全體)가 되는 생노병사(生老病死)와 희로애락(喜怒哀樂)이 전생누겁(前生累劫)으로 익혀온 망령된 습성(習性)의 집적(集積)이고 연장(延長)일뿐이다. 인생생활(人生生活)이란 그렇게 아무 의미 없는 것이라고 생각되었습니다. … 문제(問題)는 다시 일어나게 되는 것인 줄 알고 그 문제(問題)가 해결(解決)되는 법(法)은 불법(佛法)뿐이니 불법(佛法)을 내가 먼저 알아 그 법(法)을 남에게 선포(宣布)해야겠다는 생각(生覺)으로 … 다시 여쭈면 우리 인생(人生) 생활(生活)은 … 무슨 몸이던지 또다시 받아가지고 미래세(未來世)가 다함이 없도록 현실생활(現實生活)을 상속(相續)해가지 않을 수 없는 것이라는 것을 신도(信徒)로 절에 다니며 알았습니다.[15]

일엽의 삶에서 일관된 것은 당당함과 진솔함으로 이와 같이 만공과의 만남을 술회하는 과정에서도 드러난다. 이는 일엽이 불교를 이해하고 수행하며 자신의 화법으로 설명할 수 있게 되는 바탕이기도 하다. 이로 보아 일엽은 아직 출가하지 않은 재가불자이나 윤회와 무상의 도리를 이미 체득하였음을 알 수 있다. 기독교 신자가 신앙의 공백기를 지나 불교에 입문하였음을 보여준다. 이 글에서 일엽은 만공을 처음 만났을 때 진발심(眞發心)으로 나아가게 되었음을 토로한다. 무릇 공부인(工夫人)은 "신심(信心)·분심(憤心)·의심(疑心) 세 마음을 합쳐야 공부를 성취할 수"[16] 있

---

15   김일엽, 앞의 책, pp.28-29. 이 앞의 문장에서 "소녀(少女)적에는 예수교 신자(信者)이였으나 퇴타심(退墮心)으로 천당지옥설(天堂地獄說)까지 부인(否認)하여 자유행동(自由行動)을 하며 문학(文學)에 뜻을 두고 지내다가…"라 하여 자신의 종교 편력을 솔직하게 드러낸다.

16   송만공(宋滿空), 『만공법어(滿空法語)』, 덕숭산 수덕사 능인선원(1982), p.251. 만공의 법문은 『만공법어』와 『만공어록(滿空語錄)』에 실려 있다. 두 책 모두 진성원담(眞惺圓潭)의 기억과 정리로 발간되었다. 『만

는데 일엽이 이미 굳은 신심을 성취하였음을 알 수 있다. 이에 만공은 일엽에게 절필과 참선을 지시한다. 만공은 참선이란 참선하겠다는 그 마음의 마음을 알아 얻는 법이며, 마음이 일체 창조주, 곧 불이라는 법문을 내리고[17] 입산의 뜻을 밝히는 일엽에게 책을 보는 일이나 구상하는 일은 아주 단념하라고 지시한다.[18]

> 스님은 내게 대(對)하여 그대는 세속(世俗)에서 여류시인(女流詩人)이라는 말을 들었다는데 지금까지 쓰던 시(詩)는 새 울음소리고 사람의 시(詩)는 사람이 되어 쓰게 되는 것이나 그래도 시(詩)라고 쓰게 되고 그 문학적수양(文學的修養)을 하게 되는 것만도 그 방면(方面)에 연습(鍊習)을 다생(多生)에 하기 때문이라. 그 업(業)을 녹이기는 대단히 어려운 일인데 글을 쓸 생각, 글 볼 생각을 아주 단념(斷念)할 수가 있겠는가? 그릇에 무엇이 다른 것이 담겼으면 담을 것을 담지 못하지 않는가?[19]

이에 일엽은 이미 빈 마음으로 왔다고 대답하며, 이후 글을 보지도 쓸 생각도 없이 지나며 견성성불의 희망으로 10시 전에 눕지 않고 2시

　　공어록』은 1968년, 상당법어(上堂法語) 42편, 거양(擧揚: 납자의 안목을 가리는) 43편, 방함록서(芳啣錄序) 3편, 발원문(發願文) 3편, 법훈(法訓) 13편, 게송(偈頌) 54편으로 출간되었다. 『만공법어』는 이를 저본으로 오역과 탈락을 바로잡고 거양 14편과 게송 12편을 더 발굴하여 1982년 발간한 수정 증보판이다.

17　　김일엽, 앞의 책, p.29.

18　　김일엽, 『미래세가 다하고 남도록』상, 서울: 인물연구소(1974), p.324.

19　　김일엽, 앞의 책(『어느 수도인(修道人)의 회상(回想)』, 충남: 수덕사 견성암(1960), p.33.

안으로 일어나 정진한다.[20] 이렇듯 만공의 소위 친자(親炙)를 받으며 수행하던 일엽은 삼매에 들었다고 회상하며 심도 있는 수행을 이어갔음을 증언한다.

> 만(滿) 3년쯤 지나서는 의심삼매(疑心三昧, 時空制裁 없는 無)의 시간(時間)을 제법 많이 가지게 되니 지해(知解)가 생겨 스님의 법문(法門)을 더러 해답(解答)을 하게 되니[21]

일엽은 참선의 단계 중 의심삼매에 들었는데 의심하는 마음에 깊이 들었다는 것이고, 이로 인한 집중력(삼매)이 깊어져 지해가 생기고 때때로 만공과 법거량(法擧量)을 하게 된 것으로 생각된다. 아마도 이 무렵에 만공이 내린 법문이 바로 '하엽당(荷葉堂) 백련(白蓮) 도엽(道葉) 비구니(比丘尼)'(일엽이 연꽃처럼 되었고 / 성품도 백련과 같으니 / 도를 이루는 비구니가 되었도다.)[22]이다. 이는 일엽의 당호(堂號)와 도호(道號)가 담긴 구절로 이미 한 소식을 얻었고 그것을 인가하였음을 보여주는 증거로 사료된다.[23] 이는 『만공어록』, 『만공법어』에 내용이 실려 있으며 친필 원본은 김일엽문화재단(환희대)에서 보관하고 있다.[24]

공부에 힘을 얻은 일엽은 용맹정진을 이어나간다. 해야 한다는 결심

---

20   김일엽, 위의 책, p.33.

21   김일엽, 위의 책, p.34.

22   김일엽, 『일엽선문』, 서울 : 문화사랑(2001), p.270. 갑술년 초 1일(1934년 3월 2일)에 받은 글이다.

23   경완, 앞의 책, p.242.

24   송만공, 앞의 책, p.202.

으로 갈빗대를 대지 않고 의심을 일으키며 정진한다. 문득 한 소식을 얻은 일엽은 시조를 지어 만공에게 간다. 만공은 한 구절 더 넣어야 한다 하였고 그 후 점검을 받을 일이 없이 만공이 입적하고 만다. 일엽은 만공 열반 이듬해에 이를 고쳐 오도시를 짓는다.

> 내가 나를 버려두고 남만 찾아 헤맸노라.
> 사람과 그 말소리 서로 못 봄 같아서
> 뵐 모습 없사옵건만 기거자재(起擧自在)하여라.[25]

이 시는 1947년에 쓰였는데 일엽은 '겨우 자성[自我一道]을 짐작한 글귀'라 겸허하게 말했으나 기실은 치열한 정진으로 자성의 본 모습을 드러낸 것이다.[26] 만공이 법거량 하였음을 보여주는 대목으로 이후에도 일엽은 계속해서 견성암 대중을 지도하는 입승을 지낸다. 문필활동은 1950년대 말 무렵에 이르러서 재개한다. 1960년 『어느 수도인의 회상』을 시작으로 『청춘을 불사르고』, 『행복과 불행의 갈피에서』 등을 연이어 출판한다. 다음 장에서 일엽 집필 재개의 상황과 사상, 내용, 독립운동에 대해 고찰한다.

2. 일엽의 만공 사상 재해석과 독립운동

---

25   김일엽, 『당신은 나에게 무엇이 되었삽기에』, 서울: 문화사랑(1997), p.108.

26   송정란, 「김일엽의 선(禪)사상과 불교 선시(禪詩) 고찰」, 『韓國思想과 文化』 85집(2016), p.456.

1) 일엽의 발원과 문필활동

일엽이 집필을 다시 시작한 것은 불교의 가르침을 알리고자 하는 포교의 열정으로 돌연 이루어진 것은 아니다. 만공의 지시 외에 글을 포기한 또 다른 이유가 일엽 자신으로 보면 진정 위대한 글을 쓰고 싶다는 발원이기 때문이다. 중언하면 만공의 뜻에 따라 글쓰기를 포기하였으나 완전히 그만둔 것이 아니었으며 절필과 출판이 주관에 따라 명확하였다.

왜 일엽은 갑자기 20년 이상의 침묵을 깨고 그녀의 작품을 다시 출판하는 것이 필요하다고 느꼈을까? 이 질문은 불교로 개종한 이유와 비구니가 된 후 여성운동에 대한 그녀의 태도와 더불어 그녀의 삶에 대해 가장 빈번한 질문 가운데 하나이다. 그러나 이 질문에 대한 답은 그녀의 초기 출판물에 이미 드러난다. 1935년도 에세이 「불도를 닦으며」에서 일엽은 그녀가 읽기, 쓰기를 해서는 안 된다는 스승의 충고를 따르기 위한 그녀의 결심은 분명했다. 그녀는 또한 그것이 그녀에게 무슨 의미이며 왜 그녀가 쓰지 않기와 읽지 않기의 훈련을 수행하기로 했는지에 대해 명확했다.[27]

---

27   Jin Y. Park, 『*Women and Buddhist Philosophy*』, p.175：Why did Kim lryop suddenly feel it necessary to break more than two decades of silence and resume publishing her writings? This question has been one of the most frequently asked questions about lryop's life, together with her reason for converting to Buddhism and her position on women's movements after she became a Buddhist nun. The answer to this question, however, was already indicated in her early publications. In her 1935 essay "Practicing Buddhism," lryop was clear about her determination to follow her teacher's advice that she should not read or write. She was also clear about what it meant to her and why she had the determination to carry out the discipline of no writing and no reading.

일엽은 「불도를 닦으며」에서 일엽이 위대한 예술은 삶의 깨달음을 달
성해야 가능하며 위대한 작가는 삶과 우주에 대해서 모든 것을 배워
야 한다는 발원을 표출한다.

큰 예술가들은 모두 스님이 말씀하시는 대오를 이루신 분인 듯, 위대
한 예술이란 것은 철저히 깨달은 인생관 위에서 되는 것인 줄 압니다.
… 저도 참으로 위대한 예술가 되어지이다 하고 원(願)한다면 먼저 인
생과 우주를 다 알고 난 뒤에 붓을 잡을 바인 줄 압니다.[28]

출가 후에도 여전히 세간에 관심을 받은 일엽은 『개벽』지와의 인터
뷰에서 글쓰기에 관한 자신의 주관을 피력한다. 일엽은 완전히 준비되기
전에는 글을 쓰려고 노력해서는 안 된다고 한다.

개벽지와 일엽의 인터뷰는 우리에게 글쓰기에 대한 일엽의 다른 태
도를 볼 수 있다. 선원에서 아직도 글을 쓰고 있는지 어떤지 물었을
때, 일엽은 완전히 준비되지 않았을 때 글을 쓰려고 노력해서는 안
된다고 대답하며, 기자가 수행이 성숙 되었을 때 글에 새로운 지평을
열 의도가 있는지 어떤지 물었을 때, 일엽은 대답했다. "예, 석가모니
부처님 같이 되면…"[29]

---

28   김일엽, 앞의 책, 『미래세가 다하고 남도록』상, 서울:인물연구소(1974), pp.476-477.

29   Jin Y. Park, 앞의 책, p.175. Her interview with the journal Opening of the World (Kyebyok) offers
      usanother occasion to see lryop's attitude about writing. Asked whether she was still doing her writing at
      the monastery, lryop responded that she should not try to write when she was not fully ready for it. The
      reporter further asked whether she intended to open up a new horizon in her writing when her practice

일엽은 자신의 글쓰기에서 깨달은 이를 완인, 문화인이라 하고, 그러한 삶은 창조성이라고 표현한다. 또 본 자연, 생명과 같은 단어를 써서 참선의 이치를 해석하게 된다. 이는 위와 같이 수행이 성숙한 후의 글쓰기라는 자신의 원칙에서 유래한다고 사료된다. 일엽의 건필은 여전하며 글쓰기에 대한 열망은 사라진 것이 아니었고, 또한 글쓰기를 완전히 포기할 의향이 없었다. 월송은 일엽이 이용 가능한 빈 종이에 어두운 밤에도 글을 썼다고 회상했다.[30] 월송은 일엽의 손주 상좌로 초기 출판과정을 전담하였는데, 서신의 봉투나 이면지를 활용하여 집필을 계속하였던 것으로 회고한다.[31] 일엽의 글쓰기는 분명한 목적의식과 발원으로 이루어졌으며, 따라서 내용이 불교사상과 만공 사상이 되는 것은 당연한 일이었다.

주지하듯 세간의 이목을 집중시킨 일엽의 책은 처음부터 성공적인 것은 아니었다. 첫 수상집이 『어느 수도인의 회상』(1960년)이고, 두 번째로 낸 책이 『청춘을 불사르고』(1962년)인데 이 책이 당시 베스트셀러가 된다. 서명으로 보아도 두 번째 책이 대중적 감성에 초점을 맞춘 것임을 알 수 있다. 항간에 떠도는 이야기를 자술하여 관심을 불러 모으고 그 안에서 불교의 교리를 설하는 구조로 이는 이야기로 교리를 설하는 불경의 스토리텔링과도 유사하다. 도리를 설명하고 교리를 해석하는 글은 많은 사람이 읽지 않는다. 그러나 그 속에 이야기(스토리)가 갖추어 지면 대부분 흥미를 갖고 접근하게 된다는 이치이다. 당시에는 지나치게 솔직하다 하

---

became mature, and Iryop replied, "Yes, like Sakyamuni Buddha…"

30   Jin Y. Park, 위의 책, p.175. Iryop declared that she would stop writing, but her desire for writing did not die out, nor did she intend to completely give writing up. Her disciple Wolsong remembered that Iryop had written in the darkness of the night on any available blank piece of paper.

31   이월송, 「나의 노스님 김일엽」, 『법륜』33, 서울:법륜사(1971), p.30.

여, 혹은 읽어보지도 않은 채 제목만으로 속된 글로 여겨지기도 했다. 그러나 독서 후 진솔한 필력에 매료되고 명확한 논리에 설복되어 출가한 경우가 적지 않았다. 대표적으로 전 수덕사 주지이자 선덕 옹산 스님은 일엽 스님의 『청춘을 불사르고』를 읽고 출가하였다고 증언한 바 있다. 또한 김영사 회장(대표이사) 김강유도 이 글을 읽고 불교에 입문하고 백성욱 박사에게 가르침을 청하게 되었다고 증언한다. 두 책은 같은 내용을 수정하여 재편집한 것이 일곱 편이며, 그 외에 다섯, 여섯 편 정도가 새로운 내용이다. 이후에 출판된 『행복과 불행의 갈피에서』(1964)도 앞의 두 책과 중복되는 제목으로 고쳐 쓴 것이 많다.[32] 글쓰기의 목적은 한 사람이라도 더 알려주고 싶은 발원이다.

'번뇌무진서원단(煩惱無盡誓願斷) 중생무변서원도(衆生無邊誓願度)'
팔만대장경(八萬大藏經) 속에서 가장 나의 심금(心琴)을 울려주는 글귀는 실로 이것이외다. 인생에는 번뇌가 많은지라 그를 칼로 베이듯 모두 끊고저 원(願)이오며 중생은 억천만(億千萬)인지라 이 몸에 덕(德)이 올라 슬픔에 우는 모든 중생(衆生)들을 구하옵고저.[33]

일엽이 1935년 『삼천리』에 발표한 「불도를 닦으며」에서 이처럼 분명

---

32 일엽이 같은 제목의 글을 다른 책에 실으면서, 완전히 같은 문장을 중복한 것도 있지만 약간의 차이를 보이기도 한다. 월송은 일엽의 출가 후 출판을 사실상 전담하였는데, 그의 증언에 의하면 당시는 원고지도 귀한 시절이라 편지지나 편지 봉투의 이면지를 활용하여 원고를 썼다고 한다. 게다가 일엽은 문장을 여러 번 다듬고 고쳐 써서 문맥에 따라 옮기기도 쉽지 않았다고 회고한다. 같은 제하의 문장이라도 내용이 약간은 달라지게 된 원인이다. 문장의 자세한 異同에 대해서는 추후의 연구를 기약한다.

33 김일엽, 앞의 책, 『미래세가 다하고 남도록』상, 서울:인물연구소(1974), p.472.

하게 선언하며, 앞 절에서 살펴보았던 절필할 당시 일엽의 발원과 상통한다. 이렇듯 서원으로 마련한 글은 마땅히 고구정녕(苦口叮嚀), 은유한 설법이며 연애 이야기로 꾸며 사상을 설명한 불교사상의 스토리텔링이다.

> 연애 이야기로 장엄하여도 그 속에는 불법 이야기를 간직한 것입니다. 불법(佛法)의 핵심인 자성, 곧 겁외(劫外) 소식을 현대 술어로 해설한 것인데 이 시대에는 최고 사상인 줄 알고 있는 이도 있습니다.[34]

일엽의 집필 의도를 설명하는 이와 같은 자술은 일엽의 저작이 불교사상의 스토리텔링이자 만공 가르침의 재해석이라는 방증이다.

2) 일엽의 만공 사상 재해석 : 참선 지침과 실천

일엽은 마침내 만공의 선사상을 체화하여 널리 알리고자 한다. 본고에서는 참선 지침과 그것의 실천이라는 측면에서 살펴본다. 먼저 선의 개념으로 참선이란 마음을 알아서 얻는 법이라 하였다. 일엽의 설명으로 만공의 선사상을 보면, 선은 마음이고 마음은 곧 창조주이고 부처님이다. 이렇게 일체를 갖춘 이 마음을 끝까지 다하면 크게 이루어진다는 것이다. 그리고 그렇게 이룬 사람이 바로 완인(完人)이다.

> 참선(參禪)이란 별것이 아니오. 참선(參禪)하겠다는 그 마음의 마음을

---

34 김일엽, 『미래세가 다하고 남도록』하, 서울 : 인물연구소(1974), p.351. 일엽이 수옥 스님께 보내는 서한의 추신에 명기되어 있다.

알아 얻는 법(法)인데 마음의 마음은 일체(一切) 창조주(創造主) 곧 불
(佛)이라는 것이다.

중생적(衆生的)인 이 마음은 본마음의 파편(破片)이지만 일체적(一切的)
요소(要素)는 전부 갖추어 있기 때문에 이 마음만 다하여 한 일을 이
룬다면 시종적(始終的) 큰일이 이루어지는 것이라고 내일의 대성(大成)
으로 내가 완인이 되는 것이라고.[35]

초간본의 원문이라 구어투의 화법이 한편 어렵게도 보이나, 마음을
보는 것이 참선이라는 확신의 선언이다. 여기에서 주목할 만한 완인이라
는 표현은 만공의 직접적 영향으로 만공의 설법에서 기원을 찾아볼 수
있다. 만공은 사람이란 깨달아 혜명을 얻은 자만이 사람이라고 할 수 있
다고 한다. 이는 승이나 속이나 한가지며, 진정한 사람(참사람)은 혜명을
얻은 자라고 설법한다. 참사람(眞人)은 완인이라는 표현과 같은 뜻으로
이후 일엽은 자신의 언어로 활용하게 된다.

비록 세속의 사람일지라도 자기가 주인공임을 깨달아 안심입명에 처
하면 사람 가운데 사람이라 할 것이다. … 그러므로 혜명을 얻은 자
는 참 사람이요, 혜명을 얻지 못한 자는 사람이 아니다.[36]
완인(完人)은 만유(萬有)를 자체화(自體化)하였기 때문에 만유의 형상
을 임의로 지으며, 만유의 도리를 자유로 쓰게 되나니라.[37]

35   김일엽, 앞의 책,『어느 수도인의 회상』, 충남 : 수덕사 견성암(1960), pp.29-30.

36   송만공, 앞의 책, pp.75-76. : 雖在世人之人 覺得自己主人公 安心立命處 方可謂人中之人 … 是以得慧
      命者 眞人 不得慧命者 非人.

37   송만공,『만공어록(滿空語錄)』, 덕숭산 수덕사(1968(불기2995)), p.215.

만공의 완인을 이후 일엽은 '깨달은 이', '각자(覺者)'라는 뜻으로 쓰며 '대문화인(大文化人)'이라고 쓰기도 한다. 만공이 제시한 완인을 자신의 언어로 재해석해 사용하며 널리 알리게 된다. 이후 일엽은 정진을 계속하며 참선의 지침과 가르침을 스스로 찾아낸다. 먼저 만공의 「나를 찾는 법-참선법」[38]을 비롯한 만공의 여러 법문에서 유훈 오조를 가려 뽑아 대중을 지도하며 금과옥조로 삼는다.

유훈 5조[39]
① 세세생생(世世生生)에 참선(參禪)밖에 할 것이 없음을 알아야 할 것
② 정법사(正法師)를 여의지 않아야 할 것
③ 살아서 육체와 남이 되어야 할 것
④ 남이 곧 나인 줄을 알아야 할 것
⑤ 제일 무서운 것이 허공인 줄을 알아야 할 것

만공의 「나를 찾는 법-참선법」은 『만공어록』과 『만공법어』에 76조목이 실려 있다. 유훈 5조와 「참선법」의 관련성을 살펴보면, 첫째, 유훈 5조의 '①세세생생(世世生生)에 참선(參禪)밖에 할 것이 없음을 알아야 할 것'은 만공의 제3조 "세상의 학문은 당시 그 몸으로 일시의 이용으로 끝나고 말지만, 참선학(參禪學)은 세세생생에 어느 때, 어느 곳, 어느 몸으로, 어느 생활을 하던지 구애됨이 없이 활용 되는 학문이니라"와 일맥상통

---

38   송만공, 위의 책, pp.194-210. 이하 「참선법」으로 약칭함.
39   김일엽, 앞의 책, 『일엽선문』, 서울:문화사랑(2001), p.166.

한다.[40] 둘째, '② 정법사(正法師)를 여의지 않아야 할 것'은 만공의 제5~11
조, 18~19조 등 선지식에 관한 법문을 종합한 것이다.[41] 셋째, '③ 살아서
육체와 남이 되어야 할 것'은 「참선법」과 기타 유훈 중에서 산견되며,[42] 넷
째, '④ 남이 곧 나인 줄을 알아야 할 것'은 만공의 「현세 인생에 대하여」
제29조와 상통하며, 종종 자비심으로 나타난다.[43] 다섯째, '⑤ 제일 무서
운 것이 허공인 줄을 알아야 할 것'은 만공의 경구(警句) 제16조와 일치한

---

40   송만공, 앞의 책,『만공어록』, p.194.

41   위의 책, pp.195-197. 5. 참선은 절대로 혼자서 하지 못하는 것이니, 반드시 선지식(善知識)을 여의지
      말아야 하나니, 선지식은 인생 문제를 비롯하여 일체 문제에 걸림이 없이 바르게 가르쳐 주나니라. 6.
      선지식을 만나 법문 한 마디 얻어 들기란 천만겁(千萬劫)에 만나기 어려운 일이니, 법문 한마디를 옳게
      알아듣는다면 참선할 것 없이 곧 나를 증득(證得)할 수 있나니라. … 8. 선지식은 선생이나 박사니 하
      는 막연한 이름뿐이 아니라, 일체리(一切理)에 요달(了達)된 사람으로 부처님의 혜명(慧命)을 상속 받은
      분이니라. … 10. 선지식의 법문을 듣고도 흘려 버리고 하여, 신행(信行)이 없으면 법문을 다시 듣지 못
      하는 보(報)를 얻나니라. 11. 선지식을 믿는 그 정도에 따라 자신의 공부가 성취되나니라. … 18. 공부
      하는 사람이 제일 주의해야 할 것은 먼저 나를 가르칠 줄 선지식을 택하여야 하고, 나를 완성한 후에
      남을 지도할 생각을 해야 하나니라. 19. 명안종사(明眼宗師)의 인가(印可)도 없이 자칭 선지식으로 남을
      가르치는 죄가 가장 크니라."

42   위의 책, 「참선법」, p.199. 소아적 나는 소멸되어야 하기 때문에 공부의 성취를 하기 전에는 썩은 고자
      배기 같이 되어 추호도 돌아보지 않을 만치 나의 존재를 없애야 하나니라. ; p.204. 47. 산 몸이 불에 탈
      때에도 정상적 정신을 가질 수 있겠나? 헤아려서 미치지 못한다면 사선(死線)을 넘을 때 자기 전로(前
      路)가 막막하게 될 것을 알아야 하나니라. ; 「유훈」 p.215-6. 세상 사람들은 똥과 피의 주머니로 몸을 삼아 춥고 덥고 목마르고 배고픈
      것만 귀중히 여기기 때문에 길이 윤회(輪廻)의 고취(苦趣)를 면치 못하나니라. … 우리가 느끼는 안(眼)
      ·이(耳)·비(鼻)·설(舌)·신(身)·의(意)의 육식(六識)은 장소에 다라 변하고, 때에 따라 흩어지나니, 이렇게
      시시각각으로 천류(遷流)하는 육식으로 어찌 인생이 근본정신을 파악할 수 있겠는가?

43   송만공, 앞의 책(『만공법어』), p.273. 아집은 배타적 정신이라, 남이 곧 나라는 것을 알지 못하는 까닭에
      나를 점점 더 축소시키는 무지이니라. ; 「선학원 고승대회」, p.74. 온 세계와 내가 모두 적멸하여야 남과
      나라고 하는 상이 끊어지거니, 정히 이러한 때를 당하여 나의 주인공이 어떤 곳에 있어 안신입명(安身立
      命)을 하는가? ; 「대중행리법」, pp.287-288. 7. 중은 먼저 시비심(是非心)을 끊고 지내되, 남이 나를 시
      비할 때를 당하여 나의 잘못이 있다면 잘못을 반성하여 고치고, 만일 나의 허물이 없을 때는 나의 일
      이 아니니 상관치 말라. 이와 같이 대중에 처하면 불안한 시비가 없고, 항상 편안하리라. 10. 어려운 일
      은 내가 하고, 좋은 음식은 남을 줄 생각을 해야 하나니라. ; 「경구(警句)」, p.290. 7. 남에게 이익을 주는
      것이 정말 내게 이익이 되고, 남에게 베푸는 것이 정말 나에게 고리(高利)의 저금(貯金)이 되나니라. 8.
      내 잘못을 남에게 미는 것은 가장 비열(卑劣)한 일이니라.

다.[44] 일엽은 유훈 5조를 지키며 이를 통해 출가한 승려가 되어야 한다고 재해석하여 주장한다.[45] 만공이 "몰아적(沒我的) 믿음의 발판을 딛고 부처를 넘어 각자의 자기 정체(正體)를 찾아야 하나니라"[46]라고 한 것에서 한 걸음 나아간다. 일엽은 참선은 "몰아적 신심(信心)을 넘어 단일경(單一境)에 이르러야 하기 때문에 내 몸은 법당 곧 선실(禪室)이요, 내 정신은 공부인(工夫人)이라 행주좌와(行住坐臥) 어묵동정(語默動靜)에 늘 정진을 할 수 있다"[47]고 하였다.

일엽은 만공의 화두 "만법(萬法)이 귀일(歸一)이라 하니 일(一)은 어디로 돌아갔는고?"를 초학자들에게 알맞게 좀 더 친절하게 설법한다.

> 만공 : 화두는 일천칠백(一千七百) 공안이나 있는데 내가 처음 들던 화두는 곧 "만법(萬法)이 귀일(歸一)이라 하니 일(一)은 어디로 돌아갔는고?"를 의심하는데 이 화두는 이중적 의문이라 처음 배우는 사람은 만법(萬法)이 하나로 돌아갔다고 하니, 하나는 무엇인고? 하는 화두를 들게 하는 것이 가장 좋으리라. 하나는 무엇인고? 의심하여 가되 의심한다는 생각까지 끊어진 우주화(宇宙化)한 성성(惺惺)한 무념처(無念處)에 들어가야 '나'를 발견하게 되나니라.[48]

---

44 송만공, 위의 책, p.291. 「경구」 16. "허공(虛空)이 가장 무서운 줄을 알아야 하나니라."

45 김일엽, 앞의 책(『미래세(未來世)가 다하고 남도록』하), pp.101-102. 승단적(僧團的) 대구속(大拘束)을 치른 그 대가로 세세생생적(世世生生的) 대자유(大自由)를 얻게 되기 때문에 구태여 출가위승(出家爲僧)을 하는 것이다. 이 생(生)에서 속인으로 대성취를 하게 되는 것은 전생에 이미 승단생활을 치른 까닭이다. 그러나 계속해서 수지를 맞추어 가야 현상유지라도 하게 된다고 한다.

46 송만공, 앞의 책, 『만공어록』, p.207.

47 김일엽, 앞의 책, 『미래세가 다하고 남도록』하, p.102.

48 송만공, 앞의 책, 『만공어록』, p.200.

일엽：초학자(初學者)로는 조용한 곳에 돌아앉아 익혀가게 되는데 허리를 펴고, 고개를 반듯하게 들고, 눈을 반개(半開)하고, 평좌(平坐)를 한 후에 화두(話頭)를 들어 의심을 하여가는 것이다. 선성(先聖)의 1천 7백 공안(公案)이 있지만, 현전(現前)에 내가 일용하고 있는 그 어느 것이나 다 화두가 안 되는 것이 없다. 가령 나를 걷게[步]하는 이것이 무엇인가? 한다든지, 누구나 언제라도 생각이 없을 때는 없으니 생각하는 이것이 무엇인가[是甚麼]? 하는 등 인연대로 해갈 일이다. 의심하는 법은 일체 생각의 수풀을 제단(制斷)하며 졸음과 혼침(昏沈)에 빠지지 않고, 앞 뒤 생각이 뚝 끊어져 의심이라는 생각까지 없어진 망망한 무념처로 우주화하면 늦어도 1주일 안으로 생각의 정체인 나를 발견하게 된다. 이 생각의 정체, 곧 내 정신으로 사생육도(四生六道)를 순력할 수 있으면 인생 문제는 해결되는 것이다. 그러나 이런 글만 보고 혼자 참선하다가는 그릇되기도 쉬우니, 반드시 선지식(善知識:선생님)을 찾아 삼가 배워가며 참선을 해야 한다.[49]

일주일에 깨달을 수 있다는 법문은 만공의 법어에는 "예전에는 선지식의 일언지하(一言之下)에 돈망(頓忘) 생사(生死)하는 이도 있고, 늦어야 삼(三)일, 칠(七)일에 견성(見性)한 이도 많다는데, 지금 사람들은 근기(根機)도 박약하지만 참선을 부업(副業)으로 해가기 때문에 이십(二十)년, 삼십(三十)년 공부한 사람이 불법(佛法)의 대의(大義)를 모르는 이가 거의 전부니라"[50] 한 것이 그것이다.

---

49   김일엽, 앞의 책, 『일엽선문』, pp.118~119.

50   송만공, 앞의 책, 『만공법어』, p.256.

3) 일엽의 심원(心源) 생명사상과 독립운동

일엽의 생명사상은 만공의 선사상을 자신만의 독창적인 화법으로 발전시킨 것이다. 일엽은 '살거리'라고 표현하기도 하는데, '살거리'란 '도'이며, '생명'이며, '마음'이며, '생각'이며 그것이 바로 나라고 한다. 일엽 생전의 저서 가운데 최종본인 『행복과 불행의 갈피에서』(1964년)의 서문은 생명에 대한 선언으로 시작된다.

> 본연의 생명은 생명이라고 느끼기 전이다. 생명은 작용하는 것이다. 생명의 작용은 생각이다. … 생각과 만상의 본체가 생명이니 무릇 생명을 가진 자는 자기가 생각할 수 있는 것은 나머지 없이 이루어질 것은 사실이다.

이어서 생명은 절대경이며 자연이 다 정신이라고 표현한다. 이 사상은 만년의 김일엽을 매료하고 있다. '김일엽문화재단'에서 2016년 일엽의 육성 테이프를 환수하였는데 15분여의 육성도 같은 내용의 법문이 담겨 있어 이를 방증한다.[51]

> 자연이라는 것이 하느님의 유래 부처님의 유래입니다. 본자연 그것이 생명이요, 지혜요, 도입니다. 그걸 이루면 불가능한 일이 없고 내 마음을 내 마음대로 할 수 있는 것입니다. 지금 쓰는 마음은 조석으로

51　김일엽문화재단이 2016년 와우정사 金海根이 육성 테이프를 보관하고 있다고 연락해와 환수하였다. 릴 테이프 두 개로 구성되어 있으며, 릴 테이프를 MP3 파일로 복원한 결과 약 15분 가량의 녹음이 재생되었다. 다만 인터뷰 내용이 이어지는 가운데 중단되어 테이프는 더 있었을 것으로 추정된다.

변하니, 조석으로 변하는 마음으로 하는 것이 아니예요. 이 마음을 잘 쓰게 하는 지혜가 있어요. 그것이 생명이예요. 그것을 붙잡아야만 비로소 사람이 됩니다. 사람만 되면 올바른 길을 닦게 되는 거예요. 천당에 가면 살만하고 지옥에 가면 못살겠고. 이런 것이 무슨 변하지 않는 천당이라 하고 변하지 않는 평안이라고 하겠어요? 그러니까 우리는 천당에 가도 그다지 착(着)을 하지 않고 지옥에 가도 그다지 괴롭지 않게 유유하게 사는 그것을 공부하는 겁니다.[52]

이 육성 테이프는 내용으로 보아 1967년 이후에 녹음된 것으로 추정된다. 병원 입원에 대한 근황과 포교극 '이차돈의 사'에 관한 후일담을 인터뷰하고 있다.[53] 내용으로 보면 생명으로 표현하는 일엽의 사상이 원융해졌음을 볼 수 있다. 만공과 일엽을 대비해 보면, 만공은 "불법을 듣고 생명의 중심이 움직이지 않는다면, 인간의 생명을 잃어버린 사람이니라"[54]고 하여 생물학적 목숨에 가까운 표현이다. 일엽은 여기서 나아가 생명의 뜻을 '본자연', '지혜'로 확장하여 쓰고 있다. 생물학적 생명과 본자연, 지혜로서의 생명이 둘이 아님을 원융하게 표현한 것이다.

이어지는 녹음 내용에서 일엽은 노구에도 불구하고 건필의 뜻을 밝

---

52   일엽스님 육성 테이프.

53   릴 테이프 외부에 1967년 10월 24일 녹음으로 기록되어 있으며, 복원한 녹음 내용 중에 건강에 관한 질문이 있고 일엽은 메디컬센터에 입원했던 일을 대답하는데 이는 연보에 의하면 1966년이다. 이어서 포교극 '이차돈의 사'에 대한 내용과 주연을 했던 손주 상좌 월송에 대한 언급을 하는데 이 연극이 상연된 해는 1967년이다. 따라서 그 직후에 녹음된 것이 확실하며, 녹음테이프 외부에 기록된 바와 같이 1967년 10월 24일 녹음이 분명할 것으로 사료된다. 내용은 손상좌 월송에 대해 신뢰와 더불어 그가 한 경지에 올랐음을 인정하는 발언이다.

54   송만공, 앞의 책, 『만공어록』, p.221.

히고 있어 포교와 전법의 열정을 시사한다. 다만 그 이후에 출판이 이루어지지 않아 유고를 통한 새로운 고찰이 필요할 것으로 사료된다. 이상 간략하게 참선과 생명에 관해 살펴보았고 다음은 일엽의 독립운동에 관한 내용이다.

일엽의 독립운동에 관한 문헌상의 기록은『미래세가 다하고 남도록』에 있는 최은희 기자가 보낸 서신이다.

피차(彼此)에 지상(紙上)을 통하여 안부도 알고 사진도 보았으나 목소리를 못 들어 서운합니다. 2월 11일부 한국일보 7면 〈집성(集成)되는 여성 독립운동의 비화(秘話)〉 - 이 기사를 읽으셨습니까. 사화(史話) 자료 수집의 요령이 적혀 있으니 꼭 한 번 읽어보아 주세요. 전필순(全弼淳) 목사가 내게 전화로 3·1 운동 당시 김원주(金元周:一葉)씨가 숨은 활동을 많이 하였는데 그 사실을 아느냐 묻고, 적당히 말해줄 사람이 없는 즉 자신에게 기록을 부탁하라고 일러주는 말을 들었기에 급히 붓을 들었습니다. 이것은 일엽 스님 개인을 위하는 것이 아니라, 역사를 역사적으로 남기기 위한 것이오니, 그때 일을 자세히 써서 속히 제게로 부쳐주시기 바랍니다. 방송으로도 나갑니다.
1954년 2월 16일 최은희(崔恩喜)[55]

추계(秋溪) 최은희는 우리나라 최초의 여기자로 이 기록은『미래세가 다하고 남도록』과『일엽선문』에 실려 있다. 같은 책 연보에 1919년 3·1운

---

55   김일엽, 앞의 책,『미래세가 다하고 남도록』하, p.381. ;『일엽선문』, p.290.

동 때 자가(自家)에서 전단을 작성, 살포하였다는 기록이 있는데 이에 대해 손상좌 월송은 이러한 사실을 확인하였다고 증언한다. 더불어 유관순열사에 관해서는 "1년 후배인 유관순이 3·1운동으로 부모님을 모두 여의었고 감옥에서 조차 대한독립만세를 외치다 순국하였다"고 회고한 것으로 전한다.[56] 그러나 그 이후에 일엽이 추계선생에게 보냈을 답장은 문집에 실려 있지 않다. 그런데 최은희의 『조국(祖國)을 찾기까지』에 일엽의 답장 일부가 소개되어 있어 일엽의 독립운동 당시 활동을 추정할 수 있다. 답신에서 일엽은 독립운동 당시를 회고하며 입산 후에도 고초를 당했음을 명백히 증언한다.

> 그때야 독립운동에 참가하지 않은 이가 누가 있었겠소. 인간의 정신이라면 자기 앞에 놓인 긴급한 일부터 해결지어 가는 것이 당연하지요. 민족으로서 민족성을 살리는 것이 내 생명을 죽이지 않기 위함이니까요. 나는 죽음의 직전에도 민족성을 잃어버리지 않은 기억과 요시찰인(要視察人)으로 입산해 있는 동안에도 형사들의 조사를 당하였습니다.[57]

3·1운동 당시를 전후하여 일엽은 이노익의 도움으로 『신여자』를 창간하며 신여성으로서의 행보를 이어갈 무렵이다. 일엽이 자신의 집에 등

---

56 월송은 일엽의 3·1운동 당시의 회고를 직접 들었으며, 유관순 열사에 대한 언급도 증언한다. 유관순은 당시 부모를 잃은 충격이 상당하였으며, 독립의 열망과 맞물려 죽음을 불사하는 감옥에서의 투쟁도 이와 관련되었다고 회고하였음을 증언한다.

57 최은희, 『조국(祖國)을 찾기까지-한국여성운동비화(韓國女性活動秘話)』 중권(中卷), 서울: 탐구당(1973), p.406.

사판을 마련할 수 있었던 것은 현실적으로 이러한 경제적 여유가 뒷받침되었기 때문이다. 전단은 다양한 종류로 수없이 찍었으며 여러 전문학교 학생, 중학생들이 함께한 작업이었다. 작성한 전단은 중학생 여러 명이 나누어 반출한다. 당시 모든 작업은 영화나 소설의 한 장면처럼 긴박하게 이루어진다.

3·1운동 당시 내 집에서 등사판을 놓고 여러 가지 비라를 수없이 많이 박았지요. 나는 전문학교 학생, 중학교 학생들 틈에서 원지를 긁고 밀고 하는 작업을 여러 날 동안 서로 손을 나누어 밤늦도록 계속하였고, 중학생들은 날마다 이것을 뭉텡이 뭉텡이 나누어 가지고 나갔습니다. 웬만큼 일이 끝났기 때문에 나는 뒤치다꺼리를 하느라고 우선 등사판을 지하실에 거적을 씌워 덮어놓고 그 위에 허접쓰레기들을 벌려 지저분하게 해두었지요. 그리고 방에 들어와서 더러 집에 남아 있는 비라들을 추스르는 중인데 식모 아주머니가 "어떤 학생들이 와서 형사들이 가택수색을 오는 모양 같으니 사모님께 빨리 알려드리라"는 귀띔을 하고 가더래요. 나는 북창 유리문 쪽으로 식모를 손짓해 불러서 비라 뭉치, 종이 부스러기들을 몽땅 창문으로 넘겨주었지요. 식모가 행주치마에 받아가지고 헛아궁이로 가서 얼른 불을 지펴 태워버려서 들키지는 않았지만 형사들이 와서 침실·응접실·서재·거실들을 샅샅이 뒤지러 다닐 때는 참말 가슴이 떨리더군요.[58]

---

58   최은희, 위의 책, p.407. 최은희는 일엽이 보내온 답장에서 불교의 설법과 근황에 대한 안부는 생략하고 3·1운동 관련 문장만 소개하고 있다.

당시의 긴박했던 상황과 영민한 기지로 극복하는 일련의 과정은 위험을 무릅쓴 애국심의 발로이다. 일엽이 요주의 인물로 지목된 데에는 비밀리에 행한 독립운동 활동과도 유관하다. 이어지는 글에서 일엽은 애국부인회 활동도 이어나갔음을 술회한다.

> 그해 가을 정신여학교에 근거를 두고 애국부인회[59]가 결성되었는데, 나는 그 조직 체계의 말단 임원으로 고향과 그 근방 시골로 다니면서 여자들에게 독립열을 북돋워 주고 기금을 거두어 본부로 보내는 비밀활동을 하다가, 검거선풍이 일어나서 본부의 최고 간부들과 지부관계의 연루자들을 쓸어 가두더군요. 그래서 나도 주저앉아 버렸지요.[60]

애국부인회 조직이 와해되고 관련자들이 모두 체포되며 일엽은 활동을 멈추게 되었다고 전한다. 그러나 이 무렵 일엽이 불교를 접하고 출가하게 되므로 조직의 와해라는 외적인 조건 외에 출가라는 생의 전환에도 원인이 있었을 것이다. 이러한 경력으로 인해 일엽은 출가 후에도 일본 경찰에게 사찰을 받았다. 일엽의 항일 정신이나 독립운동에 투신했던 기록으로 보아 일엽과 관련되어 세간에 널리 알려진 자전적 소설에서 일본인이나 일본 총독부의 도움으로 수덕사 불사를 했다는 것은 허구로 꾸며진 픽션이라 생각한다. 최은희는 자신의 저서에서 "이 활동은 희생

---

59   최은희 『조국을 찾기까지』하, 서울:탐구당(1973), p.69, p.73. 최은희에 의하면 애국부인회는 1919년 ~1929년까지 활동이 이어진 단체로 해외에도 지부를 둔 단체이다. 일본의 제국주의 선전의 조선기지로 쓰인 단체 애국부인회 조선본부와 단체명이 동일하다. 애국부인회 조선본부는 전시에 적극 활용된 단체로 독립단체와는 무관하다.

60   최은희, 앞의 책, 『조국을 찾기까지』중, 서울:탐구당(1973), p.407.

을 각오한 일로, 다만 경찰에 발각되지 않은 요행수가 있었을 뿐"이라고 평가한다.[61] 여기서 우리가 한 가지 환기해야 할 내용은 독립유공자 선별 기준의 편벽성이다. 이는 독립운동 당시 수감 되었거나 의사했다는 기록이 있어야만 유공자로 인정되는 현재의 유공자 선정 기준을 가리킨다. 물론 희생과 죽음은 마땅히 칭찬받고 기려야 할 일이다. 그러나 그렇다고 해서 독립을 향한 열정과 애국심을 평가절하해서는 안 될 것으로 사료된다. 일엽은 누구나 했을 법한 일이고 책에까지 쓸 일은 못 된다고 하였으나[62] 이는 투철한 항일 독립정신으로 항거한 분명한 기록이다.

일엽은 여성 선각자로 투철한 애국심으로 3·1운동 당시에 자신의 사재를 들여 독립운동을 지원하였다. 이후 독립운동을 지속하지 못한 것은 외압으로 인한 조직의 와해를 들었으나 여기에는 불문투족(佛門投足)이라는 개인사도 있었다. 한 가지 상기할 것은 만공과 관련한 기록이다. 만공은 간월암에서 독립을 기원하는 천일기도를 올렸는데 기도회향 3일 만에 역사적인 일본의 항복을 받는다.[63] 만공의 가르침을 따랐던 일엽이 이에 동참하였을 가능성이 크나 자세한 자료나 증언이 전하지 않아 이는 후속 과제로 남겨둔다.

61   최은희, 위의 책, p.407.

62   최은희, 위의 책, p.407.

63   김광식, 「滿空의 민족운동과 遺教法會·간월암 기도」, 『한국민족운동사연구』89, 한국민족운동사학회 (2016), pp.207-244, p.228. 같은 논문의 p.229에는 8월 15일 당일 회향하였다는 증언도 있다. 즉 만해를 시봉한 재가불자 김관호의 기록에 따르면 기도를 회향한 날이 8월 15일 당일이라 하였다. 기록은 약간의 차이를 보이나 신이한 기도 가피다.

Ⅲ. 나오는 말

이상 근대 한국 비구니 선각자인 일엽선사의 사상을 만공선사의 인연을 중심으로 살펴보았다. 먼저 일엽의 출가와 수행을 만공의 제시와 일엽의 응답으로 고찰하였다. 재가불자로 만공과 만났으며 출가를 결심하고 실행한 것은 만공의 영향이 컸다. 출가 이후에는 만공의 가르침에 따라 절필하여 읽고 쓰는 것을 멈추고 오로지 참선에만 전념하였다. 그러나 처음부터 완전히 그만두려는 것은 아니었다. 오히려 불교를 완전하게 알려주기 위해서는 수행을 먼저 완성하리라는 발원이 있었음을 알 수 있었다. 이후 다시 집필을 재개한 것도 이런 발원의 연장이었다. 이후 열반에 들기 직전까지 문자로 포교하려는 열정을 보여주었다.

일엽은 만공의 사상을 체화(자기화)하여 자신의 언어로 세상에 알렸다. 그런 의미에서 만공 사상의 재해석으로 보았는데, 본고에서는 참선, 생명, 독립운동에 집중하였다. 만공의 재해석이란, 만공의 사상이 구태하다는 뜻이 아니며 일엽이 '체화(자기화)'하여 '실천'하였다는 의미로 즉 일엽의 문장이 연애 스토리로 은유한 설법이라는 논지이다. 일엽이 집필을 통해 한 사람만이라도 불교를 더 알게 되기를 발원한 것은 근래에 발견된 육성 녹음에서도 증명되었다. 만년의 사상은 생명으로 표현하였는데 생명이 본 자연이며 그것이 바로 살거리라고 하였다. 이어 독립운동과 관련된 부분으로 일엽은 3.1 운동 당시 직접 전단지를 만들어 뿌렸는데 이를 문헌자료를 찾아 제시하였다. 일엽은 세욕을 끊고 수행에 전념하였으나 사회적 영향력을 의심한 일본인에게 사찰을 받기도 했다. 비록 일엽이 옥사를 치르거나 고문을 당한 것은 아니나 독립운동에 헌신한 것은 분명한 사실이다. 이상 본 연구를 계기로 만공선사와 일엽선사의 위상이 제고되기를 기대하며, 선학과 후학들의 아낌없는 질정(叱正)을 바란다. 아래에 논란이 있던 출가 연도를 확정한 연보를 첨부한다.

1896년	6월 9일(음 4.28) 평안남도(平安南道) 용강군(龍岡郡) 삼화면(三和面) 덕동리(德東里)에서 목사인 김용겸(金用兼)과 이마대(李馬大) 여사의 장녀로 출생. 명(名) 원주(元周) 아호 일엽(一葉), 불명 하엽(荷葉), 도호 백련도엽(白蓮道葉).
1904년	평남 용강군 구세학교 입학.
1906년	진남포 삼숭보통학교 입학.
1907년	국문시 〈동생의 죽음〉 씀. 육당 최남선 작 〈해에게서 소년에게〉라는 신체시보다 1년 앞서 한국문학사상 신시의 효시.
1909년	모친 병사.
1912년	삼숭보통학교 보습과 수료. 상경.
1913년	이화학당에 입학 이문회(以文會)에서 문학활동.
1915년	이화학당 중학과(이화전문 전신) 진학. 부친 별세.
1918년	3월 20일, 이화전문 졸업.
1919년	3·1운동 때 자가(自家)에서 전단 작성 살포. 일본유학. 동경 닛신[日新] 영화(英和)학교에서 수학.
1920년	동경 영화학교 수료 후 귀국하여 4월에 부녀 잡지 『신여자』 창간, 편집인 겸 주간으로 동지(同誌)를 주재 4호까지 발행. 그 무렵 서울 성북동 공립보통학교 교사(10월 30일 사직). 10월, 기독교 청년회관에서 '여자교육과 사회문제' 강연.
1921년	5월, 동경 유학생 기독교여학생단체설립 축사하러 일본에 감. 9월, 일본 동경에서 여성의복 개량에 관한 글 발표. 12월, 한국 예수교청년연합회에서 강연.
1922년	1월, '한국에서 사나이로 태어났으면' 발표. 12월, 광주기독교청년회와 함께 황해도 수제지역 구호활동.
1923년	9월, 충남 예산 덕숭산 수덕사에서 만공선사의 법문을 듣고 크게 발심(發心).
1925년	아현 보통학교에서 3년간 교직에 종사.

1926년	12월, 조선일보 주최 여류명사 가정문제 합평회에 참석.
1927년	종단의 기관지 월간 『불교』에 관여 1932년경까지 문예란 담당. 그 무렵 왕성한 작품 활동을 지상에 전개함.
1928년	7월 15일, 표훈사 신림암(神林庵)에서 하안거(夏安居). 서울 선학원에서 만공 선사 문하 귀의·보살계 수계.
1929년	강원도 준양군 장양면 내금강 마하실 선원에서 계속 수도 정진.
1931년	상경, 선학원에서 만공 스님 법하(法下) 안거.
1933년	6월, 금강산 마하연에서 주석하고 계시던 만공선사를 법사로 금강산에서 이성혜(李性慧) 비구니를 은사로 하여 입산. 9월, 금강산에 계시던 만공선사가 주석처를 덕숭산으로 옮김에 따라 충남 예산군 덕산면 덕숭산 수덕사 견성암에 안거 수도.
1934년	1월 1일, 금강산 마하연에서 법사 만공선사로부터 '성백련후시지출산(性白 蓮後始之出山)'이라는 법문을 받음. 3월 2일, 하엽(荷葉)이라는 도호와 함께 백련도엽비구니(白蓮道葉比丘尼)라는 인가(認可)를 받음
1936년	10월 15일, 동안거 견성암 입승 소임을 맡아 이후 30년간 죽비를 잡으심.
1946년	10월 20일, 스승 만공대선사 입적.
1960년	『어느 수도인의 회상』을 간행.
1962년	수상록, 『청춘을 불사르고』를 문선각에서 간행한 뒤에 판을 거듭함.
1964년	수상집 『행복과 불행의 갈피에서』를 휘문출판사에서 간행.
1966년	가을, 노구의 법체로 덕숭산의 비구니 총림원 기공식 봉행. 노환으로 국립 의료원(당시 원장 유기천 박사 주선)에서 2개월여 입원 생활.
1967년	8월 25일~31일, 춘원 이광수작 '이차돈의 사'를 포교극으로 각색하여 명동 국립극장에서 공연, 총림원 건립기금에 충당함.
1970년	11월 하순, 대중처소에서 열반하려는 뜻에 따라 환희대에서 총림원 별실로 이거.
1971년	1월 28일(음 1. 2) 새벽 1시 11분, 총림원 별실에서 열반. 세수 76세, 법랍 38 세. 2월 1일 오전 10시, 전국 비구니장으로 총림원에서 영결식 후, 오후 1시, 덕숭산 다비장(茶毘場)에서 다비식 봉행.

06.
현대 한국 선사상의 두 지평 : 성철의 '철(徹)'적 가풍과 탄허의 '탄(呑)'적 가풍

문광文光

문광 文光

동국대 불교학술원 외래교수

2001년 해인사 원당암에서 각안 스님을 은사로 출가해 직지사에서 성수 큰스님을 계사로 비구계를 수지했다. 동국대학교 선학과·불교학과를 졸업했으며 연세대학교 중문학과에서 학사와 석사학위를 받았다. 한국학중앙연구원 철학과 박사학위를 취득했다. 2013년 통광 스님으로부터 전강을 받았으며 현재 대한불교조계종 교육아사리, 동국대학교 불교학술원 외래교수로 활동하고 있다. 저서로는 『탄허 선사의 사교 회통 사상』, 『한국과 중국 선사들의 유교 중화 담론』, 『탄허학 연구』, 『선문염송 요칙』 등이 있으며 제3회 원효학술상과 제1회 탄허학술상을 수상했다. BTN 불교TV에서 강좌를 하며, 불교신문에 '한국학 에세이'를 연재하고 있다.

I. 서언 : '성철'과 '탄허'라는 코드

퇴옹성철(退翁性徹, 1912~1993)과 탄허택성(呑虛宅成, 1913~1983)은 현대 한국 불교를 대표하는 고승으로 여러 측면에서 상호 비교가 되는 용호상박의 선지식이다. 두 선사는 세납이 한 살 차이로 일제시대와 6.25전쟁, 종단 재건과 불교정화의 시대를 오롯이 함께 했고, 산 전체가 그대로 가람이 며 온통 수행의 열기로 가득한 가야산 해인총림(海印叢林)과 오대산 보궁 성지(寶宮聖地)의 방장과 조실로 평생 사부대중을 지도했으며, 현대 한국 철학의 주요 논쟁 가운데 하나인 돈점논쟁의 대척점에 위치한 중심인물 이기도 하다.[01]

즉 성철이 돈오점수를 강력히 비판하고 돈오돈수를 종문(宗門)의 정 통으로 내세우며 '선(禪) 중심'의 사상을 전개한 것에 반해, 탄허는 스승 한암중원(漢巖重遠, 1876~1951)이 보조선(普照禪)을 계승한 것을 그대로 이 어받아 돈오돈수를 비판하고 돈오점수를 역설하며 선교겸수와 회통사 상을 전개했다. 성철이 완전한 깨달음인 구경각의 문제에 몰입하여 대무 심(大無心)과 오매일여를 강조하며 수행론에 집중했다면, 탄허는 선사상

---

01 가야산 해인사에 주석한 성철선사가 돈오돈수를 종문의 정통으로 내세우며 보조국사를 비판하자 보 조국사를 배출한 조계산 송광사에서는 보조의 돈오점수 사상을 천양·계승하는 각종 학술대회를 보 조사상연구원을 중심으로 개최하는 등 논쟁에 참여했다. 그리하여 돈오돈수의 해인사 문중과 돈오점 수의 송광사 문중이 대립각을 세우는 양상이었지만, 사실 보조의 돈오점수 사상은 오대산의 한암선 사와 그를 이은 탄허선사로 하나의 맥이 내려오고 있음을 간과해서는 안 된다. 탄허의 선사상을 논하 면서 이에 대해 상술할 것이다.

을 근본에 두면서도 교학을 통섭하며 폭넓은 방편으로 모든 사상과 종교를 회통하여 불교를 새롭게 해석하고 교육과 역경불사에 헌신했다.

성철은 태고보우(太古普愚, 1301~1382)를 조계종의 법통(法統)으로 주장한 반면 탄허는 보조지눌(普照知訥, 1158~1270)을 조계종의 종조(宗祖)로 인정했으며, 성철이 종단정화 당시 직접 나서지 않고 동구불출하며 수행결사에 전념한 반면, 탄허는 승속을 오가며 종단불사에 참여하고 화엄학과 동양사상을 강의하며 인재를 양성했다. 이처럼 두 종장(宗匠)은 각기 서로 다른 모습으로 20세기 한국불교를 대표하며 새로운 지평을 제시해 주면서도 유구하게 흘러온 한국불교의 전통을 나누어 고스란히 간직한 측면이 있다.

이 논문에서는 현대 한국의 많은 선지식 가운데 특히 '성철'과 '탄허'라는 코드에 주목하여 현대 한국의 선사상(禪思想)을 복기(復棋)해 보고자 한다. 그 이유는 선사상의 측면에서 두 선사는 매우 대조적이면서도 독창적인 사상을 전개해 놓았고, 이들이 보여준 한국선(韓國禪)의 서로 다른 지평은 과거와 현재를 아우를 수 있는 한국불교의 주요 전통이자 미래에도 지속적으로 영향력과 의미를 가질 것으로 판단되기 때문이다. 탄허의 정체성에 대해 흔히들 역경승, 대강백 내지 사상가의 측면만을 부각하는 경향이 있었으나 이는 탄허의 선사상에 대한 그동안의 부족한 연구 성과에 기인한 것이다.[02] 특히 필자는 그간 드러나지 않았던 탄

---

02 성철의 선사상에 대한 연구는 그간 많은 논문이 발표된 반면에 탄허의 선사상에 관한 연구는 현재 다음 두 편의 논문밖에 없다. 정성본, 「탄허선사의 선사상 고찰」, 『탄허선사의 선교관』, 평창:오대산 월정사(2004);무관, 「탄허의 선사상」, 『탄허선사의 선교관』, 평창:오대산 월정사(2004). 탄허의 선사상에 대해서는 본고 외의 다른 지면을 활용하여 보다 전면적으로 다시 논하고자 한다.

허의 강의내용들을 입수하여 녹취와 문자화를 통해 그의 선사(禪師)로서의 정체성과 선사상을 조명함으로써 한국선학(韓國禪學)의 새로운 활로 모색에 일조하고자 한다.

본고에서는 운문선사의 일자관(一字關)의 방식으로 두 스님의 명호(名號)를 활용하여 그 사상적 경향을 성철은 '철(徹)'적 가풍으로, 탄허는 '탄(呑)'적 가풍으로 특징지어 논해 보고자 한다.[03] 아울러 성철의 '중도사상(中道思想)'과 탄허의 '회통사상(會通思想)'을 절충한 '중도적 회통'의 방법으로 한국불교의 주요한 쟁점이 되어 온 돈점론과 종조론, 그리고 수행론에 대해 접점의 형성과 담론의 소통을 위한 견해를 제시해 보고자 한다.

II. 성철 선사상의 '철(徹)'적 가풍

성철은 『본지풍광』과 『선문정로』 두 권의 책으로 부처님께 밥값 했다고

---

03   필자는 이미 유교 『중용(中庸)』에서 말하는 '미발(未發)'의 '중(中)'에 대한 성철과 탄허의 상이한 관점을 '철(徹)'적 가풍과 '탄(呑)'적 가풍으로 유별하여 논한 바 있다. 하지만 이는 유교를 보는 관점에 국한된 것이었다. 하지만 본고에서는 두 선사의 선사상 전반을 아우르는 관점과 두 선사의 가풍 전체를 관통하는 코드로 확장하여 논의를 전개하는 것이어서 그 활용이 자못 다르다고 하겠다. '중(中)'의 논의에 관해서는 문광, 「韓·中 禪師들의 儒家 中和說에 대한 담론 비교연구:憨山·智旭선사와 性徹·呑虛선사를 중심으로」, 서울:연세대 중어중문학과 석사학위논문(2012)을 참조.

자평했다.[04] 『본지풍광』은 간화선의 핵심인 1,700공안 중에서 가장 난해한 화두들에 대해 자신의 견처를 공개한 것[05]이며, 『선문정로』는 십지·등각도 망상경계이며 오로지 구경각인 묘각만이 확철대오임을 밝힘으로써 돈오점수가 아닌 돈오돈수만이 선문(禪門)의 정안(正眼)임을 강조한 것[06]이다. 이 두 권의 책은 스님의 철두철미(徹頭徹尾)하고 철상철하(徹上徹下)한 선승으로서의 진면목을 보여준 것으로 그의 가풍이 '자성(自性)을 철견(徹見)한다'[07]는 '성철(性徹)'이라는 법명과도 완전히 일치하여 '철(徹)'이라는 한 글자에 그의 선사상의 전모가 드러남을 잘 확인시켜 준다. 그는 돈점(頓漸)의 수증론에 있어서 냉혹할 만큼 철저한 돈수론자(頓修論者)였고[08] 공안에 대해서도 단 하나의 공안에만 막혀도 돈오견성이라 할 수 없다는 철저한 본분납자로서의 면모를 보여주었다.

1. 돈오돈수와 태고법통설

성철은 "정지정견(正知正見)은 오직 불교 하나뿐이며 구경각을 성취하여 무심(無心)을 완전히 증득한 부처님 경계 이외에는 전부 다 삿된 사지사

---

04   퇴옹성철, 『백일법문(하)』, 경남 : 장경각(2001), p.372.

05   퇴옹성철, 『본지풍광·설화 : 무엇이 너의 본래면목이냐(1·2)』, 경남 : 장경각(2007).

06   퇴옹성철, 『선문정로(禪門正路)』, 경남 : 장경각(1997).

07   위의 책, pp.1~4, 서언 참조.

08   서명원은 "성철은 이렇게 견성의 궁극적인 체험에 극단적이자 무조건적으로 초점을 맞추는 성품이 있다"고 했다. 이러한 평가는 다른 표현으로 '철(徹)'적 가풍이라 불러도 좋을 것으로 판단된다. 서명원, 「성철 스님 이해를 위한 고찰」, 『불교학 연구』 제17집, 서울 : 불교학연구회(2007), p.45.

견(邪知邪見)"[09]이라 못 박았다.

또 "십지·등각도 봉사요 중생이자 망상경계로 무심과는 거리가 멀다"[10]고 하여 화엄학에서 말하는 삼현십성(三賢十聖)마저도 깨달음과는 아무 관계가 없음을 엄격하게 선언하였다. 스님은 이를 유식학적 이론체계를 이용하여 다음과 같이 설명한다.

저 미물인 곤충에서부터 시작해서 사람을 비롯하여 십지등각(十地等覺)까지 모두가 중생입니다. 참다운 무심은 오직 제8아뢰야 근본무명까지 완전히 끊은 구경각, 즉 묘각만이 참다운 무심입니다. 이것을 부처라고 합니다. 그러면 망상 속에서 사는 것을 중생이라고 하니 망상이 어떤 것인지 좀 알아야 되겠습니다. 보통 팔만사천 번뇌망상이라고 하는데, 이것을 구분하면 크게 두 가지로 나눌 수 있습니다. 첫째는 의식(意識)입니다. 생각이 왔다 갔다, 일어났다 없어졌다 하는 것이 의식입니다. 둘째는 무의식(無意識)입니다. 무의식이란 의식을 떠난 아주 미세한 망상입니다. 그래서 불교에서는 의식을 제6식이라 하고 무의식을 제8식(아뢰야식)이라고 하는데, 이 무의식은 참으로 알기가 어렵습니다. 8지 보살도 자기가 망상 속에 있는 것을 모르고, 아라한도 망상 속에 있는 것을 모르며, 오직 성불한 분이라야만 근본 미세망상을 알 수 있습니다. 앞에서 이야기했듯이 곤충 미물에서 시작해서 십지등각까지 전체가 망상 속에서 사는데, 7지 보살까지는 의식 속에

09   퇴옹성철, 『영원한 자유』, 경남: 장경각(1988), pp.77~78.
10   퇴옹성철, 『영원한 자유의 길』, 경남: 장경각(1997), p.78.

서 살고 8지 이상 10지 등각까지는 무의식 속에서 삽니다. 의식세계
든 무의식세계든 전부 유념(有念)인 동시에 모든 것이 망상입니다. 그
러므로 제8아뢰야 망상까지 완전히 끊어버리면 그때가 구경각이며,
묘각이며, 무심입니다.[11]

성철은 제8아뢰야식의 미세망상을 완전히 끊지 못한 십지·등각도 아
직 돈오의 경지가 아니라는 근거를 중국 명말(明末)의 감산덕청(憨山 德清,
1546~1623)의 『팔식규구통설(八識規矩通說)』에서 가져온다.

고덕(古德)과 제조(諸祖)가 차제8식(此第八識)을 타파하지 않고서는 초
불월조(超佛越祖)의 현담(玄談)을 하지 않았거늘, 금인들은 생멸심도
미망(未忘)하여 심지(心地)에 잡염(雜染)의 번뇌종자를 섬호(纖毫)도 정
결케 하지 못하고서 문득 오도(悟道)라고 사칭하니 어찌 미득(未得)을
득(得)이라 하고 미증(未證)을 증(證)이라 함이 아니리오.[12]

스님은 감산선사에 대해서 "제8미세유주(第八微細流注)를 영리(永離)하
여 여래의 극과인 대원경지를 증득하여야 오도며 견성임을 분명히 선설
(宣說)함은 참으로 조계직전(曹溪直傳)을 상승한 희유의 지식(知識)"[13]이라
고 극찬했다. 또 스님은 제8아뢰야식의 미세망념을 완전히 제거하지 못

11   위의 책, pp.70~71. 돈오돈수의 견성체계를 유식학적 이론체계로 설명한 것에 대한 상세한 고찰은 다
      음 논문을 참조. 도대현, 「퇴옹성철의 견성관과 유식사상」, 『한국불교학』 제49집, 서울: 한국불교학회
      (2007).

12   퇴옹성철, 앞의 책, 『선문정로』, pp.138~139.

13   위의 책, p.139.

하면 "8지 보살 이상임에도 공안의 낙처(落處)는 망연부지(茫然不知)"[14]하므로 구경정각을 성취한 돈오돈수의 경지에서만이 천칠백 공안에 대해 완전히 확연명백하다고 설파했다. 하물며 화엄학을 바탕으로 한 돈오점수에서의 돈오라는 것은 구경의 돈오가 아닌 지해(知解)를 체험한 이후 주(住)·행(行)·향(向)·지(地)·등각(等覺)의 과정을 점수(漸修)하는 것이기에 여기에서 말하는 돈오는 구경각의 증오(證悟)가 아니라 단지 해오(解悟)에 불과하다는 것이 성철의 주장이다. 즉 돈오돈수에서의 돈오와 돈오점수에서의 돈오는 개념자체가 완전히 상이하므로 돈오점수에서의 돈오는 구경의 깨침을 목적으로 하는 선종의 돈오가 아니라는 비판이다.

성철이 선종을 표방하는 조계종의 적통을 보조국사로 보지 않고 태고국사로 보고자 하는 데에는 보조국사에 대한 다음과 같은 불만이 있었기 때문이었다.

> 돈오점수를 내용으로 하는 해오(解悟)인 원돈신해가 선문(禪門)의 최대의 금기인 지해(知解)임을 명지(明知)하였으면 이를 완전히 포기함이 당연한 귀결이다. 그러므로 선문정전(禪門正傳)의 본분종사들은 추호의 지해도 이를 불조의 혜명을 단절하는 사지악해(邪知惡解)라 하여 철저히 배격할 뿐 일언반구도 지해를 권장하지 않았다. 그러나 보조는 규봉의 해오사상(解悟思想)을 지해라고 비판하면서도 「절요」·「원돈성불론」 등에서 해오사상을 연연하여 버리지 못하고 항상 이를 고취하였다. 그러니 보조는 만년에 원돈신해가 선문이 아님은 분명히 하

---

14   위의 책, pp.125~126.

였으나, 시종 원돈사상을 고수하였으니 보조는 선문의 표적인 직지단
전(直指單傳)의 본분종사가 아니요 그 사상의 주체(主體)는 화엄선(華嚴
禪)이다. 선문(禪門)은 증지(證智)임을 주장한 「결의론」의 결미에서 교
종의 원돈신해인 참의문(參意門)을 선양하였으니 보조의 내교외선(內
敎外禪)의 사상이 여기에서도 역력하다.[15]

　보조가 선종은 돈오돈수임을 분명히 했기 때문에 납승은 반드시 돈
오돈수만을 목적으로 삼아 공부해야 함에는 보조 역시 같은 의견이었으
나, 보조 개인은 교종의 원돈신해를 수용한 화엄선(華嚴禪)을 주체로 삼았
기 때문에 그의 정체는 밖으로는 선(禪)을 내세웠지만 속으로는 교(敎)를
주체로 삼은 '내교외선(內敎外禪)'이었으므로 선종을 표방한 현대 한국의
조계종은 보조국사를 적통으로 삼을 수 없고 태고국사를 법통으로 삼아
야 한다는 것이 성철의 위에서의 논지이다. 성철은 태고의 경우 이십년간
을 각고 참구하여 37세에 오매일여가 되고 38세에 대오하여 중국의 석옥
선사(石屋禪師)를 참알하여 인가를 받고 임제선을 계승했다고 했다.[16] 성철
이 조계종의 적통으로 태고법통설[17]을 주장하는 근거는 바로 여기에 있
다. 숙면일여의 경지를 지나 제8아뢰야식의 미세망념을 완전히 제거하고
확철대오한 돈오돈수의 경지를 선지식과의 거량을 통해 인증(印證)받은 정
통 선종의 법맥이라는 것이다. 그렇다면 성철의 법통론의 핵심은 오직 그
선사의 사상이 돈오점수를 긍정·수용하는가, 아니면 돈오돈수를 증득·주

15　위의 책, p.214.

16　위의 책, p.117.

17　세부 내용은 퇴옹성철, 『한국불교의 법맥』, 경남 : 장경각(1990)을 참조.

장하는가에 집중되어 있음을 알 수 있다. 후에 돈점논쟁이 일어나자 박성배는 "보조의 돈오점수는 넓은 의미의 수행이론인데 반해 성철의 돈오돈수는 특수한 수도 이론"이라고 지적하며 상호절충을 시도한 바 있다.[18] 이는 어쩌면 돈오돈수설과 돈오점수설이 각각 하고자 하는 말의 낙처와 이론의 중점이 서로 다른 범주나 목적을 가지고 있을 수도 있다는 생각을 갖게 하는 대목이다. 하지만 이러한 남겨진 모든 논쟁점들에도 불구하고 성철의 수증론과 법통론에는 조금의 양보도 없고 일고의 재고가 없는 특징이 있다. 이것이 바로 필자가 지적한 성철 선사상의 '철(徹)'적 가풍이자 그의 학설의 특징인 것이다. 중간과정에서 그 어떤 논리적 문제[19]가 있다 하더라도 '깨침은 완전무결한 증오(證悟)의 돈수(頓修)여야 하며 조계종의 법통은 이를 선양하는 조사(祖師)여야 한다'는 원칙은 양보할 수 없는 준칙이자 그의 불변의 메시지였던 것이다. 불교의 본령은 이론의 습득과 이해가 아니라 완전한 깨달음의 증득문제이므로 깨달음의 기준을 명확히 한다는 것은 수행자로 하여금 크나큰 경책이 됨과 함께 나태에 대한 반성과 자자(自恣)의 확고한 계기를 제공해 준다. 이것이 성철선(性徹禪)이 현대

---

18 박성배는 돈오돈수설에는 돈오만 있지 닦음이 불충분해 보이므로 돈오점수설에서 닦음을 절충하여 돈오돈수설과 돈오점수설의 회통을 시도한 '돈오돈수 점수설'이라는 대안을 제시하기도 하였다. 하지만 김호성은 이에 대해서 돈오점수의 돈오를 '해오(解悟)'로 보고 이를 무조건 '지해(知解)'로 단정하는 돈오돈수의 전제를 받아들일 수 없으며 돈오돈수설의 불충분한 닦음을 돈오점수로 보완하고자 하는 것은 오히려 무용한 수고로 보인다는 비판을 제시했다. 이 논쟁과 관련해서는 강건기·김호성 편저의 『깨달음, 돈오점수인가 돈오돈수인가』, 서울:민족사(1994)의 다음 두 논문을 참조. 박성배, 「성철 스님의 돈오점수설 비판에 대하여」, pp.238~277.; 김호성, 「돈오돈수적 점수설의 문제점」, pp.278~298. 두 교수는 김호성의 논문 「돈오점수의 새로운 해석—돈오를 중심으로」에 대해 박성배가 「보조국사는 증오를 부정했던가—김호성 교수의 이른바 '돈오의 새로운 해석'에 대하여—」를 써서 한 차례 더 논쟁을 벌였다. 위의 책 참조.

19 성철의 보조비판에 대한 문제점들을 지적한 논문으로는 이병욱, 「성철의 보조지눌 사상 비판의 정당성 검토」, 『보조사상』 제38집, 서울:보조사상연구원(2012)를 참조.

한국 선사상을 새롭게 구성하는 중요한 한 지점이 될 수 있었던 원인이다.

2. 간화독존론(看話獨尊論)과 숙면일여

돈오돈수의 경지를 증득했는지를 확인해 보는 방법으로 성철은 간화선의 인증의 가풍을 들고 있다. 구경각의 열반묘심을 증득했는지 확인하는 가장 정확한 잣대는 바로 천칠백 공안뿐이며 이를 통해 무심의 증입을 확인해 볼 수 있는 최고의 선풍(禪風)이 바로 간화선이라 자긍하는 것이다.[20] 역대의 활안(活眼) 조사들이 중중무진으로 베풀어놓은 공안들에 조금도 막힘이 없이 조사관(祖師關)의 전 과정을 투과(透過)하는 간화선풍(看話禪風)이야말로 진정한 돈오를 가늠할 수 있는 저울이자 눈금이라는 것이다. 『선문정로』 '서언'에서 "견성방법은 불조 공안을 참구함이 가장 첩경이다"[21]했던 것은 바로 이를 두고 하는 말이다. 따라서 이를 성철의 '간화독존론(看話獨尊論)'이라 명명할 수 있을 것이다.

　화두를 들고 동정일여, 몽중일여를 거처 숙면일여의 화두삼매에 푹 빠져있다가 송장처럼 죽은 듯한 상황에서 보는 찰나 듣는 찰나 화두가 박살이 나면서 깨치는 대사각활(大死却活)의 대오를 실증해야 구경의 견성(見性)이 된다는 것이 바로 화두독존의 '철(徹)'적 가풍이다. 스님은 "상두관(上頭關)을 뚫고 나오는 대사각활의 확철대오를 지나가야 구경의 견

20　퇴옹성철, 앞의 책, 『선문정로』, pp.218~220.
21　위의 책, pp.1~4 참조.

성으로 보지, 그렇지 못하고 오매일여의 삼매락을 누린다 해도 선문에서는 이것을 '제8마계(第八魔界)'라 여긴다"[22]고 했다. 이와 관련한 그의 설명을 들어보자.

"화엄칠지보살(華嚴七地菩薩)의 성위(聖位)가 고원난도(高遠難到)한 것 같지마는 누구든지 몽중(夢中)에 일여(一如)하면 칠지위(七地位)이다. 그러나 숙면일여(熟眠一如)인 멸진정(滅盡定)의 자재위(自在位)는 아니어서 여기에 아직 일대중관(一大重關)이 있으니 노력하여 기필코 투과하여야 한다."[23]

선문의 정안종사치고 이 오매일여의 현관을 투과하지 않고 견성이라고 한 바는 없으며, 팔지(八地) 이상인 숙면일여 이후에서 개오하였으니 구경각이 아닐 수 없다. 그러니 객진번뇌가 여전무수(如前無殊)하여 추중망식(麤重妄識)도 미탈(未脫)한 해오(解悟)는 견성이 아니며 돈오가 아니므로 이를 절대로 용인하지 않는 것이다.[24]

즉, 화두를 들어 의단(疑團)이 형성되어 진의심(眞疑心)이 발동하면 행주좌와 어묵동정 모든 순간에 화두가 지속되는 동정일여(動靜一如)가 된다. 여기서 가일층 삼매에 들면 자나 깨나 화두가 지속되는 오매일여(寤寐一如)가 되는데 오매일여에는 꿈속에서도 화두가 일여하게 지속되는 몽

---

22   퇴옹성철, 앞의 책 『백일법문(상)』, p.237.
23   퇴옹성철, 앞의 책 『선문정로』, p.113.
24   위의 책, p.119.

중일여(夢中一如)와 잠이 완전히 푹 들어있는 가운데도 화두가 일여하게 지속되는 숙면일여(熟眠一如)가 있는 것이다. 반드시 숙면일여의 깊은 경지가 되어야 제8아뢰야식의 미세망념을 제거하게 되는 것이며 이미 숙면일여가 되면 화엄에서 말하는 8지 보살 이상이라는 것이다. 이처럼 성철은 숙면일여를 중시했다. 스님은 이 숙면일여야 말로 '진정한 무심(無心)'[25]이자 돈오돈수론의 핵심이요 간화선의 목적지로 보았다. 그가 보기에 태고국사는 90일 삼매의 깊은 오매일여의 경지를 투과하고 견성오도한 것이 분명한 반면 보조국사에게는 숙면일여에 대한 명확한 언급이 보이지 않았던 것이다. 스님은 오직 간화선법을 통해 화두를 들고 깊은 선정에 들어 숙면일여에 드는 것을 납자의 본분이자 깨달음의 척도로 삼았다. 선문(禪門)의 정로(正路)에 대한 철저한 고민을 통해 당대 수행납자들의 수행과 깨달음에 대한 엄밀하고도 준엄한 기준의 제시하게 된 성철은 당대 간화선 수행자들로 하여금 '숙면일여'라는 깨달음에 이르기 위한 하나의 필수불가결한 통과의례를 제공했다. 이 역시 그의 '철(徹)'적 가풍의 한 요소라 하겠다.

3. 돈점논쟁과 돈수설을 주창한 선사들

성철은 1967년 해인총림 방장으로 취임하면서 설한 백일법문에서 이

---

25   신규탁은 이와 같은 성철의 무심사상을 '무심의 형이상학'이라 표현했다. 『대승기신론』의 '진여문'을 강조하고 '생멸문'의 아뢰야식을 제거해야 할 대상으로 이해한 것으로 보인다고 하였다. 신규탁, 「성철선사의 불교관에 나타난 개혁적 요소 고찰」, 『한국불교학』 제49집, 서울: 한국불교학회(2007), pp.323~326.

미 보조의 돈오점수와 선교일치를 비판한 적이 있었고, 1976년 출간한 『한국불교의 법맥』에서 보조의 조계종 종조로서의 정통성을 부인한 적이 있었다. 뒤이어 1981년 『선문정로』를 출간하면서 본격적으로 진행된 보조선 비판은 교계와 학계에 엄청난 충격을 주었다. 송광사 측에서는 1987년 '보조사상연구원'을 설립하여 1990년 송광사에서 국제학술대회를 개최하기에 이르렀고, 1991년 해인사 측에서는 '백련불교문화재단'에 연구기관을 설립하여 본격적으로 성철 선사상을 선양하기 시작했다. 이 무렵 교계와 학계의 많은 학자들이 소위 '돈점논쟁'에 참여하여 쟁점들에 대한 열띤 토론을 벌였다.[26] 1990년의 학술대회의 논문을 모은 『보조사상』 제4집의 머리말에서 법정은 "닦음을 어떻게 일시에 마칠 수 있단 말인가"라 하며 "종파주의나 분파주의에 집착하여 배타적, 독선적 아집에 빠지지 말자"고 했다.[27] 성철의 『선문정로』에 대해 "선문(禪門)의 앞날을 염려하여 연꽃을 들어 올림에 대하여 지극한 정례(頂禮)를 드린다"고 했던 목정배의 논문[28]에 대해 심재룡은 그의 주장을 15개로 정리하고는 "성철의 주장 역시 한국불교의 역사성을 무시한 종교적 독단"[29]이라 강도 높게 비판했다. 이 밖의 주요한 논쟁으로는 박성배와 김호성간의 논쟁[30]이 있었으며, 이후로도 돈점논쟁과 관련된 연구와 저술들은 지속적으로 쏟아져 나왔다. 이와 함께 돈점논쟁이 남긴 과제들에 대한 학자들의 검

26　돈점논쟁 전개에 대한 간략한 요약에 대해서는 이덕진, 「돈점논쟁이 남긴 숙제」, 『보조사상』 제20집, 서울 : 보조사상연구원(2003)를 참조.

27　법정, 「책 머리에」, 『보조사상』 제4집, 서울 : 보조사상연구원(1990), pp.1~2.

28　목정배, 「선문정로의 근본사상」, 위의 책, p.493.

29　심재룡, 「"선문정로의 근본사상"에 대한 논평」, 위의 책, pp.497~498.

30　앞의 주 19의 내용을 참조.

토[31]와 돈점논쟁의 중요한 쟁점에 대한 새로운 시각을 제시한 박태원의 논문[32]도 있다. 이 중에서도 "선원수좌 내부에서 무차대회 형식으로 일어났어야 할 사안이 학자들의 논쟁으로 전이된 측면이 있다"고 했던 김방룡의 지적[33]은 본 논문의 전개와 연관해 매우 의미심장한 측면이 있어 소개할까 한다.

성철의 문제 제기는 한국선의 정체성에 대하여 분명한 입장을 천명한 것으로서 한국선종사에 있어서도 기념비적인 사건이라 할 수 있다. 그런데 엄밀한 입장에서 보면 현재 한국 조계종의 정체성과 관련된 문제이며, 그 주체는 선원수좌라 할 수 있다. 따라서 순리적으로 생각해 보면 이에 대하여 당시 선원수좌들 내부에서 목숨을 건 논쟁이 있어야 했다. 특히 깨달은 혹은 깨달았다고 주장하는 선승들 사이에서 자신의 체험을 바탕으로 한 치열한 법거량이 전개되어야 했다. 그러나 공개적으로 그러한 논쟁은 일어나지 않았다. 설사 내부적으로 그러한 논쟁이 있었다 하더라도 대사회적인 주목을 받지는 못했다.[34]

학계에서 성철의 돈오돈수 주장에 대한 비판과 논쟁이 치열했었던

---

31   김호성, 「돈점논쟁의 반성과 과제」, 『깨달음, 돈오점수인가 돈오돈수인가』, 서울：민족사(1994)；이효걸, 「돈점논쟁의 새로운 전개를 위하여」, 『논쟁으로 보는 한국철학』, 서울：예문서원(2009)；이덕진, 앞의 논문；김방룡, 「지눌과 성철의 법맥 및 돈점논쟁 이후 남겨진 과제」, 『동아시아불교문화』 제16집, 부산：동아시아불교문화학회(2013) 등이 있다.

32   박태원, 「돈점논쟁의 독법 구성」, 『철학논총』 제69집, 서울：새한철학회(2012)；박태원, 「돈점논쟁의 쟁점과 과제-해오 문제를 중심으로-」, 『불교학연구』 제32집, 서울：불교학연구회(2012).

33   김방룡, 앞의 논문, p.53.

34   위의 논문, pp.50~51.

것만큼이나 승가에서 파장도 이만저만한 것이 아니었다. 선방 수좌들 사이 논쟁은 말할 것도 없고 문중과 산중 전체에 폭풍이 몰아치는 것 같은 회오리가 일었다. 하지만 견성성불을 지상 목표로 정진하고 있는 출가 수행자들에게 성철의 정로(正路) 제시는 지속적인 논쟁과 유희적인 담론을 견인하기 보다는 즉각적으로 자신의 수행에 대한 점검과 반조로 이어졌으며 특별히 돈오점수를 신봉하는 수좌 외의 대부분의 선객들은 돈오돈수를 수행의 지침과 척도로 삼고자 했고 용맹정진으로 오매일여의 경지를 위해 여일하게 정진해 나갔다. 그만큼 실참수행자들에게 미치는 성철의 영향력은 큰 것이었다.

당시 성철의 동갑내기 도반이었던 향곡혜림(香谷蕙林, 1912~1978)과 제5대 종정을 역임한 서옹상순(西翁尙純, 1912~2003) 역시 그의 든든한 지음자(知音者)로 돈오돈수론자들이었다. 『임제록』을 직접 연의(演義)했던 서옹은 『임제록』을 해제하면서 「돈오돈수」에 대해 대서특필하여 다음과 같이 말하고 있다.

임제스님이 돈오점수를 부정하고 돈오돈수를 주장한 것은 육조혜능·마조·백장·황벽 또는 육조의 선(禪)을 정통으로 계승한 역대조사와 다를 바가 없다. 생사의 자기는 수(修)할 것이 있지만 생사가 없는 진실한 자기는 닦을 것이 없다. 만일 수(修)할 것이 있다면 이것은 생사의 자기 연장선상에서 있을 수 있는 일이지 진실한 자기입장이라고는 말할 수 없는 것이다 그러기에 임제 스님은 수(修)하는 입장은 장엄문 불사문이지 불법은 아니라 하고 이것은 업을 조작하는 것을 면하지 못하여 생사를 탈각할 수 없다고 역설하였다. 만일 도를 닦는다면 이것은 도를 행하는 것이라고 할 수 없다. 그러므로 정통적 조사선을 체험함에는 돈오돈수의 입장이라야 된다고 하지 않으면 안 된다.[35]

향곡의 선사상은 교학적인 이론에 대한 언급이 일체 없어서 '돈오돈수'나 '숙면일여'와 같은 용어자체도 사용하는 일이 거의 없었다. 오직 공안으로 대중을 점검하였으며 단 하나의 공안에도 막힘이 없는 확철대오의 안목이 생길 때까지 오로지 화두삼매에 들도록 지도하여 '북전강 남향곡'이라 일컬어졌다. 스님은 봉암사결사 당시 향상일구(向上一句)의 화두를 들어 21일 동안 억수같이 비가 오는 것도 느끼지 못하는 화두삼매 속에서 대사각활(大死却活)하여 확철대오한다. 이런 돈수의 철증(徹證)을 거친 뒤에는 천칠백 공안을 한 가닥에 꿰어 막힘이 없었다고 한다.[36]

성철과 향곡이 봉암사에서 결사할 때 20대 막내의 나이로 용맹정진했던 두 수좌가 바로 훗날 조계종의 제10대 종정을 역임한 혜암성관(慧菴性觀, 1920~2001)과 제11·12대 종정을 역임한 도림법전(道林法傳, 1925~2014)이었다. 혜암은 행자 때부터 입적 때까지 55년 동안 눕지 않는 장좌불와의 용맹정진을 했고, 법전도 스승 성철로부터 "앉아있는 것은 법전이 제일"이라는 평을 들은 절구통수좌로 평생 정진으로만 일관했다. 혜암은 37세 때 오대산 영감사 토굴에서 4개월 동안 한순간도 잠들지 않고 정진하여 수마(睡魔)를 완전히 정복하고 오도송을 읊는다. 스승 인곡(麟谷)에게 인가받아 용성(龍城)으로부터 내려오는 정통법맥을 이었음에도 입적

---

35   서옹, 『임제록 연의』, 서울 : 아침단청(2012), p.38.

36   향곡선사문도회 편, 『향곡선사 법어』, 대구 : (사)성보문화재연구원(1998)를 참조.

때까지 장좌불와 수행을 이어갔는데 성철의 돈오돈수를 철저히 믿고 긍정했으며 상당법어 당시 늘 돈오돈수를 선양했다.[37] 법전은 스승 성철로부터 깨달음을 인가받는 파참재(罷參齋)를 해주겠다는 것 자체를 거부하고 "그런 거 하지 않겠다"고 했을 만큼 철저한 돈오돈수론자였다.[38]

향곡의 법제자이면서 현 조계종 종정인 진제법원(眞際法遠)은 처음 견성했을 당시 모든 공안에 환하였으나 법거량 후 마조의 '일면불월면불(日面佛月面佛)' 공안에 막혀 5년 동안 다시 이 화두와 씨름한 끝에 확철대오하여 스승으로부터 돈오돈수를 인가받았다. 스님은 선원의 소참법문에서 돈오돈수에 대해 다음과 같이 설파했다.

돈오돈수는 오종가풍의 법칙입니다. 중국에서 육조 스님 이후로 오종가풍이 형성되었는데, 모두 돈오돈수의 가풍을 제창하였지, 몰록 깨닫고 점차로 닦는다는 돈오점수의 가풍을 유포한 대선지식의 종장은 없습니다. 그러니 우리가 옛 도인들의 바른 길을 자신의 살림살이의 근본으로 받아들여 참구해야 합니다. 돈오돈수의 바른 수행법으로 일념삼매가 되어 홀연히 대오견성이 되면 8만4천 번뇌가 바로 8만4천 지혜로 돌아와 버립니다. 그렇기 때문에 다시 제거할 것도 없고 점수(漸修)할 것도 없는 법입니다. 깨달음의 삼매를 가나 오나 시간이 흐르나 항상 수용하는 것이 돈오돈수의 살림살이입니다. 돈오점수는 몰록 깨달아 또 습기를 제한다는 말입니다. 차제가 있어서 견성에 이

---

37   혜암문도회 편, 『혜암대종사 법어집(1·2)』, 경남 : 해인사 원당암(2007), p.281.
38   이와 관련된 상세한 일화들은 법전, 『누구 없는가』, 서울 : 김영사(2009), p.129.

르는 법이 없습니다. 역사를 보더라도 밝은 명안종사는 돈오돈수를 제창했지 돈오점수를 제창한 이들은 아무도 없습니다.[39]

성철의 돈오점수비판에 대한 학계의 논쟁과 학자들의 비판과는 달리 조계종을 대표하는 선승으로 깨달음을 얻어 일척안(一隻眼)을 갖춘 선사들은 대부분 성철이 주장하는 돈오돈수에 절대 공감을 표했다. 서옹·향곡·혜암·법전·진제 등의 선사들은 구경각을 위해서는 돈오점수가 아닌 돈오돈수를 최상의 목표로 정진해야 한다고 입을 모았다. 일반대중들을 상대로 한 것이 아닌 최상근기와 엘리트 수행자들만을 위한 전문담론으로 치부될 수 있는 이유도 있어 보일 만큼 성철과 함께 돈오돈수를 주창한 선사들은 지독하게들 정진했다. 성철의 구경각과 묘각에 대한 '철(徹)'적 가풍은 마치 한걸음만 부족해도 서울에 도착한 것이 아니요, 히말라야 정상자리를 정확히 밟지 않고서는 정상등정으로 인정받지 못하는 것과 동일한 엄격함이 있다 하겠다. 그러나 올곧은 실참납승이라면 골수에 간직해야 할 사항이지만 여전히 남겨진 문제들은 있다. 성철이 비판한 돈오점수의 돈오가 과연 해오(解悟)이며 지해(知解)일 뿐인가의 문제, 화엄을 지해종도라고 비판한 이유가 교학(敎學)이었기 때문임에도 스스로는 교학인 유식학(唯識學)의 체계에 의지하여 선(禪)의 증오(證悟)를 설명하고 있다는 점,[40] 그리고 즉자(卽自)의 옳음[是]을 위해 대자(對自)는 그름[非]이어

39   해운정사 편, 『진제대선사 선 백문백답』, 서울: 현대불교신문사(2006), pp.54~55.

40   탄허의 경우 유식학(唯識學)은 고등학교 학설에 해당하여 화엄학의 대학원 학설에 비교할 때 교리적으로 볼 때 수준이 낮은 것으로 보는 전통 교판을 따르고 있다. 김탄허 저, 『부처님이 계신다면』, 서울: 교림(1988), p321. 참조.

야 하는가의 문제, 돈오점수와 돈오돈수는 함께 양립할 수 없는가의 문제 등은 성철의 입장에서도 아직 해결하지 못한 과제들이라 하겠다.

Ⅲ. 탄허 선사상의 '탄(呑)'적 가풍

스님의 법호 '탄허(呑虛)'는 허공을 삼켰다는 말로서 스님은 이 이름을 활용하여 "우주가 내 뱃속에 있으니 내 아들 아닌 사람이 없다"[41]고 농담하곤 했다고 한다. 이 언명 속에 화엄의 사사무애법계의 도리로 선(禪)과 교(敎)를 회통하고 동양의 유·불·선 삼교를 모두 삼켜 무애자재하게 융회한[42] 스님의 가풍이 그대로 녹아있다 하겠는데 이를 '탄(呑)'적 가풍이라 부르기로 한다. 이러한 그의 가풍을 대표하는 문장이 "천하에 두 도가 없고 성인에게 두 마음이 없다[天下無二道 聖人無兩心]"[43]일 것이다. 그는 서로 다른 사상과 종교 속에서 근원이 같은 하나의 진리를 추출해 내는 데 달인이었다. 마치 천 개의 강물이 모여들어 장애 없이 하나의 바다가 되듯이

---

41   김탄허 저, 『피안으로 이끄는 사자후』, 서울: 교림(1997), p.158.

42   한국불교의 회통의 역사에 대한 대체적인 개관은 다음 논문을 참조. 조수동, 「휴정의 회통사상」, 『동아시아불교문화』 제8집, 부산: 동아시아불교문화학회(2011).

43   김탄허 저, 앞의 『부처님이 계신다면』의 표지 참조.

화엄의 종지를 자재하게 활용했다. 그 어떤 수행이나 방편도 모두 받아들일 수 있는 포용과 원융이 있었으니 이것이 곧 그의 '탄(吞)'적 가풍이다.

1. 돈오점수와 보조종조론

탄허는 스승 한암이 보조선을 계승한 것을 그대로 이어받아 돈오점수를 주장했다. 한암은 낱낱이 흩어져 있던 보조국사의 글을 한 권의 책으로 찬집·현토하여 『보조법어』라는 이름으로 세상에 처음 빛을 보게 한 장본인이었다. 이를 제자 탄허가 번역·주해하여 1963년에 출간하며 그 서문에서 "육조단경과 보조법어는 조계종도(曹溪宗徒)의 필수적 교전(敎典)"[44]이라 했다. 이는 육조와 보조를 조계종의 근본으로 삼는다는 의미이며 중국의 조계산 보림사와 한국의 조계산 수선사를 '조계종'이란 종명으로 연계시킨 것이다. 탄허는 평소에 돈오점수를 비판하고 돈오돈수를 주장한 성철에 대해 못마땅해 했다고 한다. 다음은 제자 윤창화의 증언이다.

> 스님은 성철 스님이 강조한 돈오돈수에 대해서는 비판적인 입장이었어요. 스님은 보조지눌적인 입장(돈오점수)입니다. 그 당시에 성철 스님은 돈오돈수를 강조하고, 법맥도 태고국사를 강조하는 입장이었어요. 성철 스님은 『선문정로』를 출간하기 전에도 그런 말씀을 하셨지요.

---

44   김탄허 역, 『보조법어(普照法語)』, 서울 : 교림(2002), p.3.

그러나 탄허 스님은 돈오돈수는 문제가 있다고 말씀했어요. 탄허 스님은 "보조국사의 정혜쌍수에 의지해서 공부를 해야 한다"고 하셨고 돈오점수적이고 화엄선적인 입장이었어요.[45]

탄허는 대혜의 『서장(書狀)』을 번역하면서 다른 번역에서는 찾아볼 수 없는 '사기(私記)'를 부가하여 자신의 살림살이를 공개했다. 다음은 「답엄교수자경(答嚴教授子卿)」에 대한 탄허 자신의 대지(大旨)이다.

본장대지(本狀大旨)는 스스로 신(信)하는 곳에 승해(勝解)를 내지 말게 함이다. 제칠지보살운운(第七地菩薩云云)은 권교(權教)의 행상(行相)을 말한 것이니, 권교에는 삼현(三賢, 十住·十行·十回向)이 자량위(資量位)가 되고 제팔(第八) 부동지(不動地)에 이르러 비로소 견도위(見道位)가 되는 때문이거니와, 만일 실교(實教) 도리를 든다면 십신만심(十信滿心) 즉 초발심주(初發心住)에 변성정각(便成正覺)하는 견도(見道)의 위(位)가 되어 삼현(三賢) 내지 십지(十地)·십일지(十一地)가 총(總)히 닦음이 없이 닦는 자량(資糧)의 위(位)가 되거니, 어찌 제칠지(第七地)에 불지(佛智) 구(求)하는 마음이 만족(滿足)치 못한 견(見)이 있으랴.[46]

탄허의 설명은 이러하다. 3승교학에서는 10주·10행·10회향·10지를 자량위(資糧位)로 삼아 10지 가운데 제8지 부동지(不動地)가 되면 비로소

---

45   월정사·김광식 편, 『방산굴의 무영수(하)』, 평창: 오대산 월정사(2012), p.397.

46   김탄허 역해, 『서장(書狀)·선요(禪要)』, 서울: 교림(2012), p.337.

견도위(見道位)가 되는 것으로 보지만, 화엄의 1승교학에서는 10주의 초주(初住)인 발심주(發心住)를 견도위로 보고 10행·10회향·10지·등각을 자량위로 본다. 즉 화엄에서는 십신(十信)이 중요한데 이는 닦는 것이 아니라 자신의 불성 자체를 믿으면 되는 것이므로 위(位)로 치지 않는다.[47] '과거 제불이 성불한 부처님의 과덕(果德)이 현재 중생인 나의 우글대는 망상과 조금도 다르지 않다'는 것을 확실히 믿어서 일말의 의심도 없는 신만(信滿)이 되면 비로소 10주의 초주인 발심주가 되는데 이를 화엄에서 '초발심시(初發心時) 변성정각(便成正覺)'이라 한다. 이 말은 오직 화엄에만 있는 것으로 평범한 우리네 박지범부(薄地凡夫)들도 '진리에 머물러 있는 [住]' 초발심주에 이르기만 하면 문득 삿된 마음이 사라지고 퇴전하지 않는다는 것이다.[48] 이통현이 『화엄론(華嚴論)』에서 이르기를 "다른 경에는 혹 퇴전하는 것이 있지만 이 『화엄경』에서는 절대 퇴전(退轉)이 없다"고 했던 것은 이를 두고 하는 말이다.[49] 화엄교학의 특징은 10주 초주인 발심주를 견도위로 보는 데 있다. 이를 돈점론으로 전개하면 '초발심이 곧 정각'이라 했으니 10주 초주인 발심주를 돈오[견도위]로 보며, 10바라밀의 만행(萬行)을 닦아 이타(利他)의 회향까지 동반하는 보살행(菩薩行)의 실천이 점수[자량위]가 된다. 탄허는 이 발심주를 매우 강조하여 이것이야말로 화엄학의 골자라고 했다. '부처님과 중생의 과덕이 다르지 않다'는 것을 믿는 대심중생(大心衆生)으로 자각하게 만드는 것이 바로 화엄의 위대함

---

47   월정사·탄허문도회 편, 『방산굴법어(증보판)』, 평창: 오대산 월정사(2013), p.80.

48   위의 책, pp.80~81.

49   위의 책, p.82.

이라고 역설했다.[50] 하루 종일 쉴 새 없이 망상을 피워도 그 망상 피우는 근본은 묘각의 부처님 과덕과 조금도 차별이 없다는 것을 명확히 믿는 것이 깨달음의 시작이라는 것이다. 탄허가 즐겨 쓰던 게송 가운데 "발심과 성불, 이 둘은 다른 것이 아니니 이 두 마음 가운데 앞의 마음(발심)이 더 어렵도다"[51]라는 것이 있다. 필경의 묘각의 경지보다 자신이 본래 부처임을 완벽히 믿어 그 믿음이 10신을 구족하고 10주의 발심주에 머물러 영원히 퇴전하지 않는 것이 더 어렵다는 것으로 발심의 중요성을 강조한 것이다. 이를 통해 볼 때 돈오점수의 핵심은 깨달음의 종착지에 있는 것이 아니라 대발심이 전제된 지속적인 수행에 있다고 볼 수 있다.

탄허가 돈오돈수를 말하지 않은 것은 아니다. 그는 축기돈(逐機頓)과 화의돈(化義頓)을 구분하여 설명하면서 화의돈이란 "육조 스님 같이 오래 전 전생으로부터 부처님의 교화를 받들어 닦아 오다가 깨친 분을 말하는 것"으로 "육조 스님은 신통도 자재했는데 돈오와 돈수까지 마치지 않으면 바른 신통이 없다"면서 "『전등록』 30권에 육신통을 구비한 조사는 한 분도 없었다. 오직 부처님만이 육신통이 있을 뿐이다"고 덧붙였다.[52] 즉 돈오돈수까지 모두 마친다는 것은 육신통 가운데 누진통까지 모두 구비하여 일체의 신통을 현성할 수 있는 부처님같은 분을 말하는 것으로 육조 스님 정도가 되면 돈오돈수를 논할 수 있다는 것이다. 즉 탄허는 돈오돈수를 제창하지 못해서가 아니라 『전등록』 전체를 뒤져보아도 부처님이나 육조 스님의 경지인 돈수의 경지까지 도달한 이를 찾아보기 어려우니

---

50   위의 책, p.82.

51   "發心畢竟二不別하니 如是二心先心難이로다." 문광, 『탄허사상 특강』, 서울:금강선원(2014), p.36.

52   김탄허 저, 앞의 책, 『피안으로 이끄는 사자후』, pp.29~30.

돈오점수를 통해 돈오돈수로 향하게 하는 것이 바른 수행과정이라는 주장이다. 따라서 그는 "이치를 본 뒤가 더욱 바쁘다. 그래서 이치를 터득한 조사들이 한번 산속에 들어간 후 나오지 않은 분들이 많았다"[53]고 했다. 여기에 탄허의 돈수관이 드러나는데 성철의 돈오돈수관과는 시각의 차이가 있는 것을 알 수 있다. 돈오점수는 쉽게 돈오를 인가하려는 것이 아니라 구경의 견성이 어렵다는 것을 실감하고 묘각까지 도달하기 위해서 끝까지 방임하지 않고 수행을 마치고자 하는 용맹정진의 태도이지 돈오의 격을 떨어뜨리고 돈오를 쉽게 말하려는 것이 결코 아님을 알 수 있다. 이처럼 탄허의 돈오점수에도 돈오돈수를 주장하는 것과 동일한 엄격함이 엄연히 존재하는데 돈오돈수를 쉽게 주장할 수 없는 것은 돈수가 된 분은 조사들 가운데에서도 극히 일부이기 때문이라는 것이다.

이처럼 탄허는 화엄의 교(敎)와 간화선의 선(禪)을 함께 아우르는 '탄(呑)'적 가풍을 가지고 있다. 선교를 겸수하여 궁극에 도달하고자 하는 것은 구경각일진대, 돈오점수와 돈오돈수도 결국은 깨달음을 닦아 나가는 하나의 과정상의 문제일 뿐 서로 회통하고 융섭해야 하며 어느 한쪽만을 취할 사항이 아니라는 것이다. 이러한 선교관(禪敎觀)은 스승 한암을 모시고 20년가량 내전이력과 선수행을 닦아온 공력에서 나온 것이다.

다음으로 종조론에 대해서 살펴보면, 탄허는 조계종의 종조는 보조국사여야 한다고 분명히 밝혔다. 그 사실이 다음의 「한암선사 생신재 105주기 상당법문」 음성파일에 남아있다.

---

53   위의 책, p.30.

지금 우리나라 건국한 이래로 불교 종을 조계종이라고 명명을 하고서 종조를 누구를 모셔야 옳으냐? 조계종이라면 보조국사가 타당한 것이다. 보조국사가 조계종을 창설했던 것입니다. 그러니까 조계종으로 종명을 한다면 보조국사로 종조를 모시는 것이 옳다.[54]

그렇다면 그의 스승 한암의 종조관은 어떠한지 법문 음성파일을 자세히 살펴보자.

한암 스님께서 그전에 종정으로 계실 때에 여기 월정사 주지스님 지암 스님이 그때 종무총장으로(그때는 총무원장을 종무총장이라고 했습니다) 계실 때 한암 스님한테 조계종으로 했는데 종조를 누구를 해 모셔야 옳으냐 물었습니다. 스님 말씀이 "종조를 보조국사로 모셔라." 그런데 권상로 스님, 김포광 스님이 그때 동대 교수로 원로인데 그 분들한테 가서 물으니까 "태고보우국사로 모셔야 옳다." 이렇게 말을 했습니다. 그러니까 지암 스님 생각에 그이들은 학술 전문가이니까 아무래도 역사를 그이들이 더 잘 알지 않겠는가. 그래서 총독부 기관지에 대서특필로 "조계종 종조는 태고보우선사다" 하고 발표해버렸습니다. 그렇게 해버리니까 스님께서는 지나간 일은 생각하지 않습니다. 원체 공부가 높으신 분이 돼서. 그냥 임시 역정을 내시고 화를 내시다가도 금방 생각이 전혀 없습니다. 언제 역정냈던가 생각이 없습니다. "에이

54   김탄허 강설, 『동양사상 특강(CD 18장)』, 서울:교림(2002), 「CD(12):「한암선사 생신재 105주기 상당법문」에서 녹취.

그만 둬 버리라"고 방치해버리시더만. "그렇게 되어버린 것 어떻게 하 겠느냐." 그것이 바로 비구·대처 싸움의 원인이 된 것입니다. 대처승 측에서는 "태고보우국사가 옳다", 비구승 측에서는 "보조국사가 옳 다", 미미한 것이 결론이 나지 않고 있습니다. 어떤 것이 종조가 옳다 그르다 하는 것이 말입니다. … 일류 역사가들인 최남선씨나 황의돈 씨들도 역사적으로 볼 때 종명을 조계종으로 할 때는 보조국사가 옳 다고 주장하는 것입니다.[55]

탄허의 법문에 의하면 스승 한암에게 당시 총무원장격인 지암이 조 계종의 종조로 누구를 모실지에 대해 질문했을 때 한암은 보조국사여 야 함을 피력했다고 한다. 하지만 지암은 당시 종정인 한암의 말을 듣지 않고 동대 교수인 권상로 등에게 문의하여 태고국사로 종조를 발표하였 으며, 이 사실을 들은 한암은 잠시이긴 했지만 역정을 냈다는 것이다. 여 기서 하나 중요한 것은 비구승과 대처승의 싸움의 원인도 바로 이 보조 종조론과 태고종조론이 빌미가 됐다는 언급이다. 이 육성법문은 탄허가 스승 한암을 계승하여 돈오점수와 보조종조론을 확고하게 견지했음을 확인할 수 있는 중요한 자료이다.

한암은 이미 1930년에 《불교》에 기고한 「해동초조에 대하여」라는 글 에서 조계종의 종조론과 관련하여 "도의국사를 초조로 정하고 범일국사 를 거쳐 보조국사로 이어지며, 제13국사 각엄존자를 거쳐 구곡각운·벽계 정심 등으로 연원을 정하여 다시 해동 조계종을 부활하는 것만이 정당하

---

55   위의 CD(12).

다"고 하면서 "태고국사의 연원이 아님을 단언할 수 있다"고 한 바 있다.[56]

이는 아마도 태고를 조계종의 종조로 삼으려는 측의 주장을 염두에 둔 것으로 "태고가 중흥조라 함은 혹 가할지는 모르나 초조라는 '초(初)'에는 적당하지 않다"[57]고 했던 한암의 내심을 읽을 수 있다. 보조를 조계종의 종조로 삼지 못한다면 태고로도 종조를 삼을 수 없기에 시비를 없애려면 구산선문까지 시대를 거슬러 도의국사를 종조로 삼아 육조-서당-도의의 연원을 보조에게 이어 조계종의 계보를 정리하고자 한 것이다. 이는 한암과 탄허가 파악한 조계종과 한국불교의 특성이 선과 교를 함께 아우르는 선교융회의 회통정신에 있지 교는 버리고 선만 강조하는 배타성에 있는 것이 아니라는 것을 의미한다.

2. 근기수행론(根機修行論)과 회통선(會通禪)

탄허도 선(禪)을 중시했다. 평생사업으로 『화엄경』을 통현론과 청량소와 함께 번역하여 전무후무한 역경불사를 완성했음에도 "화엄의 십현(十玄), 육상(六相) 도리가 가장 원묘(圓妙)하지마는 또한 사구(死句)요, 천칠백 공안이 활구(活句)"[58]라 하였고, "팔만장경의 도리는 임제의 체중현(體中玄, 제3구 법문)에 불과하다"[59]고 하였다.

---

56   한암문도회·월정사 편, 『한암일발록』, 서울:민족사(1995), 「해동초조에 대하여」, pp.74~89.

57   위의 책, p.79.

58   김탄허 역해, 앞의 책 『서장(書狀)』, p.1, 서문 참조.

59   월정사·탄허문도회 편, 앞의 책, p.197 「妙玄禪子에게 보낸 답서(5)」.

탄허는 경허–한암으로 내려오는 정통법맥을 이은 선사답게 간화선이야말로 최상근기의 수행이자 최고의 수행임을 강조했다. 하지만 참선하는 방법에 있어서는 근기에 따라 매우 다양한 방법을 제시했다. 『원각경』에서 설하는 정관(靜觀)·환관(幻觀)·적관(寂觀)의 삼관(三觀)과 천태(天台)대사의 공(空)·가(假)·중(中)의 삼관(三觀)도 인정하여 간화선을 할 수 있는 최상근기가 아니면 이러한 관법(觀法) 수행으로도 큰 깨달음을 얻을 수 있다고 하였다.[60] 게다가 간화선 계열에서 심히 비판하는 묵조선마저도 중생근기에 따라서는 닦을 수 있으며 "간화선과 묵조선 사이에 우열이 없다"[61]고까지 말함으로써 기존의 선사들과는 매우 다른 '탄(呑)'적 가풍을 보여준다.

> 화두를 보는 간화선(看話禪) 외에 화두를 보지 않고 참선하는 묵조선(默照禪)이 있다. 교리적으로 들어가는 관법은 묵조선과 일맥상통한다. 참선은 반드시 화두를 보는 간화선이라야만 한다고 고집할 것은 없다고 본다. 교법에 의한 관법으로도 깊은 도리를 깨칠 수 있으며 묵조선으로 깨친 조사도 많다. 그것은 중생근기가 각각 다르기 때문이다.[62]

> 참선하는 데 화두를 가져 참구하는 방법과 화두가 없이 공부하는 법이 있어 이를 간화선 및 묵조선이라 일러온 것은 앞서 말했다. 그런데

---

60   김탄허 저, 앞의 책 『부처님이 계신다면』, pp.74~75.

61   위의 책, p.77.

62   월정사·탄허문도회 편, 앞의 책, pp.92~93.

어느 쪽이 더 우월한 방법이냐고 물을 때가 있지만, 우열은 없는 것이다. 근기 따라 문의 차이가 있을 뿐이다.[63]

탄허는 선(禪)에 대해 정의하기를, "제1구 소식, 본래 문답이 끊어진 자리, 즉 이 우주가 일어나기 전, 우리 몸뚱이가 생기기 전, 우리 한 생각이 일어나기 전 자리를 말하는 것이니 이는 말을 붙일 수 없는 근본 면목이어서 깨달았다는 것은 깨달은 것이 끊어진 자리를 깨달았다 하는 것"[64]이라 하였다. 따라서 탄허는 모든 사람들은 그 근본을 지니고 있기 때문에 누구든지 참선을 통해 자신의 본래면목을 깨칠 수 있다고 본다. 다만 공부의 방법론을 다양하게 펼쳐놓은 것이 불교이기 때문에 어느 하나의 수행법만 고집하는 것은 잘못된 것이며 근기에 맞는 수행법을 골라서 근본자리와 계합되면 된다는 입장이었다. 이런 연유로 간화선과 묵조선, 관법과 주력, 염불과 독경, 그 어떠한 수행을 선택하더라도 괜찮다는 것인데 마음자리가 끊어지는 순간이 와서 일심(一心)이 되면 자신의 본래면목이 드러난다는 것이다. 이와 같은 탄허의 선사상의 특징을 '회통선(會通禪)'이라 할 수 있다. 그의 회통선적 특징은 넓은 바다가 천강(千江)을 허용하는 화엄의 대가다운 광활함이 있다. 바다가 강물을 취사(取捨)하지 않고 그저 받아들일 뿐이듯이 모든 수행법을 방편으로 수용하는 것이다. 바다라는 보편은 강물이라는 특수를 나무라지 않는다. 소견이 왜 그리 좁은지, 스케일이 왜 그렇게 작은지 하는 일체 불평이 없는

63   김탄허 저, 앞의 책 『부처님이 계신다면』, pp.75~77.
64   위의 책, p.25.

것이 바다라는 보편이 강물이라는 특수를 보는 방식이듯이 탄허의 '회
통선'적 특색은 모든 수행법을 일미(一味)의 차원에서 장애 없이 허용한
다. 차별성을 보기에 앞서 근본의 동일성을 보는 방식으로 불교의 모든
수행법을 아우르는 것이 그의 '탄(呑)'적 가풍이라 하겠다.

3. 보조후신한암설(普照後身漢巖說)

김호성은 한암을 '보조선의 근대적 계승자'로 보며 "차라리 보조의 후신
이라고 할 수 있을 정도"[65]라고 말하는데 이는 매우 깊은 연구를 거쳐 나
온 탁월한 평가라고 생각한다. 보조와 한암의 사상을 함께 정미롭게 연
구하다 보면 한암을 보조의 후신으로 볼 수 있는 결과가 도출되고, 보조
와 가장 유사 내지 일치하는 사상을 지닌 인물을 선택하라면 한암을 일
순위로 꼽게 된다. 김호성의 언급 이전에 이미 탄허는 자신의 스승 한암
에 대해 매우 은근하면서도 지속적으로 '보조후신설'을 염두에 둔 법문
을 하고 있음을 발견하게 된다. 전생(前生)이나 후신(後身)을 직접적으로
누설하는 것은 금기에 가까운 것이 선가의 상례이지만, 탄허 법문의 뉘
앙스와 정황들을 살펴보면 한암과 제자 탄허 사이에 한암이 보조의 후
신이라는 사실을 서로 공유하고 있지 않았을까 하는 생각마저 든다. 본
고에서 보조의 후신이 한암이라는 '보조후신한암설(普照後身漢巖說)'을 조
심스레 제기하는 바이다. 그동안 잘 알려지지 않았던 육성 법문파일의

---

65   김호성, 『방한암 선사』, 서울 : 민족사(1995), p.30.

내용과 여러 연구 결과들을 근거로 보조와 한암과의 연관성을 추적해 보고자 한다. 아래는 조계종 종조는 보조국사여야 한다고 했던 탄허의 「한암선사 생신재 105주기 상당법문」 가운데 한암과 보조를 함께 언급한 법문 내용만 따로 모은 것이다.

(1) 오늘이 지금 한암 스님의 생신재인데 돌아가신 날은 2월 열나흘 날인데 돌아가신 날을 중시하지 않고 오늘 생신재를 이렇게 중시하는 것은 돌아가신 것이 그렇게 좋을 일이 무엇이 있습니까? 돌아가신 것은 오히려 우리한테 슬픈 일이며 또 크게 보면 이 국가 사회에 커다란 손실입니다. 이 세상에 나왔다는 것은 그와 반대로 이 국가 사회에 커다란 이익이 있는 것입니다. 그렇기 때문에 예수님이나 공자님이나 석가님이나 이 성인들은 생신재를 중시하지, 예수성탄절, 석가성탄절, 공자성탄절 생신재를 중시하지 죽은 날을 중시하지 않습니다. …
(2) 오늘 우리가 지금 한암 스님 생신재를 이렇게 해마다 추모하고 모이는 것은 한암 스님이 부처님을 대신해서 이 세상에 76년간을 우리한테 소개해준 분이다 이겁니다. 송광사의 보조국사라는 이는 오늘 돌아가신 날입니다. …
(3) 오늘 보조국사가 돌아가신 날입니다. 한암 스님은 태어난 날이고. 송광사에서는 거창하게 보조국사의 재를 지냅니다. 그러면 어떻게 그렇게 보조국사 돌아가신 날이 한암 스님 나신 날이 됐어요? 그것도 인연이 우연한 '거시기'는 아니여.[66]

---

66   김탄허 강설, 앞의 CD(12), 「한암선사 생신재 105주기 상당법문」.

편의상 (1), (2), (3)으로 나누었는데 그 사이에 생략된 부분들이 보조국사를 조계종 종조로 해야 한다는 내용들이다. (1)은 법문의 시작 부분이고, (3)은 법문의 마지막 부분인데 탄허는 한암이 태어난 날과 보조가 돌아간 날이 일치됨에 대해서 계속 강조하면서 한암의 생신재 법문에 조계종 종조는 보조로 해야 함을 계속 역설하고 있다.

아울러 보조와 한암의 열반상에 대해서 생사가 없음을 자유자재로 쓴 '용무생사(用無生死)'의 경지에 오른 공통점이 있다고 하면서 생전의 수행은 죽는 순간 그 저력이 드러나는데 이와 같은 용무생사에 오른 경지가 되어야 진정한 도인이라고 설파한다. 생사없음을 아는 지무생사(知無生死), 생사없음을 체득한 체무생사(體無生死), 생사없음을 계합한 계무생사(契無生死)로는 매가리가 없어서 안 되며 용무생사를 증득해야 함을 강조했다.

탄허는 가장 멋진 열반상을 보여준 대표적인 용무생사의 도인으로 거꾸로 서서 입적한 등운봉(鄧雲峰) 선사와 미리 관을 짜놓으라고 하고 관에 들어간 뒤 화장하라고 지시한 관계지한(灌溪志閑)선사, 그리고 송광사 법당에서 모든 질문을 받은 뒤 앉아서 좌탈한 보조국사와 날짜를 물어보더니 가사장삼을 수하고 좌복에 앉아서 입탈한 한암선사, 이 네 분을 가장 높은 경지로 인정한다고 하였다. 가만히 살펴보면 한암의 생신과 보조의 입적이 같은 날이고, 보조와 한암 두 선사의 용무생사의 유사점을 강조하고 있는 탄허의 법문 흐름은 예사롭지 않아 보인다. 게다가 마지막 부분에 "어떻게 그렇게 보조국사 돌아가신 날이 한암 스님 나신 날이 됐어요? 그것도 인연이 우연한 '거시기'는 아니여!"라 하여 보조국사 돌아가신 날과 한암 스님 나신 날과의 상호연관성이 깊다는 뉘앙스로 법문을 마감하고 있다. 한암이 보조를 조계종의 종조로 해야 한다고 했던 것, 탄허는 보조와 한암의 열반상이 용무생사로 동일하다고 했던 것과 함께 가장 귀를 솔깃하게 하는 것은 최후에 "인연이 우연한 거시기는 아니여"라 하여 '거시기'라는 전라 특유의 고도의 함축성을 담은 채 법문을 마감하고 있는 점이다. 보조와 한암의 인연이 우연한 '거시기'가 아니다 함은 무엇을 말하는 것일까? 필연적인 연관성이 있다는 뜻인데 필자는 이 '거시기'에 주목하여 '보조후신한암설'을 제기하는 것이다. 사실 보조와 한암의 생애와 사상에는 너무나 많은 동질성이 존재한다. 먼저 행적면에서 탄허는 부석사의 의상대사의 지팡이와 송광사의 보조국사의 지팡이, 그리고 오대산 중대의 한암선사의 지팡이를 늘 함께 논하곤 하는데 여기에서도 '어떤 연관성'이라는 말을 사용하고 있고 '우리가 모르는 숨어있는 이야기'라는 말로 마무리 짓고 있다.

지금 오대산 중대 앞에 있는 정자나무가 바로 스님의 지팡이였다고 한다. 부석사에는 의상법사가 꽂았다는 지팡이가 있고 순천 송광사에는 보조국사가 꽂았다는 지팡이가 지금도 그 자리에 서 있다. 그런데 신라 고승과 고려 국사의 지팡이와 지금 그 자리에 서 있다고 하는 나무 사이에 어떤 연관성이 있는지 알 길이 없다. 그러나 옛날부터 전해 내려오는 이야기에 의하면 그 나무가 바로 옛날 고승들이 꽂았던 지팡이라고 한다. 역사가 오랜 절 마당에는 여러 가지 전설과 비화가 있다. 어찌보면 마당에 서 있는 나무 한 그루, 굴러다니는 돌 하

나에도 우리가 모르는 이야기가 숨어 있을는지 모른다.[67]

- 「현대불교의 互禪 방한암」 중에서

보조와 한암의 생애 가운데 가장 주목해야 될 것은 두 선사의 오도의 기연이 보여주는 평행이론이다. 보조는 24세에 『육조단경』을 보다가, 27세에 이통현의 『화엄론』을 보다가, 39세에 『대혜어록』을 보다가 세 차례 오도했다고 전해진다. 한암은 24세 때 보조의 『수심결』을 읽고 마음의 중요성을 알게 된 후, 같은 해 경허의 설법 중 '일체무아'란 말을 듣고 처음 오도한다. 25세 무렵 참선 도중 죽비 치는 소리를 듣고 두 번째 깨달았으며, 28세 무렵 『전등록』을 읽은 후 세 번째 깨달음을 얻었고, 37세 때 부엌에서 아궁이에 불을 붙이다가 홀연히 깨달은 것이 네 번째 완전한 깨달음이었다고 한다.[68] 두 선사의 오도기연을 보면 보조의 경우 『육조단경』, 『화엄론』, 『대혜어록』, 한암의 경우 『수심결』, 『전등록』과 같이 경론을 보다가 수차례 오도한 유사함이 발견된다. 게다가 가장 중요한 것은 오도한 나이가 거의 동일한 시점이다. 보조는 24세, 27세, 39세의 세 차례이며, 한암은 24세, 25세, 28세, 37세의 네 차례이다. 24세에 첫 오도를 경험하고 25~28세 사이에 재차 오도를 체험한 뒤 37~39세에 마지막으로 깨달음을 얻어 확철대오한 과정이 거의 동일한 것이다.

한암은 탄허에게 이통현의 『화엄론』에 현토만이라도 달아달라고 부촉했는데 이것이 『신화엄경합론』 전체 번역의 시초가 되었다고 한다. 강

---

67   김탄허 저, 앞의 책 『부처님이 계신다면』, pp.96~97.

68   한암의 오도시기에 관해서는 다음 논문을 참조하였음. 윤창화, 「한암의 자전적 구도기 〈一生敗闕〉」, 『한암선사연구』, 서울 : 민족사(2015).

원에서 중시하지 않고 선사들만이 애독하던『통현론』을 교재로 공부하게 하고 번역하게 했던 한암과『통현론』을 보고 오도했다는 보조는 오버랩된다. 이 과정에서 분명 한암은 탄허에게 어떠한 중요한 밀전(密傳)의 부촉을 남겼을 가능성이 있다. 탄허는 월정사의 자신의 거처를 이통현의 거처와 같은 이름의 '방산굴(方山窟)'로 하고 20년 가까이 화엄경 역경불사에 전념했다. 한암은 보조를 계승하여 돈오점수와 정혜쌍수, 그리고 선교회통의 사상을 함께 공유했고 제자 탄허에게 이 모든 사상을 전수했으며 이후 탄허는 한국불교사 전체에 길이 남을 회통사상을 전개하게 된다. 이 모든 것의 시작이 한암이 보조의 겸수·융합의 정신을 이어받은 회통정신에 기인한 것임은 주지의 사실이다.

경봉(鏡峰)의 오후보림(悟後保任)에 대한 한암의 답장을 보면,『육조단경』,『절요』,『간화결의론』을 항상 스승과 벗으로 삼으라고 했는데 이것은 모두 보조사상과 관련이 깊은 책들이다. 한암은 송광사의 효봉(曉峰)과 구산(九山), 통도사의 경봉, 제자 탄허에게 보조선을 충실히 전파한 보조사상의 주창자였다. 성철이 보조와 돈오점수를 함께 비판했을 때 송광사 문중만큼이나 언짢았을 곳은 바로 오대산의 한암문도와 탄허였을 것으로 추측된다. 필자가 이 지면을 통해 제시한 '보조후신한암설(普照後身漢巖說)'은 증명할 길이 없는 것이나 그럼에도 불구하고 이러한 제안을 하는 목적은 앞으로의 한국불교계에서 벌어지는 모든 돈점론과 관련해서 먼 시대에 살고 간 보조가 아닌 현시대를 함께 했던 한암을 마치 보조 대하듯이 보아서 성철의 돈오돈수사상과 한암의 돈오점수사상을 비교해 보자고 제안하기 위함이다. 한암이나 그를 이은 탄허의 살림살이가 과연 돈수론에서 폄하하는 만큼 얕고 가벼워서 지해종도(知解宗徒)들로 치부될 수 있을 것인지에 대한 토론이 필요하다. 한암 스스로 조계종의 종조는 보조이어야 하고 『보조법어』를 가장 먼저 편찬·출간했으며, 보조가 깨친 『화엄론』을 기어이 탄허로 하여금 완역하게 했으며, 자신 또한 보조와 같이 좌탈입망의 열반상을 보여 주었고, 제자 탄허는 보조-한암으로부터 이어진 회통사상의 정점을 찍었기 때문이다.

현대 한국불교사에서 성철의 '철(徹)'적 가풍와 대를 이루는 반대 지점에 탄허의 '탄(呑)'적 가풍이 있음을 인식하면 보다 확충된 현대 한국의 선사상이 구성될 수 있을 것이며, 향후 담론의 형성은 8백을 뛰어넘은 보조선-성철선의 구도가 아닌 한암선(漢巖禪)-성철선(性徹禪), 혹은 '철(徹)'적 가풍-'탄(呑)'적 가풍의 형태로 이루어지는 것이 좋지 않을까 제안하는 바이다.

IV. 결어 : '중도'적 '회통'

본고에서는 현대의 한국선사상의 특징을 성철의 철(徹)적 가풍과 탄허의 탄(呑)적 가풍 두 가지로 대별하여 살펴 보았다. 성철은 돈오돈수와 태고법통설을 주장했고 탄허는 스승 한암을 계승하여 돈오점수와 보조종조설을 주장했다. 성철은 간화선을 중심으로 숙면일여의 과정을 통해 제

8 아뢰야식의 미세망념을 타파하고 대사각활을 거쳐 구경각에 이르러야 한다는 철저한 돈수론을 내세우며 보조의 돈오점수를 해오점수에 불과한 것이라 비판했다. 반면에 탄허는 보조의 돈오점수를 깨달음을 쉽게 여기고 방만하자는 의도가 아니라 화엄의 견도위의 이론을 통해 보다 많은 대중들을 발심케 하는 방편이자 근기에 맞는 수행법을 허용하여 닦음을 강조한 것으로 입장으로 이해했다. 돈수론이 깨달음에 방점이 있다면 점수론은 닦음에 방점이 있는 것이다. 이러한 성철과 탄허의 가풍을 비유를 들어 설명해 보자면 다음과 같다.

> 성철의 철(徹)적 가풍은 마치 에베레스트의 고봉(高峰) 정상(頂上)에 홀로 우뚝 서서 비로자나불의 정수리를 밟고 뭇 봉우리를 내려다보는 듯한 선(禪)의 쾌활자재(快闊自在)한 향상(向上)의 기상(氣象)이 돋보이는 것이라면, 탄허의 탄(呑)적 가풍은 마치 태평양 바다의 한 복판에서 법계의 시방세계로부터 흘러 들어오는 모든 중류(衆流)의 물결들을 모두 받아 삼켜 하나를 이루는 화엄(華嚴)의 탄탄무애(坦坦無碍)한 풍류(風流)가 그 압권이다. 비유하자면 성철이 '수직지향'의 '전문점'적 특색이 강하다면 탄허는 '수평지향'의 '백화점'적 특색이 강하다고 볼 수 있다.[69]

성철의 핵심사상은 중도사상(中道思想)과 돈오돈수(頓悟頓修)사상이다. 탄허의 핵심사상은 회통사상(會通思想)과 돈점융회(頓漸融會)사상이다. 이

---

69   문광, 앞의 논문, p.163.

러한 상반된 '철(徹)'적 가풍과 '탄(呑)'적 가풍을 절충하여 두 쟁점들을 화회(和會)시켜 성철의 '중도'와 탄허의 '회통'을 결합시켜 본다면 현대 한국불교사에 있었던 돈점논쟁의 교훈을 다시 새롭게 불교발전과 수행진작의 향상일로로 전환시킬 수 있을 것이다.

성철의 '중도'가 진여문의 영원히 변할 수 없는 각(覺)의 실체라면 탄허의 '회통'은 생멸문이 영원히 추구해야 하는 삶의 실용이다. 이 두 선사의 대표적인 사상을 융합·통섭하면 '중도(中道)'적 '회통(會通)'이 된다. 돈오돈수설과 돈오점수설을 중도의 쌍차쌍조(雙遮雙照) 방식으로 회통하면, 구경각을 이루기 위해서는 철저한 증오(證悟)를 위해 노력하는 '돈수의 철(徹)적 가풍'이 요구되고, 많은 대중을 근기에 맞게 수행시키고 교육하며 이타적 보살행을 실천하도록 발심하게 하는 것은 '점수의 탄(呑)적 가풍'이 필요하다.

성철의 돈수사상이 나온 뒤 종전보다 더욱 엄격하게 정진하는 선사들이 생겨났고, 보조의 점수사상이 나온 뒤 유구한 역사를 거쳐 한암이나 탄허와 같은 조금의 방일도 허용치 않고 임종의 순간까지 점수의 닦음을 이어간 종장들도 많았다. 현대 한국의 선사상에서 이 두 지평은 논쟁과 토론이 필요한 두 갈래이기도 하지만 한국불교의 지평을 한층 더 끌어올린 살아있는 불법의 현장임을 반증한 두 상징이기도 하다.

07.
서옹석호대종사의
생애와
참사람

금강金剛

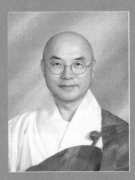

금강 金剛

중앙승가대학교 외래교수

중앙승가대학 불교학과 졸업, 원광대학교에서 『선가귀감에 나타난 선정쌍수에 관한 연구』로 석사학위, 『서옹석호대종사의 참사람 사상연구』로 박사학위를 각각 취득했다. 현재, 중앙승가 대학교 외래교수, 대한불교조계종 교육아사리회 회장, 대한불교조계종 미황사주지 소임을 맡고 있다. 주요 저서로는 『물흐르고 꽃은 피네』(불광출판사), 『땅끝마을 아름다운 절』(불광출판사), 『참사람의 향기 운영 매뉴얼』(조계종출판사) 등이 있다.

I. 서론

한국 근현대 불교는 개혁사조(改革思潮)가 주류를 이루어왔다. 서세동점 (西勢東漸)하는 제국주의사조(帝國主義思潮)가 밀려와 여러 나라 세력이 한 반도를 중심으로 각축하는 가운데, 한국은 마침내 주권을 잃고 1910년 일제에 강점당하여 생민이 극심한 고통을 견뎌야 했다. 1945년 해방이 된 후에도 1950년 한국전쟁을 비롯하여 1980년대 민주화과정이 진행된 이후까지 격변기(激變期)가 계속되었다. 불교의 개혁사조는 이러한 사회 변화에 대응한 구세제인(救世濟人)의 경륜이며, 여러 선각자(先覺者)들에 의해 주도되었다. 본 연구는 이들 선각자 가운데 한 분인 서옹석호대종 사(西翁石虎大宗師, 1912~2003, 이하 敬稱 생략)와 그가 전개한 참사람에 주목 하고, 그 의미를 재조명하는 것이 목적이다.

본 연구에서 주목하는 서옹은 일제강점기 초기에 출생하여 일찍 출 가하여 임제선(臨濟禪) 수행자로 새천년이 시작된 시기까지를 살았다. 대 한불교조계종의 종정과 고불총림(古佛叢林)의 방장 등을 역임하였다. 그 러면서도 선방(禪房)에서의 수행과 교학적 탐구를 통해 참사람사상을 정 립하였고, 참사람사상에 기초하여 참사람결사를 실천하였다. 참사람 수 행을 통해 일반인들도 참사람이 되고, 참사람이 된 각각이 모여 인류를 위해 봉사할 때 새로운 역사가 창조된다는 신념을 공유하고 함께 수행 하는 수행결사를 추구하였다.

서옹의 진정한 모습은 이러한 깨달음과 역사창출에서 발견된다. 그럼에도 불구하고 이러한 모습이 소홀히 다루어지고 있다. 이 간략한 연구를 통해 서옹의 진면목(眞面目)이 객관적으로 평가받고 이러한 평가에 기초하여 참사람사상과 참사람결사를 더 발전적으로 계승·발전되는 계기가 마련되기를 기대한다.

II. 서옹석호의 생애

서옹의 삶은 한국의 근현대사를 관통하고 있다. 그는 불교계의 대표적인 선지식(善知識)으로서 한국사회와 한국불교가 위기에 처할 때마다, 사회와 종단의 요청을 마다하지 않았고 '참사람'을 주요한 메시지로 제시하였다.[01] 이 장에서는 이러한 서옹의 삶을 네 시기로 구분하여 간략하게 정리하였다.

---

01 서옹은 '참사람'을 일생동안 參究하였다. '참사람'이란 용어는 1974년 「청정한 출가행으로 참사람 되어야」라는 종정 취임법어를 통해 최초로 사용하였지만, 그 사상은 그 이전부터 정립되어 있었다. 1941년 서옹의 대학졸업논문인 「진실자기」에 참사람에 대한 이론적 토대가 이미 구축되어 있었다. 또한 종정 취임 이후 『임제록(연의)』를 발간하여 '참사람'의 사상적 연원을 정리하고, 1995년 '참사람결사문'을 발표하면서 대중화와 사회화를 위한 운동으로 시작하였다. 서옹의 참사람사상과 참사람결사의 중심에는 禪修行이 자리하고 있다.

1. 성장교육기

서옹(西翁)은 1912년 10월10일 충청남도 논산군 연산면 송정리에서 유학자 집안의 외아들로 태어났다. 그의 속성은 전주(全州) 이(李) 씨이고, 속명은 상순(商純)이다. 부친은 범제(範濟), 모친은 김지정(金地貞)이다.[02] 그는 7살에 부친을 여의었지만 어린 시절은 그다지 어렵지 않았다. 일찍 돌아가신 아버지에 대한 그리움은 컸지만, 어머니와 할아버지의 보살핌 안에서 성장하였다.[03]

서옹은 정3품 벼슬인 중추원(中樞院) 의관(醫官)을 지낸 조부 창진(漲鎭)에게서 글을 배웠다.[04] 그리고 서당에서 『천자문(千字文)』과 『소학(小學)』 등을 배웠다. 그는 10살이 되던 1922년 연산공립보통학교에 입학하였고, 그곳에서 신학문을 접하였다. 서옹의 집안이 그가 14살(보통학교 4학년)이 되던 해에 서울로 이사함에 따라 죽첨공립보통학교(현 금화학교)로 전학하였다. 이듬해인 5학년 때 시험을 쳐서 양정고등보통학교에 입학하였다.[05] 서옹이 아직 양정고보에 재학 중이던 17살에 어머니와 할아버지가 별세(別世)하였다. 어머니와 할아버지의 죽음은 '삶과 죽음', '존재'에 대한 의문을 품게 하였다. 다행히 그의 숙부가 집안을 돌보았기 때문에 학업이나 생활에서 큰 어려움은 없었다.

당시 양정고등보통학교에는 박물학을 가르치던 김교신(金教臣,

02   〈호적등본〉 참조, 충남 논산군 연산면장 류홍선 발행(1994).
03   지선, 「주체의 길에 선 위없는 참사람:지선대담」, 서옹, 『참사람의 향기』, 백양사(2004), p.309.
04   지선, 위의 글, p.325.
05   두백, 「참사람 서옹 큰스님」, 백양사(2004), p.14.

1901~1945)과 을사조약 때 '시일야방성대곡(是日也放聲大哭)' 사설을 쓴 장지연(張志淵, 1864~1921) 등이 교사로 재직하고 있었다. 김교신은 우치무라 간조[內村鑑三, 1861~1930]에게 사사한 무교회주의자(無敎會主義者)였는데 귀국 후 여러 학교에서 학생들에게 민족의식과 독립정신을 고취시키고 있었다. 또한 그는 학생들에게 마하트마 간디(Mohandas K. Gandhi, 1869~1948)에 대한 이야기를 자주 하였다. 평소 김교신에게 영향을 많이 받았던 서옹은 간디에게도 깊은 관심을 가지게 되었다. 일평생을 인도의 독립을 위해 영국의 식민지 지배에 저항한 간디는 식민지 청년이었던 서옹에게 롤모델이 되었다.

서옹은 간디를 통해 불교를 접했고, 불교 사상은 예사롭게 느껴지지 않았다. 서옹은 불교서적을 밤을 새워 읽고 또 읽었다. 특히,『법화경(法華經)』「관세음보살 보문품」을 지극히 독송하였다.[06] 서옹은 당시를 다음과 같이 회상하고 있다.

그때 한국청년들에겐 희망이 없었어. 독립이나 해야 희망이 있지, 그렇지 않은가. 그래 인생문제에 더욱 골똘했던 것 같아. 그 시절에 나는 총독부에 있는 도서관에 가길 즐겨했지. 거기서 일본 사람들이 써놓은 불교서적을 읽었어. 인생문제를 해결하는 방법은 불교가 제일이라는 것을 그때 알았지. 간디 자서전도 게서 읽었는데 거기서 간디가 부처님을 숭배하고 있다는 사실을 알게 됐어. 그리고 나니 불교가 참

---

06   지선, 「주체의 길에 선 위없는 차별심」, 『고불총림 백양사』(1996), p.91.

으로 훌륭한 종교라는 확신이 들게 됐지.[07]

불교 사상은 식민지 현실을 극복할 수 있는 사상으로서 서옹에게 큰 영향을 주었다. 어머니와 할아버지의 죽음을 겪고 느꼈던 허무한 감정에서 비롯된 측면도 있었을 것이다. 서옹은 기회가 있을 때마다 불교서적을 구해 읽었다. 양정고보에서 수학하면서 서옹은 김교신의 무교회주의, 간디의 비폭력주의(사티아그라하), 불교의 자비와 평화정신을 접하였다. 이 중에서도 삶에 가장 큰 영향을 준 사상은 불교였다. 불교는 서옹에게 단순한 사상 그 이상의 의미를 가지게 되었고, 그 영향으로 중앙불교전문학교(이하 '중앙불전')에 진학하기로 결심하였다.

청년 서옹은 불교를 접하기 이전에는 의사라는 직업을 희망하였다. 그는 의사를 다른 사람의 고통을 덜어줄 수 있는 인도주의적(人道主義的) 직업이라고 생각하고 있었다. 그러나 서옹은 불교를 접하면서 육체의 병보다 정신의 병, 마음의 고통을 치유하는데 관심을 기울이게 되었다. 그는 매년 우등상을 받을 정도로 성적이 뛰어나서 상급학교에 진학할 때가 되자 양정고보의 선생님과 숙부는 경성제대 예과에 진학할 것을 권유하였다. 서옹의 뜻은 주변의 심한 반대에 부딪혔다. 현재에도 그렇지만 당시에도 '불교공부'가 출세를 보장해주거나 직업을 갖는데 유리하지 않기 때문이었다.

그는 주변의 반대를 무릅쓰고 중앙불전에 입학하였다. 청년 서옹의 의지는 그만큼 견고하였고, 그의 고민은 국가와 사회로 확장되어 있었

---

07   이학종, 「서옹 큰스님:중이 되기 전에 부처를 말하지 말라」, 『산승의 향기』, 운주사(1998), p.92.

다. 일본의 식민지배에 대한 저항의식은 국가와 사회문제에 대한 고민으로 심화되었고, 어린 시절부터 경험하고 고민한 '삶과 죽음', '존재'에 대한 문제도 더욱 심화되어 있었다. 하지만 이때 서옹이 출가를 결심한 것은 아니었다. 불교공부를 본격적으로 하면서 불교에 대한 막연한 동경과 기대는 확신이 되었다. 그러면서 그는 서울 각황사(覺皇寺, 현 조계사)를 자주 찾았다. 각황사에서 중앙포교사로 있던 대은(大隱, 1899~1989)의 법문을 들으면서 불교에 대한 관심은 더욱 커졌다. 불교공부는 지식 습득에 머물지 않고, 수행의 실천으로 이어졌다. 그는 서대문 봉원사 근처 산등성이에서 여덟 시간 동안 모기에 뜯기면서 참선에 몰두하기도 하였다. 이러한 시간을 보내면서 서옹은 인생의 본질적 물음을 해결하여 생사의 대몽(大夢)을 영원히 깨닫고 깨달음과 행함이 원만한 각자(覺者)로서의 길을 준비하고 있었다.[08] 대은은 처음에는 서옹의 출가를 받아들이지 않다가 불교에 대한 진지한 마음을 확인하고 만암종헌(曼庵宗憲, 1876~1946)을 찾아보라고 권하였다. 서옹은 만암을 만난 뒤 출가결심을 굳혔다.

2. 출가수행기

1) 백양사 출가

서옹은 중앙불전 1학년 여름방학 때 백양사(白羊寺)로 내려가 만암을 은사로 모시고 출가하였다. 만암이 처음부터 그의 출가를 허락한 것은 아

---

08   지선, 앞의 글, p.91.

니다. 서옹의 환경과 조건은 당시의 사회적 분위기에서는 출가와 거리가 멀었기 때문이었다. 하지만 만암도 서옹의 의지를 믿고 출가를 허락하였다. 출가 당시 서옹의 나이는 21살이었다. 만암은 서옹의 머리를 깎아주고 '석호(石虎)'라는 법명을 내려주었다. 서옹은 곧바로 구족계(具足戒)를 받았다. 이미 승려로서 갖출 자격을 다 갖추었다고 여긴 만암의 결정이었다. 이러한 만암의 파격적인 제자교육은 서옹이 중앙불전을 졸업할 수 있도록 지원한 것에서도 확인된다. 출가한 1932년부터 1935년 중앙불전을 졸업할 때까지 서옹은 서울과 백양사를 오가며 만암의 문하에서 대중생활하였다. 졸업 후 2년 동안은 백양사에 온전히 머무르며 대중생활과 외전강사를 하였다.

1932년은 만암이 중앙불전 교장직을 사임한 해이기도 하다. 이를 계기로 만암은 백암산으로 돌아갔고, 1937년 초까지 약 5년 동안 대외적 활동을 거의하지 않았다. 대신에 만암은 백양사에 주석하면서 중창불사에 주력하고 있었다. 1937년에 전남 5본산연합회(송광사·화엄사·대흥사·백양사·선암사)가 창립되었다. 전남 5본사연합회는 사찰의 종무행정 통일과 원활을 기하고 제반사업의 향상발전을 기하려는 목적으로 조직되었고, 포교·교육 사업에 대해 결의하였다. 중앙에서도 1937년 2월 28일 31본산 주지회의를 정식으로 개최해 총본산 건설위원회를 구성하였다. 이 회의에서 만암은 고문으로 깊이 연관되어 있었다. 이러한 만암의 활동을 서옹은 옆에서 지켜보고 보조하면서 한국불교계의 현실을 이해하였고, 이해의 폭과 깊이도 심화시켰을 것이다.

서옹은 백양사에서 은사 만암을 시봉하면서, 열심히 참선 수행하였다. 다른 한편으로는 전문강원에서 영어를 가르치는 외전강사(外典講師)

를 하였다. 강사 생활과 함께 하는 수행은 서옹의 마음을 충족시키기기 어려웠다. 강사라는 직분 때문에 참선에 전념하기 어려웠고 깊이 있는 공부도 힘들었다. 서옹은 '한 2년 동안 강사 노릇을 하다보니 내가 평소에 생각했던 수행 생활이 아니었다'[09]고 고백하고 있다. 만암은 한암중원(漢巖重遠, 1876~1951)이 주석하고 있는 오대산 상원사로 서옹을 보냈다.[10] 서옹이 전문학교를 마치고 강원강사를 하고 있으니 교(敎)에만 너무 치중하였다고 판단하고 선(禪)을 수행하도록 지도한 것이라 생각된다. 본격적인 수도 생활을 위해 한암회상에서 하안거를 성만하고 이후 상원사 등지에서 2년 간을 수행 정진하였다.[11] 서옹에게 있어서 임제선 수행자로서 정체성을 확립하는 시기였다.

2) 한암 문하에서의 선수행

한암은 근현대 한국불교의 선맥을 대표하는 선승으로, 경허·만공·수월과 함께 근현대 한국불교의 선풍을 되살리는데 큰 기여를 하였다. 때문에 한국불교에 대한 일제의 탄압이 극심했던 시절에도 한암의 문하에서 가르침을 배우려던 수행자들의 발길이 끊어지지 않았다. 서옹은 현대 한국불교를 이끌었던 효봉(1888~1966), 고암(1899~1988), 청담(1902~1971), 지월(1911~1973), 탄허(1913~1983), 월하(1915~2003) 등과 함께 한암 문하에서

---

09   불교신문사 엮음, 「서옹 스님 대담: 김현파, 부처님 근본마음을 깨달아 참사람이 되는 일이 중요한 게야」, 『한바탕 멋진 꿈이로구나』, 삼양(1999), p.57.

10   이와 달리 수행을 위한 서옹의 상원사행을 '스스로의 결정'이라고 유추할 수 있는 글도 있다. 앞에서 인용한 글에서 서옹은 외전강사를 "그만두고 오대산 상원암에 계시던 방한암 스님 밑으로 들어가 만이년 동안 열심히 선 수행"을 하였다고 언급하였다. 불교신문사 엮음, 앞의 책, p.57.

11   지선, 앞의 글, p.92.

수행하였다.[12] 엄격한 청규 정신에 의해 규율을 철저하게 준수하고 틈틈이 경전 공부를 하는 것이 상원사 선원 가풍이었다.[13]

서옹은 일본유학을 한암에게 문의할 만큼 신뢰하고 있었다.[14] 이러한 신뢰의 밑바탕에는 한암의 인품과 학식, 그리고 확고한 불교관이 자리하고 있다. 한암의 불교관과 교육 방법은 상원사에 개설된 3본사 중견승려 수련소의 교육내용을 통해 확인할 수 있다.[15]

서옹은 2년 동안 상원사 선원에서 공부하였다. 당시 상원사 선원의 대다수 납자들은 한문에 능하지 못해 경전이나 어록을 자유롭게 볼 수 있는 사람이 그리 많지 않았다. 때문인지 선원에서는 중앙불전을 졸업한 서옹의 이력이 화제였다. 선원 수좌들은 전문대까지 나와서 참선을 한다고 수군거렸다. 서옹은 이에 전혀 개의치 않았고, 다만 가끔 한암과 대화하였다. 서옹은 수행과 경전 학습에서도 두각을 나타낸 듯 하다. 설산(서울 정토사 회주)은 "스님이 하는 것을 보면 힘이 대단해요"라고 기억하였

---

12   한암문도회·김광식, 『그리운 스승 한암 스님: 한국불교 25인의 증언록』, 민족사(2006), p.10.

13   대한불교조계종 교육원 불학연구소 편, 『禪院總覽』, 대한불교조계종 교육원(2000), p.510.

14   무여(현 축서사 선원장)의 증언에 따르면, 서옹은 한암과 유학을 상의하였다. "서옹 스님이 일본 유학을 간 것도 한암 스님의 영향을 받은 것입니다. 서옹 스님이 1972년 동화사 조실을 하실 때에 제가 들은 말씀입니다. 서옹 스님이 한암 스님을 모시고 몇 철을 나시고 그랬는데 그때 한암 스님에게 유학을 가려고 하는데 어떻게 하면 되겠습니까? 하고 여쭈니 한암 스님께서 유학을 갔다가 오라고 하는 말씀에 용기를 내서 갔다는 사실을 들려주셨어요. 그때 서옹은 만암 스님의 상좌이었기에 백양사를 오래 비우면 상좌 빼앗긴다는 말을 들으면서도 한암 스님 회상에서 수행을 하였지요.", 한암문도회·김광식, 앞의 책, p.230.

15   서옹이 오대산을 찾기 1년 전인 1936년 봄에 상원사에서는 3본사(월정사, 유점사, 건봉사) 중견 승려들이 참가하는 연합 수련소가 개소되었다. 이 수련소의 책임자가 한암이었다. 수련소에는 중견승려 20~30여명이 수행하였다. 상원사 선원에는 수련생과 선원 대중을 합하면, 약 80여 명이 운집해 있었다(대한불교조계종 교육원 불학연구소 편, 위의 책, 509쪽). 한암은 이들에게 『금강경』, 『범망경』 등을 가르치고 참선수행을 지도하였다. 수좌와 수련생들의 교육을 위해 『보조법어』와 『금강경오가해』 등을 현토 간행하여 교재로 활용하고 각 사찰의 승려와 학인도 배울 수 있도록 출판하였다. 여러 경전 중에서 한암은 『금강경』과 함께 『화엄경』도 매우 중시하였다. 한암문도회·김광식, 앞의 책, pp.23~26.

다.[16] 그 영향인지 서옹은 상원사 선원에서 입승을 하기도 하였다.[17]

한암 문하에서 수행하면서 서옹은 크게 두 가지 영향을 받은 것으로 추측된다. 첫 번째는 선과 교를 함께 참구하는 한국불교의 전통이다. 상원사 선원에서는 참선과 교학을 함께 수행하였다. 이에 대해 일부 수좌들은 불만을 드러내기도 하였지만, 한암은 이를 지속하였다. 책이 흔하지 않는 시절이라서, 목판으로 찍은 책 한 권을 놓고 대여섯 사람이 죽 둘러앉아서 공부하였다. 당시 선원에서 공부한 경전은 『화엄경』, 『전등록』, 『선문염송』, 『범망경』, 『금강경삼가해』, 『보조법어』, 『육조단경』 등이다.

두 번째로 서옹은 한암에게서 수행자와 승가공동체의 기본자세를 배웠다. 앞서 언급했듯이 상원사 선원에서의 수행은 쉽지 않았다. 규율을 엄격하게 지켰고, 하루일과도 참선수행과 경전공부로 촘촘하게 구성되어 있었다. 하루 일과는 새벽 세시에 시작하여 저녁 아홉시에 마무리되었다.[18] 공양은 하루 두 차례였고, 공양 후 30분은 휴식시간이었다. 오전과 오후 각각 경전강의와 참선이 진행되었다. 한암도 빠짐없이 참석할 만큼 대중운력도 중요하게 여겼으며, 여름에는 대중운력으로 채소밭을 경작하였다. 승가공동체의 경우에는 부처님 제자로서 갖추어야 할 다섯 가지를 한암은 승가 5칙으로 정리하고 이를 강조하였다. 승가 5칙은 참

---

16   위의 책, p.130.

17   위의 책, p.76.

18   1932년 겨울에 한암에게 도를 구하려 상원사를 찾은 일본인 선승 소마씨는 겨울 안거가 끝난 후 『조선불교』(제87호)에 한암의 오대산 일상생활을 전하였다. "선원의 하루 일과는 아침 3시 기상, 입선, 7시 방선, 8시 입선, 11시 방선, 오후 1시 입선, 9시 방선으로써 밤 9시까지 서로 담화하는 일도 없이, 물론 개인 행동을 취하는 일도 없이 열심히 엄중하게 수행하는 것이다. 특히 다른 선당과 구별되는 점은 1일 2식으로 아침은 죽을 먹는다." 동국대학교 불학자료실, 「한암스님 유교발굴자료(5) : 방한암선사를 찾아서」, 『대중불교』 1994년 4월호, 대원정사(1994), p.81.

선, 간경, 염불, 의식, 수호가람이며, 수행과 일상생활이 일체화된 생활규범의 성격을 지니고 있다. 이 승가 5칙을 통해 출가수행자들이 참다운 수행을 실천하고, 사찰공동체가 원융적으로 활동할 수 있도록 하였다.[19] 선원에서 염불하고 기도하는 것에 대해 일부 수좌들의 반대가 있었다. 하지만 한암은 수행자의 기본이라면서 이를 놓지 않았다.

3) 일본 유학

오대산 상원사에서 치열하게 선수행을 하던 서옹은 역설적으로 상원사에서 일본 유학을 생각하게 되었다. 일본 교토에 소재한 임제대학(臨濟大學, 현 하나조노대학;花園大學)을 다니던 종묵을 상원사에서 만나, 일본 유학에 대한 여러 정보를 접했다. 서옹으로부터 중앙불전을 졸업한 이력과 일본 유학의 희망을 들은 종묵은 비용을 거의 들이지 않고도 유학할 수 있는 방안을 상세하게 설명해주었다. 종묵의 설명을 듣고 난 서옹은 은사를 찾아가 유학에 대한 희망을 요청하였다. 일본에 가는 여비만 지원해주면 일본 사찰에 머물면서 지내고 학비는 장학금을 받아 해결하겠다는 계획을 말하였다.[20] 이에 만암은 마침내 허락하였다. 이때가 서옹의 나이 28세인 1939년이었다.

일본 임제종은 일본 선종의 양대산맥 가운데 하나로서 화두참구(話頭參究)의 전통을 지키는 등 여러 면에서 한국불교와 비슷한 점이 많았

---

19   한암문도회·김광식, 앞의 책, p.13.

20   1995년에 행한 인터뷰에서 서옹은 은사스님이 지원한 5원도 장학생이라서 필요하지 않아 돈이 필요한 고학생에게 주었다고 밝혔다. 서옹·공종원, 「조사선만이 인류를 구제할 수 있다」, 『불교춘추』 2호, 불교춘추사(1995), p.28.

다. 서옹은 임제종 총본산인 묘심사(妙心寺)에서 운영하는 임제대학(臨濟大學)에 입학하였다. 생활은 사찰에서 하고 학비는 장학생 자격을 얻어 해결하였다. 서옹이 일본에 머물렀던 시기는 태평양전쟁(1941~1945)이 한창이던 시절이어서 모든 것이 부족하고 궁핍하였다. 고학생이 겪는 생활의 어려움 외에도 식민지 국민이 겪는 차별과 신사 참배 강요 등도 일본 유학 과정에서 경험한 시련이었다. 어려움과 시련 속에서도 서옹은 유학 생활에 충실하였다. 출가한 승려 신분도 대학생활을 충실히 하는데 도움이 되었다. 일본 유학 생활은 어려웠지만, 당시 불교학이 발달하였던 일본에서의 공부는 서옹의 불교관과 사상을 발전시키고 확립하는데 큰 도움이 되었다. 특히 당시 교토대학(京都大學) 교수인 히사마츠 신이치[久松眞一, 1889~1980]는 서옹에게 많은 영향을 끼쳤다.

서옹은 대학을 마친 후 일본 임제종 총본산인 묘심사에서 제대로 선수행을 해보고자 마음먹었다. 당시 임제종 선원 입방식 과정은 혹독하기로 유명했다. 3일 동안 대기하면서 입방 허가를 기다려야 했는데 오가는 사람들이 발로 차고 일부러 시비를 걸어 '분심'을 돋워 근기를 시험하는 방식이었다. 대부분의 수행자들은 그 화를 못 참고 돌아가기 일쑤였다. 반면에 서옹은 오가는 사람들이 발로 차고 시비를 해도 빙그레 웃으면서 편안한 모습을 보여 남들이 다 어렵다는 입방식을 불과 2일 만에 통과하였다. 이처럼 일본인들은 입방식을 손쉽게 통과하고 참선수행에 있어서도 높은 경지를 보인 서옹을 존경하였다.

4) 운수납자

서옹은 임제대학 공부와 묘심사 선수행을 마치고 33세 되던 1944년에 귀국하였다. 귀국 당시 조국의 상황은 그리 좋지 않았다. 이런 상황은 해방이 된 후에도 지속되었다. 해방된 조국은 정치적 이념에 따라 좌익과 우익으로 분열되어, 정치적 혼란이 사회적 혼란을 증폭시키고 있었다. 이러한 상황이 불교계에서도 재현되고 있었다. 이념에 의한 불교계 내부의 대립은 1948년 초반까지 지속되었다. 대한민국정부 수립 이후 혁신세력이 급격하게 약화되었고, 한국전쟁 직전에 이르러서는 기존의 보수적인 세력이 한국불교를 대표하는 형국에 이르렀다.[21]

해방 이후의 시기에 불교계는 조선 시대의 억불정책과 일제의 탄압에 의해 크게 훼손된 역량과 조직체계를 재정비하고 새로운 모습으로 태어나야 하는 과제가 있었다. 하지만 당시 불교계는 그러지 못하고, 사회처럼 분열과 혼란이 지속되고 있었다. 이러한 상황에서 서옹은 외부의 환경에 휩쓸리기보다는 내면을 다지는 활동에 주력하였다. 일찍이 은사인 만암으로부터 받은 가르침과 한국불교가 법통으로 설정한 임제선에 집중하였다. 이는 수행자로서 본분사를 다하는 것이기도 하였다. 서옹은 새로운 시대의 불교를 준비는 수행납자의 본분사인 수행에 있음을 자각하고 해인사·동화사·파계사·봉암사 등 전국 사찰을 돌며 수행에 전념하였다. 1949년 목포 정혜원에 주석한 것을 비롯하여 전쟁이 한창이던 1952년에는 부산 선암사 선원에서 향곡·자운·석암·홍경 등과 함께 안거에 들어 정진하였다. 1954년에는 해인사 선원, 1956년에는 백양사 선원에서 안거에 들었다. 그 다음 해에도 강원도 정암사 선원에서 하안거, 해인사 선원에서 동안거를 성만하였다.

21   대한불교조계종 교육원, 『조계종사 : 근현대편』, 조계종출판사(2001), pp.160~169.

3. 후학양성기

1) 오도와 수행지도

만암은 열반에 즈음하여 후사를 부탁하는 전법게(傳法偈)를 서옹에게 전했다. 당시 서옹의 법명이 석호(石虎)였음을 고려하면, 만암이 내린 전법게의 의미를 짐작할 수 있다.[22] 엄중하면서도 투철한 선수행을 통해 얻은 결과를 불교계와 사회에 널리 펼치라는 의미라 여겨진다.

> 백암산 위 한 사나운 범이
> 한밤중에 돌아다니며 사람을 다 물어 죽인다.
> 서늘하고 맑은 바람을 일으키며 날아 울부짖으니
> 가을 하늘 밝은 달빛은 서릿발처럼 차가웁다.
> 白巖山上一猛虎　深夜橫行夜殺人
> 颯颯淸風飛哮吼　秋天皎月冷霜輪[23]

　서옹이 법을 인가받은 때는 1950년대 후반으로, 해방 후 일본불교의 잔재를 청산하기 위한 정화운동이 시작되었다. 이런 와중에 수행에만 전념하던 서옹은 대흥사의 주지를 맡았다. 서옹은 1962년 9월부터 1964년 1월 초까지 비교적 짧은 시간 동안 주지직을 역임했지만, 대흥사를 안정시켰다. 또한 서옹은 1962년 11월 20일에 개원한 동국대학교 대학선원

22　백양사 편, '만암(曼庵)',『고불총림 백양사』, 정보문화센터 첼린컴(1996), pp.42~43.

23　백양사 편, 위의 책, p.48.

의 초대 원장과 조실을 맡았다. 대학선원에서는 매주 토요일마다 일반학생과 불교학생을 중심으로 법회를 가졌다. 대학선원에서는 동국선우회를 조직하고 불교의 생활화를 위하여 교내외를 대상으로 적극 활동하였다.[24] 1964년에는 도봉산 천축사(天竺寺)에 건립된 무문관(無門關)의 초대 조실로 추대되었다. 무문관에서 바깥세상의 어지러운 일들에서 잠시 벗어나 목숨걸고 수행에 전념하는 수선납자들을 도왔다.[25] 이후 제방선원을 찾는 운수행각을 통해 정안(正眼)을 활개(豁開)한 조사 가풍을 진작시키는데 진력하며 정진하였다. 이 기간 동안 서옹은 자운, 성철, 향곡 등과 각별한 도반으로 함께 정진하고 탁마하며 수행의 길을 같이 걸었다.

서옹은 56세가 되던 1967년 백양사에서 정진하던 어느 날 점심 무렵 쌍계루 아래 돌다리 사이로 흐르는 물살을 보다 문득 마음이 열리고 확철대오한 후 다음의 게송을 지었다.

상왕은 위엄을 떨치며 소리치고 사자는 울부짖으니
번쩍이는 번갯불 가운데서 사와 정을 분별하도다.
맑은 바람이 늠름하여 하늘과 땅을 떨치는데
백악산을 거꾸로 타고 겹겹의 관문을 벗어나도다.

象王嚬呻獅子吼 閃電光中辨邪正

---

24   황인규, 「동국대학교 정각원에 대한 종합적 고찰 : 경희궁 숭정전과 조동종 조계사, 대학선원」, 『한국불교학』 65권, 한국불교학회(2013), p.31.

25   천축사 무문관은 혼란한 불교계에 선수행을 기치로 내걸고 설립된 전문 수행도량이다. 붓다의 6년 고행을 본받아 6년 동안 일체의 출입을 삼가고 오직 수행 정진하였다. 1965년 시작된 1차 6년 결사에는 22명의 납자가 참여하였고, 이 중에서 5명의 납자가 제1차 6년 결사를 회향(1972년 4월)하였다. 2차 6년 결사에는 6명의 납자가 회향하였다. 당시 결사에 참여한 수행자들은 관응, 제선, 구암, 원공, 보문, 현구, 지효, 경산, 도천, 관묵, 천장, 도영, 석영, 무불 등이다.

清風凜凜拂乾坤　倒騎白岳出重關[26]

　　큰 깨달음을 얻은 서옹에게 불교계는 다양한 역할을 요구하였다. 1969년 동화사 선원 조실, 1971년 문경 봉암사 선원 조실을 맡아 수행자들을 인도하였다. 조실이라는 자리에 있으면서도 그는 '일일부작(一日不作) 일일불식(一日不食)'이라는 백장청규를 철저하게 지켰다. 대중과 함께 공양하고 대중과 함께 운력하는 등 자오자증(自悟自證)하는 모범을 보였다. 1971년 문경 봉암사 조실로 있을 때에는 선종의 주요 어록인『임제록』을 틈틈이 강의하였다. 이를 통해 서옹은 한국의 선풍을 진작하고 간화선의 이해를 더욱 심화하였다.

　　서옹이 오래도록 수좌들을 지도하면서 강조한 것은 세 가지였다. 첫째, 수행할 때는 '순수하고 용맹스럽게 하라'는 것이다. 화두를 참구할 때의 자세로서 순수함과 용맹함을 제일로 꼽으며 공부하는 사람의 정신은 '목숨을 바치는 자세'여야 한다고 강조하였다. 이러한 정신이 지속되어야 올바른 공부가 된다는 것이 서옹의 지론이었다. 둘째, '수행 중에 망상이 일어나면 반드시 이를 해결한다'는 자세를 강조하였다. 일본의 예를 들면서 조사에게 할 말이 없으면 멱살을 잡히고 쫓겨나온다고 하였다. 치열하고 용맹스런 수행으로 망상이 근접할 수 없도록 해야 하지만, 이왕 발생한 망상은 반드시 생명이 걸려 있다는 마음자세로 마주하고 공부할 것을 강조한 것이다. 셋째, 수행에 전념하되 '방 안에만 머물지 말라'고 하였다. 특별히 젊은 승려들에게 강조한 내용이다. 오로지 머무르려하는

26　　백양사 편, 앞의 책, p.2.

것은 올바른 자세가 아니라하고, 새로운 기운을 받아들여 활발발(活潑潑)하게 움직이는 것이 좋은 점도 있다고 하였다. 이는 특별한 의미를 지니고 있다. 승려들에게 선방에만 머물지 말고, 사회와 격리되어서는 안 된다는 의미이다. 서옹은 일제식민지와 해방 이후의 사회혼란기, 한국전쟁으로 인해 사회 속으로 들어가지 못했다. 하지만 불교와 사회 모두 극심한 혼란을 극복하고 안정되자 불교 본연의 목적을 위해 사회 속으로 움직일 것을 젊은 승려들에게 강조하였다.

2) 대한불교조계종 종정

1974년 봉암사 선원 조실로 있었던 서옹은 대한불교조계종 제5대 종정으로 추대되었다. 당시 조계종은 여러 혼란을 극복하고 종단의 형태를 갖추어가고 있었다. 하지만 종단 내부의 분규와 갈등은 여전히 지속되고 있었다. 종권을 둘러싸고 하루도 잠잠할 날이 없었다. 당시 '종정추대위원회'는 봉암사 선원 조실을 하며, 선의 종장으로 수행력을 인정받고, 사회와 종단에서 존경을 받던 서옹을 종단 화합을 이룰 적임자로 판단하고 종정으로 추대하였다. 이러한 종도들의 요구를 외면하기 힘들었다.

서옹은 1974년 8월3일 종정에 취임하였고 그해 12월 25일 백양사에 종정원을 설치하고 현판식을 하였다. 종정에 취임한 다음 해에 서옹은 당시 우리나라와 수교관계를 맺지 않았던 스리랑카를 방문하였다. 그곳에서 석가모니 부처님의 치아사리가 모셔진 불치사(佛齒寺)를 참배하고, 스리랑카 대통령과 수상, 종정과 만나 양국 간 우의를 증진키로 약속하였다. 방문 당시 서옹은 대한불교조계종을 세계불교승가회에 가입시켰으며, 스리랑카 국립 푸리베니아 대학에서 주는 명예철학박사 학위를 받았다. 또 다른 업적은 '부처님오신날'을 공휴일로 제정한 일이다. 해방 후 미군정기 때 예수의 탄생을 기념하는 기독교의 크리스마스는 공휴일로 지정되었다. 불교, 유교 등 다른 종교의 경우는 그렇지 못해 형평성 문제가 지속적으로 제기되고 있었다. 이러한 상황에서 서옹이 종정으로 있을 때 종단과 신도단체, 신도들의 오랜 노력의 결과로 1975년 1월14일에 부처님오신날을 공휴일로 지정하는 쾌거를 이루었다. 정부가 정한 공식 명칭은 석가탄신일, 날짜는 음력 4월 8일이었다. 서옹도 종정으로 일하던 시절 보람을 느낀 일 가운데 하나라고 회고하고 있다.[27]

이처럼 종정으로서 업적도 있지만, 종정으로서 활동은 그리 수월하지 않았다. 서옹은 사사건건 대립하는 종정과 총무원장의 갈등을 해결하기 위해 1975년 총무원장을 퇴임시키고 종정중심제를 구축하였다.[28] 종정중심제의 틀을 형성한 초기에는 총무원의 분위기를 일신하였다. 선승으로서 평소의 생각을 과감히 실천하였다. 교육과 포교, 계율을 강조하고 전국순회 포교활동을 전개하였다. 영화사와 내장사 등 태고종과 분규를 빚던 사찰을 정화하였다. 특히, 교육개혁에 집중해 오늘날 중앙승가대학의 초석을 놓은 것으로 평가받고 있다. 서옹은 불교정화운동 이

---

27   "통합종단에서 개혁종단까지-부처님오신날 공휴일 제정",《불교신문》2011년 5월11일자.

28   당시 종정의 대표권을 둘러싸고 정부와 총무원장측, 그리고 종정측간에 갈등이 있었고, 이를 처리하는 과정에서 종정의 대표권이 강화되었다. 이러한 일련의 사태에 대한 1975년 9월29일자 〈동아일보〉는 다음과 같이 분석하였다. "종단집행부인 총무원 간부 그것도 종정을 제쳐놓고 모든 실권을 쥐고 있던 손경산 스님이 물러난 것은 요즘 종단 안에서 조용히 일고 있는 정화 바람에 승복하는 것이라고 해석하는 측이 많다. … 대한불교조계종은 1천만 신도의 대부분을 포용하고 있는 불교계 최대의 종단이다. 그러한 종단이 자체 내의 누적된 부조리로 늘 비판을 받아왔는데 사찰재산처분을 둘러싼 비위사실, 승려의 자질문제, 포교의 전근대성 등이 논란의 초점이 되었던 것이다. 그래서 최고 종단책임자인 서옹 종정도 이 같은 문제들을 해결하기 위해 실무종정을 선언하기에 이르렀고 총무원간부들 또한 진퇴를 분명히 하지 않을 수 없게 됐던 것.",《동아일보》1975년 9월 29일자.

후 한국불교가 무질서해졌다는 인식하에서 종교인으로서의 자격을 갖출 수 있도록 승려의 자질 향상이 급선무라고 생각하고 있었다. 포교법, 교육법 등 종법 개정에 힘썼으며 수계에 통일성을 기하기 위해 계단(戒壇)을 법주사·통도사·송광사·월정사로 제한하였다. 계단의 설치와 승니의 배출, 위계질서 성립에 기여하였다. 이러한 노력은 원로들의 지지를 받았다. 이러한 지지를 바탕으로 서옹은 종단 쇄신을 더욱 추진하였고, 종정중심제로 종헌·종법을 개정하고자 했다. 이러한 결정에 반발한 이들이 세력을 결집하여 반대하였다. 그리고 총무원장중심제와 종정중심제를 둘러싼 갈등과 혼란은 지루하게 계속되었다. 서옹은 종단의 대립과 분규가 격화되어 해결될 기미를 보이지 않자 모든 책임을 당신의 허물로 돌리고 종정에서 물러났다. 1978년 1월 6일에 '종단의 화합을 위해 종정의 모든 권한을 위임하고 종정직을 사퇴한다'는 내용의 뜻을 원로모임에 서면으로 제출하고 사퇴하였다.[29]

서옹은 종정 시절에 대해서는 자세하게 언급하지 않았다. 대신에 행정에 대한 경험이 부족한 상태에서 의욕이 앞섰고 주변의 오해도 많았다며 스스로를 평가하고 있었다.[30] 종정으로 취임할 당시 서옹은 자신이 밝혔듯이 행정 경험이 부족하였다. 게다가 당시의 불교계 혼란을 수습하기 위한 구체적인 계획도 부재하였다. 사안에 따라 잘못을 시정하는 과정에서 종정중심제가 되었다는 것이다.

---

29   "목적불사 당위성 내세운 무리한 집행이 화근",《불교신문》2011년 6월1일자.

30   1995년에 공종원 논설위원과의 인터뷰에서 종정중심제로의 변경시도에 대해 자신의 실수라고 밝히고 있다.

내가 종정으로 있을 때 총무원장의 권한이 너무 커서 문제가 많았어
요. 그래 잘할려고 시정하려니까 저절로 종정중심제가 되었어, 내가
정치는 잘 모르거든. 그게 큰 실수라. 종정 중심제로 전 책임을 맡은
것이 큰 실수라. 원장한테 맡기고 뒤에서 감독만 하면 되는데 내가 전
체 종무를 맡은 것이 실수였지요. 내게 그런 능력이나 정치 수완은
없거든. 그때 내가 계획적으로 한 것이 아닌데 잘못한 것을 잘못됐다
하고 시정하다 보니 내 중심제가 되었어. 종정 중심제가 되다 보니 책
임이행하기가 어려운 거라. 그게 큰 실수였지.[31]

67세 되던 1978년 백양사에 주석하고 이듬해인 1979년에는 백양사
운문선원 조실로 추대되어 다시 수좌들의 선수행을 지도하였다. 번잡한
세간사와 어지러운 종단사를 훌훌 털어버리고 평생 애쓰고 닦아온 수행
자의 모습, 산승(山僧)으로 되돌아온 것이다. 선승으로 수행에 전념하였지
만, 1980년 당시 신군부 계엄사령부에 의해 자행된 '10·27 법난'때 고초
를 겪기도 하였다.[32]

종정에서 물러난 이후 종단에는 큰 관심을 두지 않았지만, 종단의 원
로로서의 역할을 외면하지는 않았다. 1994년 종단개혁에 서옹은 적극적
으로 참여하였다. 서의현 원장의 3선 연임 시도에서 비롯된 종단 갈등에
서 서옹은 서의현 원장의 퇴진과 종단의 개혁을 요구한 개혁회의와 뜻을
같이 하였다. 4월 10일 조계사에서 진행된 전국승려대회에서 서옹은 대

---

31   서옹·공종원, 「조사선만이 인류를 구제할 수 있다〈대담〉」, 『불교춘추』 2호, 불교춘추사(1995), p.35.

32   《경향신문》 1994년 4월 11일자 ; 《한겨레신문》 1993년 10월 31일자.

회사를 하고 종교개혁의 필요성 등에 대해 피력하고 참가자들을 격려하였다. 4월 18일에는 기자회견을 하고 "사리사욕은 물론 생사까지 초월한 마음으로 불법에 임해야 현 개혁회의도 제대로 역할을 해낼 수 있을 것"이라고 언급하며 불교개혁에 대한 의지를 드러내었다.[33]

3) 고불총림 복원과 참사람결사

만암이 백양사에 결성했던 고불총림(古佛叢林)은 한국전쟁 때 문을 닫은 뒤 한동안 복원되지 못했다. 백양사는 고불총림의 복구를 위해 1980년부터 사격을 갖추기 위해 노력하였다. 600년 역사의 강원은 향적전에 설치되었고, 운문암 운문선원에 상선원을, 백양사 설선당에 하선원을 설치하여 운영하였다. 율원은 백양사 화엄전에 마련하였다. 이처럼 선원과 강원, 율원을 갖추며 점차 총림으로서의 사격을 회복하였다. 그 결실로 한국전쟁으로 소실된 지 46년만인 1996년에 총림으로 원상복구되었다.[34] 1996년 4월 20일 120여명의 백양사 재적승들이 한자리에 모여 조사전에 다례를 올리고 산중총회를 열었다. 이날 산중총회에서는 백양사 조실인 서옹이 방장으로 추대되었다. 추대식은 같은 해 10월 25일에 대웅전 앞에서 봉행하였다.

고불총림 복원을 계기로 서옹은 참사람결사를 본격화하였다. 만암이 고불총림을 결성하면서 해방 이후 사회와 불교계에 개혁의 메시지를 던진 것처럼, 서옹은 '참사람'의 메시지를 사회와 불교에 제시하였다. 서

---

33   《한국일보》 1994년 4월 18일자.
34   백양사에서 총림 복원을 기념하여 백양사의 역사와 총림 설치의 역사적 근거. 만암·서옹의 가르침을 소개한 『고불총림 백양사』를 발간하였다.

옹은 1995년 84세의 고령에 참사람결사문과 서원을 발표하고 참사람결
사를 본격화하였다. 백양사 고불총림 방장에 추대된 해인 1996년 9월 2
일 서울 상도동 백운암에서 20여명이 모여 '참사람결사문'을 채택하였
다.[35] 같은 해 11월 14일부터 사흘간 불교방송 3층 대법당에서 '참사람 결
사 대법회'를 봉행하였다. 이 법회에는 3일간 연인원 2천여 명이 동참하
였고, '참사람결사문'을 채택하고 참사람의 삶을 서원하였다. 또한 백양사
에 참사람수행원을 개원하고 남녀노소 누구나 수행을 통해 깨달음을 얻
을 수 있도록 하고 몸소 지도하였다. 서옹은 백양사와 서울 백운암을 오
르내리며 참사람사상을 전파하기 위해 노력하였다. 고령에도 불구하고
서옹은 '참사람'이 현대사회의 여러 문제를 해결할 수 있는 보편적 방법
이라는 강한 믿음에서 참사람결사를 의욕적으로 추진하였다.

　　이 시기에 서옹은 『벽암록』을 강의하고 있었다. 1989년 운문암선원
을 개원하면서부터 하안거와 동안거 결제기간 동안 5~7일에 한 번씩 선
원대중을 비롯한 사중의 모든 대중에게 『벽암록』을 주제로 설법하였다.
이 설법은 2003년 열반 직전까지 14년 동안 총 160회 진행되었다. 또한
서옹은 수좌들에게 지극한 관심을 표하고 도움을 주었다. 방장실을 개
방하여 언제라도 선에 대한 의문을 가진 수선납자들을 제접하였다.

4. 입적기

35　　대한불교조계종 교육원 불학연구소 편, 『禪院總覽』, 대한불교조계종 교육원(2000), p.271.

252　한국의 선사상

평생을 수행 정진하며 후학을 제접하던 서옹은 세수 92세, 법납 72세가 되던 2003년 12월 13일에 고불총림 백양사 설선당 염화실에서 입적하였다. 사흘 전부터 열반에 들 것을 예고한 서옹은 입적 당일 평소처럼 아침 죽공양을 받고 오후에 상좌들과 법담을 나누다 후학들의 정진을 독려하는 '부촉의 말씀'을 남기고 평상시 정진하던 자세 그대로 입정에 들고 입적하였다. 서옹이 남긴 마지막 열반송은 다음과 같다.

운문에 해는 긴데 이르는 사람 없고
아직 남은 봄에 꽃은 반쯤 떨어졌네.
한 번 백학이 나니 천년동안 고요하고
솔솔 부는 솔바람 붉은 노을을 보내네.
雲門日永無人至 猶有殘春半落花
一飛百鶴千年寂 細細松風送紫霞[36]

서옹은 좌탈입망(坐脫立亡)한 것으로 인구에 회자되었다. 1956년 스승 만암에 이은 2대에 걸친 좌탈입망이라 더욱 그러하였다. 하지만 더 의미가 있는 것은 입적하기 전 시자와 나눈 문답이다. 입적하기 며칠 전 시자가 "큰스님 92평생을 살아온 인생을 한마디의 선지로 말하면 무엇입니까"라고 묻자, 서옹은 "등불, 등불"이라고 답하였다. 이유를 묻자, "등불은 잠시 밝았다가 꺼져버리잖아"하며 자신을 등불에 비유하였다. 며칠 후에

---

36   서옹, 『참사람의 향기: 서옹상순 대종사 1주기추모집』, 백양사(2004), p.24.

같은 질문을 던지자 이번에는 "부처, 부처"라고 대답하였다.[37] 이유는 "모든 사람들이 부처마음 갖고 있고, 모든 이들이 부처되길 노력하니 나도 부처지"라고 대답하였다고 한다.

서옹이 일생동안 주창한 참사람이 붓다와 같이 본래마음자리에서 자유자재한 자유인이라는 점을 상기하면, 입적을 앞둔 순간에도 참사람을 설파하고 있었던 것으로 생각된다. 서옹은 모든 사람들이 참사람이고 이를 자각하기 위해 수행정진해야 함을 상기하고 자신도 그러했음을 회상하고 있다. 한 생을 다해서 선풍진작과 납자제접, 그리고 인륜성회복의 새로운 대안으로서 참사람을 제창한 서옹은 임종의 순간에도 수행자이자 중생구제를 위한 승려로서의 본분에 충실하였다.

Ⅲ. 서옹석호의 '참사람' 수행

서옹의 참사람은 선(禪)을 바탕으로 하고 있다. '선(禪)'은 '선나(禪那)'라는 말로 범어(梵語)의 음역(音譯)이며, 의역하면 정려(靜慮)이다. '고요히 생각

---

37   입적 당시 일화는 조계종단에서 배포한 자료 '서옹당 상순대종사 종단장 제3차 홍보자료'를 주로 참고하였다. 현재 관련 자료는 종단 홈페이지(공지사항 서옹스님 영결식장 3차 홍보자료 작성일 03-12-17)에서도 확인할 수 있다.

한다'는 뜻이다. 또 좌선(坐禪)은 앉아서 고요히 생각한다는 뜻이다. 자세를 단정하게 가져 호흡을 정돈하고 향을 피우고 맑은 분위기 속에서 엄숙한 태도로 무엇인가를 생각한다. 서옹은 '무엇을 생각하느냐'라는 질문을 던지고, '인생을 생각한다'고 답을 하였다. 이때 인생은 다양한 질문으로 다시 이어지고 결국에는 '인생의 참된 본래면목'에 대한 질문으로까지 이어진다.[38]

서옹은 현대 문명이 야기한 여러 문제의 해결책이 의외로 간단하다고 역설하고 있다. 사회가 복잡하고 문제가 복잡하기 때문에 문제의 해결책도 대단히 복잡하고 어려울 것 같지만, '한 생각 돌이키면 간단한 문제'라고 하였다. 이러한 서옹의 생각은 불교의 선사상과 선수행에 대한 강한 믿음에서 기인한다. '수행자들의 공부방법은 참선이 제일', '무위진인에 이르는 첩경'이라고 하며 참선수행을 강조하였다. 이처럼 선을 강조하는 이유는 참선수행을 통해 '참사람'이 될 수 있으며 참사람이 되어야 현대사회의 산적한 병폐를 해결하고 참다운 삶을 영위할 수 있기 때문이다. 참자유를 아는 존재, 현대문명을 넘어선 활발발한 존재는 선수행을 통해 이룰 수 있기 때문에, 이를 사회화해야 한다고 주장한 것이다.

1. 조사선 수행

서옹은 모든 사람들이 '참사람'으로 살 수 있는 방법으로 선수행, 구체적

---

38   서옹, 「공안의 어원」, 앞의 책, p.31.

으로 조사선을 제시하고 수행 풍토를 회복하고 이를 사회화하려고 노력하였다. 참사람결사의 주된 수행법이자 참사람이 되기 위한 수행법으로 조사선을 분명히 하고, 조사선의 전통을 보편화하려하였다. 조사선의 강조는 불교의 방평론에 따라 현대사회와 현대인들에게 선이 가장 적절하다는 신념에 기초하고 있다.

> 조사선은 참사람이 되기 위한 수행 방법이지요. 조사선을 통해 깨달음을 얻는 것, 이것이 참사람 운동의 핵심입니다. 조사선은 자아를 초월하여 인간의 진실한 모습을 근원적으로 완전히 드러내게 하며, 이러한 경지를 참사람이라고 합니다. 조사선은 자연을 정복의 대상으로 삼지 않습니다. 우주는 모두 조화롭게 서로 의지하고 서로 은혜를 주고받으며 공존한다고 봅니다. 이러한 사실을 깨우치는 것이 조사선이기에 조사선의 가르침을 통해 인간은 아름답고 즐거운 세계를 창조할 수 있습니다. 조사선의 바탕 위에서는 누구나 자비심으로 생활하기 때문에 무너진 인간의 질서를 회복할 수 있습니다.[39]

서옹이 제시하는 해답은 선수행을 통해 현대인들이 무상무주의 참된 나, 즉 자신이 참사람임을 깨닫게 하는 것이다. 이러한 상태에 선수행, 특히 조사선(간화선) 수행으로 도달할 수 있다고 서옹은 강하게 믿었고 이를 참사람결사를 통해 구체화하였다.

---

39 "[가까이서 뵌 큰 스님] 서옹스님",《현대불교》 2002년 1월 23일.

2. 참사람 선수행법

서옹은 대학졸업논문인 「진실자기」에서 참사람의 수행체계를 절대모순의 절대긴장을 통하여 대의단을 참구하는 방법으로 설명하였고, 진실한 자기의 상태를 설명하였다. 그 방법의 연장선에서 1974년 『임제록(연의)』를 펴면서 그 해설을 통하여 더 상세하게 수행의 체계를 기술하였다. 서옹이 기술하고 밝힌 방법을 토대로 참사람 수행법을 정리하였다.

1) 절대모순의 자각

서옹에 의하면 참사람의 자각은 절대이율배반으로부터 시작된다. 「선과 현대문명」에서 '참나는 절대이율배반을 탈피한 자기가 되는 것이다. 이것이 궁극적 진실재인 참나, 진실재인 인간이 되는 것이다. 나는 이것을 차별없는 참사람이라고 한다. 임제스님이 말한 무위진인이다.'라고 기술하여 참사람은 절대이율배반으로 정의된 작위적 세계의 탈피임을 분명히 하였다.

현대사회를 지탱하는 인간주의(humanism)이다. 인간주의는 신(神)에게 절대복종하던 인간을 신으로부터 해방시켰다는 점에서 긍정적이다. 또한 인간이 중심이 되는 과학문명을 발전시켜 오늘날과 같은 생활의 편리함을 가중시키고 인간의 능력을 신장시켰다는 긍정적 측면도 있다. 인간주의에서 인간은 이성과 감성으로 구성되어 있다고 여기며, 이중에서 인간의 이성능력은 인류를 다른 동물과 구별하는 요소이다. 이러한 측면에서 근대적 인간은 이성을 자각한 존재이다. 이 인간의 이성능력은 거짓이다, 착하다, 악하다, 아름답다, 추하다 등과 같이 현상을 그 무엇으로 분별한다. 이성은 언제나 이성적인 것과 반이성적 것, 이 두 가지가 대립한다. 반이성적인 것을 이성적인 것으로 극복하는 것을 추구한다. 그러므로 이성적 생활의 궁극적 목적은 이성적인 것이 반이성적인 것을 다 극복해서 반이상적인 것이 아주 없어진 순수한 이성만 있는 상태이다. 그러나 반이성적인 것이 없는 순수한 이성만으로 된 생활은 존재할 수 없다. 반이성적인 것을 온전히 제거하는 것은 불가능하다. 이성과 함께 감성은 인간을 구성하는 기본 요소이기 때문이다. 따라서 이성적 생활의 궁극적 목적은 모순이다. 이를 서옹은 "절대이율배반"이라 하였다.[40]

절대이율배반적 자기를 극복하는 것은 절대이율배반의 근저로부터 그것을 극복하는 참나[眞我]가 자각하는 것이 선(禪)에서 말하는 견성(見性)이다. 절대이율배반은 참나가 자각하는 계기는 되지만 그 계기가 극복의 주체가 되는 것은 아니다. 감성적·이성적·생사적 자기의 심갱(深坑)에 있는 절대이율배반을 초월한 참나가 자기 자신을 자각함으로 인해서 감성적·이성적·생사적인 것을 극복하는 것이다.

2) 화두 간택

일반인을 대상으로 하는 수행프로그램에서도 서옹은 '화두(話頭)' 참구를 기본으로 하였다. 화두를 간택하기 전에 선과 화두에 대한 기본적인 이해를 위해 법문을 하고, 무(無)자 화두를 들게 하였다. 다른 공안들은

---

40 이성과 반이성, 생과 사처럼 모순의 상태를 서옹은 상대적 이율배반이라 하였고, 이를 더욱 근원적으로 비판하면 상대적 이율배반이 절대적으로 전체적 이율배반이 된다고 하였다. 이것이 절대이율배반이다. 이 절대이율배반은 관념적으로 의식하는 것이 아니라 주체적으로 절대이율배반이 자기화되어 버린 것이다. 이것이 바로 근대 이성적인 입장에 있는 近世的 인간의 한계이다. 서옹, 「선과 현대문명」, 앞의 책, p.66.

구체적인 개인의 특성과 환경을 반영한 것으로 의심을 일으키기 어렵다. 하지만 '무(無)'는 생사와 선악이란 대립과 모순 속에 있는 모든 사람들에게 적용할 수 있는 보편적 화두이다. 그리고 화두 참구와 함께 '참사람의 서원'을 설명하고 이를 삶의 방향과 지침으로 삼게 하였다.

서옹은 화두 간택 이후 참선을 할 때, 목숨을 바치는 마음으로 할 것을 강조하였다.[41] 화두를 든다는 의미는 자신이 들고 있는 화두를 의심하는 것이다. 이것은 분별심으로 '이런가? 저런가?' 따지는 의심이 아니다. 그 화두를 해결하지 못하고 혹은 화두 자체의 의미와 뜻을 모르기 때문에 발생하는 의심이다. 이러한 의심에서 자기 생명, 전체 자기 주체성이 화두와 한 덩어리가 되어서 단어 뜻 그대로 '의심 덩어리'가 되어야 한다. 주관·객관이 없이 의심 덩어리가 되는 것이다.

이 상태를 서옹은 '100m 달리기'에 비유하고 있다. 마치 국민학교(오늘날 초등학교) 학생이 100m 경주할 때에, 그 학생은 오직 뛰는 생각, 뛰는 그 용맹심 하나만을 생각한다. 이때 학생의 상태는 주관·객관이 따로 있어서 뛰는 게 아니라 뛰는 그 한 생명, 한 정신, 한 불덩어리 같은 정신에서 뛰는 것이다. 그와 같이 화두를 의심하는 것이 첫 번째 과정이다. 거기서 용맹스럽게 참으로 의심을 불덩어리같이, 용맹스럽게 수행하면, 당장에 의심이 끊어진다고 서옹은 설명한다. 돌덩어리 같은, 쇳덩어리같이, 때로는 등상불 같은 의심이 떡 끊어진다. 그렇지만 화두를 의심하는 그 자리는 더 분명하고 더 성성하다. 의심이 끊어진 용맹스러운 그 자리에

---

41   화두 간택에 대한 내용은 백양사 대웅보전에서 행하였던 『벽암록』 법문 테이프 9-15 (『벽암록』 제44칙 평창강의 도중, 1998.6.10.)를 참조하여 기술함.

서 더 화두를 의심하고, 불덩어리같이 용맹스럽게 수행하면, 일체를 투과하고 일체를 현성하는 자유자재한 경지가 뒤집어져버린다.

서옹은 해제를 앞둔 날 행한 『벽암록』 제창 중에 용맹심으로 더 열심히 수행할 것을 격려하였다.

'누구든지 하면은 다 그렇게 되게 돼 있는데 그러한 용맹심으로 하지 아니하고 딴 생각으로 화두를 의심하니깐 아니 돼요. 오늘 해제가 며칠이 안 남았지만은 그러한 용맹심으로 화두를 의심하면은 2~3일 이내에 다 해결할 수 있다고 조사스님이 분명히 증명하셨습니다. 그러하니깐 해제가 얼마 안 남아서 방심할 것이 아니라 이러한 공부하는 좋은 기회에 용맹스럽게 한바탕 해서 해결해야 돼요.[42]

화두 의심과 용맹심으로 수행을 투철하게 전개하면 어느 순간, '무의식'에 이르고 그러한 과정에서도 의심은 지속된다. 그러다 현재의 의심이 뒤집어져서 일체를 투과하고 일체를 현성한 거기에서 더 의심하면, 일체를 투과하고 일체를 현성한 그것이 원융무애(圓融無碍)하고 자재(自在)한 상태가 된다. 그리고 거기서 더 용맹스럽게 나가면, 무한히 투탈하고 무한히 현성해서 참으로 아무 걸림이 없이 아무 흔적이 없이 자유자재한 상태에 이른다. 거기는 시간과 공간이 없고, 생과 사가 없고, 죄와 악도 없는 자유자재한 그러한 상태이다.

---

42 백양사 대웅보전에서 행하였던 『벽암록』 법문 테이프 9-15(『벽암록』 제44칙 평창강의 도중, 1998.6.10.) 중에서.

3) 대의단

종교의 진정한 계기는 인간의 근본성격, 즉 인간이 절대모순으로 되어 있다는 사실을 자각하는 것이다. 서옹은 인간이 자신의 존재가 절대모순임을 자각할 때, '말할 수도 없고 말하지 아니할 수도 없으며, 행할 수도 없고 행하지 아니할 수도 없으며, 느낄 수도 없고 느끼지 아니할 수도 없으며, 생각할 수도 없고 생각하지 아니할 수도 없으며, 죽을 수도 없고 죽지 아니할 수도 없는' 상태를 체험한다고 하였다.

논리적으로 절대모순이고, 감정적으로 절대고민이 되고, 의지적으로 절대딜레마에 직면한다. 절대모순-절대고민-절대딜레마, 이 셋이 하나 될 뿐만 아니라, 나 자신이 총체적으로 절대긴장한다. 이 절대긴장함을 선(禪)에서 대의단(大疑團)이라 정의한다. 서옹은 「진실자기」에서 절대긴장에 도달했을 때, 진실한 자기는 전 세계에 큰 불이 난 것과 같이 치열하게 참구한다고 표현하였다. 대의단은 절대모순이 정점에 도달하여, 이제는 참구할 것도 없고, 참구될 것도 없는 오직 절대모순 그 자체만이 존재하는 상황이다.[43]

서옹은 임제의 예를 들어 대의단의 상태를 설명하기도 하였다. 수좌목주가 임제에게 "지금까지 조실스님에게 법을 물었느냐?" 하고 물었을 때에 임제가 "아직 묻지 않았습니다. 무엇을 물어야 할지도 모릅니다"라고 대답하였다. 이때가 바로 물을 수도 없는 대의단(大疑團)에 빠져있던 것이다. 그래서 임제는 대의단의 경지를 "나도 옛날에 깨닫지 못하였을 때에는 깜깜해서 아득했었다. 광음(光陰)을 헛되이 보낼 수가 없어서 뱃

---

43   서옹, 『임제록(연의)』, 임제선원(1974), p.39.

속은 불이 나고 마음은 바빴다"[44]라고 설명하였다.[45] 이처럼 서옹은 선수
행에서 대의단을 중요시하였다. 대의단은 모든 사람이 처한 현실세계의
생사적 모순과 가치적 모순, 즉 절대모순(절대이율배반)을 자각해야 하는
것이 시작이다.

4) 돈오돈수

서옹은 대의단에서 돈오돈수의 전환을 '이 의단(疑團)이 필경에는 의의
(意義)를 끊게 되고, 인간을 근본적으로 해체(解體)하여 인간의 근저(根底)
를 부수어 버리고 그 속에서 본래면목(本來面目), 즉 진실한 자기가 나타
나게 되는 것이다. 비약(飛躍)이 있을 뿐이다'[46]라고 설명하고 있다. 비약
해서 진실한 자기로 전환한다는 설명이 명확하다.

　생사적(生死的) 자기와 무생사적(無生死的) 진실(眞實)한 자기는 차원이
근본적으로 다른 입장이므로 생사적 자기와 무생사적 자기와의 관계는
연속할 수 없는 관계라는 설명이다. 임제가 돈오돈수를 설명한 내용도
이와 유사하다.

　만약 사람이 도(道)를 닦으면 도반(道般)은 행하여지지 않고 도리어
　만 가지 삿된 경계(境界)가 서로 다투어 일어나게 된다. 반야지혜(般若
　智慧) 칼이 나온 즉 한 물건도 없다. 밝은 머리가 나타나지 아니하여
　깜깜한 머리가 바로 밝다. 그러므로 옛사람이 아무 조작없이 평상한

44　　"山僧 往日 未有見處時 黑漫漫地 光陰不可空過 腹熱心忙.", 『大正藏』47권, p.502下.

45　　서옹, 『임제록(연의)』, 위의 책, p.39.

46　　위의 책.

마음이 도(道)이다.[47]

　'도(道)를 닦는다' 하면 이것은 도를 행하는 것이라고 할 수 없다고 하
며 명확히 돈오돈수의 입장을 밝히고 있다. 이처럼 임제가 돈오점수를
부정하고 돈오돈수를 주장한 것은 혜능, 마조, 백장, 황벽 등 육조의 선
을 정통으로 계승한 역대조사들과 다를 바 없다. 서옹은 이를 확인하고,
'생사(生死)의 자기'는 닦을 것이 있지만 '생사가 없는 진실한 자기'는 닦을
것이 없다고 정리하고 있다.

5) 진인

대의단 상태에서 생사적 자기에서 무생사적 자기로 차원을 뛰어넘어 자
신의 본래면목을 깨달은 존재를 서옹은 참사람이라고 하였다. 이때 참사
람의 한자어는 무위진인(無位眞人), 진인(眞人)이다. 무위진인은 임제가 사
용한 용어로 그는 무의도인(無依道人), 무사인(無事人), 청법저인(聽法低人),
승경저인(乘境低人) 등도 사용하였다.[48] 이때 진인(眞人)은 우리가 일반적으
로 말하는 보통의 인간과는 다르다. 서옹은 '보통으로 말하는 인간은 이
성에 의해서 감성을 극복해 가는 이성적 인간을 말하는 것이다. 이성적
인간은 순수한 생을 바라지만 그 생(生)은 사(死)를 반드시 수반하므로
그 생(生)을 순수한 생(生)이라고 할 수 없고 생사적(生死的) 인간(人間)이

47　"古人云 路逢達道人 第一莫向道 所以言 若人修道道不行 萬般邪境競頭生 智劍出來無一物 明頭未
　　顯暗頭明 所以 古人云 平常心是道.", 『大正藏』47권, p.499上.

48　서옹, 『임제록(연의)』, 앞의 책, p.43.

라고 하겠다'[49]라고 설명하면서 진인과 구별하고 있다. 이 이성적 인간이 선수행에 의해 대의단에서 절정에 이르면 이 인간은 부정되고 무위진인, 즉 참사람으로 전환된다.

서옹은 이 참사람이 '근원·절대적인 주체'이며, '본래면목', '참나'라고도 한다. 참사람은 본래의 자기 모습이다. 따라서 인간은 모두가 참사람이며 누구도 억압하거나 차별할 수 없는 절대 평등한 존재이다. 그래서 참사람은 어디에도 거리낌없이 당당하며 자유자재하게 살 수 있어야 한다.[50]

무위진인에는 이상적 인간과는 차원이 다른 존재이지만, 본래 이상적 인간에 내제하고 있다. 다만 우리가 이를 자각하지 못하고 있을 뿐이다. 만약 무위진인이 자각하면 감성과 이성은 무위진인에 의해 발현된다. 때문에 깨달은 무위진인도 겉보기에는 보통의 사람과 똑같다. 임제는 이를 '빨간 몸덩어리 위에 한 차별없는 사람이 있어서 항상 여러분의 눈·귀·코·입 등을 통해서 출입한다'고 하였다.

다만, 무위진인은 능동적 적극성이 발현되는 주체이다. 서옹은 '이 진인이 일체의 한정을 절하고 형상을 절할 뿐만 아니라 무한의 자기부정을 자유로 하는 것이므로 무(無)라고 한다. 이 무한의 자기부정하는 무에서 무한의 능동적 적극성이 나오므로 주체라고 한다'고 하였다.[51] 서옹이 추구하였던 참사람의 사회참여와 자비 실천은 참사람이 근원적 주체로서 세계를 형성하고 역사를 창조하는 존재이기 때문에 가능하다.

---

49   위의 책, p.44.

50   서옹, 「참사람의 자비심」, 앞의 책, p.191.

51   서옹, 『임제록(연의)』, 앞의 책, p.45.

3. 참사람 수행과 자비 실천

서옹은 참선수행의 목적으로 자비심과 자비 실천을 분명히 하였다. 서옹은 참사람에게는 사리사욕이 없고 진실하고 공명정대하며 한량없는 자비심을 갖는다고 하였다.[52] 이러한 자비심은 근본부터 갖추어져 있는 것이었으나, 선을 통해 자각되고 발동된다. 이를 통해 참사람은 서로 존중하고 서로 돕는 '무주상(無住相)의 대행(大行)'을 전개한다. 서옹은 위대한 인간의 역사는 여기서부터라고 강조하기도 하였다.[53]

한량없는 자비심, 곧 동체대비의 자비심의 바탕에서 신의를 지키고 존중하며 서로 도와 평화로운 세계를 이룩할 수 있다고 보았다. 사람들이 서로를 속이고 다치게 하고 착취하는 범죄와 전쟁, 차별이 없는 것은 물론이고 지구환경 파괴나 생태계 오염 같은 인간과 자연 간의 부조화와 마찰이 있을 수 없다고 강조하며, 서옹은 그의 자비 실천에 지구환경 보호와 생명체의 공존 공생까지 포함시킨다. 이러한 자비 실천은 참사람이 동체대비의 존재이기 때문에 가능하다. 참사람에게는 자기본위의 것이 전혀 없다. 자기는 곧 타인이고, 타인이 곧 자기이다.[54] 때문에 서옹은 "부처님이 따로 있는 것이 아니라 우리의 참모습이 진실한 인간상이며, 인간의 참다운 실존이 바로 부처님"이라며 자비가 바로 인간의 참모습이라고 주장한다. 바로 이 자비가 인간의 바탕이 될 때 인류는 평등한 공동

---

52 미산, 「진정한 자비의 실천과 선불교 자비행법의 모색」, 『자비, 깨달음의 씨앗인가 열매인가』, 운주사 (2015), p.176.

53 서옹, 「선은 무엇인가」, 앞의 책, p.29.

54 서옹, 「참사람의 자비심」, 앞의 책, pp.190~19쪽.

체가 된다.[55] 이러한 이유에서 서옹은 수행자들이 수행지상주의로 흐르는 것을 경계하였다. 선(禪) 그 자체가 목적이 아니라, 선(禪)을 통해 자비와 화합을 사회 속에서 구현해야 한다는 주장이다. 같은 이유에서 서옹은 선수행이 현대문명의 자기파괴적인 모순을 극복할 수 있는 방편이라고 주장한다. 인류가 자비심을 갖고 사리사욕 없이 참사람으로 살아가기 위해서는 다른 수행보다 참모습을 깨달을 수 있는 참선수행이 가장 우월한 방법이라 여겼다.

모든 존재들은 자비와 화합의 바탕으로 함께 공존해야 한다고 주장하고, 나아가 인간질서의 회복도 필요하다고 생각하였다. 서구과학문명이 벽에 부딪히면서 서구에서도 동양사상, 특히 선에 대한 관심이 증가하고 있다. 선수행을 통해 우리는 인간을 과학문명의 노예로부터 해방시켜 주체적 자아를 회복할 수 있다. 선은 과학문명을 구제하고 전진시킬 진리라고도 하였다.[56] 이러한 관점에서 불자들은 불교가 선을 근간으로 하고 있으며 선을 통해 세계에 공헌할 수 있다는 점을 자각해야 한다고 하였다. 이러한 자각을 기반으로 불자들이 수행·교육·포교로 인류를 구출할 사명을 다함께 성취해 나가야 한다고도 하였다. 이를 서옹은 '나를 버리고 동체대비(同體大悲)의 하나로 돌아가서 문제를 해결하는 자세'[57]라고 하며, 이를 위한 선수행을 강조하였다.

이러한 측면에서 참사람결사는 선수행을 통해 불교적 가치를 지향하는 신행활동이자 동시에 불교적 이상의 실현을 지향하는 사회참여였다.

---

55   서옹, 「참다운 부처님」, 앞의 책, p.125.

56   서옹, 「선은 무엇인가」, 앞의 책, p.30.

57   서옹, 「무차법회/서옹스님 인터뷰」, 앞의 책, p.139.

참사람결사는 출범이후 크게 3가지 방향으로 진행되었다. 첫 번째는 무차선회(無遮禪會) 봉행, 두 번째는 학술대회, 마지막은 서옹이 가장 중요하게 여겼던 수행프로그램이다. 수행프로그램은 간화선(看話禪)을 토대로 구성되었고, 수행에 집중할 수 있도록 준비하였다. 특히 IMF 외환위기를 계기로 실업자를 위한 특별 프로그램을 운영하기도 하였다.

IV. 서옹석호의 '참사람'

서옹은 오늘날의 여러 사회문제를 야기하는 원인으로 서구의 인간중심을 비판하고, 그 극복을 위한 해결책으로 동양의 전통적인 인간관에 주목하였다. 그리고 임제(臨濟) 무위진인(無位眞人)의 창조적 해석으로 새로운 모델로서 '참사람'을 제시하였다.

1. 현대사회의 인간관 비판

서옹은 현대사회의 다양한 사회문제의 근원에는 이성과 욕망에 기초한 인간관이 있다고 비판하며, 이 인간관은 서양문명과 서양철학에 기초한다고 분석하였다. 이에 그는 새로운 역사와 문명을 창조하기 위해서는 '인간'에 대한 인식이 혁신되어야 한다고 주장하였다. 현대사회에서 통용되는 인간에 대한 인식, 즉 과학에 종속된 인간관이 현대문명의 병근(病根)이라는 주장이다.

> 인간주의는 한없는 욕망으로 인한 전쟁과 환경파괴로 말미암아 모든 인류가 멸망하게 되었지만 동양의 전통적 정신문화에는 인간을 초월해 인간의 모순을 해결한 참사람이 살아있다. 오직 이 참사람만이 중생을 구제할 수 있고, 세계평화의 역사를 창조할 수 있다.[58]

서옹에 의하면 인류는 원래 '참사람'임에도 이러한 사실을 망각하고 있다. 자기자신이 참사람인데 환경에, 과학문명에 끄달려서 노예가 되고 제정신이 없이 살고 있다. 우주가 모두 조화돼서 서로 의지하고 힘과 은혜를 입고 사는데 인간들은 대자연을 정복하고 지배한다고 주장한다. 그래서 환경을 파괴·오염시키고 생태계를 죽이고 사람도 못살게 만들고 있다. 서옹은 물질문명과 과학만능주의를 경계해야 한다고 비판하였다.

새로운 역사와 문명을 창조하기 위해 필요한 인간은 참사람, 즉 근원적 주체이다. 이를 위해 필요한 방법으로 서옹은 선(禪)을 제안하였다. 서옹은 선은 근원적 주체를 겉으로 드러내어 보여주는 것이라 주장한다. 근원적 주체, 즉 참인간이 함께 참여하는 창조한 과학문명은 아무리 독자성을 강조하며 다양화되더라도 분열되지 않는다. 반대로 보편성을 강

---

58   《매일경제》 2000년 8월 20일자.

조하여 하나를 추구하더라도 공허하지 않다.

> 근원적 주체는 무한히 창조하고 무한을 형성한다. 그리고 어느 시점
> 에나 스스로 거기 있다. 그러나 그는 거기에 얽매이지 아니하고 걸
> 림없이 해탈자재(解脫自在)하여 무한히 문명을 창조해 나아가는 것이
> 다.[59]

이처럼 서옹이 참사람사상에서 추구하는 인간관은 기존 서구에서
유입된 인간과는 다른 근원적 주체이다. 과학문명을 진실한 인간문명으
로 되돌려 현대사회의 위기를 극복할 수 있는 인간이다. 이 혁신적인 사
람들의 노력을 통해 인류의 영원한 평화와 번영도 가능하다. 물론 이러
한 혁신적인 인간관은 단지 서구의 합리적 인간관을 거부한다고 가능한
것이 아니다. 앞에서 정리한 선을 통해 가능하다. 그래서 서옹은 같은 글
에서 '영원한 평화와 번영을 보장하는 것이 선이라고 믿'는다고 하였다.

2. 임제 무위진인의 창조적 해석을 통한 '참사람' 제시

임제의 무위진인은 몸과 마음이 일체가 된 신심일여(身心一如)의 인간으
로 구체적인 일상생활 속에서 불성(佛性)의 전체작용이 전개되는 살아있
는 인간을 뜻한다. 이러한 점에서 임제의 무위진인은 '정법을 깨달은 사

---

59   서옹, 「선은 무엇인가」, 앞의 책, p.29.

람'을 의미한다. 다른 예를 들자면, 혜능의 견성한 사람, 마조의 마음 깨친 사람, 백장과 황벽의 평상심을 가진 사람, 히사마츠의 무상의 자기와도 다르지 않다.

> 육조혜능 스님은 견성(見性)을 역설하면서 성(性) 자를 많이 사용했다. 신회 스님과 종밀 스님은 지지일자중묘지문(知之一字衆妙之門)이라고 해서 지(知) 자를 말한 것은 성(性) 자보다 동태성이 있다 하겠다. 마조 스님에 와서는 즉심즉불(卽心卽佛), 평상심시도(平常心是道)라고 말해서 할 또는 방을 쓰고 손으로 때린다든가 발로 찬다든가 하는 대기대용(大機大用)이 시작되었다. 그리고 백장(百丈), 황벽(黃檗)까지는 심(心) 자를 많이 사용했다. 임제스님에 이르러서 인(人) 자를 많이 사용하게 되었으니 인(人) 자는 성(性)과 지(知)와 심(心)보다 구체적이고 행동적이라고 말할 수 있다. 그리고 임제 스님은 그 인을 무위진인, 무의도인, 무사인, 청법저인, 승경저인이라고 말하며 보통으로 말하는 인간과는 다르게 사용했다.[60]

이러한 측면에서 서옹의 '참사람'은 사상적 측면에서는 임제와 히사마츠를 종합적으로 현대적으로 계승한 개념이다. 불교 교리적 측면에서는 모든 중생에게는 본래부터 불성(佛性)이 갖추어져 있다는 불성론(佛性論)에 기초하고 있으며, '자아를 초월한 그 본성자리인 인간의 진실상(眞實相)을 근원적으로 완전히 드러낸' 존재이다. 『임제록(연의)』의 서문에

---

60   서옹, 『임제록연의』, 아침단청(2012), p.43.

서 서옹은 참사람을 다음과 같이 분명하게 정의하고 있다.

> 이 참사람은 어떤 것입니까?
>
> 참사람은 눈 깜짝하지 아니하되 본래로 선과 악, 또는 이성(理性)을
> 초월하여 생사(生死)도 없습니다. 시간(時間)과 공간(空間)이 거기에는
> 존재(存在)하지 아니합니다. 근본원리(根本原理)라든가 신(神)이라든가
> 도 있을 수 없습니다. 부처도 없습니다. 여기에는 무한한 자기부정(自
> 己否定)만이 지속합니다.[61]

참사람은 생과 사, 이성과 반이성 등과 같은 절대이율배반을 극복·탈
피한 자기가 된 사람이다. 참사람은 본래 깨달은[覺] 사람이다. 새로 깨달
은 것이 아니라 본래로 참사람이다. 원래부터 가지고 있었던 참나의 자각
(自覺)이다.[62] 이러한 참사람은 아래와 같은 세 가지 속성을 지니고 있다.

> 참사람은 본래로 자유자재하여 인간을 과학문명의 노예로부터 해방
> 시킬 수 있다.
>
> 참사람은 대자연과도 불이일체(不二一體)의 생명이니 대자연을 포용
> 수호하는 것이다.
>
> 참사람은 서로 사랑하고 협조하면서 자비정신을 구현함으로써 세계
> 인류 평화의 역사를 창조한다.[63]

---

61   서옹, 「序」, 『임제록(연의)』, 임제선원(1974).

62   서옹, 「선과 과학문명」, 앞의 책, pp.62~63.

63   서옹, 「오늘의 참사람 법어」, 『불기2544년 참사람 무차대법회 "오늘의 참사람"』(2000).

참사람은 첫째, 신과 과학문명에 예속되지 않은 자유자재한 존재이며, 둘째, 대자연과의 관계를 연기적 관점에서 이해존재이며, 셋째, 자비를 실천하는 존재이다. 이처럼 서옹의 참사람을 세 가지 유형으로 정리할 수 있다.

1) 자유자재한 참사람

현대인들은 과학력, 집단력, 정보력 등에 속박되어 주체성을 상실한 상태이다. 과학문명의 발달로 물질은 풍부해져 절대빈곤에서 벗어났고, 교통과 통신, 정보 기술의 발달로 우리의 생활은 매우 편리해졌다. 불과 몇 십 년 전에는 생각조차 할 수 없었던 일들이 가능해졌다. 지구촌은 더 이상 수사(修辭)가 아닌 실제 현실이 되었지만 사람들이 느끼는 자유의 공간은 축소되었다. 도리어 복잡해진 현실에 끄달려 정신을 잃고 있다. 서옹은 이를 주체성의 상실로 파악하였다. 참사람은 이와 달리 주체적이며 자유자재한 사람이다.

참사람은 자유자재하며 완전한 자유를 누린다. 이때 자유의 뜻은 영어의 'Liberty'나 'Freedom'과 다르다. 인간의 본원적 한계를 의미하는 절대이율배반을 초월하여 그 어디에도 장애가 없는 상태를 의미한다. 이러한 상태는 자신이 참사람이라는 진정한 견해를 얻음으로서 가능하다.[64]

더 자세히 살펴보면, 참사람은 감성, 이성, 생사적 자기의 심갱(深坑)에 있는 절대이율배반을 초월하여 근원적 '참 나'를 자각한 사람이다. 이

---

64   "만일 진정한 견해를 얻는다면 생사에 물들지 않고, 가고 머무름에 자유한지라(若得眞正見解 生死不染 去住自由).", 서옹, 『임제록(연의)』, 임제선원(1974), p.106 ; p.109.

참사람은 생사도 없고, 남녀노소의 차별도 없고, 중생과 부처의 차별도 없다. 참사람은 지우(智愚)·선악(善惡)·미추(美醜)도 없고, 계급(階級)·민족(民族)·인종(人種)·국가(國家), 심지어 생물(生物)과 우주(宇宙), 시간(時間)과 공간(空間)의 차별도 없다. 참사람은 모든 개념을 초월하여, 개념에 내재된 한정을 끊고 독탈무의(獨脫無依)한다. 그로 인해 참사람은 한없이 자유롭고 걸림이 없어서 어디에도 의존하지 않는다. 서옹은 이를 '무상무주(無相無住)'로 표현한다. 어떤 경계에도 얽매이지 않고 안과 밖이 물들지 않은, 오고 감이 없는 투탈자재(透脫自在)한 자유이다. 참사람을 구조적으로 살펴보면 인류를 관통하는 보편성(普遍性)인 일(一)과 개별성(個別性)인 다(多)가 서로 상호 불이일체(不二一體)이면서도 거기에도 걸리지 않고 자유자재하는 존재이다.

이러한 자유의 상태에서 복잡해지는 세계에서 주체성을 잃지 않으며, 분화·발전하는 현실에서도 자기상실에 빠지지 않는다. 본래 참사람임을 깨달아 자주성과 자율성을 상실하지 않는 삶을 살아갈 수 있다. 서옹이 이야기한 절대자주와 절대자율로 살아가는 삶이다. 이러한 관점에서 서옹은 참사람만이 우리들 앞에 나타난 여러 난제들을 해결할 수 있는 방법으로 제시하였다. 이러한 의미에서 서옹은 불교는 '인간의 자유'에 대한 종교이며, 역사적 현실 속에서 인간의 자유를 실현하려는 불도현성(佛道現成)의 가르침이라고 하였다. 같은 의미로 서옹은 '무상무주의 참된 나를 깨닫자'고 하였고, 임제는 '가는 곳마다 주인이 되고 서는 곳마다 진리'가 되라고 하였다.[65]

---

65   서옹, 「참사람결사문」, 금강 편, 『(참사람결사운동 세미나)참사람의 향기』, 도서출판 고불(1998), pp.8~14

이처럼 자유자재하는 참사람은 적극적으로 대기대용(大機大用)을 발하는 근원적 주체이다. 서옹은 참사람은 과학적 지성과 생의 충동까지도 타당한 체계적 정위(定位)를 지시해서 대용전창(大用全彰)을 실현한다고 하였다. 서구 문명은 외면세계만 발전시켰고, 인간의 내면 즉 인간 그 자체는 도외시하였다. 인간을 도외시한 문명에서 인간성을 상실한 것은 어찌보면 당연한 인과일 것이다. 그러나 인간은 내면의 감각과 이성, 그리고 그것을 초월하는 영성을 가지고 있다. 이러한 내면을 주목하고 계발(啓發)해야 한다. 이 영성을 통해 인간의 내면을 탐구할 수 있는 방법이 바로 선(禪)이다.[66]

> 참사람이란 자각한 사람의 참모습이다. 자아를 초월한 본성자리요, 인간의 진실성을 근원적으로 드러낸 본래의 자기자신이다. 무명(無明)과 욕망의 장애를 벗어버리고 분별과 아집을 타파해 '참나'를 되찾으면 나와 남의 대립, 시간과 공간의 일체를 초월한다. 그래서 참사람은 참으로 자유자재하고 절대 평등하며 대자대비하다.[67]

이러한 자재성은 공(空)과 무(無)와 깊이 연관되어 있다. 불교에서는 이를 종종 '거울'의 비유로 설명한다. 서옹도 인간의 마음을 거울에 비유하여 설명하였다. 자성(自性)·청정심(清淨心) 등과 같이 '마음의 깨끗하고 맑은 상태'를 은유하지만, 바로 앞의 사물을 비추는 거울의 특성을 통해

참조.

66   서옹, 「특별대담/서옹스님」, 앞의 책, p.297.

67   《한국경제》 2001년 11월 29일자.

공(空)과 무(無)를 설명하려는 의도이다. 이 공과 무를 통해 인간 본래의 참된 자성은 일체의 선악을 초월한 것임을 설명한다. 거울은 본래 아무것도 없기 때문에 무엇이든지 비친다. 거울에 어떤 물체가 비쳤다고 하더라도 거울 자체에서 그 물체가 만들어졌거나 존재하는 것은 아니다. 그저 비치는 것뿐이다. 마찬가지로 거울에 비친 물체가 아무리 아름답다 하더라도 거울은 그대로이다. 거울이 아름다워지지는 않는다. 거울에 물체가 비쳤다고 해서 거울의 무게가 증가하지도 않으며, 반대로 비치던 물체가 사라졌다고 무게가 줄어들지 않는다. 이를 불생불멸(不生不滅), 불구부정(不垢不淨), 부증불감(不增不減)이라고 한다. 이처럼 거울이란 무엇을 비출 뿐이며, 실제로는 아무것도 없다. 붓다가 마음의 무를 깨닫고 붓다가 되었듯이, 범부도 마음의 무를 깨달으면 곧 성불하게 된다. 이 마음의 무(無)를 깨달을 것을 서옹은 사람들에게 요청하고 있다.[68]

이러한 측면에서 참사람은 '수처작주(隨處作主) 입처개진(立處皆眞)' 곧 '어느 곳에서나 주인이 되면 서는 곳마다 참된 자유자재한 존재'로서 살불살조(殺佛殺祖)의 기상으로 언제나 구속되지 않는 자유인이다. 참사람은 현대문명에 의해, 자극되는 욕망에 의해, 작위에 의해 움직이지 않는다. 근본자리에서 평상심으로 일상의 생활을 자유롭게 활동하지만 일반인들이 겪는 차별과 분별에 구속되지 않는다.

2) 생명평화로서 참사람

불교에서 자연은 인간이 정복하는 대상이 아니다. 인간과 자연, 나와 자

---

68   서옹, 「부처님오신날 법어」, 『참사람의 향기』, 백양사(2004), pp.21~22.

연은 둘이 아니다. 인간이 자연과 둘이 아닌 하나의 몸이며, 영원한 한 생명이다. 이러한 관점에서 인간이 자연을 훼손하고 정복하는 것은 불가능하다. 서옹은 전 우주, 전 인류가 하나로 통해서 근본적으로 한 생명체라고 주장하였다. 이러한 관점에서 자연을 자기 몸과 같이 끝없는 자비심으로 대하고 사랑하는 것이 참사람에 맞는 행동이라고도 하였다.

> 참사람은 종교와 철학마저 초월하고 시간과 공간도 초월합니다. 어디든지 걸리지 않고 저 구경(究竟)의 자리도 초월하여 자유자재합니다. 참사람 그 자리는 인간이 정한 구경의 자리마저도 투과하여 자유자재하고 생생하고 활발발한 그 자리입니다. 그러므로 참사람이야말로 참다운 생명입니다.[69]

종교적 생명력은 허무한 인간을 극복하고 초월하여 자기 밑바닥에 있는 참다운 인간으로 돌아가게 하는 데 있다. 인간을 극복한 참사람, 여기에 참 본래의 면목이 작용되어 그 차원에서 생리적 생명을 영위하는 것이다. 물론 이때 종교적 생명과 생리적 생명, 그리고 도덕적·정신적 생명 중 그 어느 것도 무시되지 않는다. 종교적 생명을 바탕으로 정신적으로 가치 있게 살고 종교적 생명을 기초로 생리적으로 자유자재하게 사는 것이 올바른 생활의 근본이다. 이렇게 되어야만 정신적 생명이나 생리적 생명이 병들거나 타락하지 않고, 또한 허약하지 않아 좀 더 높은 차원의 뜻을 가지고 생활할 수 있게 된다. 작금의 환경파괴와 생명경시 풍

---

69   서옹, 「해마다 해마다 새로운 세계」, 앞의 책, p.20.

조는 참생명을 잃었기 때문이며 바로 종교적 생명을 깨닫지 못했기 때문이다.[70]

생명에 대한 서옹의 이해는 1960년대 이후 서구에서 집중 조명되었던 '영성'과 유사하다. 서구에서는 영성을 통해 인간에 한정된 사고의 폭을 심화시키고 이를 통해 근대문명의 폐해를 극복하려 하였다. 서옹도 이성과 과학, 자연과 독립된 자아라는 개념에 매몰되어 있는 현대인의 한계를 극복하기 위해 인간은 자연과 분리된 존재가 아니며, 이성과 과학을 넘어 영성을 가진 존재임을 강조하고 있다. 이를 위해 '종교적 생명'을 회복할 것을 주장하였다.

3) 자비가 구족한 참사람

서옹은 참사람을 다양하게 설명하고 있다. 여러 설명 중에서도 서옹이 강조하는 참사람의 모습은 자비를 실천하는 참사람이며, 이를 '우주적인 참사람'이라 부르고 있다.

오늘날 인류가 당면하고 있는 현실을 극복하기 위해서 우리 모두는 참된 인간 존재의 의미를 크게 깨달아 모두가 본래의 주체성을 확립하고, 함께 번영하는 동체자비심을 행하여 진실하고 평화스러운 불국정토 건설을 이룩하는 데 끊임없는 노력을 아끼지 말아야 할 것입니다. 그리고 무엇보다도 먼저 우리는 이웃의 불행을 못 본 체해서는 안

---

70   서옹·박보하(사진), 『물 따라 흐르는 꽃을 보다』, 다른 세상(2001), p.114.

될 것입니다. 불교 진리의 꽃은 「우주적인 참사람」인 것입니다.[71]

이러한 입장은 기독교와 대비된다. 기독교에서는 절대적 사랑을 신(神)만이 가지고 있다. 인간의 사랑은 신의 절대적 사랑이 뒷받침된 상대적 사랑에 지나지 않는데 이것을 기독교에서는 '인인애(隣人愛)'라고 한다. 이 인인애는 창조자인 신의 절대적 사랑을 받는 피조물인 인간끼리 서로 사랑하는 것으로 제한되어 있다. 이에 반해 불교는 앞서 이야기했듯이, 모든 사람이 절대애의 주체이다. 참사람은 자비의 주체이고 현실의 모습이다.[72]

이때 서옹은 '자비'의 여러 특성 중에서 두 가지를 강조하였다. 하나는 자비는 평등하다는 것이며, 다른 하나는 사회를 향한 자비이다.

불교의 관점에서는 모든 행동은 자비에서 나온다. 일반적으로 자비는 위에서 아래로 행하는 것이라 생각하지만, 불교의 진정한 자비는 모든 사람이 평등한 입장에서 행하는 것으로 이해한다. 평등도 흔히 보통사람의 입장에서 주장하지만 보통사람을 안으로 초월한 참사람의 입장에서 말하는 평등이어서 구경(究竟)의 평등이다. 이 평등은 사람과 사람 사이의 횡적 넓이의 평등이다. 또한 이 평등은 사람 자체의 내면에도 적용되는 종적 깊이의 평등이다. 인간의 근본바탕은 허공과 같아 한정할수 없다. 때문에 자비는 아무런 조건이 없는 무연대비(無緣大悲)의 자비이

---

71   서옹, 「만년 묵은 돌호랑이 흰코끼리를 낳도다」, 『절대현재의 참사람』, 불교영상회보사(1988), pp.127~128.
72   자비에 관한 내용은 서옹의 「선과 과학문명」을 참고하여 정리하였다. 「선과 과학문명」은 선에 대한 서옹의 생각이 정리된 대표적인 글로서, 1974년 『임제록(연의)』의 해체에 소개된 이후, 『절대현재의 참사람』(1988), 『고불총림 백양사』(1996), 『서옹선사법어집』(전2권:1988), 『참사람의 향기』(2004) 등에도 포함되었다.

며, 자성지혜(自性智慧)를 바탕으로 하는 절대평등의 사랑이다.

　두 번째로 자비는 사회를 향해야 한다. 서옹은 옛날의 선은 개인을 구제하는 데에 중점을 두었다면, 현대사회에서는 세계를 구제하는 데 중점을 두어야한다고 주장하였다.[73] 오늘날은 세계가 좁아져서 개인이나 집단, 국가가 세계성을 띠므로 세계의 위기를 타개하지 않으면 개인도 안심하고 살 수 없기 때문이다. 이러한 서옹의 자비관은 불교의 연기적 세계관에 기초해 있다. 전체는 그것을 구성하는 개체가 없이는 존재할 수 없고, 개체도 그것을 성립시키는 전체가 없이 존재할 수 없다. 개체를 말할 때 전체는 본래 그 속에 있고, 전체라고 할 때 개체는 본래 그 속에 있다. 이러한 측면에서 참사람은 나 자신, 우리 집단, 우리나라라는 자기중심주의에서 벗어나 서로 이해하고 서로 사랑하고 서로 돕는 것이 참사람이 추구하는 자비이다.

　전통의 정당성이 의심받고, 주체를 상실하고, 윤리질서가 무너져 혼란스러운 시기에 참사람을 깨닫고, 참사람의 입장에서 사회에 참여하는 것은 평화와 자비의 개념을 사회화한다는 측면에서 중요하다.

3. 참사람의 내적 가치

서옹은 현대문명의 모순을 극복하는 주체로서 '참사람'을 제시한다. 이 참사람을 '자유자재', '생명평화', '자비'로 설명하였다. 이에 더하여 서옹의

73　서옹, 「선과 과학문명」, 앞의 책, p.65.

'참사람'은 자유자재적 가치, 공존의 가치, 자비의 가치, 연기적 생명의 가치, 종속성을 극복한 평등의 가치로도 설명된다.

서옹은 참사람이 이 다섯 가지 가치를 내재하고 있고, 이를 일상의 삶에서 실천하는 존재로 규정하였다. 나아가 모든 사람이 선수행을 통해 이 다섯 가지 가치를 구족할 수 있다고 주장하였다.

첫 번째 자유의 가치이다. 현대사회에서 사람들은 자신들을 위해 만들어진 과학과 집단, 정보의 과도한 발전에 의해 주체성을 상실하였다. 때문에 주체적으로 역사를 창조하는 것이 불가능하다. 이에 반해 참사람은 일체의 한정과 형상을 끊고 무한의 능동성을 지닌 존재로서 자유자재하다. 이러한 점에서 참사람은 세계를 형성하고 역사를 창조하는 능력을 갖춘 존재이다.

두 번째 가치는 '공존'이다. 서옹은 사람을 규정하는 가장 근원적 요인은 서양철학이 주장하는 이성이나 욕망이 아닌, 사람에게는 삶과 죽음이 함께 있다는 사실이라고 주장한다. 나아가 이러한 명백한 사실을 받아들임으로서 역설적으로 생사를 극복할 수 있다고도 주장한다. 이는 자신을 개체적 개인으로만 인식한다면 '태어나고 죽는 문제'에서 벗어날 수 없다. 하지만 자신을 독립된 개체가 아닌 다른 사람, 다른 생명체와 연결된 관계로 인식한다면 나 자신은 생사를 극복한 영원한 생명체 그 자체로 인식된다. 그때 우리는 절대적 존엄성을 가진 존재이기도 하다.

세 번째 가치는 자비의 가치이다. 서옹은 참사람은 본래부터 자비의 주체임을 여러 곳에서 강조하였다. 이 자비는 미래가 아닌 지금 현재의 것이다. 때문에 참사람이 주도하는 사회는 자비의 망으로 포용된 세계이다. 현실세계의 폭력성과 잔악성은 소멸되고, 절대애(絶對愛)인 자비로서 서로 포용하는 우애로운 세계를 건설할 수 있다.

네 번째 가치는 평등이다. 신을 유일한 그 무엇이며 절대적인 존재로 여기는 서양에서는 신과 인간은 불평등한 주인과 종의 관계를 전제로 하고 있다. 이에 반해 참사람은 무엇과도 평등한 존재이다. 이러한 평등을 서옹은 '그 자체가 내용적·실질적으로 광대심원한 공간'으로 설명하고 있다. 이 보편적 평등을 토대로 참사람과 대자비가 우러나온다.

다섯 번째는 생명의 가치이다. 참사람은 인간과 자연이 연기적으로 연결된 영원의 생명으로 인식하고 있다. 이러한 인식 아래에서 자연은 정복과 개조의 대상이 아닌 보호와 존중의 대상이다. 서옹은 옛 조사의 일화를 소개하며 생태주의적 생명의 이해가 불교의 오랜 가치임을 드러내고 있다.

사람과 자연환경과의 관계에 대해서 과거 조사 스님의 말씀을 들어보겠습니다.

삼조승찬(三祖僧璨) 스님은 『신심명(信心銘)』에서 말씀하시길, "진실 여여한 진리의 세계에서는 나도 없고 남도 없어라. 빨리 상응하고져 한다면 오직 '둘이 아니다'라고 말하리, 둘이 아니고 모두 한 가지이니 포용하지 못할 것이 없구나[眞如法界는 無他無自라 要急相應인댄 唯言不二니 不二皆同하야 無不包容이니라]."

영가조사(永嘉祖師)는 『증도가(證道歌)』에서 "마음거울 밝게 비추어 걸림없으니 그 빛이 온 누리에 두루 하였네. 그림자인 삼라만상 나타난 중에 한 덩어리 둥근 광명 안팎이 없네[心鏡明 鑑無碍하야 廓然瑩徹周沙界라 萬象森羅影現中하니 一顆圓明 非內外로다]."

임제조사(臨濟祖師)는 『임제록(臨濟錄)』에서 "광명이 온누리에 사무쳐 만법이 일여하다[光透十方하야 万法一如니라]." "마음법은 형상이 없어 온누리를 꿰뚫어 통한다[心法無形하야 通貫十方이니라]." "비로자나부처님세계에 들어가서 곳곳에 국토를 다 나투니라[入毘盧遮那法界하야 處處皆現國土니라]."라고 하셨습니다.

이와 같이 조사 스님들은 참사람에게 있어서 인간과 대자연은 불이 일체요, 영원의 한 생명체라고 말씀하셨습니다.[74]

이러한 생태주의적 생명을 내재화한 존재로서 참사람은 투쟁과 발전이 아닌 생존과 공존의 관점에서 사고함으로써 바로 지금 현재에서 평화를 추구한다.

이상의 다섯 가지 가치는 현실의 문제를 극복할 수 있는 대안으로 제시되는 '참사람'에 내재된 가치이다. 이러한 측면에서 참사람결사는 자신이 곧 다섯 가지 가치를 지닌 존재임을 깨닫는 운동이며 이를 함양하는 운동이다. 이와 같이 서옹은 임제의 무위진인을 단순히 수용한 것을 넘어, 현대 한국사회에 적용가능하도록 현대적으로 변용하였다. 이는 한국불교가 임제법통을 계승하고 있지만, 이를 근본주의적으로 추구하지 않았다. 오히려 선교겸수의 측면에서 당대의 현실에 대해 참구하며 불교의 사회적 역할을 고민하였다. 이는 불교의 생존을 위해 한국불교가 채택한 방식이기도 하다.

---

74   서옹, 「참사람결사문」, 고불총림 백양사 편, 『고불총림 백양사』, 백양사(1996), pp.151~152.

V. 결론

본 연구에서는 한국 근현대 선각자의 한 분인 서옹석호(西翁石虎)의 생애와 '참사람'에 대하여 고찰하였다. 참사람은 그가 평생 동안 추구한 사상이자 신념체계이며, 수행법이다. 참사람사상은 선(禪)에 기초한 사상이면서, 동시에 현대사회의 물질문명을 극복하기 위한 불교의 사회참여사상이다. 종교의 사회적 역할에 대한 인식이 생소했던 당시의 여건을 고려하면 한국불교의 사회참여라는 점에서 매우 의미가 있다. 참사람사상을 실천적 사회운동으로 발전시킨 참사람결사를 1997년에 제시하였다. 1997년은 경제적으로는 고성장이 끝난 저성장의 시대로 접어들었으며, 사회문화적으로는 신자유주의적 삶의 방식이 도입되어 불안과 초조가 일상화된 시기였다. 이러한 시기에 서옹은 현대문명에 대한 반성과 대안, 그실천을 지향하는 가치로서 참사람사상, 사회운동으로 참사람결사를 제시한 것이다. 참사람결사는 비록 서옹의 때 이른 입적으로 그의 계획이 완벽하게 구현되지는 못했지만 서옹의 제자들이, 백양사, 백운암 상도선원, 미황사 등에서 서옹의 사상과 결사운동을 계승하여 발전시키고 있음은 상당히 고무적인 일이다.

　서옹의 참사람은 세 가지 특징으로 정리된다. 첫째, 서옹의 참사람은 선(禪)을 불교에 제한하지 않고 적극적으로 사회화하고 현대적으로 재해석한 사상이다. 둘째, 서옹의 참사람은 심신치유나 정신집중과 같은 개인적 행위에 머물지 않는 사회참여와 실천운동으로 나타난다. 셋째, 서옹의 참사람은 그가 일생동안 참구한 철학과 방법론이다. 그는 1990년대까지는 참사람을 현대사회문제의 해결책으로 주창해왔으나, 1990년대 후반에 이르러 이를 운동차원에서 적극적으로 사회화하였다. 이처럼 서옹의 참사람은 선(禪)에 기초한 사상이며, 이에 의한 결사는 현대사회의 여러 문제를 극복하고 새로운 방향을 제시하는 사회참여운동이다. 참사람의 밑바탕에는 깨달음에 대한 단호하고 일관된 믿음이 자리하고 있다. 인간의 본성은 중생이 본래부터 지니고 있는 불성(佛性)을 의미한다. 서옹의 참사람은 바로 이 본성을 자각한 사람의 참모습이며, 그가 『임제록』에서 취한 좌우명 '수처작주(隨處作主) 입처개진(立處皆眞)'이 이것이다.

서옹은 참사람이 되기 위한 방법론으로 선수행을 강조하였다. 어느 누구나 선수행을 닦는다면 자비심으로 생활하고 실천할 수 있기 때문에 무너진 사회의 질서와 인간의 본성을 회복할 수 있다. 선을 통해 인간과 현대사회의 근원적 두 모순을 극복할 수 있기 때문이다. 첫째, 선수행을 통해 자아를 초월하여 인간의 진실한 모습을 근원적으로 완전히 드러낼 수 있다. 둘째, 자연을 정복의 대상으로 삼지 않고 연기적으로 연결된 관계, 그로 인해 자연과 인간은 서로 의지하고 은혜를 주고받으며 공존하는 관계로 극복된다.

끝으로 서옹의 시대진단은 아직도 유효하다. 사회적으로는 다양한 문제들이 노정(露呈)되고 있으며 시간이 갈수록 더욱 심화되고 있다는 점에서 참사람결사를 계승하고 발전할 필요성은 더욱 커지고 있다. 이를 위해서 참사람결사를 재조명하고 그 의미를 되새길 필요가 있다. 참사람사상과 수행업을 조명하고 계승하려는 노력은 박제된 불교가 아닌 현실과 호흡하는 생생한 불교라는 측면에서 현재 한국불교가 처한 위기를 극복하는 좋은 사례가 되고 있다. 아울러 현대 한국불교에 새로운 방향을 제시하는 일이 될 것이다.

08.
염불선의
성립 과정과
무주청화

법상法常

법상 法常

한국정토학회 회장

범어사에서 남곡덕명 스님을 은사로 득도하였다. 범어사 강원을 졸업하고, 동국대학교 선학과 및 동대학원에서 석사 및 박사학위를 취득하였다. 대한불교조계종 교육원 연수국장과 교육국장, 포교원 포교연구실장, 대한불교조계종 의례위원회 의례위원, 동국대학교와 중앙승가대학교 외래강사를 역임하였다. 현재 대한불교조계종 교육원 교육아사리와 한국정토학회 회장의 소임을 맡고 있다. 주요 저서로 단행본 『정토수행관 연구』(운주사, 2013)가 있으며, 논문으로 「정토교학에서의 열반과 체득」, 「아미타불의 신앙과 왕생」, 「영명연수의 禪戒一致에 대한 고찰」, 「永明延壽의 圓修觀 硏究」, 「禪과 淨土」 등 다수가 있다.

I. 들어가는 말

불교에서 가장 대표적인 수행의 방법으로 염불과 참선이 조화를 이루는 방식이라고 말한다. 여기에 덧붙여 예배와 공양을 비롯하여 간경과 주력, 오회수행(五悔修行)[01]은 두 가지 수행방법을 보완해 준다. 나아가 예로부터 불가의 전통적인 수행은 바로 업장을 소멸하고서 본격적인 수행에 임하였다. 여기서 업장을 소멸하는 방법은 바로 불보살님께 귀의하고 염불과 주력을 통해서 수행력을 강화해서 지관겸수(止觀兼修)해야 한다고 말해졌다. 여기서 수행자의 마음을 한곳에 머물게 하는 것이 사마타이고, 그 집중된 마음의 상태에서 제법의 실상을 사유하고 관찰하여 반야의 지혜를 넓혀서 일체개공(一切皆空)의 이치를 체득한다. 이러한 수행과정에서 먼저 수행자 자신을 여실하게 무상(無常)한 무아(無我)로 직관하여 인식한다.

인도에서 이러한 수행방식의 다양화는 중국에서 대중성을 확보하기 위해서 단순화작업이 진행되어 불교가 전해진 이후 약 5세기에서 9세기 사이에 실현되었다. 여기서 중요한 과제는 대중성을 확보하는 것이며, 붓다의 의도에 어긋나지 않는 것이었다. 중국에서 대중성을 확보하기 위해 수행의 단순화를 지향하면서 최고최상의 가치를 발휘함에 주력함과 아

---

01   참회(懺悔)·권청(勸請)·수희(隨喜)·회향(廻向)·발원(發願).

울러 수행자의 자질도 최상으로 인정받기 위해 어필작업도 진행된 것이다. 이것이 이른바 선과 염불의 실천이고 실용적인 성향이다. 선은 조사선이란 최상의 능력을 소유한 자가 어렵게 실천하여 현실에서 성재작용(性在作用)하는 새로운 관념을 잉태하였고, 염불은 일반 대다수가 신행하는 중하의 능력을 소유한 자가 손쉽게 청정심을 체득한다는 관념을 낳았다.

그러나 이 두 수행방법은 수행의 어느 지점을 통과하는 과정에서 동일한 체득을 요소로 간주되어 궁극의 목적에서 일탈하지 않음을 적시한다. 이것이 이른바 삼매의 과정을 통과해서 구경에 해탈열반을 체득하는 것이다. 이러한 전통이 성립된 이래 면면이 이어져서 고대 중국과 한국의 수행문화를 장식하여 오늘에 이르고 있다. 그 내용에 대해서 매우 간결하면서도 종합적으로 적시한 두 분은 근대와 현대의 한국불교에 제시한 벽산금타(碧山金陀, 1898~1948)와 무주청화(無住淸華, 1923~2003)다. 따라서 본 발표에서는 이러한 내용이 무엇인가를 소략하게 검토해보고자 한다.

본론의 주제로 삼은 '염불선의 성립과정과 무주청화(無住淸華)'를 고찰함에, 먼저 염불과 염불선의 목적을 검토한 다음에, 염불과 선의 관계를 논해서 선과 염불이 일치(一致)한 염불선이 바로 실상염불선이면서 수행자가 궁극에 체득할 목적임을 드러내고자 한다. 다시 말해 먼저 두 선지식이 적시한 내용에 대해서 경론과 염불선의 역사적 성립과정을 검토하여 무주청화와 맞닿아 있다는 것을 입증하면서 선과 염불이란 수행에 상호 연관성을 논해보려고 한다. 그런 다음에 일반적으로 상반되어 보이는 두 수행이 결코 배타적이지 않고 상호보완적이고 일치함을 입증하려는 것이다. 그리하여 구경에 하나의 염불선이 갖는 대중적 공의를 돌출하고자 한다.

왜냐하면 청화의 어록을 보면 회통불교적 이론을 바탕으로 모든 수행과 관련성을 설법하고 있기 때문이다. 따라서 본 발표에서는 『금강심론』과 『원통불법의 요체』·『실상염불선』·『육조단경』에 드러난 한국불교의 특징인 회통불교적 내용을 간취하여 논하고자 한다. 아울러 지금까지 본 연구회에서 발표되어 축적된 내용[02]을 검토하여 필요한 부분을 적출하여 논하고자 한다.

II. 염불선의 성립 과정과 무주청화

1. 불교 수행의 목적

불교는 이론과 실천으로 양분되고 이론은 반드시 바른 인식을 동반하여

---

02 禪과 念佛 또는 禪과 淨土가 결합된 念佛禪에 대한 연구는 매우 다양하게 축적되었다. 먼저 權奇悰, 「韓國佛敎에 있어서 禪과 淨土의 관계」, 『불교학보』26(1989)와 한태식(보광)의 「念佛禪이란 무엇인가」, 『불교연구』10(1993) ; 「念佛禪의 수행법」, 『정토학연구』5집(2002) ; 「정토교의 수행방법론」, 『정토학연구』11집(2008) 등을 비롯하여 박선자, 「禪수련과 人間실존의 문제-實相念佛禪수련법을 바탕으로」, 『大同哲學』제44집, 대동철학회(2008) ; 정광균(법상), 「念佛에 내재한 禪的要因에 대한 一考」, 『정토학연구』11집(2008) ; 정광균, 「禪과 淨土」, 『한국선학』22집(2009) ; 한보광, 「純禪時代의 念佛禪에 대한 몇 가지 문제」, 『정토학연구』18집(2012) ; 정광균, 『정토 수행관 연구』, 서울:운주사(2013) ; 조준호, 「초기 부파불교에 나타난 염불과 선」, 청화사상학술 자료집(2014) 등 이외에도 다양한 연구가 진행되었다.

실천적 검증이 요청된다.[03] 그리고 실천의 양상도 매우 다종다양하여 어느 실천수행이 자기에게 적합한 것인지 가늠하기 어려울 때가 많다. 그래서 불교역사를 조망하면 각각의 시대와 지역에 따라서 탁월성과 더불어 대중성을 확보하려고 노력하여 왔다는 것을 짐작할 수 있다. 말하자면 단순한 개인의 취향과 성향에서 공공성을 확보하여 대중의 이해를 바탕으로 주도권을 장악하기 위해 일체의 진리 중에서 최상의 적합성을 확보하기 위해 그 자체의 장점과 강점을 강력하게 주창하기도 하였다.

이것이 바로 인도에서 불교와 외도의 경쟁 속에서 확립된 이론과 실천의 내용이 한중일 동북아 삼국으로 전해져서 약 5세기나 9세기에 걸쳐서 경론의 번역과 더불어 그 연구의 성과로 격의(格義)불교를 거쳐서 비록 일시적이기는 하지만 학파와 종파불교를 발생시켰다. 그래서 불교의 제도권에서는 여전히 자파의 우월함을 확보하기 위해서 이론적으로 심층적인 연구와 종파를 형성하였다. 그 결과 중국에서의 불교는 한 때에 현실과 멀어진 귀족불교를 지향하기도 하였다.

하지만 이에 반하여 일부 민중의 안위와 두타 수행자들이 추구했던 불교는 어려운 이론보다는 직접적이고 실용적인 실천과 실증에 바탕을 두고 안심입명(安心立命)하는 불교 본연의 목적에 부합한 단순하면서도 순수한 본래면목(本來面目)의 체득을 중시하였다. 그래서 그들은 개인적으로 두타행을 수행하거나 대중적으로 단순한 염불수행을 제시하면서 생사를 초월하여 안심하고 생활하는 진여불성을 현실에 구현하고자

---

03   박선자, 「禪수련과 人間실존의 문제-實相念佛禪수련법을 바탕으로」, 『大同哲學』 제44집, 대동철학회 (2008).

진력하였다. 이러한 불교는 보리달마로부터 도신과 홍인과 혜능에 이른 일인전(一人轉)에 일인도(一人度)하는 순선시대를 지나 마조도일과 석두희천에 이르러 조사선을 완성한다. 한편 염불에 관점을 둔 혜원과 담란·도작·선도의 대가들에 의해서 비록 일시적으로 정토종을 성립시켜 일반대중들에게 어필되었던 염불은 선사들의 배척과 융화를 반복하면서 동북아 불교에 주요한 수행법으로 정착하였다.

이는 당대와 오대·송·원·명·청을 거치면서 점차 염선융합(念禪融合)과 염선쌍수(念禪雙修)에서 염선일치(念禪一致)로 지향하였다. 이러한 염선(念禪)의 융합과 쌍수와 일치가 고대 한국에 전해져서 나말여초와 고려·조선을 거쳐서 근대와 현대에 이르러 이론적인 회통불교의 성향아래 수행에서도 하나로 통합하는 경향을 발휘한다. 이에 대해서 지대한 영향을 발휘한 금타는 『금강심론』에서 반야바라밀의 체득을 위해서 『반야심경』을 신해행증(信解行證)하는 체증과정을 피력하여 심오한 신증심오(身證心悟)를 일인전(一人轉)에 일인도(一人度)로 표출하였다. 그러고 나서 「보리방편문(菩提方便門)」을 역설한다. 그 내용의 첫머리를 보면,

이의 보리란 깨달음의 뜻으로서 보리방편문은 '본성을 보아 도를 깨닫는 방편'이라. 정(定)과 혜(慧)를 가지런히 지니며 '마음을 한 경계에 머물게 하는 불가사의한 비결'이니 익숙하도록 읽어서 뜻을 이해[熟讀了義]한 후 고요한 곳에 자리 잡고 한 마디만 써서 단정히 앉아 바로 보이는 벽면에 붙여서 관찰하고 생각하되 한결같이 관찰하여 '일상삼매(一相三昧)로 본성'을 보고 한결같이 생각하여 '일행삼매(一行三

昧)[04]로 도를 깨달'을 지이다.[05]

라고 간결한 언구로 숙독요의(熟讀了義)하여 선오후수(先悟後修)하는 수행과정과 목적을 드러내고 있다. 이에 대해서 청화는 일반인이 알기 쉽게 풀이하여 자세하게 설법하였다.[06] 이에 대한 논증으로『대지도론』에 언급된 내용을 간취하면,

> 이와 같이 갖가지로 아비담(阿毘曇)에서 분별하여 설명한다. 처음에는 이와 같이 분별하지만 반야바라밀의 제법실상 안으로 들어가면 모두 가 다 일상(一相)이어서 이른바 무상(無相)이 되며, 부처님 마음에 들 어가면 모두가 하나의 적멸상(寂滅相)이 되는 것이다.[07]

라고 구상과 십상에 대치하여 8수념을 논하면서 부처님은 대소승의 18불공법과 32대인상을 갖추었기 때문에 8수념을 염하도록 논하고서 구경의 반야바라밀의 의미에 대해서 논하였다. 또 계속해서 27권에서 37 권까지 선정과 사무량심을 비롯하여 구차제정과 37조도품 등 각종 수행

---

04   曼陀羅仙 譯,『文殊師利所說摩訶般若波羅蜜經』卷下(大正藏8, 731a-c)을 참조하면 무상정등정각을 속히 체득하려면 반야바라밀의 설법을 듣고서 일행삼매를 수행하라고 설한다.

05   釋金陀 著·淸華 編,『金剛心論』, 서울:광륜출판사(2009), p.58, "이의 菩提란 覺의 義로서 菩提方便門 은 見性悟道의 方便이라 定慧均持의 心을 一境에 住하는 妙訣이니 熟讀了義한 후 寂靜에 處하고 第 一節만 寫하야 端坐正視의 壁面에 付하야써 觀而念之하되 觀의 一相三昧로서 見性하고 念의 一行 三昧로 悟道함."

06   청화대종사 저,『원통불법의 요체』, 서울:광륜출판사(2009), pp.294-306.

07   龍樹 造·鳩摩羅什 譯,『大智度論』제26권(大正藏25, p.256,b), "如是等種種阿毘曇分別說 初如是分別入 般若波羅蜜諸法實相中 盡皆一相所謂無相 入佛心皆一寂滅相"

과 대승의 육바라밀과 사섭법과 다라니와 삼매 등을 결합시키면서 논한다. 그 가운데 본론의 주제와 관련된 내용을 보면,

> [經] 다시 사리불이여! 보살마하살은 반야바라밀을 행할 때에 신속히 모든 다라니문과 모든 삼매문을 얻고, 태어나는 곳마다 항상 모든 부처님을 만나게 되며, 나아가 아뇩다라삼먁삼보디를 얻기까지 끝내 부처님 뵙는 일을 여의지 않느니라. 사리불이여! 보살마하살이 이렇게 익히고 응한다면 이것을 반야바라밀과 상응한다 하느니라.
>
> [論] 해석한다. … 이 때문에 태어나는 곳마다 항상 모든 부처님을 만나게 된다. 부처님을 깊이 생각하기 때문에 끝내 부처님을 여의지 않는다. 세상마다 '염불삼매'를 잘 닦기 때문이고, 보살의 마음을 잃지 않기 때문에 '부처님을 여의지 않으려는 서원'을 세우며 태어날 적마다 부처님의 세상에 있게 되기를 원했기 때문이다. 부처님을 만날 업연(業緣)을 심어서 언제나 계속 끊어지지 않게 하기 때문에 아뇩다라삼먁삼보디에 이르기까지 끝내 부처님 뵙는 것을 여의지 않게 된다.[08]

라고 논하였다. 즉 반야바라밀은 18공(空)[09]을 체득하여 무분별지의

---

08 龍樹 造·鳩摩羅什 譯, 『大智度論』 제37권(大正藏25, p.333b), "[經]復次舍利弗 菩薩摩訶薩行般若波羅蜜時 疾得諸陀羅尼門諸三昧門 在所生處常值諸佛 乃至得阿耨多羅三藐三菩提 初不離見佛 舍利弗 菩薩摩訶薩如是習應 是名與般若波羅蜜相應 [論]釋曰 陀羅尼三昧門如先說 … 所生處常值諸佛者 是菩薩除諸佛母般若波羅蜜 其餘一切衆事皆不愛著 是以在所生處常值諸佛復次深念佛故終不離佛 世世善修念佛三昧故 不失菩薩心故 作不離佛願 願生在佛世故 種値佛業緣常相續不斷故 乃至阿耨多羅三藐三菩提 終不離見佛"

09 龍樹 造·鳩摩羅什 譯, 『大智度論』 제31권(大正藏25, p.285,b), "復次, 舍利弗! 菩薩摩訶薩欲住內空·外空·內外空·空空·大空·第一義空·有爲空·無爲空·畢竟空·無始空·散空·性空·自相空·諸法空·不可得空·無法空·有法空·無法有法空,當學般若波羅蜜!"

일체종지로 무상(無相)의 일상(一相)을 체험하는 것이 바로 반야바라밀의 실천으로 무상정등정각의 체득이라는 목적이다. 다음에 「보리방편문」의 법·보·화 삼신불을 함유한 아미타불을 체득하는 목적과 개념을 정리한 내용을 보면 다음과 같다.

> 마음은 허공과 같을 새 한 조각구름이나 한 점 그림자도 없이 크고 넓고 끝없는 허공 같은 마음세계를 관찰하면서 '청정법신 비로자나불'을 생각하고, 이러한 허공 같은 마음세계에 해와 달을 초월한 금색 광명을 띤 한없이 맑은 물이 충만한 바다와 같은 성품바다를 관찰하면서 '원만보신 노사나불'을 생각하며, 안으로 생각이 일어나고 없어지는 형체 없는 무색(無色)중생과 밖으로 해와 달과 별과 산과 강과 대지 등 삼라만상의 무정(無情)중생과, 또는 사람과 축생 꿈틀거리는 유정(有情)중생 등의 모든 중생들을 금빛 성품바다에 바람 없이 금빛 파도가 스스로 뛰노는 거품으로 관찰하면서 '천백억화신 석가모니불'을 생각하고, 다시 저 한량없고 끝없이 맑은 마음 세계와 청정하고 충만한 성품바다와 물거품 같은 중생들을 공(空)과 성(性)과 상(相)이 본래 다르지 않는 한결같다고 관찰하면서 '법신·보신·화신의 삼신이 원래 한 부처인 아미타불'을 항시 생각하면서 안팎으로 일어나고 없어지는 모든 현상과 헤아릴 수 없는 중생의 덧없는 행동들을 마음이 만 가지로 굴러가는 '아[化]미[報]타[法]불의 위대한 모습'으로 생각하고 관찰할지니라.[10]

10   釋金陀 著·淸華 編, 『金剛心論』, 서울: 광륜출판사(2009), pp.59~59.

이상의 내용에서 우리는 청화가 직접적인 영향을 받은 것은 바로 스승인 금타로부터 유래함을 짐작할 수 있다. 그러면 금타는 어디에 근거해서 영향을 받았는가? 이는 청화가 『실상염불선』을 설법한 내용에서 유추해 볼 수 있다. 청화는 달마로부터 혜능에 이르기까지 일인전에 일인도의 선을 순선시대라고 주창한다. 즉 달마에서 혜능까지 자성인 자기 본성 곧 진여불성에 온전히 귀의하도록 간곡한 마음으로 간절하게 역설하였기에 순선시대라고 정의하였다.[11] 이러한 내용은 『육조단경』에 대해서 설법한 내용을 보면 위의 내용과 유사함을 감지할 수 있다. 따라서 금타가 주창한 내용은 『육조단경』의 법신과 화신·보신의 설명에다 밀교의 상징적 의미를 첨가하여 아미타불의 의미를 해석하여 수행의 목적을 명시한 염불선이다. 이상의 염불선에 대해서 염불과 선의 관계 및 역사적 성립과정을 추적해 보기로 한다.

2. 염불과 선의 관계

염불(buddhānussati)과 선(jhāna)에 대한 관계의 정의와 전거는 이미 잘 알려진 바처럼 염불은 의존적인 타력수행의 대명사이고, 선은 주체적인 자립성향을 지닌다. 그러나 좀 더 깊이 들어가 보면 절대 타력의 염불이 바로 절대 자력의 선이고, 절대 자력의 선이 바로 절대 타력의 염불로 자력과 타력 둘이 아닌 절대적 무상(無相)의 실상을 전제로 무아(無我)를 체득

---

11   청화 역주, 『육조단경』, 서울:광륜출판사(2016), p.25.

하여 열반의 적멸한 세계를 구현하는 것이다. 이러한 내용의 전거에 대해서 청화는『실상염불선』의 전반적인 설법에서 경험적 내용을 설파한다.[12] 이는 인도불교에서 염불과 선이 상보적으로 결합된 내용이 고대 중국과 한국에서도 배타와 결합으로, 결합에서 융합으로, 융화에서 쌍수 내지는 겸수로, 쌍수에서 완전한 일치로 역사적 전개를 형성한다. 이러한 관점은 염불과 선의 관계를 역사적으로 검토할 여지가 요청된다. 그 자세한 내용은 이미 청화사상연구회에서 자세하게 밝혀졌다.[13]

먼저 인도에서는『반주삼매경』과『대지도론』에서 반주삼매의 관상 염불과 염불삼매로 결합해서『오문선경요용법』과『좌선삼매경』·『십주비바사론』·『대승기신론』 등에 융합되어『문수설반야경』과『관무량수경』에서는 반야바라밀의 체득이 바로 일행삼매와 관불삼매임을 적시한다. 이러한 내용이 중국의 초기 선사들과 천태의 대가들에게 관심을 불러 일으켜 수행의 시초형태는 비록 다르지만 그 중간단계의 삼매에서 상호 소통되는 내용을 드러낸다. 특히 수행의 목적에서 언급한 일상삼매와 일행삼매는 염불삼매와 밀접한 관계를 맺으면서 선사들의 관심을 불러 일으켰다. 그러면 중국에서 전개되는 역사적 과정을 추적해 보기로 한다. 사실 이러한 염불선의 성립과 전개에 대한 내용은 청화의『원통불법의 요체』와『실상염불선』에 자세하게 명시되어 있다.

염불과 선은 앞에서 언급하였듯이 상호 비판적이면서도 보완적이고

---

12   청화대종사 저,『실상염불선』, 서울:광륜출판사(2012), pp.137~142. 청화선사는 여기서 염불선을 최상 승선으로 규정하고 본분사나 본래면목의 자리, 진여불성의 자리를 놓치지 않고 염불하는 것이 중요하며 본래부처가 부처를 생각하기 때문에 역시 선이며, 염불선과 묵조선, 공안선을 구분할 필요가 없다고 강조한다.

13   각주 4 참조.

결합에서 쌍수나 겸수 내지는 일치로 전개되었다. 그런데 그 전개의 현상에서 보면 상호 이해가 부족한 측면이 여실하게 드러난다. 염불과 선의 본질에서 보면 이는 결코 둘이 아니고 애초에 하나의 「청정한 마음을 체득하여 열반을 실현」하고 열반의 지속에 머무는 것이 아니라 열반에도 안주하지 않고 중생을 구제하기 위한 대자대비를 구현하여 정토세계로 인도하는 것이다. 다시 말하자면 「청정한 마음」인 정심(淨心)과 부처님의 마음에 계합하는 본심(本心), 중생의 본래 마음인 무심(無心)은 다르지 않다는 다른 표현에 불과하다. 이것은 바로 반야바라밀의 일체종지가 발현된 것이고, 삼보에 대한 믿음의 표출로 불성(佛性)이 발현되는 것이다. 따라서 우리가 본래로 구족한 진여불성(眞如佛性)은 무소부재(無所不在)하여 성재작용(性在作用)하는 것이다. 이것이 중국 초기 조사선의 제일의제이며, 진여자성(眞如自性)과 중도실상(中道實相), 법계법성(法界法性), 진공묘유(眞空妙有)의 체득이다.[14]

그런데 염불의 기원은 부처님 당시로부터 유래한다. 아함경에 기술된 내용을 보면 최초 석존께서 욕계의 중생이 탐욕의 마음이 매우 많기 때문에 제자들을 선도하여 부정관(不淨觀)을 닦도록 선도하였다. 이른바 부정관은 바로 인체가 청정하지 않다는 것을 관하여 인체의 36가지를 낱낱이 관찰한 최후에 자기가 죽어서 부패하고 악취를 풍기어 마침내 허다한 벌레가 시체 속에서 준동하는 것을 관찰하여 육체의 집착과 탐욕을 벗어나게 하였다. 얼마의 기간이 지난 후에 일부 비구승들은 자기의 몸

---

14   청화대종사 저, 『실상염불선』, 서울:광륜출판사(2012), pp.30-35. 참조하면 수행법의 특장으로써 심즉시불(心卽是佛)을 부재로 삼아 삼신불과 진여의 다른 표현을 나타내어 설법한다.

이 부패하는 것을 관찰하는 마음속에 두려움이 발생하여 신체를 싫어해서 자살하기도 하였다. 이에 부처님께서 제자들에게 가르침을 바꾸어 오정심관(五停心觀)과 사념처(四念處)를 육수념(六隨念)으로 바꾸어 수행하도록 개정하였다. 뿐만 아니라 구부정상(九不淨想)이나 십부정상(十不淨想)을 팔수념(八隨念)이나 십수념(十隨念)으로 대치하여 수행하도록 하였다. 그러면 염불 등의 수행과 관련해서 육수념을 살펴보기로 한다.

먼저 염불(念佛)은 초기불교에서는 석존에게 귀의하는 '나무불'로부터 시작하여 두려움을 모면하는 것이었다. 다시 말해서 당시의 사람들은 두려움에서 혹은 임종할 때에 누가 와서 구제하거나 혹은 어느 곳으로 갈지 몰라서 바로 염불과 염법과 염승에 의지해서 염하였고, 자기는 경전을 염하면서 계를 지키고, 보시를 닦고 십선의 공덕을 닦았다. 이어서 점차 석존께서 입멸한 후에는 32상 80수형호로 전이(轉移)되어 귀의와 신앙의 대상에서 체득의 대상으로 이어졌다. 다음에 염법(念法)에 대해서도 수법행(隨法行)과 수신행(隨信行)으로 수법행은 바로 아비달마에서 반야공관으로 이어지고, 수신행은 신방편의 불퇴전을 지향한 수행이 되었다.

염승(念僧)도 역시 처음에는 염비구승에서 사부대중과 사향사과의 성문승, 연각승, 보살승으로 발전하였다. 이것이 이른바 불법승 삼보는 일체의 불법승을 포괄한 것이다. 그 다음에 염사(念捨)인 염시(念施)는 보시를 나타내고, 염계(念戒)는 지계를 말하며, 염천(念天)은 우선 십선(十善)의 수행을 가리키고, 10가지 선법을 수행함으로 인해서 욕계육천에까지 태어날 수 있다는 것이다. 그런 까닭에 삼보에 귀의한 사람은 반드시 육수념을 수행하여 평소에 자기가 삼보의 제자임을 명심하여 신앙함과 아울러 지계와 수선, 보시를 실천한 공덕으로 적어도 욕계육천에 태어난다는 것이다.

그런데 욕계육천은 삼보를 믿고 삼복(三福)인 시복(施福)과 계복(戒福)·행복(行福)을 닦아 쌓은 복덕으로 태어난다는 오취잡거지(五趣雜居地)이다. 그리고 색계천과 무색계천은 선정을 닦아서 왕생하는데 두 가지로 나눈다. 하나는 범부가 태어나는데 외도가 무상정(無想定)을 닦아서 태어나는 색계 무상천(無想天)의 천상이다. 다른 하나는 불교를 배운 수행자가 선정과 팔정도를 청정하게 닦은 수행으로 수다원과 사다함, 아나함을 증득한 후에 태어나는 하늘이 곧 4선천인데 그 중에 초정려인 이생희락지(離生喜樂地)와 제2정려인 정생희락지(定生喜樂地), 제3정려인 이희묘락지(離喜妙樂地), 제4정려인 사념청정지(捨念清淨地) 등은 각각 닦아서 태어난다고 한다. 또한 무색계는 공무변처정(空無邊處定)은 공무변처지에, 식무변처정(識無邊處定)은 식무변처지에, 무소유처정(無所有處定)은 무소유처지에, 비상비비상처정(非想非非想處定)은 비상비비상처지에 닦아 태어난다는 것이다.

이 두 색계와 무색계천의 22개의 천상에 태어나는 과보는 염불이나 선정을 닦아서 삼매를 얻어서 태어나는 곳이다. 이러한 선정을 닦아서 태어나 수다원에서 아라한향까지 태어나지만 여전히 윤회를 벗어나지 못한다. 하지만 불교의 삼매 가운데 제9 멸수상정(滅受想定)인 금강유정(金剛喩定)을 닦아서 감수하는 작용과 통합적 인식작용이 소멸하고 미세한 의지작용만이 현존한 상태의 열반을 체득하여 삼계를 초월한다. 그런데 이러한 성문4과는 천상에서 해탈하거나 아라한을 증득한 이도 있지만 의식적으로 열반의 실제적인 상락아정으로 구분한다. 여기서 우리는 광명과 청정이 충만한 미세한 물질로 구성된 세계를 상정하여 삼계를 초월한 진정한 열반의 세계도 유추해낼 수 있다. 이것이 이른바 제불정토

관념으로 열반을 체득한 부처님이 상주하는 상락아정이 구현된 정토세계다. 그래서 차방정토와 타방정토의 관념이 진정한 제법실상의 유심정토관념을 발생시켜서 본래성불의 관념도 구상해낸 것으로 유추된다. 이것이 이른바 구차제정의 각각에 9단계를 상정하여 총 81단계의 선정의식을 9품연대의 극락세계라는 의식세계로 상정한다.

여하튼 염천의 관념에는 욕계의 천상을 향유하는 복뿐만 아니라 염불이나 선정을 닦아서 태어나는 곳을 진일보시켜서 의식적인 전환을 가져와 계속해서 육념에서 팔념과 십념으로 발전시켰다. 팔수념은 육수념에다가 염아나빠나와 염사를 첨가하고, 이어서 염휴식과 염신비상을 더해서 십수념의 수행으로 선정수행의 핵심요소를 첨가한 것이다. 여기서 호흡을 염하는 것은 『안반수의경』의 수식관(數息觀)이고, 염사는 『달마다라선경』과 『좌선삼매경』·『선법요해』에서 강조한 부정관(不淨觀)이며, 염휴식은 일체만사를 놓아버리고 쉬는 방하착의 열반이 된다. 그리고 염신비상(念身非常)은 무상관(無常觀)과 부정관(不淨觀)인 백골관(白骨觀)으로 실제로는 사념처관의 관신부정(觀身不淨)을 비롯한 관수시고(觀受是苦), 관심무상(觀心無常), 관법무아(觀法無我)의 수행을 통해서 열반사덕을 체득하는 것이다. 이것이 이른바 부파불교의 사제16행상에서 『관무량수경』의 16관법으로 승화되어진다.

여기서 우리는 염불에 관점을 돌려서 보다 용이하고 수월하게 대중성을 확보하여 구경의 목적에 부합한 수행에 관해서 유추해낼 수 있는 방법이 바로 신앙과 수행이 결합된 염불이고 염불을 수행으로 승화시킨 염불선이다. 전문적인 수행자는 어려운 선관이나 수행을 통해서 열반과 성불을 체득할 수 있겠지만, 일반불자는 신앙을 동반한 수행이 무엇으로 삼아야하느냐는 것이다. 앞에서 언급한 십념 중에 가장 둔근자의 관심을 불러일으킨 것은 당연히 염불이다. 그래서 대승불교에서는 불탑신앙을 동반하여 염불의 공덕을 확장하고 부처님을 연상하는 부처님의 상호를 생각하기도 하고, 모든 공덕을 함유한 부처님의 여래10호를 염하여 나도 부처님과 같아지리라고 발원하면서 부처님의 세계로 가려는 염원을 명기불망(明記不忘)하여 마음을 부처에게 집중하는 삼매를 일상생활에서 실천하도록 고안된 것이다. 이것이 바로 최후에 발전한 집지명호(執持名號)한 염불삼매이고, 금타와 청화가 주창한 집중된 일상삼매에서 실상반야의 체득을 구현할 실상염불을 첨가한 일행삼매의 염불선이다.

이것은 본래 석가모니불의 여래10호(號)와 32상(相)80수형호(隨形好)와 대소승의 18불공법을 신앙하고 찬탄하며 염원하던 것이 후에 대승불교에서 시방의 일체제불이 현재한다는 의식에서 석가부처님을 염하다가 점차로 모든 부처의 대명사인 아미타불을 선택하여 염하는 것으로 발전한다. 이것이 이른바 영원한 생명의 원천을 간구(懇求)하는 의식의 아미타불과 몸과 마음의 건강을 위한 약사여래불, 미래에 나도 부처가 되고 싶은 성불을 염원한 미륵불, 나는 본래 부처와 동일한 본성을 지닌 존재인 진여불성의 법신불이라고 금타와 청화는 강조한다.

뿐만 아니라 이 세상을 살아가면서 생활 속에 요청되는 상공업에 종사하는 사람들의 불안과 두려움을 극복해 주기 위한 관세음보살, 농경사회에서 요청되는 지장보살, 인간에게 지혜를 통해서 해탈열반을 체득하도록 도움을 주는 대세지보살과 문수보살, 인간의 행위와 소망에 조력하는 보현보살 등은 법신불의 화현으로 등장하여 법신보살을 신앙하게 하였다. 이 중에 관세음보살은 그분을 부르거나 부르는 명호만으로 구제해

준다고 이근원통(耳根圓通)의 신앙과 수행이다. 여기서 둔근자에게 요청되고 가장 접근하기 용이하고 적합한 부처님이 바로 아미타불의 본원이고 이생에서 고난을 벗어나고 내생에는 영원한 생명의 원천을 제공하겠다고 발원한 아미타불은 둔근자의 관심을 불러와 대중성을 확보하였다.

이러한 염불은 육수념의 일종이고 또한 오정심관(五停心觀)의 하나다. 주지하듯이 오정심관은 선관을 수행하는 최초에 자기의 근기를 체크하는 부파불교의 기초적인 수행방법이다. 여기서 정(停)은 마음을 고정하는 의미로 산란한 마음과 분별하는 마음을 멈추어 마음이 안정된 상태를 유지하여 안주하는 것이다. 이는 구체적으로 탐욕의 마음에 대치하는 부정관(不淨觀)을 비롯한 자비관(慈悲觀) 또는 불상관(佛像觀), 무명의 무지에 대치하는 인연관(因緣觀), 유신견이나 교만심을 제어하는 계분별관(界分別觀) 또는 염불관(念佛觀), 산란한 마음에 대치하여 마음을 하나의 대상에 집중하는 수식관(數息觀) 등이다. 또 수식관은 수식(數息)·수식(隨息)·지(止)·관(觀)·환(還)·정(淨)의 대표적인 부처님의 수행방법임은 주지하는 바이다.[15]

그러면 오정심관을 활용하여 어떻게 끊이지 않고 계속해서 수행을 유지할 수 있는가? 이것은 마음이 점차로 산란한 마음이 일어나지 않게 해서 망상이 감소하면 집중된 마음이 된다. 그런 후에 다시 진일보하여 몸과 마음과 환경이 통일되어 몸과 마음과 환경의 분별과 장애를 놓아버리면 통일된 마음이 드러난다. 이렇게 마음이 고요해진 상태를 하나의 경계에 머문 것을 삼매나 선정이라고 하였다. 그러나 통일된 마음이 비

---

15   청화대종사 저, 『원통불법의 요체』, 서울:광륜출판사(2009), pp.135-146.

록 선정에 들어갔지만 선정의 궁극적 목적은 아니다. 그래서 마음이 매우 밝아지고 맑아지며 안정되고 평안해진 상태의 경안(輕安)에서 선정과 지혜가 균등한 둘이 아닌 단계에 들어간다. 이러한 통일된 마음이 바로 집중된 마음을 알아차린 상태에서 있는 그대로의 실상을 관조하는 것이다. 그래서 호흡을 세거나 염불하거나 화두를 참구하거나 실상을 관조하거나 깨어있는 마음이 더욱 지속하여 묵묵히 비추어 보아 형상 없는 형상, 남이 없는 남을 체득한다.

그렇기 때문에 육수념의 실제와 오정심관은 상응하는 것이고 수행하는 집중의 지(止)와 알아차리는 염(念)과 실상을 비추어 보는 관(觀)이 통일되어 마음을 쓰면 그대로 깨달아 비추어 보고, 깨닫는 것을 깨달아 아주 마음이 맑아지면 청정한 마음이 지속되어 유지되는 것이다. 그래서 부처님을 염하는 것은 염불과 선의 가장 기초적인 수행이면서 궁극적인 수행방법이다.

이러한 염불과 선의 관계를 구체적으로 주창한 사람은 영명연수(永明延壽, 904~975)다. 연수는 하루 일과 중 108사(事)를 실천하였다. 그의 일과에는 염불신행뿐만 아니라 경전의 강독이나 예배·주력·영가천도·방생 등 다양한 신행을 겸수하였다. 또한 대사는 『종경록』과 『만선동귀집』·『유심결』을 저술하여 유심정토(唯心淨土)에 대해 설하였으며, 만선(萬善)은 모두 깨달음의 길로 들어간다고 설파하였다.[16] 연수의 선정쌍수(禪淨雙修)에 대하여 구체적으로 정리된 것이 바로 『정토성현록』에 소개되어 있

---

16   永明延壽 述, 『萬善同歸集』(大正藏48, p.966,a).

는 "참선염불사료간게(參禪念佛四料揀偈)"다.[17] 이 사료간게에 대해서 학자들 간에 저작에 대해서 의견이 분분하지만 확실하게 결론이 난 것은 아니다. 하여튼 선정쌍수의 내용을 살펴보면 다음과 같다.

> 선을 수행하고 염불도 수행하면 마치 뿔 달린 호랑이와 같아져서
> 현세에 사람들의 스승이 되고 장래에 부처나 조사가 될 것이다.[18]

이처럼 염불과 선의 관계에 대해서 명료하게 논하고 있다. 이 「참선염불사료간」의 게송은 남송대와 원대로부터 명대와 청대를 거쳐서 현대에 이르기까지 염불과 선의 긴장과 절충 또는 결합과 일치시키는 새로운 수행방법론이 회자되고 전개되었다. 특히 송대와 원대에 여러 종파에 큰 영향을 미쳤으며, 우리나라에도 고려 광종대에 36인이 연수대사 문하에서 유학하고 돌아와 법안종을 이어받아 각각 한 지방을 관장하기도 하였다. 그런데 명대의 대우(大佑)는 『정토지귀집』에서 이에 대해서 자세히 설명하는 가운데 유선유정토(有禪有淨土)에 대하여 말하길,

> 선을 수행하고 염불도 수행하면 마치 뿔 달린 호랑이 같아져서 현세에 사람들의 스승이 되고 장래에 부처나 조사가 되리라. 현세에는 인간들의 스승이 되고 내세에는 부처님과 조사가 되리라. 이미 깊이 불

17　청화대종사 저, 『실상염불선』, 서울:광륜출판사(2012), pp.216~218.

18　彭際淸, 『淨土聖賢錄』 卷3(卍續藏135, 244), "又嘗作四料簡云 有禪無淨土 十人九錯路 陰境若現前 瞥爾隨他去 無禪有淨土 萬修萬人去 但得見彌陀 何愁不開悟 有禪有淨土 猶如帶角虎 現世爲人師 當來作佛祖 無禪無淨土 鐵牀幷銅柱 萬劫與千生 沒箇人依怙"

법을 통달하였기 때문에 인간과 천상의 스승이 될 것이며, 또한 왕생
발원을 하였으므로 속히 물러남이 없는 계위에 오르며, 허리에 십만
관을 차고 학을 타고 양주를 날아오르리라.[19]

라고 선과 염불을 쌍수하는 것이 이상적이고 불가사의함을 드러내고
있다. 여기서 유선(有禪)이란 참선한다는 것이고, 유정토(有淨土)는 사종염
불(四種念佛)인 칭명(稱名)·관상(觀像)·관상(觀想)·실상(實相) 등의 염불 가
운데 하나는 수행한다는 의미가 되며, 정토에 왕생하길 발원도 하였다
는 것이다. 대우가 해석한 것처럼 생전에는 인천의 스승이 되고 내세에는
깨달음을 성취하여 부처와 조사가 된다는 것이다. 이는 염불과 선을 권
장하면서 염불에 비중을 기울인 연수의 견해다. 그런데 영명연수의 현존
하는 저술에는 보이지 않는다. 후대에 가탁했을 가능성이 높다. 하지만
원대의『정토혹문』과 명대의『정토지귀집』과『선관책진』, 청대의『정토성
현록』과『각호집』에서 언급되어 후대에까지 지대한 영향을 발휘하였음
을 짐작하게 한다.[20] 여기서 우리는 금타와 청화가 적시한 염불선은 바로
아미타불을 통해서 선과 염불을 결합한 염불선을 유추해 낼 수 있다. 이
는 염불선의 역사적 고증이 요청된다.

---

19   大佑 集,『淨土指歸集』卷上(卍續藏108, p.135,a), "三曰 有禪有淨土, 猶如戴角虎, 現世爲人師, 來生作佛
      祖 旣深達佛法 故可爲人天師 又發願往生 速登不退 腰纏十萬貫 騎鶴上揚州"

20   여기서『정토혹문』과『선관책진』은 사료간을 부분적인 미완성으로 언급하고,『정토지귀집』과『정토
      성현록』,『각호집』은 사료간을 완성형으로 설명하고 있다.

3. 염불선의 성립 과정

그러면 이러한 염불과 선의 결합과 융합 그리고 일치한 염불선의 직접적인 성립은 중국에서 약 5세기와 9세기에 걸쳐서 영명연수로 결과한다. 이러한 염불선이 어떻게 성립하였는지 그 과정을 추적해 보기로 한다. 일찍이 달마의 선(禪)은 동산문하에 이르러 염불이 마음을 청정하게 하는 일종의 방편으로 중시되었다. 달마선의 입장에서 보면 처음에 염불과 선은 마치 서로 용납되지 않는 두 가지 방법으로 인식하는 듯하지만, 그러나 동산법문의 전승에서는 이 두 가지 극단적인 대치의 수행방식으로 보이는 것이 도리어 광범하게 융합시켜 회통시켜왔다고[21] 한다.

『육조단경』에 드러난 유심정토(唯心淨土)와 후대에 정립한 자성미타(自性彌陀)의 사상은 후대 선승들에게 정토종을 비평하는 문증으로 자주 인용되기도 하였다. 반면에 정토종의 대가들과 일부 선승들은 선정쌍수나 선염겸수·선염일치로써 응답하였다. 이러한 염선일치의 염선겸수는 네 가지 유형을 공유한다. 즉, 선과 정토가 사상과 실천적인 측면에서 융합형태와 염불형태, 참구형태, 일치형태다. 먼저 청화가 중시하여 언급한 두비(杜朏)의 『전법보기(傳法寶紀)』에 설해진 초기선종이 전승되는 시기를 기술한 내용에서,

> 달마대사께서 옷을 걷어 올리고 미혹한 이를 인도하여 그 말을 쉬게 하고 그 경론을 여의게 하였다. … 대저 도신에 이르러 비록 거주

---

21   宇井伯壽, 『禪宗史硏究』, 東京: 巖波書店(1966), pp.169~194.

지를 택하여 거처를 열어 우주의 현묘한 조짐을 경영하니 존재해도 존재하는 자취가 없어, 방을 달아 문풍을 두지만 일상생활에 주고받는 것은 오히려 감내하여 대법을 듣고도 억눌러 전하지 않는다. … 홍인·법여·대통의 세대에 이르러 곧 법문이 크게 계발되었다. 근기를 가리지 않고 가지런히 속히 '부처님의 명호를 염하여 마음을 청정하게 하여' 은밀하게 와도 저절로 드러나 이치가 법을 감당함에 오히려 번갈아 신비함을 귀중하게 여겨 일찍이 말로 제창하지 않았다.[22]

라고 하였다. 이처럼 달마의 선은 사조도신(四祖道信, 580~651)에 이르러 비로소 하나의 지역을 거점으로 스승의 유지를 받들어 흥성하였다. 그런데 홍인문하에 염불의 방편을 열어 스스로 그 마음을 청정하게 하는 염불수행은 더욱 대중적이고 보편적 방편이 되었다. 『전법보기』에 도신의 구체적인 내용을 제시하지는 않았지만, 그러나 『능가사자기』에 기술된 도신의 「입도안심요방편법문(入道安心要方便法門)」(이하『입도방편』)에는 선명하게 염불의 정심(淨心)을 나타내는 도신의 선법 중에서 매우 기본적인 한 가지 방편으로 삼았다. 도신의 선법에 대한 요지는 『능가사자기』의 「도신전」에 근본을 열어 그 의미를 밝히면서 매우 정미하고 요긴하게 설명하였다. 즉,

그 도신은 다시 선문을 드러내어 우주 안에 유포하였고, 보살계법 1

---

22   杜朏, 『傳法寶紀』(大正藏85, p.1291,c), "天竺達摩, 褰裳導迷, 息其言語, 離其經論 … 至夫道信, 雖擇地開居, 營宇立(玄)象, 存沒有迹, 旌榜有聞, 而猶平生授受者, 堪聞大法, 抑而不傳 … 及忍·如·大通之世, 則法門大啓 根機不擇, 齊速念佛名, 令淨心, 密來自呈, 當理於法, 猶遞爲秘重, 曾不昌言"

권과 『입도방편』을 제정하여 인연이 있고 근기가 성숙한 자를 위해서 나는 이 법을 설한다. 요컨대 『능가경』에 의지해서 모든 부처님의 마음을 제일[諸佛心第一]로 하고, 또 『문수반야경』에 의지한 일행삼매는 곧 염불하는 마음이 부처이고 허망한 마음은 범부다.[23]

라고 하였다. 여기에서 도신이 『능가경』과 『문수설반야경』 두 경전을 제시하여 인증한 경론과 사상의 분석에 따르면 지금까지 여타의 논사와는 다르게 심법(心法)이 일어난 이해를 적용시켜 취사선택하고 해석하여 회통하였다. 인용한 『능가경』은 4권 본으로 달마 이래 종지를 전하는 전거이고, 달마가 이 경전을 응용하여 전법한 방편은 종통(宗通)과 설통(說通) 등의 중요한 종지(宗旨)를 이끌어 뜻을 얻은 허심한 종지의 뜻이다. 도신은 여기에다가 다시 심성(心性)에 따른 의미에서 명료하게 이해를 동반하여 중시하였다. 이에 대해서 청화도 자세하게 적시하였다.[24]

수행방법에서도 반야의 의미를 갖춘 『문수설반야경』의 영향이 강하게 드러난다. 『문수설반야경』은 모두 세 가지 번역이 현존하는데, 도신이 인용한 것은 양나라 만다라선의 번역본이다. 그의 「입도방편」 중에 인용한 『문수설반야경』의 문구를 보면 도신이 중시한 것은 경에 갖추어진 칭명염불을 수행해서 일행삼매에 들어가라는 견해다. 여기서 그는 염불삼매를 직접 제시함과 아울러 관상의 선정염불을 제시한 중요한 전적인

<hr>

23   淨覺, 『楞伽師資記』, 「道信章」(大正藏85, p.1286,c), "其信禪師, 再敞禪門, 宇內流布, 有菩薩戒法一本, 及制入道安心要方便法門, 爲有緣根熟者, 說我此法, 要依楞伽經, 諸佛心第一 又依文殊說般若經, 一行三昧, 卽念佛心是佛, 妄念是凡夫"청화대종사 저, 『실상염불선』, 서울: 광륜출판사(2012), pp.210~216.

24   청화대종사 저, 『실상염불선』, 서울: 광륜출판사(2012), pp.230~248.

『관무량수경』도 중시한다. 또 도신의 「입도방편」 중에 『관무량수경』의 문구를 인용하여 기술하였다. 이런 내용은 청화선사의 『실상염불선』의 곳곳에 다양하고 자세하게 설명되었다.[25]

다음에 도신이 인용한 『관무량수경』의 내용에 "모든 부처님의 법신은 일체중생심의 생각에 들어간다. '이 마음이 부처를 지으면 마땅히 부처는 바로 마음'임을 알아야 한다. 마음 밖에 다시 다른 부처가 없다"[26]는 것은 마음과 부처가 둘이 아니라는 논리여서 『관무량수경』을 인용해서 설명하면서도 도신은 관상염불(觀想念佛)의 수행법은 전혀 중시하지 않았던 것이다. 이것은 청화가 가장 강조한 내용이다.[27]

이는 정토경전을 가지고 과거에 오염된 이중의 세계와 거듭된 경계를 하나의 마음 경계로 잡아서 자기 마음의 분상에 귀결하여 소화해낸 것이다. 염불하는 마음을 강조하여 신성한 이(理)의 경계에 주목해서 내재한 덕성을 그가 강조한 계율과 선정의 합일로 삼아서 복에서 덕으로 변화시킨 것이다. 이것은 그가 특별히 중시한 『능가경』의 '모든 부처님의 마음이 제일[諸佛心第一]'이라는 수일불이(守一不移)의 깊은 의미다.

달마는 『능가경』으로써 종지를 전하여 밝힌 '무상(無相)'이란 공종(空宗)'에서 그 선수행의 심법도 또한 '무상(無相)의 진여(眞如)'에 계합하는 데에 두었다. 이는 대개 중국의 후세 선문의 일관된 풍조다. 하지만 『관무

---

25 청화대종사 저, 『실상염불선』, 서울:광륜출판사(2012), pp.210-215, pp.230-248. 참조하면 염불하는 마음이 바로 부처임을 적시하여 자세하게 설법하면서 단정하게 앉아서 법계일상(法界一相)의 실상을 관할 것을 강조한다. 여기서 청화가 추구한 실상염불인 염불선은 직접적으로 금타의 영향을 받았지만 또한 도신의 양향도 배제할 수 없는 중요한 전거다.

26 淨覺, 「道信章」, 『楞伽師資記』(大正藏85, p.1288,a), "諸佛法身 入一切衆生心想 是心作佛 當知佛卽是心 心外更無別佛也"

27 청화대종사 저, 『실상염불선』, 서울:광륜출판사(2012), p.27, pp.207-210.

량수경』에 제시된 각종의 관상(觀想)염불의 방법은 모두 구체적인 경계의 형상을 관상할 수 있는 저 해와 물과 땅과 수풀 등의 의보와 극락삼존인 정보의 관법이다. 말하자면 담란(曇鸞)을 계승한 도작(道綽)과 선도(善導)는 서방정토의 유상(有相)을 잡아서 일반화한 동시에, 또 정토라는 경계의 이미지로써 더욱 일반신자에게 보급하여 대중을 교화하였다.

그런데 이러한 유상(有相)은 선종에서 중시하는 무상(無相)이란 텅 빔의 의미에 깊이 천착해보면 부합하지 않기 때문에 도신은 『문수설반야경』과 『보현관경』, 『대품반야경』 가운데 염불법문을 인용하여 모두 특별히 주의하여 무상(無相)의 실상(實相)을 인용한다. 먼저 『문수반야경』을 인용하여, "일행삼매에 들어가고자 하면 마땅히 텅 비고 한가한 처소에 거처한다"고 하였고, 또 "모습을 취하지 않고 마음을 한 분의 부처님께 매어 오로지 명호를 일컫는다"[28]고 말하였다.

그런 다음에 또 『보현관경』을 인용하여, "단정히 앉아 실상(實相)을 염한다"고 하였으며, 그리고 "각관(覺觀:尋伺)의 마음이 부처님을 염하여 마음과 마음이 상속하면 홀연히 맑아지고 고요해져 다시 반연하는 생각이 없다"[29]라고도 하였다. 그 다음에 또 『대품반야경』을 인용하여, "부처님은 무상(無相)의 모습이기에 만약 또한 이 도리를 안다면 곧 마음이 평안하다"고 언급하였다. 도신 자신은 실상(實相)에 대해서 또한 다음과 같이 해석한다. 즉, 한량없는 뜻이란 "무상(無相)은 상(相)이 아닌 것을 이

28   淨覺 集,「道信章」,『楞伽師資記』(大正藏85, p.1286,c), "欲入一行三昧, 應處空閑 … 不取相貌, 繫心一佛, 專稱名字"

29   淨覺,「道信章」,『楞伽師資記』(大正藏85, p.1287,a), "端坐念實相 … 覺觀心念佛, 心心相續, 忽然澄寂, 更無所緣念"

름하여 실상(實相)이라고 하는데 곧 없어져서 청정한 것이 이것이다"[30]라
고 하였다.

　이상의 내용은 청화가 금타의 영향을 받음과 동시에 도신에 천착한
이유를 짐작할 수 있다. 다시 말하자면 금타와 청화가 동시에 제시한 반
야지혜를 통한 제법개공(諸法皆空)한 제법실상의 체득에 부합한다는 것
이다. 그리고 이에 대해서 『대지도론』에서 사리불존자가 수보리존자에게
무생(無生)을 묻는 질문에 답한 부분에서,

　　　보살마하살은 반야바라밀을 행하면서도 이러한 마음을 생각하지 않
　　　아야 하고 교만해지지 않아야 합니다. 무등등(無等等)한 마음도 생각
　　　하지 않아야 하고 교만해지지 않아야 하며, 대심(大心)도 생각하지 않
　　　아야 하고 교만해지지 않아야 합니다. 왜냐하면 이 마음은 마음이
　　　아니며, 마음의 모양은 항상 청정하기 때문입니다.[31]

라는 인용문은 무생(無生)을 논하면서 18공의 체득은 바로 '청정한 마음'
의 체득임을 논하고 있다. 반야바라밀을 실천하는 이것이 바로 제법실상
의 공을 체득하는 무생이고 반야지혜로 진여법신을 체득하는 청정한 마
음이라는 것이다. 여기서 마음은 마음이 아니고 마음의 모양은 항상 청
정하다는 것이 주목되는 부분이다.

30　　淨覺, 「道信章」, 『楞伽師資記』(大正藏85, p.1287,ab), "佛無相貌, 若也知此道理, 卽是安心無量義者 …
　　　無相不相, 名爲實相, 則泯然淸淨是也"

31　　龍樹 造·鳩摩羅什 譯, 『大智度論』 제41권(大正藏25, p.362ab), "[經]菩薩摩訶薩行般若波羅蜜 得是心
　　　不應念不應高 無等等心不應念不應高 大心不應念不應高 何以故 是心非心心相常淨故"

그런데 정토경론의 요지는 염원하여 서방에 왕생하는 것을 중시한다. 그래서 천태종도 역시 비록 일심삼관(一心三觀)의 관심(觀心)염불을 소중하게 여기면서도 서방에 왕생하길 구하고 또한 분명하게 구별한 것이 분명하다. 저 『주십의론(注十疑論)』에서 서방정토에 왕생하는 것에 대해서 상세하게 낱낱이 빠짐없이 변호한다.[32] 그런데 도신은 정토를 잡아서 내재하는 덕성으로 변화시켰고, 그로 인해서 염불의 목적은 안심(安心)과 정심(淨心)에 두었지만 서방에 왕생하는 것에는 전혀 마음을 기울이지 않았다. 이점은 청화와 배치되면서도 일치되는 부분이다.[33] 그런데 위에서 인용한 『전법보기』는 곧 선문이 부처님의 명호를 염하여 마음을 청정하게 하는 것이라고 설명하였다. 이것이 「입도방편」에 매우 명백하게 논해졌다.

> 서쪽으로 향할 필요가 있습니까? 도신이 답한다. 만약 마음이 본래 불생불멸인 줄 안다면 마침내 청정하여 곧 불국토가 청정하다. 다시 반드시 서쪽을 향할 필요가 없다. … 부처님께서는 둔한 근기의 중생을 위해서 서쪽을 향하게 하였지 예리한 근기의 사람을 위해서 설한 것이 아니다.[34]

이러한 내용은 그대로 오조홍인(五祖弘忍, 601~675)과 육조혜능(六祖慧能, 638~713)에 계승된다. 이어서 서방에 왕생하는 법문은 단지 하나의 방편을 계발한 것에 불과하고, 염불은 일종의 방편이라는 것이다. 이러한

32   智者 說·澄彧 註, 『注十疑論』(卍續藏61, pp.153b-162a).
33   도신은 서방정토를 중시하지 않았지만 청화는 현실정토와 더불어 정토왕생도 중시한다.
34   淨覺 集, 「道信章」, 『楞伽師資記』(大正藏85, p.1287,c).

방편들은 모두가 '자기 마음에 근원'으로 인도하는 것이고, 그리고 또 '자기 마음의 청정한 일행삼매'를 향해 돌아가도록 지향한 것이다. 도신이 인용한 『문수설반야경』에서 설법한 염불은 모든 어지러운 생각을 버리고, 생각 생각이 상속해서 이와 같이 일행삼매에 들어가길 권유한 것이다. 여기에서 염불은 선정에 들어가는 방편이고, 선정을 돕는 방편으로써 염불의 방법을 삼은 것이다. 그러므로 도신의 염불삼매의 특이한 점은 '실상(實相)인 무상(無相)이며 유심(唯心)의 체득'이다. 이러한 종류의 의향은 도신을 계승해서 반야경에 대한 공(空)의 이론이 중시되었고, 나아가 염불은 일종의 정신적인 집중의 명상하는 방식을 부여하였다. 청화는 여기에 주목하여 수행할 가치가 인정되는 실상염불선인 염불선에 이론과 실천을 자세하게 피력하고 수행하였다.

이외에도 『대승기신론』(이하 『기신론』)은 중국선종의 염불삼매의 영향에 대해서 약간의 설명을 첨가해 보기로 하겠다. 『기신론』은 주지하듯이 동북아불교의 근간이 되는 중생의 마음을 대승으로 논한 주목할 부분이 대단히 많다. 그 가운데 논제와 관련된 지관(止觀)에 대해서 말할 때에 역시 일행삼매인 진여삼매(眞如三昧)가 중요하다. 『기신론』의 논문에서 그 의미를 검토해보면 도신과 청화가 논한 일행삼매는 곧 진여삼매다. 이 진여삼매는 견분(見分)과 상분(相分)에 머물지 않는 것이고, 얻는 상분에도 머물지 않는 무상삼매(無相三昧)를 의미한다.

이러한 수행에 관한 염불법문은 신심(信心)을 성취하기 어려운 이를 위한 것이고, 수행에서 물러나려고 생각하는 자의 수승한 방편이다. 다음에 염불은 진여법신을 관함으로 인해서 중생이 바른 선정의 삼매에 머무는 것이 바로 염불삼매의 방편인 것이다. 그런데 도신을 계승한 홍인의 염불삼매는 거의 두 가지 궤도가 없다. 『능가사자기』에 기술된 동산법문의 관심선법(觀心禪法)은 글자를 보고 점차로 허망한 생각을 절복하여 허망한 생각을 소멸하는 청정한 마음이다. 여기서 염불정심(念佛淨心)을 중시한 내용은 전혀 없다. 이에 대해서 언급된 내용을 보면,

> 그 앉을 때에 평면에 몸을 단정히 하고 바르게 앉아 널리 몸과 마음을 놓고 허공이 다하는 먼 끝에 일자(一字)를 보는 것은 저절로 차례가 있다. 만약 초심자가 많은 반연이 있다면 또한 마음속에서 일자를 보아 증득한 후에 앉았을 때의 상태는 마치 광야의 연못 가운데 먼 곳에 홀로 하나의 높은 산과 같이 하여 산 위의 드러난 땅에 앉아 사방을 멀리 보아도 변방의 경계가 없게 한다. … 부처님의 경계에 머무니 청정한 법신은 변방의 한계가 없어 그 상황도 역시 이와 같다."[35]

라고 간자정심(看字淨心)과 염불정심(念佛淨心)을 일치시키고 있다. 여기서 언급된 내용에 간자정심의 구체적인 의미에 대해서는 자세히 알 수 없지만 분명히 염불정심과 더불어 약간 다른 점이 있다. 이 두 가지 관점은 동산문하에서 북전(北傳)한 다른 법의 흐름을 대표하는지 아닌지 잠깐 논구해 본다. 여기서 대표적으로 긍정할 수 있는 것은 도신에 의해서 동산법문이 발전하여 염불에 방편적 의미를 첨가한 것이 뚜렷하게 드러난

---

35   淨覺 集, 「弘忍章」, 『楞伽師資記』(大正藏85, pp.1289,c-1290,a), "爾坐時, 平面端身正坐, 寬放身心, 盡空際遠看一字, 自有次第. 若初心人攀緣多, 且向心中看一字, 證後坐時, 狀若曠野澤中, 迥處獨一高山, 山上露地坐, 四顧遠看, 無有邊畔. … 住佛境界, 清淨法身, 無有邊畔, 其狀亦如是"

다는 점이다.[36]

그런데 여기서 분명한 것은 동산문하에 분파로 널리 회자되는 내용에 또 다른 모습으로 드러난다. 오조문하에 염불선의 발전에 관하여 특히 혜안(慧安)·법지(法持)·지선(智詵)·처적(處寂)·정중무상(淨衆無相)·과랑선습(果閬宣什)·남악승원(南嶽承遠)·무주(無住) 등의 여러 계통의 염불방편은 참고할 만한 것은 우정백수의 『선종사연구(禪宗史研究)』 제4절[37]에 본문에다가 약간의 문제를 덧붙여 원래의 의미를 적극적으로 기술하고 있다. 우선 신수(神秀)계통을 언급한다. 신수의 선법계승은 『능가사자기』에 다음과 같은 기술이 있다.

측천대성황후는 신수선사에게 묻는다. "전해온 법(法)은 어떤 가풍의 종지(宗旨)입니까?" 답한다. "기주의 동산법문에서 이어 받았습니다." 묻는다. "어떤 경전을 의지해서 가르침을 받았습니까?" 답한다. "『문수설반야경』의 일행삼매를 의지하였습니다."[38]

여기서 언급된 일행삼매는 『문수설반야경』의 일행삼매로서 염불삼매이고 나아가 도신선법의 종지(宗旨)에서 『문수설반야경』과 동산법문을 다잡아 관련시킨 것은 마치 신수의 선법은 도신과 홍인의 융화를 암시하는 듯하다. 『전법보기』를 제외하면 그와 홍인은 동일하게 염불정심

---

36   宇井伯壽 著, 『禪宗史研究』, 東京 : 巖波書店(1966), pp.169~194.

37   宇井伯壽 著, 『禪宗史研究』, 東京 : 巖波書店(1966), pp.171~194.

38   淨覺 集, 「弘忍章」, 『楞伽師資記』(大正藏85, p.1290,b), "所傳之法, 誰家宗旨? 答曰 : 稟蘄州東山法門. 問 : 依何典誥? 答曰 : 依文殊說般若經一行三昧"

(念佛淨心)의 방편을 논하였고, 전해진 설에 의하면 신수와 더불어 서로 관련한 『파상론(破相論;觀心論)』[39]과 『대승무생방편문(大乘無生方便門)』(이하 『방편문』) 가운데 모두 염불정심을 설하고 있다. 특히 『파상론』에는 유심(唯心)염불에 대해서 중요한 기능을 역설하고 있다. 여기에서 두 가지로 나누어 보면 우선 염불은 바로 깨달음을 증득하는 요문이다. 『파상론』에서 설하길,

> 또 묻는다. 경에서 설한 지극한 마음으로 부처를 염하면 반드시 해탈할 수 있습니까?
> 답한다. 대저 염불이란 마땅히 모름지기 정념(正念)으로 바름을 삼지만 의미를 요해하지 못하면 곧 삿됨이 된다. 정념이란 반드시 청정한 국토에 왕생할 수 있는데, 삿된 생각으로 어떻게 저것을 통달할 수 있겠는가? 부처란 깨달음이다. 이른바 마음의 근원을 살펴서 악을 일으키지 말아야 한다. 생각이란 기억하는 것이다. 이른바 계행을 굳게 지키고 정미하고 부지런함을 잊지 않는다. 여래의 의미를 요달하는 것을 이름하여 정념이라고 한다.[40]

라고 정념의 중요성을 논하였다. 이는 도신의 염불에 비교하면 일행삼매에다 더더욱 구체적으로 깊게 설명되었다. 요점은 염불을 다잡아 해석하

---

39   『少室六門』에서는 『破相論』이라 하였고, 돈황출토본에서는 신수의 『觀心論』이라고 하였다.

40   『達磨大師破相論』(卍新纂續藏63, p.11,b), "又問：經所說言至心念佛, 必得解脫 答曰：夫念佛者, 當須正念爲正, 不了義即爲邪 正念必得往生淨國, 邪念云何達彼？佛者覺也, 所謂覺察心源, 勿念起惡；念者憶也, 謂堅持戒行, 不忘精懃 了如來義, 名爲正念"

여 자기 마음의 깨달음을 증득하게 하였다. 이것은 바로 『방편문』에서 설명한 제일방편이고, 곧 이념문(離念門)인 생각을 여읜 깨달음이다. 돈황본 『방편문』에 설하길, "불자여! 모든 부처님 여래께서는 도(道)에 들어가는 큰 방편이 있나니, 일념의 청정한 마음으로 단박에 부처의 경지를 초월한다. 화상은 나무를 두드리며 일시에 부처님을 염한다"[41]라고 하였다. 덧붙여 또 방편으로 경을 통달하는 것으로 『기신론』 중의 본각(本覺)과 구경각(究竟覺) 등의 일단의 문구를 인용해서 염불정심(念佛淨心)의 이념(離念)방편을 해설한다. 종밀은 『원각경대소초』 권3의 하에서 신수의 제일문인 방편으로 경전의 독송을 설하고, 또한 『기신론』 중에서 동일한 단문을 첨가하여 설명한다. 『문수설반야경』의 염불삼매를 이끌어 『기신론』의 사상과 관련시키는데, 비록 도신의 선법에서는 불분명하였지만 신수의 방편법문 중에서 명확하게 표현하였다.

그 다음에 이상(離相)과 심념(心念)이다. 이상(離相)이란 중국의 조사선에서 관심(觀心)의 공통된 지침이다. 신수의 이념(離念)방편문은 간심간정(看心看淨)으로 설해졌고, 또한 선사들이 일반적으로 원용하는 『금강경』에서, "무릇 모습이 있는 것은 모두가 허망한 것이다"[42]라는 설법을 경증으로 삼았다. 염불의 심념(心念)에 대해서도 그는 명확하지는 않지만 입으로 외우는 것에 반대하여 "마음을 섭수하여 내면으로 비추어 밖을 밝게 알아차리면서 관찰한다"[43]는 심념을 위주로 함과 아울러 현상에 집착

---

41 『大乘無生方便門』(大正藏85, p.1273,c), "佛子, 諸佛如來有入道大方便, 一念淨心, 頓超佛地 和(尙)擊木, 一時念佛"

42 『大乘無生方便門』(大正藏85, p.1273,c), "金剛經云 凡所有相皆是虛妄"

43 『達磨大師破相論』(卍新纂續藏63, p.369c), "攝心內照, 覺觀外明"

하는 것과 현상을 여의는 것으로써 두 가지 염불을 판단하고 해석하여 구별하는 근거로 삼았다. 『파상론』에서,

또 그것을 외우는 것과 생각하는 것은 이름과 뜻이 아득히 다르다. 입에 두면 외운다 하고, 마음에 두면 생각한다고 한다. 그러므로 생각은 마음에서 일어나기에 깨닫는 수행의 문임을 안다. 다시 말해서 외우는 것은 입에 속하기에 곧 음성의 형태이기에 형상에 집착하여 복을 구하는 것은 마침내 옳은 것이 없다.[44]

고 말한다. 이러한 내용은 서산휴정의 주장과 일치하고 있다.[45] 이어서 『금강경』을 인용하여 덧붙여 설명한 이것이 바로 동산법문이다. 다음에 오조문하의 방계인 자주(資州)의 지선계 일가를 이루었는데 김화상(金和上)인 정중무상(淨衆無相)에 이르러 비로소 무억(無憶)과 무념(無念)·막망(莫妄) 또는 막망(莫忘)[46]이란 세 구절의 가르침을 표준으로 드러내어 학인을 제접(提接)하여 인도하였다. 그 중에 무념(無念)을 가장 근본으로 삼았고, 그것은 심진여문(心眞如門)일뿐만 아니라 동시에 계정혜(戒定慧) 삼학을 총지문(總持門)으로 삼았다.[47]

---

44   『達磨大師破相論』(卍新纂續藏63, p.369a), "且如誦之與念, 名義懸殊 在口曰誦, 在心曰念 故知念從心起, 名爲覺行之門; 誦在口中, 即是音聲之相, 執相求福, 終無是乎"

45   정광균, 『정토 수행관 연구』, 서울 : 우주사, 2013, p.462.

46   宗密 撰, 『圓覺經大疏釋義鈔』 卷三(卍新纂續藏9, p.533,c), "言三句者 無憶無念莫忘也 意令勿追憶 已過之境 勿預念慮 未來榮枯等事 常與此智相應 不昏不錯 名莫忘也 或不憶外境 不念內心 脩然無寄 (莫忘如上)戒定慧者 次配三句也"

47   『歷代法寶記』(大正藏51, p.185,a), "金和上每年十二月正月 與四衆百千萬人受緣嚴設道場處 高座說法 先教引聲念佛盡一氣念 絕聲停念訖云 無憶無念莫妄 無憶是戒 無念是定 莫妄是惠 此三句語即是總

그래서 무념(無念)은 바로 염불을 통해서 점차로 머무는 것이다. 이점에 관해서 종밀은 『원각경대소초』 권3의 하에 전혀 언급하지 않았지만 『역대법보기』 중에 기술되었다. 김화상이 전법 또는 수계할 때에 먼저 소리를 끌어 염불하게 하고, 일기(一氣)가 다하고 상념(想念)이 끊어져 소리에 머물게 하는 인성(引聲)염불이다. 이러한 인성염불은 형식상에서 보면 당시 선문에서 성행하던 염불의 정심(淨心)을 동반하는 하나의 흐름이어서 실제상 김화상의 염불은 이미 『문수설반야경』과 더불어 음성의 구념(口念)을 중시하였고, 도신으로부터 무상(無相)에 이르기까지 심념(心念)의 전통이고 약간의 유사한 점이 뒤섞여 있다.[48]

또한 오조문하에서 분화한 여러 염불문 중에 남산의 한 계통의 염불법문이 가장 유명하기 때문에 과랑선습(果閬宣什)의 남산염불문(南山念佛門)의 설법을 매우 중시하였다. 이러한 계통의 선법과 관련하여 주요한 내용이 종밀의 『원각경대소초』 권3의 하에 언급되어 있다. 종밀의 기술에 의거하면 이러한 계열의 중요한 의식은 향을 전하는 것을 빌려서 부처를 마음에 두는 것이다. 전향(傳香)은 이심전심(以心傳心)의 법을 전수하는 것과 유관한 의궤라는 것이다.[49] 반면에 존불(存佛)은 염불수행과 관련하여 『원각경대소초』 권3의 하에 다음과 같은 내용이 기술되어 있다.

존불(存佛)이란 바로 법을 전수할 때에 먼저 법문의 도리를 설하고 수

持門 又云 念不起猶如鏡面能照萬像 念起猶如鏡背卽不能照見 又云 須分明知起知滅 此不間斷 卽是見佛 … 一切衆生依無念者 … 又起信論云 心眞如門心生滅門 無念卽是眞如門 有念卽生滅門"

48 韓普光, 「念佛禪의 修行方法」, 『淨土學 硏究』 제5집, 2002, pp.108-109.
49 韓普光, 「念佛禪의 修行方法」, 『淨土學 硏究』 제5집, 2002, pp.105-110.

행하는 의향에 나아간 연후에 일자염불(一字念佛)을 한다. 처음에 소리를 이끌어 염함으로 말미암아 후에 점점 소리가 없어지게 소리를 적게 하여 나아가 소리가 없게 한다. 부처를 보내고 뜻에 이르고 억념(憶念)이 오히려 거칠어진다. 또 보내고 마음에 이르러 생각 생각이 상념을 두어 부처님을 항상 마음 가운데 두고 있으면서 나아가 생각이 없는 데에 이르러 대개 도(道)를 얻는다.[50]

이상과 같이 존불의 수행에 대해서 무념(無念)과 무심(無心)의 체득을 논하였다. 그리고 여기서 분명히 구념(口念)에 의해서 뜻을 쉬어 전환하고, 또 관상(觀想)으로써 마음을 절복하여 최후에 무상(無想)을 성취함으로써 도(道)를 얻는다는 것이다. 이것은 『문수설반야경』과 더불어 도신이 전한 선법의 염불은 청정한 마음으로써 특히 홍인문하의 신수의 설법에 결합시켜 덧붙여 표명하면 동산문하가 분파하여 널리 교화하였고, 혜능의 한 계열 이외에도 대개 여전히 『문수설반야경』을 답습하여 도신이래로 사람들에게 염불을 가르쳐 이끌어 인도하는 방편으로 인정되는 것이라 하겠다.

그래서 10세기에 이르러 이러한 작풍이 총림의 종문(宗門)에서 광선(誑禪)적인 흐름의 폐단을 발생시킨다. 그 때문에 법안문익(法眼文益, 885~958)은 『종문십규론(宗門十規論)』에서 이를 시정하고자 단행한 의도에 따르면 매우 심각한 폐단이 되었다는 점에 대해서 신랄한 비판을

---

50   宗密 撰, 『圓覺經大疏釋義鈔』(卍新纂續藏經9, p.535,a), "言存佛者, 正授法時, 先說法門道理, 修行意趣, 然後令一字念佛 初引聲由念, 後漸漸沒聲'微聲, 乃至無聲 送佛至意, 意念猶麤 又送至心, 念念存想, 有佛恒在心中, 乃至無想盍(蓋)得道"

가한 이유를 감지할 수 있다. 그래서 법안의 법손인 영명연수(永明延壽, 904~975)는 제교를 원용하게 섭수하여 화해시키면서 선정쌍수를 최상의 가치로 삼아 선염쌍수의 염불선을 배태하였다. 이러한 염불선은 중국에서 송대 이후로부터 지금에 이르기까지 대중의 지지를 받아 실천되었고, 고려로부터 근대와 현대에 이르렀고 금타와 청화에 의해서 재현되었다.

4. 염불선의 체득 내용

그런데 선종 내부의 폐단을 바로잡는 것에 대해서 사상사적인 고찰을 해보면 통상 여기에는 두 가지 노선이 있다. 첫째는 경전의 가르침인 자교오종(藉敎悟宗)으로써 종지를 돕는 지식으로써 정사(正邪)를 감별하는 것을 중시한 것이다. 둘째는 계율을 준수함과 동시에 염불로 수행을 향상시키는 방편을 삼아서 정토를 선문의 심법에 융화시킨 것이다. 이 점에 관해서 영봉우익(靈峰蕅益, 1599~1655)은 『선정정토십요(選定淨土十要)』의 제6권에서 천여유칙(天如惟則)이 『정토혹문』에서 언급한 내용에 깊이 있는 의견이 있다고 언급하였다. 천여유칙이 언급한 내용에, "나는 옛날과 지금의 법을 운행하는 성쇠(盛衰)한 이유에 관해서 이후에 선과 정토가 함께 융성하고 쇠퇴하는 것을 알았다"[51]고 하였다. 또 언급하길, "그러나 영명과 여러 노사들은 선과 정토의 요간을 잡았지만 실제로는 종지(宗旨)를 철저

---

51   蕅益, 『選定淨土十要』第6(卍新纂續藏經61, p.690,b), "吾觀古今法運盛衰之故, 而後知禪淨共爲隆替者也".

히 깨달았을 뿐이다"[52]라고 하였다. 말하자면 선사들은 정토를 널리 선양하였지만 구경에 돌아간 극치는 여전히 심종(心宗)을 도왔다는 것이다.[53]

다시 말해서 초기 조사선에서 독립하여 염불법문을 결택함과 아울러 유의하여 서방정토를 설하는 경론의 각류와 화해하여 유형화가 가능한 실제화와 존재화의 작법이 같지 않아서 연수에 의해서 계발된 선정관계의 구조와 격식은 적절하게 정토경론의 관념을 인용해서 선종의 심법(心法) 그 자체에 융화시켜 회통함으로 인해서 다시 선과 염불을 결합하여 절충주의적인 색채를 갖추었다. 여기에서 전혀 생각지도 않게 송나라 이후 선정관계에 세밀한 역사적 고찰을 저술하였을 뿐만 아니라 그 관련된 것을 모두 섭렵하면서 간결하고 중요한 것을 논하여 천태와 화엄의 이론적 기초 하에 선과 염불의 일치를 제시하였다.

그러면서도 염불을 지속하여 염불의 최후에 부처님의 명호까지 사라지면 '염불하는 것(자)은 누구(무엇)인가?' 혹은 '누가 염불하고 있는가?'라고 염해가면 바로 화두를 참구하는 것과 같아진다. 하지만 여기에는 부처님의 존호를 염하는 자도 없고, 마음을 통일한 자도 없으며 어떤 때에라도 염해가면 애오라지 다른 생각이 없어진다. 단지 일심불란(一心不亂)하게 염할 뿐이다. 이때에 두뇌 속이 어떤 복잡한 생각의 망상도 없어 오욕(五慾)과 팔풍(八風)을 벗어나지만 마음이 휴식하거나 게으른 해태가

---

52   蕅益, 『選定淨土十要』 第6(卍新纂續藏經61, p.690,b) "然諸老匡扶淨土, 實救本宗"

53   永明延壽는 마음의 종지로써 절충이 요구되어 모든 교의 입장에서 송대 이후에 선정관계의 기본적인 구조와 격식을 굳게 다졌다고 말할 수 있다. 물론 북송과 남송 시기의 天衣義懷·圓照宗本·眞歇淸了·長蘆宗賾 등과 나아가 원대 이후에 蒙山德異·中本明本·笑巖德寶·斷雲智徹과 명대의 雲棲袾宏과 憨山德淸·無異元來·永覺元賢 등과 고려의 太古普愚와 懶翁惠勤, 조선의 淸虛休靜 모든 禪德은 대개 모두 唯心淨土와 自性彌陀를 체득하는 自心念佛에 따라서 念禪不二란 성향을 발휘하였다.

없어진다. 이때에는 애써 화두를 참구할 것도 없고 마음에 간격이 없이 정진하여 마음의 힘을 한층 고양시켜 계속해서 물이 흐르듯 염불만을 할 뿐이다. 그러면 우주법계가 하나의 부처님만이 상존하는 부처님 세계가 펼쳐져서 일상(一相)이 되고 이 염불이 지속되면 일행(一行)이 되어 삼매 속에서 부처님을 친견한다.

이러한 경지가 바로 불퇴전의 견도(見道)이고 참선의 견성(見性)이며 염불의 견불(見佛) 또는 관불(觀佛)의 단계다. 더욱 가행정진하면 그때 비로소 법신(法身)을 몸소 체험하게 된다. 이것이 바로 금타와 청화가 제시한 실상염불에서 체득할 내용이다. 다시 말해서 청화는 『육조단경』의 서문을 종결하면서, "달마대사로부터 전승되어온 수행법을 극명하게 밝힌 도신대사의 「방편법문」과 혜능이 『단경』에서 결정설법(決定說法)한 직절간명(直截簡明)한 수행법을 통하여 순선시대의 수행법이 반야바라밀에 입각한 일상삼매와 일행삼매가 혜능의 직설대로 최존최상승최제일(最尊最上乘最第一)의 수행법임을 알 수 있다"[54]고 단언하였다.

따라서 수행자가 반야바라밀에 대한 체득은 바로 『문수설반야경』과 『기신론』·『육조단경』 등에서 말하는 일행삼매의 염불이고 통일된 마음에 도달해서 몸과 마음과 환경이 모두 융화되어 부처님의 존호를 부르고 염하는 가운데 자기 신체에 대한 감각이 사라지고 어떤 혼잡한 생각의 망상도 없어지면 어떤 사람이나 대상도 본래의 자기를 동요하지 못한다. 이것이 바로 무분별의 반야지혜이기에 무심한 무념이 무주하여 분별의 마음이 일어나지 않는다. 이런 수행자는 언어적 사유를 벗어나 청정

---

54   청화대종사 저, 『실상염불선』, 서울:광륜출판사(2012), p.27, pp.248-267.

한 마음이 지속하여 청정하지 않는 것이 없다. 그리하여 환희와 안락을 벗어나 절대평등한 마음의 경지인 일상(一相)을 체득하여 완전한 행복의 열반을 누린다. 이것이 살아서 왕생을 체득하고 죽어서 극락이 도래하는 일행(一行)이고 구경에 무상정등정각을 성취하는 것이다. 따라서 염불과 선은 본래 둘이 아닌 일체이다.

여기서 칭명염불은 『관무량수경』에서 밝힌 대승의 정토에 관한 수행 방법으로 『아미타경』에서는 염불만을 언급하였고, 기타 관상(觀像)과 관상(觀想), 실상(實相)은 없지만 『무량수경』과 『아미타경』의 본질에서 상통하며 부처님의 명호에 전념하는 것은 근본불교로부터 대승에 이르기까지 동일하다. 그 내용은 『아미타경』에 상세하게 설해져 있다. 그래서 영명연수는 『만선동귀집』에서,

> 대저 음성은 여러 의미의 곳집이 되고 말은 모두 해탈의 문이다. 일체 소리에 나아감에 소리는 법계가 된다. … 어찌하여 이것은 아니고 저것은 소중할 수 있으며, 상(相)을 여의고 진(眞)을 구함에 동정(動靜)의 근원을 궁구하지 않고 마침내 어묵(語默)의 실각에 이를 것인가? … 아직 반드시 생각을 쉬고 소리를 소멸하지 않아야 바야흐로 실상에 그윽하게 계합할 것이다.[55]

라고 음성이 원융하여 걸림이 없는 법계가 되는 공능을 토로하였다. 따

55　『萬善同歸集』卷上(大正藏48, p.965,a), "夫聲爲思義之府 言皆解脫之門 一切趣聲 聲爲法界 … 何得非此重彼 離相求眞 不窮動靜之源 遂致語默之失 … 未必息念消聲 方冥實相"

라서 그 실제는 부처님의 명호를 집지하여 부처님을 염하는 것은 정토종의 전문적인 수행방법이 되었다. 아미타불을 염하는 것이 일종의 보편적인 수행방법으로 동북아 불교의 특징에서 어느 종파나 매우 중시하였다. 이것이 이른바 금타와 청화의 재현이다.

최후에 다시 수행의 기본 원칙을 보면, 마음을 닦는 것이 바로 마음을 간(看)하는 것이며, 잡란한 망상을 다잡아 마음을 단련해서 청정을 이룬 삼매의 마음이다. 대개 수행은 대승과 소승을 불문하고 관행이라고 부르고 관(觀)은 마음을 활용해서 사유하지만 생각은 아니다. 사유의 의미는 바로 깨달아 비추는 것으로 특히 해맑게 자기의 청정한 마음을 관조하는 것이다. 이를 활용하여 자기의 청정한 마음을 스스로 알아차린 이것은 무엇인가? 이것은 자기의 혼잡한 망상의 마음파편 그대로가 청정한 마음의 삼매를 이루는 것이다. 이것이 바로 금타와 청화가 거듭 재창한 선과 염불에서 목적으로 삼은 삼매의 단계를 경유해서 최종에 무상정등정각을 체득하는 실상염불선이다.

이러한 체득내용은 천태와 화엄·법상·정토·밀교 등 제교 융합의 근원이 동일하다는 사상이 성행하여 선교일치를 제창한 수행자들이 제교일원(諸敎一元)을 제창하였다. 그리하여 그들은 제교일원의 사상을 바탕으로 실천에서도 염선쌍수하거나 겸수하면서 일치시키고 회통시켜 대중의 공감대를 자극하여왔다. 그런데 대개 선승들은 염선쌍수를 비판하여 선을 위주로 하고 염불은 부수적인 수행으로 간주하여 오직 유심정토만을 인정한다. 그러나 유심소현(唯心所現)의 입장에서 보면 법성정토(法性淨土)로 실현이 가능하여 제교의 정토원류와 상통하여 제교가 원융하게 통섭된다. 따라서 실천면에서 염불과 선이 궁극적으로 추구하는 목적과 취지에 부합한다. 이것이 바로 금타와 청화가 주장하여 추구한 실상염불선의 체증이다. 그러므로 한국의 회통불교적인 성격과 관점에 부합한 이론적 검토를 통해서 체화된 두 선지식의 결단이다. 따라서 한국불교는 금타와 청화가 재창한 염불선을 대중화의 수행방편으로 삼기에 충분한 가치가 검증된 것이다.

Ⅲ. 나가는 말

이상과 같이 '염불선의 성립과정과 무주청화'란 주제를 잡아 1. 불교 수행의 목적, 2. 염불과 선의 관계, 3. 염불선의 성립과정, 4. 염불선의 체득 내용에 대해서 살펴보았다. 특히 금번 청화사상연구회에서 기조로 삼은 대주제인 "염불선과 제 수행법의 조명"에 바탕을 두고 『금강심론』과 『원통불법의 요체』·『실상염불선』·『육조단경』에 근거하여 고찰해 보았다. 염불선의 성립과정과 무주청화에 대해서 다시 간략히 요약하면 수행의 방법은 달라도 그 최종목적과 구경에 체득할 내용은 같다는 것이다. 이것은 사람들의 근기와 기질, 욕구가 다르기 때문에 방편은 달라도 구경에 목적은 마음의 실상인 무상(無相)의 상(相)과 무생(無生)의 생(生)이란 청정한 진여자성을 체득하여 생사대사를 초월하는 것이다. 이상의 내용에 대해서 다시 정리하자면 다음과 같다.

첫째, 불교 수행의 목적으로 『금강심론』과 『대지도론』·『육조단경』에서 제시하는 바 18공의 체득과 더불어 삼신불을 체득하는 방법으로 일상삼매와 일행삼매의 수행을 통과해서 무분별지의 반야바라밀을 통해서 자기자성인 자성불을 체득하는 데에 수행의 목적을 두는 것이 바로 금타와 청화의 수행 목적에 부합함을 살펴보았다. 즉 수행의 최종 목적인 제일의제인 성제(聖諦)의 체득이고, 승의제(勝義諦), 진여불성(眞如佛性), 중도실상(中道實相), 법계법성(法界法性), 진공묘유(眞空妙有), 무념무아(無念無我), 열반적정(涅槃寂靜)인 본래 청정한 마음의 체득이다.

둘째, 선과 염불의 관계로 이들 관계는 상호 보조적이면 융화에서 쌍수로 전개되었다. 즉, 인도의 수행관인 사선팔정과 구차제정, 그리고 오정심관과 사념처관·구상(九想)·십상(十想)의 부정적 관법을 육수념(六隨念), 팔수념(八隨念), 십수념(十隨念)이란 긍정적 관법으로 대치시켜 붓다의 개정을 통해서 결합시켜 중국에서 선정쌍수로 전개되었음을 고찰하였다.

셋째로 염불선의 성립과정은 인도에서 전해진 선과 염불은 중국에서 상호 배타적이면서도 선의 보조 수행으로 중시되었다가 융화와 결합의 과정을 거쳐서 쌍수 내지는 일치의 과정으로 최상승선인 조사선의 한 가지 수행방법으로 자리매김하였다. 그 전거로 달마조사 이래 제4조 도신의 수일불이(守一不移)한 일행삼매의 염불정심과 제5조 홍인의 수본진심(守本眞心)이 바로 정념(正念)이고 정심(淨心)으로 제6조 혜능대에 이르기까지 정계에서 방계인 지선을 비롯한 과랑선습의 전향존불(傳香存佛)과 정중무상의 인성염불(引聲念佛)과 무념(無念)으로 이어져서 이후 선과 염불이 습합되다가 5종 가풍 중에 하나인 법안종의 영명연수에 의해서 염선쌍수(念禪雙修)로 확립되었음을 고찰하였다.

넷째는 간화선 이외는 용납되지 않는 현실에서 염불과 초기불교와 부파불교, 대승불교의 선정도 역시 최상승선으로 궁극에 도달하려는 경지와 일치되기 때문이다. 이것이 바로 염불이 불심(佛心)이고 선심(禪心)이며 염심(念心)으로 견성(見性)이 바로 견불(見佛)로 대승초지 또는 제8지 부동지에 해당하는 불퇴전의 경지다. 또한 중생의 본질이 본래 본각의 정심(淨心)이고 진여자성이다. 따라서 무념무상(無念無想)은 선과 염불이 최상으로 체득할 목적이고 무심(無心)하게 무주(無住)한 일상(一相)삼매와 일행(一行)삼매를 통과하면 법계일상(法界一相)의 구경청정을 체득한 염불삼매와 상통하기 때문에 본래 청정한 마음의 체득임을 검토하였다.

결론적으로 교학에서 말하는 삼아승기겁의 장구한 세월에 걸쳐서 수행을 다져야 비로소 수행하여 완성의 정점인 불과(佛果)에 다다른다는 것에 반하여, 선종의 주장은 최상의 근기를 소유한 자가 추구하여 금생에 일초직입여래지(一超直入如來地)를 체득하는 수행법이라고 말한다. 그리고 염불은 중하의 근기를 소유한 자가 실천하여 금생에 완결하지 못한 수행을 죽어서라도 극락에 왕생하여 일생에 무상정등정각을 성취하여 중생을 구제하려는 염원이라고 말한다.

그런데 이 두 가지 수행을 결합하면 양상은 달라진다. 말하자면 최상 근기에서 최하근기에 이르기까지 수용하면서 수행하는 그 자리가 바로 정토로 구현된다. 이것이 바로 금타와 청화가 주창한 최상의 실상염불선이다. 이는 정토를 구현하려는 염불과 성재작용(性在作用)하려는 선은 본질적으로 차이가 없다고 하겠다. 따라서 금타와 청화가 이론적으로 제교를 원융하게 섭수하여 실천적으로도 염선일치의 실상염불을 제창한 염불선은 정통성과 전통성을 갖춤과 동시에 대중의 공의를 기대할 수 있는 여지가 충분하다고 하겠다.

09.
무진장
혜명의
포교활동

진관眞寬

진관 眞寬

불교인권위원회 공동대표

불교인권위원회 공동대표와 불교생명윤리연구소 소장, 대한불교조계종 사형제도폐지위원장을 맡아 인권과 생명의 가치를 알리기 위한 활동에 매진하고 있다. 동국대학교 행정대학원 북한학과에서 통일정책을 전공해 석사 학위를, 중앙승가대학교에서 문학 박사학위를 받았다. 특히 스님은 근대 한국불교에 큰 족적을 남긴 용성, 효봉, 무진장 큰스님의 전법과 독립운동, 수행, 불교개혁을 위한 행적을 찾고 기록하는데 매진해 왔다.

I. 서론

본 연구는 무진장 대종사가 전개하였던 한국불교 포교 실천운동을 통해 대한불교조계종의 포교 역사를 다시 살펴보고, 제반 문제점을 제시하여 반성과 시정의 기회로 삼고자 하는 데 목적을 두고 있다. 이는 대한불교 조계종의 탄생 이후 한국불교를 대중에게 전하기 위해 노력하였던 포교 운동의 역사성을 밝히면서 그동안의 공과에 대한 엄정한 반성의 성격을 담고 있는 연구이기도 하다.

무진장은 이승만 정부 하에서 전개된 불교계의 3대 정화 사업, 곧 역경, 도제 양성, 포교의 정화 이념에 따라 평생을 불교 포교운동에 전념하고 실천하였다. 특히 도심에서의 불교 포교를 중요시하여 많은 성과를 거둠으로써 한국불교의 위상을 드높였다.

무진장은 1932년 9월 2일 한의사였던 부친 김태익과 모친 이진문의 장남으로 북제주군 조천면 와흥리에서 출생하였다. 1956년 부산 범어사에서 동산 스님을 은사로 모시고 사미계를, 이듬해에 구족계를 수지하였다. 무진장(無盡藏)은 법명이고, 혜명(慧命)은 법호이다. 1970년 조계종 포교원을 창립하여 제2대, 제4대 포교원장을 역임하였다. 2007년 조계종 원로의원으로 추대되었고. 2008년 대한불교조계종 대종사 품계를 받았다. 2013년 9월 9일 세수 82년, 법랍 57년으로 열반하였다.

무진장이 태어난 시점인 일본 식민지 시대의 한국불교는 일본 불교의 영향을 받아 고유의 전통성이 상실되거나 심하게 훼손되었다. 이럴 때 한국불교의 전통성을 회복하고 역사성을 중흥하기 위해 매진하였던 대표적인 승려가 백용성(白龍城, 1864~1940)선사이다. 무진장은 용성선사의 법맥을 이어 한국불교계의 정화를 실현하였던 하동산(河東山, 1890~1965)선사의 문도로서 한국불교 정화 이념의 실천을 일생의 과업으로 삼고 실천하였다.

한국불교계는 무진장을 중심으로 불교 대중 포교의 기초를 다졌다고 해도 과언이 아니다. 무진장의 포교 활동은 불교 대중화를 통해 한국불교의 정화 이념을 실천하는 운동이었다.

무진장의 포교 실천은 불교 경전을 그 중심에 두었다. 특히『금강경』과『유마경』을 중심에 두었으며 대중들의 근기에 따른 설법을 중시하였다. 이는 포교에서 불교 경전을 중심에 두었던 전래의 포교 방식에 따른 정통성을 기반에 둔 것이기에 대중들의 호응을 얻을 수 있었다.

무진장은 한국불교의 가장 중요한 과업인 포교 실천을 통해 대중들에게 불교사상을 올바르게 전하는 일에 큰 업적을 남겼다. 하지만 한국불교 포교운동에는 여전히 미진한 부분이 많으며, 본 연구를 통해 앞으로 해결해 나가야 할 과제들을 살피고 그 방안을 모색해 보고자 한다.

Ⅱ. 한국불교계의 포교 과제와 노력

1. 시대적 배경

1) 무진장의 조계사 거주

무진장은 한국불교를 선택한 수행자들에게 가장 중요한 것으로서 부처님의 법을 그대로 실천하려는 서원이 있어야 한다고 생각했다. 포교는 부처님의 법을 대중들에게 전하는 일이었다.

　무진장은 근대 불교계 최고의 지도자인 백용성 스님의 문도였다. 하동산 스님을 스승으로 모신 문도로서 출가하였으며, 수행자로서 귀감이 될 수 있는 수행을 해야 한다는 신념을 한시도 잃지 않았다.

　무진장은 1967년(34세) 동국대학 불교대학원을 수학하고, 1968년 태국 바트 벤차마보핏 사원에서 남방불교를 연구하였다. 1970년 일본 경도 불교대학 대학원에서 천태학 연구 등 교학 연구에 전념하다가 유학을 중단하고 귀국하여 조계사에 거주하였다.

　1971년 귀국한 스님은 동국대 불교대학에서 학생들을 지도하며 후학 양성을 위해 정진했다. 무진장 스님은 이때부터 조계사에 머물며 청

빈한 삶을 실천하고 불교 발전과 대중 포교를 위한 일에 매진했다.[01]

무진장은 조계사에 머물면서 후학 양성에 전념하는 일방 본격적인 대중 포교에 나섰다. 이승만 정부 하에서 전개된 불교 정화의 3대 목표 중 포교운동은 무진장에 의해 비로소 본격화되었다고 해도 과언이 아니다.

1954년 5월 20일 이승만 대통령의 '대처승은 사찰을 떠나라'라는 정화유시 발표 이후 대처승과 선학원의 선불교를 중심에 둔 순수 비구승(선승) 사이의 갈등이 불거지면서 불교계 정화라는 종교적·정치적 사건으로 전개된다. 이승만 대통령은 무려 여덟 차례나 유시를 발표하게 됨으로써, 불교 종단 내적인 문제로 시작된 정화운동이 이승만 대통령의 개입으로 정치화된다는 점이다.[02]

무진장은 대한불교조계종에서 가장 중요하게 여기는 간화선 법문보다는 경전을 중심으로 포교 활동을 펼쳤다. 조계사 신도들에게 『금강반야경』, 『육조단경』, 『유마경』, 『법화경』 등을 설법하였는데 대중들이 쉽게 이해할 수 있는 내용으로 인기를 얻었다. 다른 곳에서 설법 요청이 있으면 그곳이 어디든지 마다하지 않고 기꺼이 설법을 하는 데 나섰다.

지금 조계사 대웅전이 부처님의 설법을 대중에게 전하는 최고의 도량으로 자리매김을 하게 된 데는 무진장의 공로가 크다. 대한불교조계

---

01   "청빈의 사표. 원로의원 무진장 스님", 《법보신문》, 2013. 9. 9

02   김철관·진관 스님 『동산의 불교계 정화운동 연구』 서평, 《미디어 인 뉴스》, 2014. 4. 15.

종이 불교 분규로 총무원장이 교체되는 등의 수난을 겪고 있을 때, 무진장은 포교원을 설립하고 포교사를 전문적으로 양성하여 포교운동의 맥을 이어 나갔다. 무진장의 노력에 의해 조계사는 신도법회, 청년법회, 어린이법회, 신도들이 결성한 관음회, 지장회, 그리고 대한불교청년회, 조계사청년회, 달마청년회 등 수많은 불교청년회를 통해 부처님의 가르침을 상시적으로 전하는 도량이 될 수 있었다.

조계사 대웅전 법당에 서면 여전히 무진장의 목소리가 울려 퍼지면서 대중들과 시간과 공간을 함께한다. 무진장이 경전을 설할 때에는 부처님께서 설하신 역사를 설명한 이후 경전을 말씀하신 것이 특이하다.

2) 박정희 정부와 한국불교

박정희 정부는 1970년 6월 25일에 봉은사 소유 부동산의 매각을 허가하였다. 1970년 7월 15일부터 17일까지 개최된 중앙종회에서 이청담(李青潭, 1902~1971) 전 종정이 대한불교조계종 총무원장으로 다시 선출되었다.

> 제23차 중앙종회 개최 17일 봉은사 토지 매각에 따른 문제가 주요 핵심의제 조사단 구성 총무원장 월산 스님 사임을 정식 수리하고 7인 전형위에서 청담 스님을 선정 총회에 붙여 만장일치로 선출.[03]

위의 인용문에 따르면, 이청담 전 종정이 총무원장으로 취임하기 전에 봉은사 토지 매각 문제가 진행되어 있었음을 알 수 있다. 이청담 총

---

03   불교신문사, 『불교신문 50년사』(2010), p.156.

무원장이 봉은사 토지를 팔았다는 세간의 주장과는 차이가 있다.

여하튼 봉은사 토지 매각 문제는 불교계 내에서 큰 비난을 초래하였다. 법정은 1970년 2월 8일자 『불교신문』에서 '침묵이 금이 아니다'라고 말하며 봉은사 토지 매각 건을 비판하였다.

침묵이 금이라는 말이 있지만 현장의 침묵은 더러 범죄와 동일한 작용을 한다는 것을 우리는 인간의 역사를 통해 알고 있다. 승가정신은 첫째, 회(會)에 근거를 두고 있다. 모든 문제를 폭력이나 독선적인 수단에 의지하지 않고 이성적인 대화와 설득에 호소하는 것이다. 둘째, 의견이 서로 다를 때에는 건전하고 공정한 판단을 내릴 수 있는 중지(衆智)에 묻는 것이다. 셋째, 승가정신은 배타적인 태도를 지양, 공존의 윤리를 찾는 것이다. 그러므로 그것은 곧 민주주의의 기본적인 덕이다.[04]

봉은사 토지 매각이 논쟁의 소지가 된 것은 불교 포교 활동과도 밀접한 관련이 있기 때문이다. 도심 포교의 중요성은 이미 오래 전부터 제기되어 오고 있었다. 봉은사 토지는 도심 포교 활동의 중요한 거점이 될수 있었는데 여기에 대한 진지한 논의도 없이 함부로 매각해버린 것은 분명히 비난의 여지를 안고 있다.

우리 사회는 산업화와 도시화를 거치면서 인구가 도시로 집중되었고

---

04   "침묵은 범죄다-봉은사가 팔린다", 《불교신문》, 1970. 2. 8-4.

전반적인 생활 방식이 과거와는 많이 달라지게 되었다. 도심 포교는 이러한 변화 속에서 불교가 세속과 떨어져 산중불교만을 고집한다면 사회의 선도 기능을 다하기 어렵다는 절실한 반성에서 시작되었다.[05]

박정희 정부의 경제개발계획은 우리 사회에 국가적으로 큰 변화를 초래하였다. 급속한 산업화는 대대적인 이농 현상을 촉발하였다. 도시는 농촌에서 올라온 농민들로 거대화된 반면 농촌 인구는 급격하게 줄어들었다. 아무리 새마을운동을 전개한다고 해도 도시로 쏠리는 인구 이동의 추세를 제어하는 것은 불가능했다. 이러한 인구의 도시 집중에 따라 대한불교조계종 교단에서도 적절한 불교 포교 전략을 수립하여야 했다. 그러나 당시의 교단이 과연 적절한 대응을 했는가 하는 데에 대해서는 의문이 남는다.

그동안 불교계는 도시인들에게 불교를 전함에 있어 도시에 있는 포교당을 중심으로 포교를 하였다. 하지만 도시인들의 사정을 고려하고 그들의 눈높이에 맞는 포교 방법을 강구하였는지 반성해 보아야 한다. 도시인들은 각박한 삶에 쫓겨 여가를 즐길 수 있는 시간적 여유가 부족했으며, 특히 무턱대고 일자리를 찾아 상경한 이들로 인해 많은 숫자의 도시 빈민이 탄생되었다.

대한불교조계종을 위시한 불교계가 당시 무능력할 수밖에 없었던 연유를 알려면 이전의 역사를 살펴보아야 한다. 조선불교는 숭유억불정책을 표방한 조선 왕조에 의해 오랜 세월 극심한 탄압을 받아왔다. 교단

---

05   동국대학교 석림동문회, 『한국불교현대사』, 시공사(1997), p.108.

의 존재도 상실되다시피 했고, 승려들은 노비와 다름없는 천민 신분으로 격하되어 멸시의 대상이 되었다. 개화기 이후 잠시 소생을 위한 노력들이 전개되었으나 일본에 나라가 강제 합병됨으로써 불교계는 완전히 자주성을 상실하기에 이르렀다. 그처럼 가혹한 시련이 오랫동안 계속되어 왔으니 불교계가 제대로 된 포교 활동에 나선다는 것은 엄두도 못 낼 일이었다. 해방 이후에도 불교계에 대한 정부의 간섭과 통제가 계속됨으로써 불교계의 자주적인 집단적 기능을 회복할 수 없었고 불교 본래의 공동체 정신도 상실되었다. 그 결과 불교의 바른 가르침을 올곧게 전할 수 없었다.

통합종단의 결정에 따라 대한불교조계종 조계사가 탄생하고도 태고종이 분종함으로써 불교계의 위기상황은 계속되었다. 분쟁을 종결하기 위해서는 무엇보다도 조계사의 안정이 필요했다. 수도 서울에 있는 대형 조계사의 안정을 이루려면 부처님의 말씀을 전하는 포교가 매우 중요했다. 그 막중한 소임을 앞장서서 수행한 분이 바로 무진장 이었다.

무진장은 고려 시대와 같은 불교국가의 중흥을 염원하면서 대한불교조계종이 그 역할을 맡아야 한다고 믿었다. 그 신념을 실천하기 위해 무진장은 조계사에서 부처님의 가르침을 전하는 포교 활동을 전개하였다. 1970년 1월, 무진장은 교학 연구를 계속하면서도 한국불교 포교를 위해 대한불교조계종 포교원을 창설하였다. 부처님의 말씀을 대중들에게 전하는 것은 최고의 이상을 실현하는 일이었다.

3) 봉은사 토지 매각에 관한 논란

이승만 정부 하에서 대한불교조계종 종정을 역임한 동산 스님은 한국불교의 위상을 국가불교로 높이는 운동을 펼치려고 하였으나 기독교의 방해로 성사되지 못했다. 미국의 후원을 받는 개신교 세력과 로마의 권위를 배후에 둔 천주교 세력은 불교계가 강력한 민족불교로서의 위상을 회복하는 것에 반대하였다. 그들은 조선 시대의 유생들처럼 이승만 정부와 결탁하여 불교계의 발전을 저해하는 온갖 책동을 자행하였다.

이승만 정부 하에서 불교계는 제대로 위상을 정립할 수 없었고 자생적인 사업을 진행할 역량을 갖고 있지 못했다. 불교계가 당연히 대중을 위해 해야 할 사회사업, 학교, 병원, 기타 사업도 전혀 진척이 없었다. 박정희 정부의 출범은 자주적인 역량을 발휘하지 못하고 침체 상태에 있던 불교계가 혁신적인 변모를 보여줄 좋은 기회였다. 하지만 불교계는 여전히 정부의 간섭에서 벗어나지 못했으며, 불교계가 취한 조치들도 바람직한 혁신 방향과는 거리가 있었다. 대표적인 예로 봉은사 토지 매각을 들수 있다. 마땅히 그 자리를 포교당 건립 등 도시 포교의 거점으로 삼아야 했음에도 불구하고 사찰 토지를 팔아버리는 과오를 저지르고 말았다.

만약 봉은사 토지를 팔지 않고 대한불교조계종 본부를 이전하거나 도시 포교당 건립을 활성화하였다면 한국불교는 새로운 포교의 역사를 창조했을 수도 있을 것이다. 그 자리에 대한불교조계종 총본산을 건설하고 제반 부속 시설들을 갖춘 한국불교의 중심지로 활용하였다면 한국불교의 획기적인 발전도 훨씬 앞당겨질 수 있었다. 아직 대한불교조계종의 발전을 위한 연구소 하나도 없는 현실을 되돌아볼 때 참으로 아쉬운 일이 아닐 수 없다. 불교계의 미래를 내다보고 장기적인 발전 방향을 강구할 지도력이 부족했기 때문이라는 점을 지적하고자 한다.

박정희 정부는 이승만 정부에 비해 불교계에 훨씬 호의적이었다. 경주 불국사를 복원하는 조치를 취했고 박정희 대통령 이름으로 권선을 하기도 했다. 1968년 5월 11일에는 장충단공원에 사명 스님의 동상이 섰으며, 박정희 대통령이 참석한 이 자리에는 당시 해인사 선원 선승들이 대거 참여하였다. 1969년에는 효창운동장에 원효 대사의 동상이 섰다. 하지만 이러한 일련의 일들은 전적으로 박정희 정부의 정책적 고려와 계산에 의해 이루어진 것이지, 불교계의 자발적인 의지에 의해 이루어진 일이 아니라는 사실을 분명히 인식하여야 한다.

이청담 스님은 대한불교조계종 총무원장으로 복귀하면서 종단의 발전과 안정을 유지하는 데에 모든 힘을 쏟았다. 이청담 총무원장은 대한불교조계종의 전통성을 회복하는 데에 총력을 다하겠다는 뜻을 취임사에서 분명히 밝혔다.

> 총무원에서는 7월 22일 오전 10시 6대 총무원장 청담 스님 취임식과 아울러 사무 인계를 마쳤다. 이날 총무원 전 간부직원들과 추담(신흥사 주지), 대의 스님 참석 하에 간략한 기념식을 마치고 그 자리에서 신임 총무원장은 앞으로의 시정 방침을 밝혔다.[06]

총무원장 청담 스님은 취임 즉시 대한불교조계종의 발전을 위한 자신의 구상을 털어놓고 논의를 시작하였다. 청담 스님의 활동을 보면 무엇보다 불교계의 안정을 최우선적인 과제로 여겨 그 작업들에 집중하였음을 알 수 있다. 봉은사 토지 매각 건 역시 조속히 대한불교조계종을

---

06   "青潭 스님 總務院長에 취임",《대한불교》, 1970. 7. 22.

안정시키고자 한 총무원장의 결단의 산물로 볼 수 있을 것 같다.

불교신문 1971년 7월 23-24일 제26회 임시중앙종회 개최 염불암 토
지 매각 사건 중점 토론 염불암 사건으로 감찰원장 총무원 3부장 경
질 청담 스님 총무원장 유임 총무원장 권한 대폭 확대 감찰원장에
박문성 스님[07]

박정희 정부가 진정으로 불교계의 발전을 원했다면 봉은사 터를 국
가 소유지로 변경하는 대신 불교 발전을 위한 방안을 대가로 제시하였
어야 했다. 그러한 조치를 배제하였기에 이청담 총무원장에게 의혹과 불
신의 눈길이 집중되었던 것이다.

이청담 총무원장은 불교가 국가 발전에 기여해야 하며, 불교를 통해
분단된 국가를 통일할 수 있다는 확고한 신념을 지니고 있었다. 그래서
도선사에 호국참회원을 건립하였다.

이청담 총무원장은 지지부진했던 포교 활동을 활성화하는 데에도
관심을 두었다. 특히 불교 포교에 대한 무진장의 신념을 높이 신뢰하였
고 든든한 지지자가 되어 주었다. 1970년 무진장은 이청담 총무원장으로
부터 중앙상임포교사 임명장을 받음으로써 종단에서 임명한 최초의 포
교사가 되었다.

이청담 총무원장의 후원은 무진장의 활동에 큰 힘이 되었다. 불교계
의 분규는 일선에서 포교하는 포교사들에게 여러 가지로 지장을 초래

---

07   불교신문사, 앞의 책, p.158.

했지만, 무진장은 분쟁이 발생할 때에도 전국의 어느 사찰에서든 요청이 있으면 기꺼이 가서 설법을 결행하였다.

4) 이청담 총무원장의 열반

무진장의 불교 포교 활동에 적극 협력해주었던 이청담 대한불교조계종 총무원장이 1971년 11월 15일(음력 9월 28일)에 입적하니 세수 70세요, 법랍 45년이었다. 이청담 총무원장은 입적하기 직전까지도 대한불교조계종의 발전을 위한 노력을 게을리하지 않았다.

> 1971년 11월 15일 새벽 열반에 드셨다. 불과 1주일 전에 아침 텔레비전에 나와서 이야기하는 모습을 보았을 때만 해도 정정하시던 스님. 알고 보니 그 뒤 11일에는 이화여대에서 강연을 했고 13일에는 원주에 있는 1군사령부 법당 준공식에 모습을 나타냈는가 하면 14일에는 온종일 도봉산 암자의 신도법회에서 설법을 했다는데 이는 갑작스런 비보다. 평소 만사에 표표연(漂漂然)하여 거침없던 청담 스님다운 대왕생(大往生)일는지는 모른다.[08]

이청담 총무원장의 열반에 대해 불교계는 물론 사회 각계에서도 애도의 뜻을 표하였다. 이는 그만큼 불교 발전을 위해 쏟은 그의 노력과 헌신이 지극했음을 알게 해주는 방증이기도 하다. 이청담 총무원장이 한국불교의 전통성을 회복하는 데 온 힘을 다하였음에도 불구하고 아직까

---

08   청담 저, 『청담대종사전집』(11), 청담문도회(1999), p.188.

지 한국불교계 내에 그에 대한 비판의 목소리가 계속되고 있는 것은 유감스러운 일이다. 물론 앞에서 살폈듯이 봉은사 토지 매각 건을 위시하여 사찰 재산 처리 문제에 미숙했던 측면이 있었음은 부인할 수 없다.

> 정화불사에 일생을 몸 바쳐온 청담 스님의 입적은 전국의 불자들을 오열케 했다. 크고 큰 기둥을 잃은 조계종은 침묵에 빠졌다. … 동국대에서 동대문, 혜화동, 미아리, 우이동, 도선사로 이어진 법구 이운 행렬에 2만여 신도들이 도보로 참여했으며 서울시민들이 나와 합장하고 고개를 숙였다.[09]

불교 개혁의 큰 뜻을 품고 매진하던 도중에 이청담 총무원장은 세상과의 인연을 다하였다. 불교계 정화운동에 참여하여 종조 문제를 해결하기 위해 백방으로 노력하였으나 그 뜻을 이루지 못한 채였다. 만약 그때 종조 문제를 해결했으면 이후의 불미스러운 사태가 일어나지 않았을 수도 있었다. 이청담 총무원장은 보조지눌을 조계종의 종조로 보는 입장이었다. 하지만 태고보우를 종조로 보는 일파와의 대립 문제에 끝내 해결을 보지 못한 채 열반에 들었다. 이후에 계속된 일련의 분규 사태를 고려할 때 참으로 애석한 일이 아닐 수 없다.

이청담 총무원장의 열반은 무진장에게도 큰 슬픔이고 충격이었다. 그러나 무진장은 조계사 법당에서 대중들을 위한 설법을 멈추지 않았다. 그것이 이청담 총무원장의 큰 뜻을 이어받아 실천하는 길이라고 여

---

09   불교신문사, 앞의 책, p.158.

겠을 것이다. 이청담 총무원장은 한국불교의 발전을 위해서는 포교가
아주 중요하다는 사실을 깨우치고 있었고 『금강경』 법회를 주도하였다.
물론 무진장도 조계사 법당에서 『유마경』, 『금강경』을 전법하는 설법을
주도적으로 수행하였다.

2. 대한불교조계종 포교원 창설

1) 불교 포교의 이론 마련

무진장은 미래의 불교 발전을 위해서는 불교사상을 대중들에게 전하는
포교가 무엇보다 중요하다고 여겨 그 일에 서원과 원력을 세웠다. 효율적
인 포교를 하기 위해서는 전문적인 포교사를 양성하는 일이 시급하였다.

무진장은 학문적인 바탕에서 불교학을 튼실하게 학습한 이후 설법
을 수행해야 포교도 잘 이루어질 수 있다고 보았다. 무진장은 1975년 동
국대학교에 불교학을 개설하기 위해 법사가 되었다. 그러나 동국대학교
의 교수로 임용되는 것은 무산되었다. 만약 그때 교수로 임용되었으면 좀
더 일찍이 불교학이 학문적인 체계를 갖추었을 수 있었을 것이다.

비록 교수는 되지 못했으나 무진장은 모교의 대학원에서 『금강경』을
현대적으로 강의하였다. 유감스럽게도 필자는 그 『금강경』 강의를 수강
하는 기회를 갖지 못했지만, 『육조단경』의 사상인 『금강경』 사상을 바르
게 실천하려는 내용이었다는 것이 수강자들의 공통된 의견이었다.

무진장이 불교 포교사의 길에 들어설 수 있었던 계기로서 대한불교
조계종 종정 서옹 스님의 격려가 있었다고 한다. 그 무렵 대한불교조계

종에서는 종단의 발전을 위해 포교의 필요성을 느끼고 대대적으로 불교 포교운동에 나섰다. 이 과업의 맨 선봉에 무진장이 선 것이다.

> 1975년에 들어서면 많은 난관이 풀려 종단이 어느 정도 안정을 찾는 듯했다. 3월에는 원로스님들이 나서 관계 당국과 협의를 거쳐 동국 대 관선이사 체제를 종식키로 하고 청사로 사용하던 혜화관을 학교 에 돌려주고 학교는 신축하다 중단한 조계사 내 불교회관 건축비를 부담키로 해 종단과 학교 간 앙금도 씻는다. 그리하여 1975년 말에는 동국학원이 정상 체제로 전환하고 현대식 신축 회관에 총무원이 입 주한다.[10]

대한불교조계종이 이 같은 변화를 맞이했던 시기에 포교운동에 나 선 무진장은 우선 불교포교학의 이론을 세우려고 하였다. 무진장은 불 교포교학을 통해 부처님의 위대한 정신을 설법으로 실천하는 일의 이론 적 토대를 마련하였다.

무진장이 평생을 부처님의 가르침을 통해 한라산의 정신을 실행하려 고 하였던 것은 바로 동산 스승의 설법을 전하기 위한 의지의 산물이었 다. 무진장은 『금강경』을 주로 설법하였지만, 아미타불을 선양하는 정토 사상에 대한 설법도 하였다. 정토사상이란 청정한 정토, 마음의 청정함 을 일컫는다. 마음의 청정국토는 불국정토를 마련함이다. 불국정토를 건 설하지 못한다면 청정한 마음을 얻을 수 없다.

---

10   "1970년대 종단분규 중-강력한 종정 중심제와 후유증", 《불교신문》, 2011. 5. 28.

무진장은 가진 사람이나 못 가진 사람이나, 배운 사람이나 무식한 사람이나 그 누구도 배척하지 않고 받아들여 부처님의 가르침을 설법하였다. 세속 사람들과 허물없이 어울려 지내면서 걸림 없는 삶을 산 수행승이었다. 불교의 현대화를 위해 온몸을 바쳐 오직 부처님의 가르침을 전하겠다는 서원, 그리고 그 서원을 실천하려는 결사의 의지가 있었기에 가능했던 일이라고 생각한다.

2) 강석주 포교원장 시대

한국불교의 유구한 역사에 비하면 대한불교조계종이라는 종명은 연륜이 일천하여 대중들에게 낯선 느낌을 줄 수 있었다. 그러므로 대중들을 상대로 한 포교의 중요성이 더욱 절실한 과제가 되었다. 대한불교조계종에서는 포교원을 개설함으로써 불교의 대중화를 위한 운동에 나섰다.

포교를 전담할 부서의 책임자로는 강석주(姜昔珠, 1909~2004) 스님을 임명하였다. 강석주 포교원장 시대가 열린 것이다. 이는 대한불교조계종의 본격적인 포교가 시작됨을 알리는 포교 원년이기도 했다.

> 1977년 2월 11일 종정 서옹 스님은 석주 스님을 포교원장에 임명했고 3월 6일 역사적인 포교원 개원식과 초대 포교원장에 취임하였다.[11]

1977년 2월, 초대 포교원장으로 취임한 강석주 스님은 불교정화운동 이후 불교 포교에 나선 인물들 가운데 무진장을 비롯한 재가불자들로

---

11   대한불교조계종 포교원, 『포교총람』(2011), pp.48~49.

포교사단을 구성하였다.

이로써 무진장이 마음껏 포교 활동을 펼칠 수 있는 여건이 조성되었다. 포교의 내실을 기하기 위해 조계사에 신앙상담소가 설치되었고, 무진장이 상담 총지도를 맡았다. 이는 교인뿐만 아니라 비교도도 상담을 통해 불심을 깨우치고 삶의 고뇌를 해소할 수 있도록 해주는 창구 역할을 했다.

무진장은 이미 불교정화운동에서 제시하였던 교육, 포교, 역경의 3대 이념을 실천하기 위해 온갖 노력을 쏟고 있었다. 무진장은 한국불교계의 전통성과 역사성을 회복하는 일이 무엇보다 절실한 과제라고 여겼다. 불교를 새롭게 하기 위해서는 일본 불교의 잔재를 말끔히 씻어내야 했다. 무진장은 전국의 본사들을 중심으로 각 사찰에 이르기까지 불교 포교에 소홀함이 없도록 전력을 다하였다.

이러한 목표를 달성하기 위한 일환으로 전국순회포교가 대대적으로 이루어지기도 했다.

> 대한불교조계종 포교원(원장 강석주)은 10월 1일부터 16일까지 전국 26개 도시를 순회하는 전국순회포교를 실시한다. 지난 2월 문을 연 포교원이 최초로 실시하는 이 순회포교에는 홍정식(洪庭植) 박사(동국대), 무진장(無盡藏) 스님, 법성(法城) 스님, 선진규(宣晉圭) 법사, 김어수(金魚水) 법사, 박완일(朴完一)씨(조계종 서울신도회장) 등 6명이 연사로 나선다.[12]

---

12   "조계종선 1일부터 26도시 순회포교", 《경향신문》, 1977. 9. 23.

대한불교조계종을 선양하기 위해 무진장은 부처님의 정법을 실천하는 데 온 힘을 쏟았다. 조계사에서는 상시적으로 고승대덕 큰스님들을 초청하여 설법을 들었기에 조계사 신도들은 법문을 듣는 데에 익숙해져 있다. 그래서 조계사 법당에서는 법문을 하는 스님들에 대한 평가가 이루어지기도 한다.

3) 무진장의 포교원장 취임

무진장은 대한불교조계종 24개 본사에서 승가의 공동체 정신을 살려 승가를 대상으로 한 포교사 교육이 실시되어야 한다고 생각했다. 현대사회에서의 불교 포교는 이전의 소극적인 방식에서 탈피하여 적극적으로 실행되어야 한다고 보았기 때문이었다. 무진장은 고대 불교의 역사관을 관념적으로 추앙하지 말고 현실에 맞는 역사관을 창조하는 새로운 가치의 불교운동을 전개하고자 했다.

> 1980년 1월 7일 종정 고암(古庵, 1899~1988) 스님은 포교원장에 무진장 스님을 임명한다. 당시 총무원장이었던 경산(京山, 1917~1979) 스님이 입적함에 따라 공석이 된 총무원장을 비롯한 각 원장과 부장을 새로 임명하면서 종무행정의 공백을 메우려 했다.[13]

무진장이 새로운 포교원장으로 취임하면서 포교운동도 더욱 활기를 띠었다. 무진장은 사람 중심의 불교, 노동자불교, 농민불교, 빈민불교, 인

13　대한불교조계종 포교원, 앞의 책, p.51.

간의 터를 중심으로 인간 삶의 존재를 논할 수 있는 신불교(新佛敎)의 토대를 마련하고자 했다. 그렇게 하려면 전문적인 포교사 교육을 이수한 승가가 필요했다. 무진장은 불교 포교에 목말라하던 전임 포교사들의 정신을 전승하기 위해 노력하였다.

무진장은 대중에게 불교를 포교함에 있어 승려들이 방관하거나 무관심한 모습을 보이는 것은 일종의 직무유기라고 보았다. 승려들이 수행에만 전념하는 것은 승가의 최고 이상을 실현하는 것이 아니며, 불교 포교에 무관심한 승단의 모습을 대중이 깨닫게 된다면 결코 불교의 바른 정법을 실현할 수 없다고 판단하였다.

무진장은 대한불교조계종 24개 본사 포교원의 조직과 활성화 방안으로 불교 용어인 육바라밀 팔정도 가르침을 제시하였다. 전국적으로 승려들과 신도들이 한 조가 되어 불교의 실천행인 육바라밀 팔정도에 따라 조직을 구성하게 하였다. 또한 부처님의 설법을 설하는 포교사는 전문적인 소양을 기르기 위해 불교포교사대학을 이수하도록 했다.

III. 무진장의 포교 활동과 그 의미

1. 무진장 포교원장 재임용

한국불교계는 1980년 10월 27일 전두환 군부에 의해 대대적인 법난[14]을 당했다. 1980년대에 접어들어 더욱 활발하게 전개된 포교원의 활동은 10.27법난 발생으로 큰 타격을 받았다.[15] 마치 불교가 극심한 타격을 받았던 조선 시대로 회귀하는 듯하였다. 하지만 무진장은 그러한 탄압의 시대에도 설법을 중단하지 않았다.

> 1980년 10월 27일에 조계종 승려 등 불교계 인사 153명을 강제로 연행하고, 전국의 사찰과 암자 5,731곳을 대한민국 국군과 경찰 병력 3만 2천여 명을 투입해 수색했다. 당시 무차별 폭력과 고문이 자행되었다는 피해자들의 주장이 있으며, 일부는 삼청교육대로 끌려가기도

14　○ 우리 위원회는 이번 조사를 위해 당시 보안사 생산 자료를 포함해 문공부, 경찰, 법원, 육군본부, 국가기록원, 조계종진상규명추진위원회, 출판 및 방송·신문 자료, 일반 자료 등 총 142건 6,400여 쪽의 자료를 수집하여 검토하였음.
　　○ 우리 위원회는 조사에 착수하는 동안, 1980년 당시 법난사건 관련 수사기록 및 관련 문서를 현 기무사령부의 적극적인 도움으로 모두 인수·분석하여 그중 99건 1,400여 쪽을 확보하게 되었음. 그 중 최초로 확인한 대표적인 문서로는
　　- 불교분쟁에 따른 전망과 대책(1980. 2. 29)
　　- 불교계 정화 수사계획(45계획)
　　- 불교계 정화 추진방안(문공부)
　　- 불교계 정화방안 요지, 그 실태와 정화 대책(합수단 실무대책반)
　　- 도피자 은신 예상처 수색 지시(1980. 10. 28, 합수본부)
　　- 불교계(대한불교조계종) 정화를 위한 수사 결과 발표(노태우 합수본부장 보고문)
　　- 불교계 정화에 따른 육본 조치 동정
　　- 조계종 승려 대통령각하 면담 결과 등임.
　　○ 1980년 6월 국보위가 생산한 '특수 분야 정화계획(종교계)'과 1980년 9월 '월주 스님 개인동정기록', 1980년 7월 전후 국보위에 익명으로 접수된 '조계종 정화 대상자 명단 및 그 범행 사실' 등의 문서는 법난사건의 발생 배경을 규명하는 데 도움이 되었음.
　　○ 법난사건이 발생한 지 27년이 경과하였기 때문에 자료에 기록된 내용을 우선 근거로 삼았으며, 관련 참고인의 진술은 참고를 하게 되었음. 또한 관련 참고인 면담은 45계획 입안 및 실행 관련, 실무대책반과 정화중흥회의 참가자, 연행된 피해자 다수를 중심으로 진행하였으며, 면담을 거부한 참고인은 전화로 면담을 실시하였음.

15　김광식, 「10·27 법난의 역사적 교훈과 사회적 과제」, 『정토학연구』 14집, 한국정토학회(2010).

했다. 신군부가 이 사건을 일으킨 동기는 명확히 밝혀지지 않았다.[16]

1980년대는 한국불교계가 역사상 가장 치욕적인 수모를 당하였던 법난의 시대였다. 군부가 자행한 탄압과 공포의 시대에도 설법을 계속한 것은 포교결사를 서원한 무진장의 신념과 의지가 있었기 때문이었다.

무진장은 1981년 3월 19일 포교원장에 재임명되었다. 무진장은 불교교양대학을 설치하여 포교사를 전문적으로 양성하는 포교사운동을 벌였다. 한국불교를 포교하는 데에는 무엇보다 먼저 전문적인 포교사의 양성이 절실하게 필요하다는 사실을 무진장은 인식했다.

어느 종교든지 포교 없이는 생명이 유지될 수 없다. 대중에게 교리를 전하지 않는 종교는 대중으로부터 유리될 것이고, 대중의 외면을 받는 종교는 결국 종말을 고하고 말 것이다. 한국불교의 미래 역시 부처님의 가르침을 얼마나 대중에게 잘 전하느냐에 달려 있다. 능률적인 포교를 위해서는 숙련된 포교사가 필요하다. 무진장은 이러한 사실을 누구보다 잘 알고 있었다.

다시 포교원장의 중책을 맡은 무진장은 한국불교 중흥을 위한 방안을 숙고하였다. 무엇보다 근본적인 개혁이 선행되어야 하며, 이를 위해서는 유능한 인재 양성이 필요했다. 또한 그 인재들이 불교 포교 활동에도 큰 힘이 될 수 있다는 사실에 주목했다.

한국불교 중흥의 제(諸)문제를 주제로 한 한국불교연구원(원장 李箕永)

---

16   〈위키백과〉, "10·27 법난", https://ko.wikipedia.org/wiki/10·27_법난?wprov=srpw1_0

주최 세미나가 서울 올림피아호텔에서 열려 한국불교 중흥을 위한 불교 개혁을 진지하게 토론했다. … 무진장 조계종 포교원장은 이 세미나에서 한국불교의 종지(宗旨) 확립이 무엇보다도 시급하다고 지적하고 종단이 인재 양성에 눈을 돌려야 할 때가 왔다고 주장했다. 한국불교는 18개 종단이 난립하고 있으나 각 종파별 특색은 거의 없다. 무진장 스님은 "한국불교가 선(禪)과 교(教)의 뚜렷한 논리도 없고 이행도(易行道)와 난행도(難行道)를 구별하는 교학적 특색도 없다"고 지적하고 법요의식(法要儀式) 정립도 큰 과제라고 밝혔다. 그는 또 사찰이 산중(山中)에 편중되어 있다고 분석하고 도시의 주거지역에 포교당이 진출해야 한다고 역설했다.[17]

무진장이 포교원장으로 재임하는 동안 수많은 인재들이 양성되었다. 지금 왕성한 활동을 하고 있는 불교계 청년단체의 지도자들은 대부분 무진장의 가르침을 받았다. 무진장이 수많은 불교인들에게 제시하여 보여준 것은 희망불교였다. 무진장은 불교 교단이 승가만으로 조직될 수 없는 것이기에 재가들의 참여에 역점을 두었다. 승가만 있고 재가가 없으면 승단을 구성할 수 없다. 사부대중이 하나로 힘을 모아 교단을 구성해야 하고, 재가들에게도 승가 조직과 같은 힘을 부여해야 한다. 재가는 승단 조직의 중요한 대상이며, 승가 조직의 일원으로 주체가 되어야 한다.

교단 지도부의 지혜로운 포교 방략과 중장년층의 전법 원력에 21세

---

17   "한국불교 復古의 옷 벗을 때", 《경향신문》, 1983. 5. 16.

기 한국불교의 운명이 달려 있다. 이처럼 한국 사회 저변에 폭넓게 형성된 불자들의 부단한 신심과 원력은 한국불교 중흥의 기반이다. 한국불교 중흥이 불교를 신행하는 사부대중 모두의 과제라고 할 때 사부대중의 돈독한 신심이 지속되는 한 불교의 앞날은 밝을 것이다. 문제는 종단이다. 종단이 예전처럼 내분과 사소한 문제에 얽혀 본래 역할을 다하지 못한다면 불교의 앞날은 명약관화하다 할 것이다.[18]

재가 조직이 건강해야 건강한 승단이 유지될 수 있고, 승가 조직이 원활하게 승단 조직을 이끌 수 있다. 승가와 마찬가지로 재가도 필수적으로 포교사양성대학원을 이수하도록 해야 한다. 각 종단에서도 재가들을 위한 포교사양성대학원을 건립하여 신도들을 교육시키고, 재가 포교사로서의 역할을 수행하도록 해야 한다. 불교계에 입문한 지 35년, 45년이 지난 재가불자들에게 교법사, 대교법사의 칭호를 부여하는 방안도 연구해 볼 가치가 있다. 비록 승가처럼 전문적인 수련을 쌓지 않았다고 해도 돈독한 불심을 지닌 그들은 주어진 칭호와 직분에 합당하게 불교 발전을 위해 봉사할 것이라고 확신한다.

일본 불교계의 발전을 살펴보면 한국불교계의 재가불교 활성화 방안 수립에 참고할 만한 내용들이 많다. 승단 조직에 재가들도 승가와 함께 조직의 일원으로 참여할 수 있도록 하여야 한다. 다만 승가와 재가는 생활 양태가 다르고 추구하는 이상도 차이가 있기 때문에 독립적으로 조직이 구성될 필요가 있다. 승가 조직은 소규모이지만 재가 조직은 소형,

18   대한불교조계종 포교원, 『한국불교 중흥을 위한 포교 청사진』(1995), p.7.

중형, 대형으로 조직화할 수 있다. 전국신도회 조직이 그 한 예이다.

2. 포교사 양성 계획과 교육

1) 포교사 양성 계획 수립

불교 포교에 있어 무진장은 포교사 양성에 지대한 관심을 집중하여 수많은 포교사들을 양성하였다. 실제로 불교 포교의 현장에 승려들뿐만 아니라 재가불자들도 참여시켜 포교를 할 수 있도록 하였다. 무진장의 지도에 의해 전국 각지에 포교당을 세우거나 출가의 길을 걸은 재가불자들이 수백 여 명이다.

물론 불교 교수들에게도 포교사의 지위를 부여해야 한다. 선 수행을 전문적으로 실천하고 있는 재가 선지식들도 마찬가지이다. 출가수행자뿐만 아니라 재가불자들도 부처님의 법, 서방정토의 법을 실현할 수 있다. 이것은 바로 『육조단경』을 의지한 설법이라고 말할 수 있다. 출가수행자뿐만 아니라 재가불자들도 자신의 마음을 맑고 깨끗이 하면 서방정토에 왕생할 수 있는 것이다.

무진장을 법주로 모시고 성장한 동산반야회는 아미타불을 염하는 만일염불회를 창설하였다. 만일염불회는 서방정토에 왕생하는 수행법이다. 수많은 불교단체에서 배출한 재가불자들이 한국불교를 포교하는 불제자 포교사로 성장하였다. 동산반야회 소속으로 무진장의 재가 제자인 고 김재일 법사는 재가자를 위한 불교회관을 전국 최초로 건립하였고, 신라 시대에 건봉사에서 실시했던 만일염불회를 시행하였다.

동산반야회는 1982년 11월 13일 무진장 큰스님을 법주로 모시고 창립되었습니다. 부처님께서 깨달으신 영원불변의 진리인 불법을 올바르게 배우고 실천하여 스스로 자아를 완성하고, 나아가 모든 이웃에게 이를 전하여 불국정토를 건설하려는 숭고한 보살정신으로 모였습니다. 그동안 본회는 창립 초창기의 어려운 여건 속에서도 수준 높고 알찬 법회라는 대내의 평을 받으면서 나날이 발전하여 왔습니다. 이는 오직 덕(德) 높으신 무진장 스님의 정성어린 지도와 설법(設法), 그리고 회원 가족 여러분의 적극적인 참여의 결실이라고 생각합니다.[19]

신라 경덕왕 시대에 불교를 회복하고자 원력을 세우고 아미타불 신앙을 주창한 만일염불회의 재현은 큰 의미를 갖고 있다. 이는 곧 불교 포교에 매진한 무진장의 뜻에 재가 제자들이 적극적으로 동참한 것이다. 무진장의 가르침에 감화한 제가 불자들 중에서 수많은 포교사들이 배출되었다.

무진장은 조계사 대법사로 있으면서 자신의 힘이 다하는 날까지 조계사 법당에서 설법을 하였고, 수많은 재가불자들과 청년 불자들에게 불교를 가르쳐 세상 밖으로 내보내었다. 포교에 대한 이러한 끝없는 사명감은 오직 부처님의 말씀을 실천하려는 의지의 발로였다. 무진장은 대한불교조계종의 발전을 위해 포교사를 길러냄으로써 세상과 더불어 공존한 대(大)포교사였다.

---

19   〈동산반야회〉, "설립목적", http://www.dongsanbud.net/bbs/content.php?co_id=menu0102.

2) 해외포교사 양성 문제

무진장이 포교 활동에 전념하고 있는 동안에도 대한불교조계종에서는 해외에 전문적인 포교사를 파송하지 못하고 있었다. 그때까지 전문적인 포교사를 교육하고 파송하는 일을 전담하는 기관이 없었기 때문이었다. 세계가 점점 좁아지고 해외로 나가 사는 교포들의 숫자가 급격히 증가하고 있는 현실에서 해외에 포교사를 파송하는 것은 국제적으로 대한불교조계종의 위상을 높이는 길이기도 했다. 그러한 필요성을 알고 있으면서도 종단에서는 마땅한 대책을 수립하지 못하고 있었다.

무진장은 태국에서 불교학을 학습하였는데 태국에도 파송된 포교사가 없었다. 무진장은 해외에 포교사를 파송하는 문제 해결을 위해 고심했지만 종단 차원에서 제대로 뒷받침을 해주지 못했다.

종단 책임자들이 수수방관만 했던 것은 아니었다. 한국불교를 해외에 전하기 위해 포교사를 파송하는 일의 필요함을 알고 있었기에 실제로 소수의 인원을 해외에 파송하기도 했다. 홍콩과 일본에 홍법원을 개설하는 등 해외에 포교당이 건설되는 성과도 있었다.

실제로 대한불교조계종 포교원이 실무 책임자였던 법산 스님을 대만에 파송하여 박사학위까지 받았던 것은 큰 성과라고 할 수 있다. 그러나 종단 차원에서 해외에 포교사를 파송하여 학문을 할 수 있도록 하는 사업이 지속적이고 체계적으로 시행되었어야 하는데 그렇게 하지 못한 것은 유감스러운 일이다.

대한불교조계종 교육원은 해외 포교에 관심을 갖고 일본에 유학하는 승려들에 도움을 주기도 했지만, 유학에 소요되는 비용은 자비 부담으로 이루어졌다. 일본에 포교당을 건립하는 데 태현 스님의 원력이 있었지만, 대한불교조계종 종단의 관심을 이끌지 못한 개인적인 차원의 포교당 건립이었다.

대한불교조계종 종단이 홍콩의 불교대학에 유학생을 선발하여 파송하였으나 이 일이 장기적으로 지속되지 못했음은 당시 종단을 관리하던 조계종 총무원의 지도력 부재 탓이라고 지적하지 않을 수 없다. 이처럼 종단의 무능력함에도 불구하고 개별적인 차원에서 해외에 포교를 시행하였던 인사들이 있다. 대표적인 분으로 해외에 포교를 시행해야 한다고 선언하였던 화계사 주지 숭산행원(崇山行願, 1927~2004)선사를 들 수 있다.

조계종은 1982년 1월 18일 종단 최초로 국제포교사를 배출한 이래 총무원 국제과와 포교원을 통해 미국, 일본, 캐나다, 독일 등 13개국에 52명의 국제포교사를 파견했다. 이들 중 재가자는 4명이었다.[20]

표면적인 기록과는 달리 해외 포교에 있어 대한불교조계종 종단의 실제적인 활동은 많이 미흡하였다. 대한불교조계종 24개 본사 소속의 승려들은 개별적으로 자비를 들여 해외에 유학을 했다. 대상국은 주로 일본이었고 태국, 대만, 스리랑카, 미국, 프랑스, 영국 등에서도 유학승들이 포교 활동을 하기도 했다.

종단 개혁이 시작되면서 개혁회의 포교부는 당시 국제포교사의 현황을 조사하였다. 과거 포교원이 추천하고 총무부가 자격증을 발급했

---

20   대한불교조계종 포교원, 『포교총람』(2011), p.273.

던 국제포교사의 수는 1994년 9월 당시 142명으로 확인되었다. 1982년부터 발급을 시작하여 스님 98명과 재가자 44명이 국제포교사 자격을 취득하였으며 활동 지역은 미주 67명, 일본 21명, 유럽 3명, 동남아 2명, 호주 3명, 그리고 미확인인 44명으로 나타나고 있다.[21]

다시 한 번 지적하거니와 이 기록에 나타난 수치들이 대한불교조계종 종단의 공적을 그대로 반영한 것은 아니다. 결코 종단의 활동을 폄훼하려는 뜻은 없으며, 포교원 차원에서 최선의 노력을 기울여왔던 것도 인정한다는 점을 분명히 밝혀 둔다. 하지만 종단에서 선발하여 해외에 유학을 보낸 것이 아니라 개인 자격으로 유학을 다녀온 승려들이 많다는 사실을 직시하고 그에 대한 반성이 있어야 한다. 대한불교조계종 24개 본사와 한국불교종단협의회에 가입한 28개 종단 차원에서 해외에 파송할 전문적인 포교사를 교육하는 대학을 개설해야 한다고 본다. 또한 조계종, 동국대학, 중앙승가대학, 진각종 위덕대, 천태종 금강대학에 외국인 승려들을 유학하게 하여 그들로 하여금 포교운동에 참여하도록 하는 것도 해외포교사를 양성하는 좋은 방법이 될 수 있을 것이다.

3. 무진장의 삶과 열반

무진장은 대한불교조계종의 역대 포교원장의 역사성을 전승할 수 있는

---

21   위의 책, p.273.

토대를 마련했다. 그리고 무진장의 원력에 의해 대한불교조계종의 포교
원장 직은 지속적으로 전승[22]되고 있다.

　무진장은 생활에서 무소유의 정신을 철저히 실천하려고 하였다. 무
소유의 정신이란 실천하는 행, 자신의 정신과 자신의 육체에서의 무소유
를 말함이다.

　무진장이 무소유의 정신을 실천하면서 베푼 설법과 교학의 깊이는
스님의 법호 그대로 무진장이었다. 수행에 전념하기 위해서는 자신의 생
활에 있어 터전을 마련하는 것이 또한 중요한데도 무진장은 그러한 일체
의 것을 소유하지 않았다. 또한 제자들에게도 주지 소임은 수행하지 말
라고 하면서 평생 무소유의 삶을 살도록 가르침을 주었다. 이 같은 사상
은 무진장의 동국대학에서 백성욱 교수로부터 교육을 받았던 시기에 마
음속에 새겨진 것이라고 한다.

　무진장은 백성욱 박사의 가르침에서 크게 감화를 받아 평생 부처님
의 계율을 철저히 지킬 것을 서원하였다. 수행자에게 있어 가장 중요한
것은 수행자의 삶의 모습이며, 이는 곧 부처님의 정법을 실현하는 서원,
무소유의 실천행이다. 무진장은 평생 모자를 쓰지 않았고, 목도리를 두
르지 않았으며, 내복, 솜옷도 없이 오직 붉은 법복 두 벌로 살았다.

　1956년 범어사에서 동산 스님을 은사로 출가한 무진장 스님은 범어

22　1977년 3월 강석주 초대 포교원장 취임. 2대 무진장(1980년 1월~1985년 3월), 3대 암도(1985년 3월~1989
　　년 2월), 4대 무진장(1989년 9월~1994년 4월)을 거쳐 포교부 개정 후 1대 정락(1994년 11월~1995년 11월), 2
　　대 성타(1995년 11월~1998년 7월), 3대 정련(1999년 1월~2001년 2월), 상운 직무대행(2001년 2월~2001년 9
　　월), 4대 도영(2001년 9월~2006년 9월), 5대 혜총(2006년 11월~2011년 11월), 6대 지원(2011~2016)으로 이어
　　진 역대 조계종 포교원장은 대한불교조계종에서 불교를 포교하는 데 그 소임을 다하였다.

사 대교과와 동국대 불교대학을 졸업한 뒤 태국 방콕 벤자마보핏 사
원에서 남방불교를, 일본 경도불교대학 대학원에서 천태학을 연구했
다. 제2, 4대 조계종 포교원장을 역임했으며 지난 2007년 12월 조계
종 원로의원으로 추대된 뒤 지난 2008년 10월 조계종 최고 법계인
'대종사'에 품서됐다. 지난 1987년 국민훈장 동백장을, 1996년 조계
종 포교대상, 2005년 대원상 대상을 각각 수상했다.[23]

무진장은 대한불교조계종의 발전을 위해 오직 포교의 일념으로 살
다가 2013년 9월 9일 동국대학교 일산병원에서 세수 82년, 승랍 57년에
열반하였다. 열반 게송은 남기지 않았다. 그리고 다비장에서도 사리를
찾지 않았다. 그러나 대숙야제(大宿夜祭)를 재연하여 고려 시대 국사의 열
반식으로 거행되었다.

무진장은 이 국토에 단 한 명이라도 고통스러운 중생이 있으면 성불
을 하지 않겠다는 법장비구(法藏比丘)와 같은 원력으로 중생들을 위해 설
법하였다. 무진장이 설법을 하던 조계사 내실에는 불교 경전과 서가에
수만 권의 책이 있는 작은 도서관, 독서대, 안경만 남았다. 그런데 지금
남아 있는 책은 수천 권에 불과하다. 누가 소유하고 있는지 알 수 없으나
무진장의 큰 뜻을 생각한다면 제자리로 돌려보내 주기를 바란다.

무진장은 도시 포교를 주창하신 백용성선사의 후예답게 도심 포교
를 위해 온몸으로 설법을 하였다. 중생과 부처가 일체의 몸이라고 보아
서 중생이 모두 부처님이라는 설법을 베풀었다.

23   "원로의원 무진장스님 조계사 회주로 추대", 《불교신문》, 2010. 4. 21.

무진장은 삼장법사의 체계를 갖춘 이 시대 최고의 포교사로서 한국불교를 위해 길이 남을 부처님의 설법 제자인 부루나 존자의 후예의 길을 걷기도 했다.

2013년을 맞이하여 불교계에는 많은 변화가 일어났는데 불교의 교육화, 불교의 포교화, 불교의 역경화가 그 주된 과제였다. 이러한 시대적 변화에 제대로 부응하고 대처하려면 많은 인재들이 필요하다. 그래서 포교사를 양성하는 것이 대한불교조계종의 주된 목표로 부각되었다.

무진장은 많은 재가불자들을 포교사로 키웠으나 스님께서 인가한 상좌는 단 3명 뿐이다.[24] 하지만 그 3명의 제자들을 아주 소중히 여겨 한국불교의 모범이 되도록 교육하였다. 그들은 어디에 있든지 간에 무진장 대종사의 포교의 원력을 이어 실천할 것을 다짐하고 있다.

IV. 결론

지금까지 혜명당 무진장대종사의 포교 활동 연구를 중심으로 한국불교 포교의 역사를 개략적으로나마 고찰하여 보았다.

---

24   진관, 현파, 오산 등이다.

무진장은 대한불교조계종 종단에 포교원 제도를 처음으로 도입하였으며, 또한 종단에서 정식 임명된 최초의 포교사였다. 포교의 필요성은 인식하면서도 구체적인 방법론이 정립되지 못했던 때에 그는 대중 포교의 중요성을 강조하면서 일선 포교사로 활동하였다. 실제로 파고다공원에서 부랑인들을 상대로 매일 법문을 하기도 했다.

무진장은 일찍부터 한국불교의 중흥을 위해 그리고 원활한 포교 활동을 위해 인재 양성의 필요성을 절감하였다. 포교원장이 된 뒤에는 수많은 포교사들을 배출하였는데, 그들은 현재 전국 각지에서 왕성한 활동을 펼치면서 한국불교 발전의 초석이 되고 있다.

무진장은 조계사에서 오래도록 상주하면서 일요일 법회를 쉬지 않고 설법하는 포교운동을 주창하였다. 설법을 통해 대중에게 부처님의 정법을 실천할 수 있는 방법을 가르쳐 주었다.

무진장은 거사 보살을 중심으로 청년 불자들을 포교사로 양성하기 위한 전문 불교포교사대학을 설립하였다. 또한 불교포교사대학을 이수한 일반인들을 대상으로 전문적인 포교사를 양성하여 포교사로서의 소임을 다할 수 있는 토대를 마련하였다.

이제 후학들에게 주어진 소임은 무진장의 포교정신과 설법의 역사를 연구하여 전승하는 일이다. 무진장의 정신을 더욱 발전시키고 전승하기 위해 무진장불교포교대학을 개설하고 꾸준히 우수한 포교사를 양성하는 일 또한 후학들에게 남겨진 과제이다.

2014년에 개원한 무진장 불교문화연구원에서는 후학들을 위해 무진장대종사의 불교 포교사상을 연구하고 전파하는 일을 계속해 나아갈 것으로 기대된다.

참고문헌

01.
백파긍선의
『육조대사법보단경요해』에 나타난
진공과 묘유의 의미 고찰

- 敦煌本『六祖大師法寶壇經』(『大正藏』48).
- 宗寶本『六祖大師法寶壇經』(『大正藏』48).
- 白坡亘璇,『六祖大師法寶壇經要解』, 김호귀 역주, 서울:정우서적(2012).
- 신규탁,『禪文手鏡』, 서울:동국대학교출판부(2012).
- 鄭唯眞,『中國禪宗史』, 서울:운주사(2012).
- 鄭性本,『敦煌本六祖壇經』, 서울:韓國禪文化研究院(2003).
- 鄭唯眞, 敦煌本『六祖壇經研究』, 서울:경서원(2007).
- 김호귀,「六祖大師法寶壇經要解에 나타난 白坡亘璇의 선사상의 특징 고찰」,『한 국선학』제31호, 서울:한국선학회(2012. 4).
- 김호귀,「禪門五宗綱要私記의 구성과 대기대용의 특징」,『한국선학』제32호, 한국 선학회(2012. 8).
- 김호귀,「禪門五宗綱要私記에 나타난 白坡의 임제삼구에 대한 해석 고찰」,『정토 학연구』제18권, 한국정토학회(2012. 12).
- 김태완,「육조혜능의 새로운 선」,『철학논총』19, 새한철학회(1999).

02.
석전(石顚)과 한암(漢巖)을
통해 본 불교와
시대정신

- 『四分律』,『大正藏』22.
- 『林間錄』,『大正藏』87.

- 『太古和尙語錄』,『韓佛全』6.
- 『鏡虛集』,『韓佛全』11.
- 『高麗史』.
- 『論語』.
- 鄭道傳 著,『佛氏雜辨』.
- 朱熹 撰,『朱子語類』.
- 達牧 撰,「六種佛書後誌」.
- 閔漬 撰,「佛祖傳心西天宗派旨要序」,『西天百八代祖師指空和尙禪要錄』.
- 危素 撰,「文殊師利最上乘無生戒經序」,『文殊師利最上乘無生戒經』.
- 鄭寅普 撰,「石顚上人小傳」,『石顚詩鈔』.
- 韓國學文獻研究所 編,『通度寺誌』, 서울:亞細亞文化社(1979).
- 이미령 譯,『밀린다왕문경』, 서울:民族社(2007).
- 李贄 著,『焚書Ⅱ』, 김혜경 譯, 서울:한길사(2004).
- 강석주·박경훈 著,『佛敎近世百年』, 서울:中央新書(1980).
- 金敬執 著,『韓國佛敎近代史』, 서울: 經書院(2000).
- 大韓佛敎曹溪宗 敎育院 著,『曹溪宗史-近現代篇』, 서울:曹溪宗出版社(2001).
- 朴漢永 著, 金曉呑 譯註,『戒學約詮 註解』, 서울:東國譯經院(2000).
- 박희승 著,『이제, 僧侶의 入城을 허함이 어떨는지요』, 서울:들녘(1999).
- 徐京保,『韓龍雲思想研究』, 서울:民族社(1980).
- 禪雲寺 編,『石顚 鼎鎬스님 行狀과 資料集』, 高昌:禪雲寺(2009).
- 龍城震鍾 著, 佛心道文 編,『龍城大宗師全集-第1卷』, 서울:覺皇寺(1991).
- 李能和 著,『朝鮮佛敎通史 下』, 서울:寶蓮閣(1982).
- 이병주 外 著,『石顚 朴漢永의 生涯와 詩文學』, 서울:白坡思想研究所(2012).
- 李智冠 編,『韓國高僧碑文總集:朝鮮朝·近現代』, 서울:伽山佛敎文化研究院(2000).
- 李智冠 著,『韓國佛敎戒律傳統:韓國佛敎戒法의 自主的傳承』, 서울:伽山佛敎文化研究院(2005).
- 玆玄 著,『呑虛, 虛空을 삼키다』, 서울:民族社(2013).
- 漢巖大宗師法語集 編纂委員會 編,『定本-漢巖一鉢錄 上·下』, 平昌:漢巖門徒會·

　　　　五臺山月精寺(2010).

■ 혜자 著,『永遠한 大自由1』, 서울:밀알(2002).

■ 시마다 겐지 著, 김석근·이근우 譯,『朱子學과 陽明學』, 서울:까치(1990).

■ 高橋亨 著,『李朝佛教』, 京城:寶文館(1929).

■『寺刹關係書類』, 京城:政府記錄保存所 文書(1926).

■『朝鮮佛教一覽表』, 京城:朝鮮佛教 中央教務院(1928).

■『朝鮮佛教叢報』제20호, 京城:三十本山聯合事務所(1920).

■《東亞日報》.

■《每日新報》.

■《佛教新報》.

■『佛教』제23호(1926).

■『佛教時報』제71호(1941)·제90호(1943).

■『佛教(新)』제38호(1942)·제41호(1942).

■『禪苑』제4호(1935).

■ 金光植,「吞虛스님의 生涯와 教化活動」,『吞虛禪師의 禪教觀』, 平昌, 五臺山 月精
　　　　寺(2004).

■ ＿＿＿,「1910年代 佛教界의 曹洞宗盟約과 臨濟宗運動」,『韓國近代佛教史研究』,
　　　　서울, 民族社(1996).

■ ＿＿＿,「1910년대 佛教界의 進化論 수용과 寺刹令」,『韓國近代佛教史研究』, 서
　　　　울, 民族社(1996).

■ ＿＿＿,「朝鮮佛教曹溪宗의 成立과 歷史的 意義」,『曹溪宗史 研究論集』, 서울, 中
　　　　道(2013).

■ 김상일,「石顚映湖大宗師의 文學觀」,『石顚映湖 大宗師의 生涯와 思想』, 高昌, 禪
　　　　雲寺(2009).

■ 노권용,「石顚映湖 大宗師의 佛教思想과 그 維新運動」,『石顚映湖 大宗師의 生涯
　　　　와 思想』, 高昌, 禪雲寺(2009).

■ 辛奎卓,「漢巖 禪師의 〈僧伽五則〉과 曹溪宗의 信行」,『曹溪宗史 研究論集』, 서울,
　　　　中道(2013).

- 慧南,「石顚映湖 大宗師의 講脈」,『石顚映湖 大宗師의 生涯와 思想』, 高昌, 禪雲寺 (2009).
- 曉呑,「石顚映湖 大宗師의 戒律思想」,『石顚映湖 大宗師의 生涯와 思想』, 高昌, 禪雲寺(2009).
- 姜好鮮,「高麗末 懶翁慧勤 研究」, 서울:서울大 博士學位論文(2011).
- 金昌淑(曉呑),「懶翁惠勤의 禪思想 研究」, 서울:東國大 博士學位論文(1997).
- 심삼진,「石顚 朴漢永의 詩文學論」, 서울:東國大 碩士學位論文(1987).
- 尹永海,「朱子의 佛教批判 研究」, 서울:西江大 博士學位論文(1997).
- 李逢春,「朝鮮初期 排佛史 研究」, 서울:東國大 博士學位論文(1990).
- 李哲憲,「懶翁 惠勤의 研究」, 서울:東國大 博士學位論文(1997).
- 張成在,「三峰의 性理學 研究」, 서울:東國大 博士學位論文(1991).
- 鄭在逸(寂滅),「慈覺宗蹟의 『禪苑淸規』研究」, 서울:東國大 博士學位論文(2005).
- 金光植,「方漢巖과 曹溪宗團」,『漢巖思想』제1집(2006).
- _____,「曹溪宗團 宗正의 歷史像」,『大覺思想』제19집(2013).
- 김병학,「朝鮮後期 白坡와 秋史의 禪論爭」,『(圓光大學校) 論文集』제37호(2006).
- 金昌淑(曉呑),「石顚 朴漢永의 〈戒學約詮〉과 歷史的 性格」,『韓國史研究』, 제107호(1999).
- 박동수,「禪雲寺 白坡碑로 본 白坡와 秋史」,『鄕土文化研究』제6호(1990).
- 廉仲燮,「韓國佛教의 戒律적인 특징과 현대사회 - 日帝强占期와 曹溪宗을 중심으로」,『佛教學研究』제35호(2013).
- 尹暢和,「鏡虛禪師의 知音者 漢巖」,『漢巖思想』제4집(2011).
- 이상하,「『鏡虛集』編纂, 刊行의 涇渭와 變貌 樣相」,『漢巖思想』제4집(2011).
- 李哲憲,「懶翁 惠勤의 法脈」,『韓國佛教學』제19집(1994).
- _____,「三和尙法系의 成立과 流行」,『韓國佛教學』제25집(1999).
- 崔柄憲,「日帝의 侵掠과 佛教」,『日帝의 韓國侵掠과 宗教』, 서울, 韓國史研究會學術會議 發表文(2001).
- _____,「朝鮮時代 佛教法統說의 問題」,『韓國史論(金哲埈博士停年紀念號)』제19호(1989).
- _____,「韓國佛教 歷史上의 曹溪宗 - 曹溪宗의 歷史와 해결과제」,『佛教評論』통권51호(2012).

- 許興植,「懶翁의 思想과 繼承者(下)」,『韓國學報』제16권(1990).
- _____,「指空의 思想과 繼承者」,『겨레문화』제2권(1988).
- _____,「指空의 遊歷과 定着」,『伽山學報』제1호(1991).
- 具萬化,「その罪三千大天世界に唾棄する虚無し」,『朝鮮佛教』제28집(1926).

03.
한암과 경봉선사의
오후보림(悟後保任)에
대한 연구

- 『妙法蓮華經』(大正藏 9).
- 『中論』(大正藏 30).
- 『圓覺經大疏』(大正藏 9).
- 『五燈會元』(卍續藏 80).
- 『萬松老人評唱天童覺和尙頌古從容庵錄』(大正藏 48).
- 『大慧普覺禪師法語』(大正藏 47).
- 지눌,『진심직설』(보조전서), 불일출판사(1989).
- 『몽산화상법어약록언해』, 아세아문화사(1980).
- 『정본 한암일발록』, 민족사(2010).
- 경봉선사, 명정편역『삼소굴일지』, 극락호국선원(1985).
- 경봉선사, 명정역주『삼소굴소식』, 극락호국선원(1998).
- 경봉,『니가 누고?』, 휴먼앤북스(2003).
- 박한영,『暎湖大宗師語錄』, 동국출판사(1988).
- 서왕모,『경봉선사 연구』, 운주사(2013).
- 정성본,『돈황본 육조단경』, 한국선문화연구원(2011).
- 퇴옹 성철,『옛 거울을 부수고 오너라(선문정로)』, 장경각(2006).
- 이지관,『한국고승비문총집;조선조·근현대』, 가산불교문화연구원(2000).

- 이계묵역해, 『화두참선』, 우리출판사(2004).
- 김경집, 「한국 근현대불교의 普照 영향」, 『보조사상』 제27집, 보조사상연구원(2007).
- 김태완, 「見性의 心性論的解明」, 『한국선학』 제1호, 한국선학회(2000).
- 윤창화, 「漢巖선사의 선문답 公案」, 한국불교학회 춘계 발표문(2014).
- 이덕진, 「근·현대 불교에 끼친 보조사상의 영향」, 『보조사상』 제27집, 보조사상연구원(2007).
- 정도, 「경봉선사의 사상적 교류 고찰」, 『보조사상』 제32집, 보조사상연구원(2008).
- 정유진, 「현대 한국 간화선의 원류와 구조에 대하여-경봉선사를 중심으로-」, 『불교학보』 제60집(2011).

04.
백용성대종사의
화엄과
선

- 大正藏10, 『大方廣佛華嚴經』.
- 大正藏35, 澄観撰, 『大方廣佛華嚴經疏』.
- 大正藏36, 李通玄撰, 『新華嚴經論』.
- 『乾隆藏』第130册, 唐淸凉山大華嚴寺沙門澄観撰述, 『大方廣佛華嚴經疏鈔』.
- 『백용성대종사 총서』 1권, 『龍城禪師語錄』.
- 『백용성대종사 총서』 2권, 『각해일륜』.
- 『백용성대종사 총서』 5권, 『조선글 화엄경』.
- 『백용성대종사 총서』 6권, 『조선글 화엄경』.
- 『백용성대종사 총서』 7권, 『신발굴자료』.
- 『백용성대종사 총서』 17권~20권, 『鮮漢譯 大方廣佛華嚴經』.
- 한보광, 「龍城스님의 前半期의 生涯-山中修行期를 中心으로-」, 『대각사상』창간호.
- _____, 「龍城禪師의 修行方法論」, 伽山李智冠 華甲紀念論叢『韓國佛敎文化思

想史』卷下, 伽山佛教研究院(1992).

- _____, 「백용성 스님 국역『조선글 화엄경』연구」, 『대각사상』제18집(2012.12).
- 신규탁, 「한국불교에서 화엄경의 위상과 한글 번역 「이세간품」을 中心으로-」, 『대 각사상』18집(2012).
- 이종수, 「조선 후기 가흥대장경의 복각」, 『書誌學研究』56(2013).
- 김용태, 「조선 후기 중국 불서의 유통과 사상적 경향」, 『보조사상』41집(2014.2).
- _____, 「동아시아의 징관(澄觀)화엄 계승과 그 역사적 전개」, 『불교학보』62(2012.2).
- 차차석, 「근대 선암사와 그 학풍」, 『보조사상』40집
- 김호귀, 「『용성선사어록』의 구성 및 선사상사적 의의」, 『대각사상』23집(2015.6).
- 영석, 「간화선의 수용과 그 특징에 관한 고찰」, 『한국선학』37호(2014).
- 이영석(영석), 「19세기 수선결사의 계승」, 『대각사상』제24호(2015.12).
- 胡靜, 「백용성의 '대원각성체' 사상 연구」, 연세대학교 대학원 박사학위논문(2015).

05.
일엽선사(一葉禪師)의
만공 사상 재해석과
독립운동

- 金一葉, 『어느 수도인의 회상』, 충남:수덕사 견성암(1960).
- _____, 『청춘을 불사르고』, 서울:문선각(1962).
- _____, 『행복과 불행의 갈피에서』, 서울:휘문출판사(1964).
- _____, 『미래세가 다하고 남도록』上·下, 서울:인물연구소(1974).
- _____, 「나의 入山記 : 金一葉 未發表遺稿」, 『隨筆文學』33(1975).
- _____, 『당신은 나에게 무엇이 되었삽기에』, 서울:문화사랑(1997).
- _____, 『一葉禪文』, 서울:문화사랑(2001).
- _____, 『청춘을 불사르고』, 서울:김영사(2002).
- _____, 김우영 엮음, 『김일엽선집』, 서울:현대문학(2012).

- "苦行의 女僧 金一葉女史 訪問記",《朝鮮中央日報》, 1934.11.8, 4면.
- 경완(한운진) 외,「一葉禪師의 出家와 修行」,『한국 비구니의 수행과 삶』, 서울:예문 서원(2007).
- _____,「1930년 전후 김일엽선사의 문학과 불교성찰」, 2013.
- _____, 민족작가회의 비평분과위원회 저,「일엽선사의 선(禪)」,『한국 현대 작가와 불교』, 서울:예옥(2007).
- 김경집,「滿空 月面의 사상과 활동」,『불교학연구』 12(2005).
- 김광식,『근현대불교의 재조명』, 민족사(2000).
- _____,「김일엽 불교의 재인식」,『불교학보』 제72집, 동국대 불교문화연구(2015).
- _____,「朝鮮佛敎女子靑年會의 창립과 변천」,『한국근현대사연구』7(1997).
- _____,「滿空의 민족운동과 遺敎法會·간월암 기도」,『한국민족운동사연구』 89, 한국민족운동사학회(2016).
- 김종명,「만공의 선사상-특징과 역할」,『종교연구』 34(2004).
- 대한불교조계종 교육원 불학연구소 편저,『경허·만공의 선풍과 법맥』, 조계종 출판사(2009).
- 宋滿空,『滿空語錄』, 덕숭산 수덕사(1996-불기2995).
- _____,『滿空法語』, 덕숭산 수덕사 능인선원(1982).
- 송정란,「김일엽의 불교시 고찰을 위한 서설」,『韓國思想과 文化』 75(2014).
- _____,「김일엽의 선(禪)사상과 불교 선시(禪詩) 고찰」,『韓國思想과 文化』 85(2016).
- 월송·임중빈,「金一葉의 人間과 文學」對談,『문학사상』 27(1974).
- 전국비구니회,『한국 비구니의 수행과 삶』, 예문서원(2007)
- 최은희,『祖國을 찾기까지:1905-1945 韓國女性活動秘話』中·下, 서울:탐구당(1973).
- 泰震 스님,『경허와 만공의 선사상』, 민족사(2007).
- 하춘생,『깨달음의 꽃-한국불교를 빛낸 근세 비구니』, 여래(1998).
- 한국여성문학학회,『한국여성문학연구의 현황과 전망』, 소명(2008).
- Park, Jin Y.,『Reflections of a Zen Buddhist Nun』, University of Hawaii Press(2014).
- _____,『Women and Buddhist Philosophy:Engaging Zen Master Kim Iryŏp』, University of Hawaii Press(2017).

- 강건기·김호성 편저, 『깨달음, 돈오점수인가 돈오돈수인가』, 서울:민족사(1994).
- 김탄허 역, 『보조법어(普照法語)』, 서울:교림(2002).
- 김탄허 역해, 『서장(書狀)·선요(禪要)』, 서울:교림(2012).
- 김탄허 저, 『부처님이 계신다면』, 서울:교림(1988).
- 김탄허 저, 『피안으로 이끄는 사자후』, 서울:교림(1997).
- 김탄허 강설, 『동양사상 특강(CD 18장, 교재 1권)』, 서울:교림(2002).
- 김호성, 『방한암 선사』, 서울:민족사(1995).
- 문광, 『탄허사상 특강』, 서울:금강선원(2014).
- 법전, 『누구 없는가』, 서울:김영사(2009).
- 서옹, 『임제록 연의』, 서울:아침단청(2012).
- 월정사·김 광식 편, 『방산굴의 무영수(상·하)』, 평창:오대산 월정사(2012).
- 월정사·탄허문도회 편, 『방산굴법어(증보판)』, 평창:오대산 월정사(2013).
- 퇴옹성철, 『영원한 자유』, 경남:장경각(1988).
- 퇴옹성철, 『영원한 자유의 길』, 경남:장경각(1997).
- 퇴옹성철, 『백일법문(상·하)』, 경남:장경각(2001).
- 퇴옹성철, 『선문정로(禪門正路)』, 경남:장경각(1997).
- 퇴옹성철, 『본지풍광·설화:무엇이 너의 본래면목이냐(1·2)』, 경남:장경각(2007).
- 퇴옹성철, 『한국불교의 법맥』, 경남:장경각(1990).
- 한암문도회·월정사 편, 『한암일발록』, 서울:민족사(1995).
- 향곡선사문도회 편, 『향곡선사 법어』, 대구:(사)성보문화재연구원(1998).
- 혜암문도회 편, 『혜암대종사 법어집(1·2)』, 경남:해인사 원당암(2007).
- 해운정사 편, 『진제대선사 禪 백문백답』, 서울:현대불교신문사(2006).
- 김방룡, 「지눌과 성철의 법맥 및 돈점논쟁 이후 남겨진 과제」, 『동아시아불교문화』

제16집, 부산:동아시아불교문화학회(2013).

■ 김호성, 「돈점논쟁의 반성과 과제」, 『깨달음, 돈오점수인가 돈오돈수인가』, 서울:민
족사(1994).

■ 김호성, 「돈오점수의 새로운 해석–돈오를 중심으로」, 『깨달음, 돈오점수인가 돈오돈
수인가』, 서울:민족사(1994).

■ 김호성, 「돈오돈수적 점수설의 문제점」, 『깨달음, 돈오점수인가 돈오돈수인가』, 서
울:민족사(1994).

■ 도대현, 「퇴옹 성철의 견성관과 유식사상」, 『한국불교학』 제49집, 서울:한국불교학
회(2007).

■ 목정배, 「선문정로의 근본사상」, 『보조사상』 제4집, 서울:보조사상연구원(1990).

■ 무관, 「탄허의 선사상」, 『탄허선사의 선교관』, 평창:오대산 월정사(2004).

■ 문광, 「韓·中 禪師들의 儒家 中和說에 대한 담론 비교연구: 憨山·智旭선사와 性
徹·呑虛선사를 중심으로」, 서울:연세대 중어중문학과 석사학위논문(2012)

■ 법정, 「책 머리에」, 『보조사상』 제4집, 서울:보조사상연구원(1990)

■ 박성배, 「성철스님의 돈오점수설 비판에 대하여」, 『깨달음, 돈오점수인가 돈오돈수
인가』, 서울:민족사(1994).

■ 박성배, 「보조국사는 증오를 부정했던가」, 『깨달음, 돈오점수인가 돈오돈수인가』,
서울:민족사(1994).

■ 박태원, 「돈점논쟁의 독법 구성」, 『철학논총』 제69집, 서울:새한철학회(2012).

■ 박태원, 「돈점논쟁의 쟁점과 과제–해오 문제를 중심으로–」, 『불교학연구』 제32집,
서울:불교학연구회(2012).

■ 서명원, 「성철스님 이해를 위한 고찰」, 『불교학 연구』 제17집, 서울:불교학연구회(2007).

■ 신규탁, 「성철선사의 불교관에 나타난 개혁적 요소 고찰」, 『한국불교학』 제49집, 서
울:한국불교학회(2007).

■ 심재룡, 「"선문정로의 근본사상"에 대한 논평」, 『보조사상』 제4집, 서울:보조사상
연구원(1990).

■ 윤창화, 「한암의 자전적 구도기 〈一生敗闕〉」, 『한암선사연구』, 서울:민족사(2015).

■ 이덕진, 「논점논쟁이 남긴 숙제」, 『보조사상』 제20집, 서울:보조사상연구원(2003).

- 이병욱, 「성철의 보조 지눌 사상 비판의 정당성 검토」, 『보조사상』 제38집, 서울:보조사상연구원(2012).
- 이효걸, 「돈점논쟁의 새로운 전개를 위하여」, 『논쟁으로 보는 한국철학』, 서울:예문서원(2009).
- 정성본, 「탄허선사의 선사상 고찰」, 『탄허선사의 선교관』, 평창:오대산 월정사(2004).
- 조수동, 「휴정의 회통사상」, 『동아시아불교문화』 제8집, 부산:동아시아불교문화학회(2011).

07.
염불선의
성립과정과
무주청화

- 龍樹 造·鳩摩羅什 譯, 『大智度論』 제26·31·37·41권(大正藏 25).
- 馬鳴 造·眞諦 譯, 『大乘起信論』(大正藏 32).
- 弘忍 述, 『最上乘論』(大正藏 48).
- 永明延壽 述, 『萬善同歸集』(大正藏 48).
- 著者 未詳, 『歷代法寶記』(大正藏 51).
- 宗密 撰, 『圓覺經大疏釋義鈔』 권3(卍新纂續藏經 9).
- 靈峰蕅益, 『選定淨土或問』 第6(卍新纂續藏經 61).
- 『達磨大師破相論』(卍新纂續藏 63).
- 杜朏, 『傳法寶紀』(大正藏 85).
- 淨覺 集, 「道信章」;「弘忍章」·『楞伽師資記』(大正藏 85).
- 著者 未詳, 『大乘無生方便門』(大正藏 85).
- 明 大佑 集, 『淨土指歸集』 卷上(卍續藏 108).
- 彭際淸, 『淨土聖賢錄』 卷3(卍續藏 135).
- 宇井白壽, 『禪宗史研究』, 東京:巖波書店(1966).

- 청화 역주,『淨土三部經』, 서울:광륜출판사(2007).
- 釋金陀 著·淸華 編,『金剛心論』, 서울:광륜출판사(2009).
- 청화대종사 저,『원통불법의 요체』, 서울:광륜출판사(2009).
- 청화대종사 저,『실상염불선』, 서울:광륜출판사(2012).
- 청화 역주,『육조단경』, 서울:광륜출판사(2016).
- 정광균,『정토 수행관 연구』, 서울:운주사(2013).
- 權奇悰,「韓國佛教에 있어서 禪과 淨土의 관계」,『불교학보』26(1989).
- 韓普光,「念佛禪의 修行方法」『정토학연구』5집(2002).
- 한보광,「念佛禪이란 무엇인가?」,『佛教研究』10호, 한국불교연구원(1993).
- 박선자,「禪수련과 人間실존의 문제-實相念佛禪수련법을 바탕으로」,『大同哲學』44집, 대동철학회(2008).
- 정광균,「念佛에 내재한 禪의 要因에 대한 一考」,『정토학연구』11집(2008).
- _____,「禪과 淨土」,『한국선학』22호(2009).
- 안준영,「念佛禪에서의 깨달음의 문제」,『정토학연구』12집(2009).
- 한보광,「純禪時代의 念佛禪에 대한 몇 가지 문제」,『정토학연구』18집(2012).
- 조준호,「초기 부파불교에 나타난 염불과 선」, 청화사상학술 자료집(2014).

08.
서옹석호대종사의
생애와
참사람

- 서옹,『임제록(연의)』, 임제선원, 1974 / 서옹,『임제록연의』, 아침단청(2012).
- _____,「만년 묵은 돌호랑이 흰코끼리를 낳도다」,『절대현재의 참사람』, 불교영상회보사(1988).
- _____,「참사람결사문」, 금강 편,『(참사람결사운동 세미나)참사람의 향기』, 도서출판 고불(1988).

- ____, 「오늘의 참사람 법어」, 『불기2544년 참사람 무차대법회 "오늘의 참사람"』(2000).
- ____, 박보하 사진, 『물 따라 흐르는 꽃을 보다』, 다른 세상(2001).
- ____, 『참사람의 향기:서옹·상순 대종사 1주기추모집』, 백양사(2004).
- 演義, 久松眞一 解說, 東京:『臨濟錄』, 靑山書院(1978).
- 李商純(西翁), 「眞實自己」, 臨濟大學 卒業論文(1941).
- 두백, 「참사람 서옹큰스님」, 백양사(2004).
- 대한불교조계종 교육원 불학연구소 편, 『禪院總覽』, 대한불교조계종 교육원(2000).
- 대한불교조계종 교육원, 『조계종사:근현대편』, 조계종출판사(2001).
- 미산, 「진정한 자비의 실천과 선불교 자비행법의 모색」, 『자비, 깨달음의 씨앗인가 열매인가』, 운주사(2015).
- 동국대학교 불학자료실, 「한암스님 유교발굴자료(5):방한암 서사를 찾아서」, 『대중불교』 1994년 4월호, 대원정사(1994).
- 백양사 편, '만암(曼庵)', 『고불총림 백양사』, 정보문화센터 첼린컴(1996).
- 불교신문사 엮음, 「서옹스님 대담:김현파, 부처님 근본마음을 깨달아 참사람이 되는 일이 중요한 게야」, 『한바탕 멋진 꿈이로구나』, 삼양(1999).
- 서옹·공종원, 「조사선만이 인류를 구제할 수 있다」, 『불교춘추』 2호, 불교춘추사(1995).
- 이학종, 「서옹 큰스님:중이 되기 전에 부처를 말하지 말라」, 『산승의 향기』, 운주사(1998).
- 지선, 「주체의 길에 선 위없는 참사람:지선대담」, 서옹, 『참사람의 향기』, 백양사(2004).
- 지선, 「주체의 길에 선 위없는 차별심」, 『고불총림 백양사』(1996).
- 한암문도회·김광식, 『그리운 스승 한암스님:한국불교 25인의 증언록』, 민족사(2006).
- 황인규, 「동국대학교 정각원에 대한 종합적 고찰:경희궁 숭정전과 조동종 조계사, 대학선원」, 『한국불교학』 65권, 한국불교학회(2013).
- 《불교신문》 2011년 5월 11일 ; 2011년 6월 1일.
- 《현대불교》 2002년 1월 23일.
- 《경향신문》 1994년 4월 11일.
- 《동아일보》 1975년 9월 29일 ; 1998년 8월 21일.
- 《매일경제》 2000년 8월 20일.
- 《한겨레신문》 1993년 10월 31일.

■ 《한국일보》1994년 4월 18일.
■ 《한국경제》2001년 11월 29일.

09.
무진장
혜명의
포교활동

■ 동국대학교 석림동문회, 『한국불교현대사』, 서울: 시공사(1997).
■ 대한불교조계종 포교원, 『포교총람』(2011).
■ 대한불교조계종 포교원, 『한국불교 중흥을 위한 포교 청사진』(1995).
■ 불교신문사, 『불교신문 50년사』(2010).
■ 청담 저, 『청담대종사전집』(11), 청담문도회(1999).
■ 박용모(진관), 『근대불교 정화운동사 연구』, 서울: 경서원(2004).
■ 김광식, 「각황사의 설립과 운영」, 『대각사상』 6집, 대각사상연구원(2003).
■ _____, 「10·27 법란의 역사적 교훈과 사회적 과제」, 『정토학연구』 14집, 한국정토
학회(2010).
■ 김철관·박용모(진관), "『동산의 불교계 정화운동 연구』 서평", 《미디어 인 뉴스》,
2014년 4월 15일.
■ 《경향신문》, 1977년 9월 23일, 1983년 5월 16일.
■ 《대한불교》, 1970년 7월 22일.
■ 《每日申報》, 1916년 5월 18일.
■ 《불교신문》, 1970년 2월 8-4일, 2010년 4월 21일, 2011년 5월 2일.
■ 《법보신문》, 2013년 9월 9일.
■ 동산반야회, http://www.dongsanbud.net
■ 위키백과, http://ko.wikipedia.org

인해 스님

통도사에서 요산지안 스님을 은사로 득도하였다. 해인사 강원 및 은해사승가대학원을 졸업했으며, 요산지안 대강백으로부터 전통 강맥을 전수받았다. 동국대학교 석·박사과 정을 수료(철학박사)했으며, 관허수진 큰스님으로부터 전계·전강을 받았다. 해인사·수 덕사·동화사승가대학 교수사, 동국대학교 강사 및 동명대학교 겸임교수를 역임했으며, 2019년 대한불교조계종 포교대상 원력상을 수상하였다. 현재 통도사 승가대학장과 김 해 바라밀선원 주지를 맡고 있다. 역서로 달마대사의 『소실육문』이 있고, 논문으로 「남 종의 선사상 연구」, 「남종선상의 경전적 근거와 그 이념에 대한 고찰」, 「혜능의 좌선관」 등이 있다.

영석 스님

운문사승가대학 대교과를 졸업했다. 동국대학교에서 「진각국사 혜심의 『禪門拈頌』」 주제로 박사학위를 받았다. 대전 보문고 교법사와 포교원 포교연구실 사무국장, 동국 대 불교학술원 연구교수를 역임했다. 또 동국대학교 경주캠퍼스 불교문화대학 겸임교 수 및 초빙교수를 역임했다. 연구 논문으로는 「『화엄경현담중현기』와 『분양송고』에 관 한 고찰」, 「『설두송고』에 관한 고찰」, 「간화선의 수용과 그 특징에 관한 고찰」, 「19세기 수선결사의 계승-소림통방정안과 설두봉기의 선교결사」 등이 있다.

자현 스님

동국대와 성균관대에서 석사학위를 받은 후, 성균관대학교 동양철학과(율장)와 동국대 학교 미술사학과(건축) 그리고 고려대학교 철학과(선불교)와 동국대학교 역사교육학과(한 국 고대사) 및 국어교육학과(불교 교육)에서 각각 박사학위를 취득했으며, 미술학과의 박사 과정을 수료했다. 동국대학교 강의전담교수와 능인대학원대학교 교수를 지냈다. 현재 중 앙승가대학교 불교학부에서 교수와 불교학연구원장으로 재직 중이며, 월정사 교무국장 과 조계종 교육아사리 그리고 《불교신문》 논설위원과 한국불교학회 법인이사 및 상하 이 푸단대학교 객원교수 등을 맡고 있다. 한국연구재단 등재지에 160여 편의 논문을 수 록했으며, 40여 권의 저서를 발간했다. 저서 가운데 『불교미술사상사론』은 2012년 학 술원 우수학술도서, 『사찰의 상징세계(상·하)』는 2012년 문광부 우수교양도서, 『붓다순 례』(2014)와 『스님의 비밀』(2016), 『불화의 비밀』(2017), 『스님, 기도는 어떻게 하는 건가요』

(2019)는 각각 세종도서에 선정되었다. 또『백곡 처능, 조선불교 철폐에 맞서다』는 2019년 불교출판문화상 붓다북학술상을 수상했으며, 제7회 영축문화대상을 수상했다.

정도 스님

통도사에서 도승 스님을 은사로 출가, 동국대학교에서 경봉선사 연구로 박사학위를 취득하였다. 조계사 포교국장, 통도사 교무국장, 통도사승가대학 교수, 통도사 포교국장, 통도사 양산전법회관 정각사 주지 등을 역임했다. 또 대한불교조계종 교육원 교육부장, 불학연구소장, 동국대학교(경주) 파라미타칼리지 교수를 역임했으며, 현재 동국대학교(서울) 교수 및 동국대학교 불교학술원 종학연구소장, 한국선학회 회장 등을 맡고 있다. 「백운경한의 선사상」, 「영명연수와 보조지눌의 유심정토와 타방정토」 등 10여 편의 논문이 있다.

경완 스님

1986년 덕숭총림 수덕사 환희대로 출가. 학부에서는 국문학을 전공하였으며, 출가 후 대만 불광산총림학원(佛光山叢林學院)으로 유학, 경학과 포교에 관한 견문을 쌓았다. 2016년 고려대학교에서 「중국 묘선(妙善) 관음고사(觀音故事)의 형성과 발전」으로 박사학위를 받았다. 현재는 대한불교조계종 교육아사리, 학교법인 승가학원 교육 개방이사, 김일엽문화재단 부이사장 소임을 맡고 있으며, 고려대학교와 한남대학교에 출강하고 있다. 관심 범위를 확장하여 중국 문학과 불교, 문화를 연구하고 있으며, 저서로 중국 문학과 불교 관련 논문 다수와 단행본『한국비구니의 수행과 삶』,『한자와 한문의 이해』,『한국 현대작가와 불교』,『돈황학대사전』(이상 공저), 『권수정혜결사문』, 아동도서『허수아비』,『유머삼국지』(이상 번역서) 등이 있다.

문광 스님

2001년 해인사 원당암에서 각안 스님을 은사로 출가해 직지사에서 성수 큰스님을 계사로 비구계를 수지했다. 동국대학교 선학과·불교학과를 졸업했으며 연세대학교 중문학과에서 학사와 석사학위를 받았다. 한국학중앙연구원 철학과 박사학위를 취득했다. 2013년 통광 스님으로부터 전강을 받았으며 현재 대한불교조계종 교육아사리, 동국대학교 불교학술원 외래교수로 활동하고 있다. 저서로는『탄허 선사의 사교 회통 사상』, 『한국과 중국 선사들의 유교 중화 담론』, 『탄허학 연구』, 『선문염송 요칙』 등이 있으며 제3회 원효학술상과 제1회 탄허학술상을 수상했다. BTN 불교TV에서 강좌를 하며, 불교신문에 '한국학 에세이'를 연재하고 있다.

금강 스님

중앙승가대학 불교학과 졸업, 원광대학교에서 『선가귀감에 나타난 선정쌍수에 관한 연구』로 석사학위, 『서옹석호대종사의 참사람 사상연구』로 박사학위를 각각 취득했다. 현재, 중앙승가대학교 외래교수, 대한불교조계종 교육아사리회 회장, 대한불교조계종 미황사주지 소임을 맡고 있다. 주요 저서로는 『물흐르고 꽃은 피네』(불광출판사), 『땅끝 마을 아름다운 절』(불광출판사), 『참사람의 향기 운영 매뉴얼』(조계종출판사) 등이 있다.

법상 스님

범어사에서 남곡덕명 스님을 은사로 득도하였다. 범어사 강원을 졸업하고, 동국대학교 선학과 및 동대학원에서 석사 및 박사학위를 취득하였다. 대한불교조계종 교육원 연수국장과 교육국장, 포교원 포교연구실장, 대한불교조계종 의례위원회 의례위원, 동국대학교와 중앙승가대학교 외래강사를 역임하였다. 현재 대한불교조계종 교육원 교육아사리와 한국정토학회 회장의 소임을 맡고 있다. 주요 저서로 단행본 『정토수행관 연구』(운주사, 2013)가 있으며, 논문으로 「정토교학에서의 열반과 체득」, 「아미타불의 신앙과 왕생」, 「영명연수의 禪戒一致에 대한 고찰」, 「永明延壽의 圓修觀 硏究」, 「禪과 淨土」 등 다수가 있다.

진관 스님

불교인권위원회 공동대표와 불교생명윤리연구소 소장, 대한불교조계종 사형제도폐지 위원장을 맡아 인권과 생명의 가치를 알리기 위한 활동에 매진하고 있다. 동국대학교 행정대학원 북한학과에서 통일정책을 전공해 석사 학위를, 중앙승가대학교에서 문학 박사학위를 받았다. 특히 스님은 근대 한국불교에 큰 족적을 남긴 용성, 효봉, 무진장 큰 스님의 전법과 독립운동, 수행, 불교개혁을 위한 행적을 찾고 기록하는데 매진해 왔다.